Sven Oliver Müller

Deutsche Soldaten und ihre Feinde

Nationalismus an Front und Heimatfront
im Zweiten Weltkrieg

S. Fischer

© S. Fischer Verlag GmbH, Frankfurt am Main 2007
Alle Rechte vorbehalten
Lektorat: Walter H. Pehle
Satz: pagina GmbH, Tübingen
Druck und Bindung: GGP Media GmbH, Pößneck
ISBN 978-3-10-050707-5

Unsere Adressen im Internet:
www.fischerverlage.de
www.hochschule.fischerverlage.de

Inhalt

Einleitung:
Nationalismus und Nationalsozialismus

Probleme mit dem Nationalismus –
Nationalismus als Problem

Das Ausmaß der Verbrechen des Nationalsozialismus im Zweiten Weltkrieg entspricht ihrer medialen Dauerpräsenz in der Gegenwart. Das gilt zumal für den Vernichtungskrieg in Osteuropa zwischen 1941 und 1944. Der millionenfache, systematisch und grausam verübte Massenmord an der russischen Zivilbevölkerung, den Kriegsgefangenen der Roten Armee und den osteuropäischen Juden spiegelt sich in beinahe alltäglicher Wiederkehr in den Medien, in den Lehrplänen und in der Forschung. Die international anhaltende Debatte über den historischen Rang dieser Kriegsverbrechen hat die Sensibilität nicht nur für die politische Verantwortung Hitlers, seiner Paladine oder der Wehrmachtselite geschärft. In den Fokus der öffentlichen Aufmerksamkeit sind längst auch die »ganz normalen« Männer der Wehrmacht geraten. Der Befund ist so trivial wie treffend: Der Massenmord in Osteuropa war nicht allein das Werk Hitlers und der militärischen Eliten, sondern letztlich nur möglich, weil auch die einfachen Soldaten die Rahmenbedingungen dafür schufen oder sich persönlich beteiligten. Der Kreis der Täter des Vernichtungskrieges, der Mitplanenden und Mithandelnden ist mit einer inzwischen kaum noch überschaubaren Forschung stetig größer geworden. Dass mithin die gesamte männliche Bevölkerung potenziell am Genozid beteiligt gewesen sein konnte, erzeugte unübersehbare moralische Probleme für die politische Kultur der Bundesrepublik, wie der erbitterte Streit um die »Wehrmachtsausstellung« gezeigt hat.

Mit der Menge der Täter hat sich die Menge der Erklärungsansätze für die Kriegsverbrechen unablässig vergrößert. Die Frage nach den Motivationsgrundlagen für die Morde deutscher Soldaten ist auf vielfältige Weise gestellt worden und doch immer wieder neu zu stellen. Hier wird die Aufmerksamkeit auf die politischen Weltbilder und die kulturellen Deutungsmuster innerhalb der Wehrmacht gelenkt, um deren herausragenden Stellenwert und handlungsleitende Wirkung im Kontext des Vernichtungskrieges zu verdeutlichen.

Die Nationsvorstellungen deutscher Soldaten bilden das Thema dieses Buches. Das Ziel ist nicht, erneut die hinreichend bekannten Ideologieelemente des »offiziellen« Weltbildes des Nationalsozialismus, die dunklen Gedankengebäude Hitlers und die der braunen Eliten zu rekonstruieren. Im Mittelpunkt des Interesses stehen nationalistische Wahrnehmungen, Deutungen und Handlungen von einfachen Wehrmachtsangehörigen an der Ostfront zwischen 1941 und 1944.[1] Durch eine Analyse von Feldpostbriefen sollen deren sprachlich vermittelte Sinnmuster entschlüsselt werden. Auf welche nationalistischen Deutungsmuster griffen die Männer zurück, um ihrer bedrohlichen Lebenswelt, ihrem Kampf und dem alltäglichen Sterben Bedeutung zu verleihen? Die nationalistische Sprache der Feldpostbriefe wird wiederum in Beziehung zu den offiziellen und inoffiziellen Deutungsangeboten an der Front und in der Heimatfront gesetzt. Dazu müssen die Beschaffenheit, der Inhalt sowie die Reichweite konsensualer und partikularer Nationsvorstellungen in der kriegführenden deutschen Gesellschaft untersucht werden.

Um die nationalistischen und rassistischen Vorstellungen und Feindbilder deutscher Soldaten zu verstehen, reicht es nicht, allein die Wehrmacht in den Blick zu nehmen. Es kommt vielmehr darauf an, den Nationalismus innerhalb der

Wehrmacht als Ausdruck der Nationsvorstellungen innerhalb der deutschen Gesamtgesellschaft zu begreifen. Die Wehrmacht bildete keine anonyme, mit der übrigen Gesellschaft unverbundene militärische Institution. Sie war eine Wehrpflichtigenarmee, der bis zu 18 Millionen Männer aus tendenziell allen Klassen, Schichten, Regionen und Konfessionen der deutschen Bevölkerung angehörten. Die Soldaten der Wehrmacht waren in etwa genauso häufig Mitglieder in NS-Organisationen[2] und griffen ebenso oft auf die geltenden Deutungsmuster von »Führer«, »Volk« und »Vaterland« zurück wie die übrigen »Volksgenossen«. Die in dieser »nationalsozialistischen Volksarmee«[3] vorhandenen nationalistischen Weltbilder unterschieden sich kaum von denjenigen der deutschen Gesellschaft. Der Nationalismus wird daher hier als breitenwirksame Sinnstiftungsinstanz und als Kommunikationsmedium zwischen Front und Heimat untersucht, welcher an lange tradiertes gesellschaftliches Wissen aus der Mitte der deutschen Bevölkerung anknüpfen konnte.

Die Ausgangsfrage dieses Buches lautet: Was verstanden die deutschen Soldaten unter den Begriffen der »Nation«, genauer unter »Volk«, »Führer« und »Vaterland«, die sie täglich im Munde führten? In einem Querschnitt durch die deutsche Zivilbevölkerung und die Wehrmacht gilt es, die Verbreitung zentraler nationalistischer Vorstellungen zu analysieren. Ein Schwerpunkt liegt dabei auf der Untersuchung des Nationalismus als Medium der Kommunikation zwischen Heimat und Front vor dem Hintergrund des Krieges gegen die Sowjetunion. Welche Erlebnisse des Krieges in Osteuropa wurden auf Grund der erlernten Erfahrungen und Weltbilder der Heimatfront nationalisiert? Wo zogen die Angehörigen der Wehrmacht die Grenze zwischen dem Eigenen und dem Fremden? Warum griffen Soldaten wie Zivilisten überhaupt regelmäßig in ihrer privaten Korrespondenz auf nationalistische Ordnungsvorstellungen zurück? Wie weit reichten diese Deutungen, wo lagen angesichts der Belastungen des Krieges und zumal der sich abzeichnenden Niederlage die Grenzen nationalistischer Mobilisierung? Damit stellt sich die Frage, welcher Grad an kollektiver Zustimmung zum NS-Regime aus den Nationsvorstellungen seiner Bürger ablesbar ist. Und vor allem: Was bewirkte die Nation in den Köpfen ihrer Anhänger? Inwieweit begünstigte die Berufung auf »Volk« und »Rasse« die Anwendung exzessiver Gewalt im Vernichtungskrieg gegen die vermeintlichen Feinde der »Volksgemeinschaft«?

Diese Ausgangsfragen lassen sich nicht erschöpfend beantworten. Der Glaube der Wehrmachtsangehörigen an die Geltung von Nation, Volk und Rasse erklärt noch nicht den Stellenwert dieser Deutungsmuster für die Männer und schon gar nicht ihre Verhaltensweisen im Vernichtungskrieg. Gerade die Frage nach dem Verhältnis von Nationalismus und kollektiver Gewalt wird kaum jemals eine völlig befriedigende Antwort erfahren können. Die Nationsvorstellungen bilden ein wichtiges, aber eben nur ein Bindeglied in einer Kette militärischer, politischer, sozialer, kultureller und situativer Interpretationsmodelle des Vernichtungskrieges. Was hier versucht wird ist, die Wahrnehmungs- und Handlungsrelevanz nationalistischer Grenzziehungen systematisch zu erfassen. Das Ziel dieses Buches ist es einen erweiterten Erklärungsansatz sowohl für die alltägliche Verbreitung von Nationsvorstellungen an der Front und der Heimatfront als auch für ihre Wirkungsmacht im Kontext des Vernichtungskrieges in Osteuropa zu formulieren. Denn um die Handlungen von Menschen zu verstehen, kommt es darauf an, ihre Weltbilder ernst zu nehmen und ihre subjektiv wahren Sinndeutungen nicht allein auf der Grundlage heutiger Realitätsvorstellungen zu beurteilen. Kollektive Dispositionen zu rekonstruieren, kann zumal dann von Bedeutung sein, wenn Massenmord zum militärischen Alltag wurde und Ursachen individuellen Handelns kaum zu ermitteln sind. Zur vorläufigen Annäherung an die aufgeworfenen Probleme werden hier zunächst vier Thesen zum Stellenwert nationalistischer Vorstellungen in der Wehrmacht vertreten:

1. Der deutsche Nationalismus erklärte seinen Anhängern die bedrohliche Umwelt des Zweiten Weltkrieges durch die Integration verschiedener etablierter Normen und Ordnungsmuster. Die Nationsvorstellungen waren keine notwendig mit anderen Wertesystemen konkurrierenden Ideologien. Vielmehr griffen die Menschen Elemente weiterhin existierender Lebensbereiche mit Hilfe des Nationalismus auf und verliehen ihnen einen neuen Sinn. Hier werden daher nicht allein Rassismus, Antisemitismus und die Idee eines begnadeten deutschen »Führers« als Derivate des Nationalismus begriffen. Genau so interessiert, wie auch vermeintlich harmlose Beobachtungen über Ordnung und Unordnung, Sauberkeit und Schmutz, Arbeit und Faulheit oder das »richtige« Verhältnis der Geschlechter in das einheitliche Sinnsystem der »Volksgemeinschaft« eingepasst wurden. Aus der Perspektive der »Volksgenossen« verwiesen alle ihre Beobachtungen und Praktiken durch das Reden und Denken in den Kategorien der Nation aufeinander. Gerade unter den Belastungen des Krieges ermöglichte es der Bezug auf die Nation, glaubhaft, neue Erfahrungen mit Hilfe der vergangenen zu verarbeiten und zu kommunizieren. Wer als Deutscher im Zweiten Weltkrieg Beobachtungen und Handlungen sinnvoll einzuordnen versuchte, dem fiel es schwer, nicht auf die geltenden Wertesysteme, Deutungsmuster und Sprachstile des Nationalen zurückzugreifen. Den vorliegenden Überlegungen liegt daher ein weit gefasster Nationalismusbegriff zugrunde, um zu verdeutlichen, wie vormals getrennte und augenscheinlich nicht nationale soziale Normen, wie beispielsweise Reinlichkeitsvorstellungen, Geschlechterbilder oder Arbeitsideale, aufgewertet und in ein nationales Sinnsystem integriert werden konnten. Gesellschaftliche Phänomene mussten nicht ausdrücklich als »national« bezeichnet werden, um nationalisierbar zu sein.

11

2. Die Nationsvorstellungen politisierten vorhandenes Alltagswissen. Jene deutschen Soldaten, die in ihren Feldpostbriefen ihre Umwelt mit Hilfe der ihnen zur Verfügung stehenden nationalen Sprache und gesellschaftlichen Werte
deuteten, verliehen ihren Beobachtungen eine politische Dimension, weil sie damit eine Ungleichheit der Menschen und
Dinge begründeten und Herrschaftsverhältnisse kreierten.
Bezeichnen bedeutete abwerten. Das Fremde in den Kategorien des soldatischen »Alltagsnationalismus«[4] überhaupt
zu benennen, hieß bereits, es zu diffamieren. Daher waren
etwa die massenhaften deutschen Klagen über »Dreck« und
»Chaos« in der Sowjetunion vielleicht banal, aber keineswegs
harmlos oder unpolitisch. Für den Glauben an die Überlegenheit der »Volksgenossen« war der abwertende deutsche Blick
auf die Menschen und die Verhältnisse in Osteuropa mindestens so relevant wie die Berufung auf die hehren Letztwerte
von »Volk«, »Führer« und »Vaterland«. Die eigene Nation erschien in der Wahrnehmung ihrer Anhänger gerade dann als
höherwertig, wenn sich eigene Anschauung und staatliche
Propaganda ergänzten.

3. Der Nationalismus innerhalb der deutschen Wehrmacht
resultierte aus den erlernten Visionen und Aversionen der
heimischen »Volksgemeinschaft«. Die Wehrmacht stellte eine
Armee von Wehrpflichtigen dar und reflektierte mithin im
Großen und Ganzen die Wertvorstellungen der deutschen
Gesellschaft. Auch an der Ostfront prägten die daheim über-
nommenen Weltbilder die Wahrnehmungsformen und Deutungsmuster der Truppe. Zugespitzt formuliert: Die deutschen Soldaten sahen in Osteuropa das, was sie schon wussten. Ihre Wahrnehmungsweisen verraten daher weit weniger
über die Einwohner und die Verhältnisse in der Sowjetunion
als über die lange tradierten nationalistischen Ordnungsvorstellungen und politischen Emotionen in Deutschland. Auf
diese Weise formierte sich in den Köpfen vieler Soldaten das
Bild einer sauberen und geordneten deutschen Nation als

Kampfgemeinschaft männlichen Geschlechts, die mit einem hygienisch wie ethnisch verkommenen slawisch-jüdischen Feind um Sein oder Nichtsein rang.

4. Zwischen 1933 und 1945 vollzog sich eine doppelte Transformation nationalistischer Grenzziehungen. Die »Volksgemeinschaft« verhieß an der Front und der Heimatfront zum selben Zeitpunkt ein Mehr an Ungleichheit wie an Gleichheit. Der Nationalismus ermöglichte seinen Anhängern eine verschärfte Ausgrenzung der »Gemeinschaftsfremden« und dadurch gleichzeitig eine verstärkte Teilhabe am deutschen Gemeinwesen: Auf der einen Seite bildete die wichtigste Bedingung für die Wohlfahrt der »Volksgenossen« die rigide Ausstoßung, ja Vernichtung von vermeintlichen Außenseitern und Feinden, welche der deutschen Nation per Definition nicht angehören konnten. Der Nationalsozialismus verkörperte die nationalistische Dialektik von Inklusion und Exklusion in schärfster Konsequenz. Er richtete sich gegen Sozialdemokraten und Kommunisten, Liberale und Intellektuelle, Homosexuelle und »Erbkranke«, und vor allem gegen Juden und die »slawischen« Nachbarvölker der Deutschen. Auf der anderen Seite aber ließ sich an der deutschen Heimatfront und auch innerhalb der Hierarchie der kämpfenden Truppe die »Volksgemeinschaft« als klassenloser Verband imaginieren. Gerade der Krieg ermöglichte die Erweiterung der Partizipationschancen der – theoretisch – politisch egalitären und sozial abgesicherten »Volksgenossen«. Die lange Zeit erfolgreiche Kriegführung konnte nach Jahrzehnten von Deprivationserfahrungen zum Medium kollektiver und individueller Selbstbegeisterung avancieren. Aus der Sicht vieler deutscher Soldaten hieß das: Selbst einfache Dienstgrade waren durch ihren militärischen Einsatz für die kämpfende Nation in Osteuropa in der Lage, neue soziale Rollen als Herrenmenschen und Kolonisatoren zu besetzen.

Die vielleicht größte Faszination der Kategorie »Nation« liegt in ihrer Unschärfe. Was den verschiedensten Nationalisten die Identifikation ermöglichte, hat der Forschung seit jeher Probleme bereitet. Die Definitionsversuche zu »Nation« und »Nationalismus« sind so unüberschaubar und widersprüchlich wie das Phänomen selber. Als fruchtbar für die Forschung hat sich Benedict Andersons Konzeption der Nation als einer »vorgestellten Gemeinschaft« erwiesen. Sein konstruktivistischer Ansatz verdeutlicht, dass die »Nation« keine eigentliche Essenz, keine fest gefügte Substanz enthält. Die Nation wird deshalb als »vorgestellt« begriffen, weil der Nationalismus – das ist das sich auf die Kategorie »Nation« beziehende Reden und Handeln – die Gemeinschaft zunächst im Denken ihrer Mitglieder und durch ihre Kommunikation untereinander hervorruft. Ausschlaggebend sind der Glaube und die Selbstbindung der Individuen an »ihre« Gruppe, nicht an eine objektive Realität.[5] Das heißt aber nicht, diese Konstruktion der Nation als Herstellung von Unwirklichem zu begreifen und sie »realen« Gemeinschaften gegenüberzustellen. Alle sozialen Gemeinschaften sind immer auch vorgestellte und konstruierte. Entscheidend ist die Tatsache, dass die Nation durch den Glauben an ihre Gemeinschaft zur Realität wird. Indem der Nationalismus seine Bedeutung für die Vorstellungen, Interessen und Emotionen der Menschen erhält, erzeugt er eine handlungsleitende Wirklichkeit.[6]

Die Konstruktion der Nation hat prozeduralen Charakter und ist nie abgeschlossen. Regelmäßig wiederkehrende Muster bewirken eine kontinuierliche Rekonstruktion der als Nation vorgestellten Ordnung – sei es in Form öffentlicher Kommunikation, politischer Rituale, im privaten Alltag oder unter den Extrembedingungen des totalen Krieges.[7] Dabei bedeutet gemeinsame Kommunikation, der Rekurs auf die gleiche Sprache und die gleichen Kategorien, keine Übereinstimmung der Nationskonzepte. Selbst im nationalsozialistischen Deutschland bestanden verschiedene Nationsvorstellungen

14

gleichzeitig nebeneinander. Der Nationalismus im »Dritten Reich« verhieß jeder sozialen Gruppe etwas aus dem Traditionsfundus deutscher Utopien. Abhängig von ihrer sozialen Lage, ihrer Konfession, ihrem Geschlecht oder ihrer politischen Haltung konnten die Deutschen unterschiedliche Werte und Hoffnungen mit »ihrer« Nation verbinden. So war es möglich, potenziell die gesamte Umwelt mit Hilfe des Nationalismus zu erfassen und zu deuten.[8] Eben deshalb war der Glaube an die Nation so erfolgreich und anpassungsfähig: Ihre Deutungsoffenheit ließ Platz für die Möglichkeit, einzelne Aspekte hineinzuinterpretieren oder herauszufiltern. So konnte im Prinzip jedermann etwas anderes darunter verstehen.

Die Kommunikation erschafft die Nation. Erst das alltägliche Reden, das Gespräch mit den Kameraden, die Lektüre der gleichen Zeitungen und das gemeinsame Radiohören brachte die »Volksgemeinschaft« hervor. Mit Hilfe eines gemeinsamen Wahrnehmungs- und Sprachstiles erzeugten die Deutschen in der Heimat wie an der Front den Glauben an den Bestand ihrer Nation. Ihr Nationalismus erzeugte als Kommunikationsform Möglichkeiten zum politischen und sozialen Zusammenhalt. Die Nation verband die verschiedenen Individuen durch Kanäle semantischer und sozialer Kommunikation miteinander.[9] Die »Volksgemeinschaft« als Gemeinschaft derjenigen zu begreifen, welche auf die gleiche Sprache, auf geteilte Weltbilder und politische Kategorien rekurrierten, bedeutet eben nicht, dass jeder dasselbe dachte oder sagte. Die nationale Sprache ist ein Kommunikationsmedium, bei dem es darauf ankommt, dass nur der, der diesen Sprachstil versteht und anwendet, an der Ausgestaltung der nationalen Gemeinschaft teilhaben kann. Die Empfänger massenmedialer Botschaften waren damit nicht nur passive Rezipienten. Die Deutschen bedienten sich zwar derselben nationalistischen Schlüsselbegriffe (»Volk«, »Nation«, »Vaterland«, »Führer«), konnotierten diese aber unterschiedlich, je nachdem, wie sie diese deuteten.

Das Konzept der »Volksgemeinschaft« stellte eine kriegsbedingte Neuformulierung etablierter deutscher Nationsvorstellungen dar. Das hatte sich bereits im Ersten Weltkrieg angekündigt. Nach 1918 vollzog sich dann durch die politische Umwälzung der staatlichen Ordnung und die Aufwertung der breiten Bevölkerung im Zuge von Revolution und Demokratisierung eine nachhaltige semantische Verschiebung: In der politischen Sprache war nun weniger von der Nation oder dem Nationalstaat, sondern von »Volk« und »Volksgemeinschaft« die Rede. Das galt für den öffentlichen wie für den privaten Raum. Im Zweiten Weltkrieg verwendeten Millionen deutscher Männer und Frauen in ihrer privaten Korrespondenz zwischen Front und Heimat die Begriffe »Volk« und »Nation« weitgehend synonym. Wichtiger als die begriffliche Verschiebung hin zu einer verstärkt ethnisierten Nationsvorstellung war die Bedeutung dieses semantischen Feldes insgesamt. Ob nun »Volk« oder »Nation«, ob »Reich« oder »Heimat«, als ein überaus attraktives Identifikationsangebot erwies sich die Vision einer durch den gemeinsamen Kampf gegen eine Welt von Feinden geeinte »Volksgemeinschaft« jenseits der innenpolitischen Trennlinien zwischen den Parteien, Klassen, Konfessionen und Geschlechtern.

Für die Durchsetzung eines neuen radikalnationalistischen Weltbildes bildeten der Erste Weltkrieg und seine Folgen – nicht erst der Nationalsozialismus – die maßgebliche Zäsur. Im Zentrum der nationalen Sprache stand in Deutschland in der ersten Hälfte des 20. Jahrhunderts der Krieg. Die Epoche der Weltkriege stiftete zwischen 1914 und 1945 gemeinsame Belastungen und als »national« deutbare Erfahrungen. Der Krieg überlagerte sämtliche Wahrnehmungen der Soldaten wie der Zivilisten. Die nationale Sprache ordnete unter den Bedingungen des totalen Krieges die Umwelt verstärkt in ein dichotomes Muster. Die normative Zuschreibung positiver Eigenschaften für die Deutschen fand ihre Entsprechung in den Hasstiraden gegen die Feinde der kriegführenden »Volksgemeinschaft«.[10] Die nationalistische Sicht auf die militärischen und zivilen Gegner der eigenen Gemeinschaft kreierte aus der Sicht der »Volksgenossen« neue Dichotomien und Bedrohungen. Die Geltung der deutschen Nation gelang erst durch die Bestimmung des Verhältnisses zwischen Eigenem und Fremdem. Um Volk, Nation oder Rasse zu erschaffen, bedurfte es der Benennung eines Feindes.

Der Zweite Weltkrieg veränderte die Art und Geltung der nationalistisch motivierten Grenzziehungen. Aus der Erfahrung massenhaften Kämpfens und Tötens, aus der Mobilisierung der Streitkräfte, der Wirtschaft, der Eliten und der breiten Bevölkerung resultierte unausweichlich eine politische, soziale und kulturelle Neubewertung des Eigenen und des Fremden. Zwar bestand und besteht auch im Frieden generell die Notwendigkeit, die zur »Nation« Zugehörigen und Nichtzugehörigen legitim zu benennen, doch im totalen Krieg kam dieser Definition ein ungleich höherer Stellenwert zu. Von der Bestimmung der nationalistischen Grenzziehungen und der Bekämpfung des Feindes schien vor dem Hintergrund der fundamentalen militärischen Bedrohung der Bestand des Nationalstaates und der »Volksgemeinschaft« selber abzuhängen. Nur durch die Berufung auf die Nation, die einen dem totalen Krieg entsprechenden absoluten Deutungs- und Legitimationsanspruch erlaubte, war eine weitreichende Neudefinition des Fremden und des Eigenen möglich. In einem etablierten Nationalstaat, der im Krieg stand, konnte man sich nur schwer der Berufung auf die Nation entziehen. Der totale Krieg markiert eine Konjunktur emotionaler und mentaler Anspannung, eine Ausweitung von Feindschaft, Nationalismus und Rassismus. Krieg und Nationalismus funktionierten wie ein System kommunizierender Röhren. Die Kriegführung des Deutschen Reiches scheint die Ideen von einer deutschen »Volksgemeinschaft«, einer ethnisch homogenen »Rasse« und eines messianischen »Führers« ebenso radikalisiert zu haben, wie umgekehrt diese Weltbilder das Potenzial einer Radikalisierung gegen vermeintliche und tatsächliche Feinde der deutschen Nation bargen.[11]

Der Vernichtungskrieg kann daher als konsequenteste Fortsetzung dessen begriffen werden, was die Anhänger der »Volksgemeinschaft« seit Jahren gegen die Feinde innerhalb der deutschen Landesgrenzen propagiert und praktiziert hatten. Die deutsche »Volksgemeinschaft« kämpfte einen Krieg, der zur Bestimmung fundamentaler Grenzen zwischen der Gleichheit der Kampfgemeinschaft und der Ungleichheit der »Untermenschen« führte. Die Ausmaße der Wehrmachtsverbrechen sprechen dafür, dass die Teilhabe der dem Anspruch nach egalitären »Volksgenossen« an einem nationalistisch motivierten Vernichtungskrieg die Zunahme politischer Radikalität und kollektiver Gewalt begünstigt hat.[12]

Forschungsstand, Quellenbasis, Gliederung

Solange Nationalismus nicht näher definiert zu werden braucht, scheint seine Wirkung eindeutig zu sein. Die Frage ist allerdings, welche der historischen Probleme des Nationalsozialismus und zumal welche Phänomene des Vernichtungskrieges mit Verweisen auf die Geltung von Nation und Rasse in den Köpfen der Menschen erklärt werden können. In vielen Darstellungen des Zweiten Weltkrieges zeichnet ein selten näher bestimmter, aber überall entdeckter Nationalismus für seine Intensität, seine Schrecken und seine Dauer verantwortlich. Die methodische Schieflage dabei ist, dass »der« Nationalismus zum Universalschlüssel für zahllose Erscheinungen und Probleme des Krieges avanciert – und damit alles und nichts erklärt. Dass »dem Nationalismus« im Vernichtungskrieg der Wehrmacht eine besondere Verbreitung und Bedeutung zukommen kann, leuchtet zwar zunächst unmittelbar ein. Aber nur selten wird das Phänomen

18

genauer definiert, noch werden seine Erscheinungsformen und seine Wirkungsmöglichkeiten in der komplexen Situation des Zweiten Weltkrieges näher untersucht. Genau genommen fehlt es bis heute an Forschungsergebnissen über die Auswirkungen von politischen Weltbildern und kulturellen Deutungsmustern auf das Verhalten der in Osteuropa eingesetzten Wehrmachtssoldaten. Die nationalistischen und rassistischen Antriebskräfte im Vernichtungskrieg sind nach wie vor unzureichend definiert und analysiert. Noch immer gibt es keine systematische Analyse des Nationalismus in der Epoche des Nationalsozialismus.[13]

Der Forschungsstand wird von dem Paradox gekennzeichnet, dass gleichzeitig zu viele und zu wenige Studien zum Thema vorliegen. Denn fraglos existieren zahllose Einzelarbeiten zu den Dogmen Hitlers, zu den ideologischen Gedankengebäuden der nationalsozialistischen Eliten, zur NS-Propaganda, zum Antisemitismus oder zum Rassismus.[14] Fraglich ist nur, inwieweit damit auch die alltäglichen nationalen Ordnungsvorstellungen der Mehrheit der deutschen Bevölkerung erfasst werden können. Tatsächlich ist die Erforschung des Stellenwerts nationaler Deutungen und Werte innerhalb der deutschen Gesamtgesellschaft, bei unterschiedlichen politischen Lagern, sozialen Gruppen und Konfessionen bislang über einen überschaubaren Bestand nicht wesentlich hinausgekommen.[15] Dieser Befund ist umso erstaunlicher, als in der internationalen Forschung die große Bedeutung der nationalistischen Weltbilder im »Dritten Reich« bei der Planung und Durchführung des Vernichtungskrieges regelmäßig hervorgehoben wird. Allerdings werden oft kühne Annahmen einer radikalisierenden Wirkung rassistischer und antisemitischer Weltbilder getroffen. Besonders der politisch exponierte Teil der Täterforschung fragt nicht allein nach Graden individueller und kollektiver Zustimmung und Beteiligung, sondern unterstellt den Wehrmachtssoldaten als Gesamtgruppe eine einheitliche »Vernichtungsmentalität«.[16] Doch gerade zu den Wert- und Nationsvorstellungen einfacher Wehrmachtssoldaten liegen erst wenige Studien vor.[17]

Insgesamt ist die Erforschung des Nationalismus im Zweiten Weltkrieg durch eine dreifache Unschärfe gekennzeichnet: Erstens überwiegt die Konzentration auf Hitlers Gedankengebäude und die Weltbilder seiner politischen und militärischen Umgebung. Über Hitlers Helfer, Hitlers Generäle und Hitlers Hunde wissen wir sehr viel, über die nationalistischen Wertvorstellungen der deutschen Bevölkerung und zumal der Wehrmachtsangehörigen dagegen erstaunlich wenig. Zweitens wird Nationalismus immer wieder mit Propaganda, mit der staatlichen Meinungsmanipulation oder der Herstellung eines »falschen Bewusstseins« verwechselt. Drittens wird nur unzureichend zwischen Nationalismus und Nationalsozialismus differenziert, Nationalismus entweder mit der Ideologie der braunen Machthaber gleichgesetzt oder aber die Wirkungen nationalistischer Vorstellungen dem Nationalsozialismus zugeschrieben. In letzter Zeit ist mit guten Gründen vorgeschlagen worden, die Durchsetzungskraft und den Bestand des Nationalsozialismus zu einem wesentlichen Teil nicht auf die faschistischen Ideologieelemente selber oder auf Zwang zurückzuführen, sondern auf die Transformation weit älterer Nationsvorstellungen innerhalb der deutschen Gesellschaft.[18] Die Anziehungskraft, welche die Berufung auf Volk und Nation für viele Deutsche ausübte, die selbst und gerade unter den Kriegsbedingungen verblüffend stabile Loyalität der »Volksgemeinschaft in Waffen«, scheint mit dem Hinweis auf die propagandistische Manipulation durch die regierenden Eliten oder den Terrorcharakter des Regimes nur unzureichend erklärt. Vielmehr schnitten die Machthaber des NS-Staates ihr öffentliches Reden und Handeln sorgfältig auf die nationalistischen Wertvorstellungen in der Bevölkerung zu, um eine breite gesellschaftliche Unterstützung zu erhalten.[19]

20

Erst allmählich hat die Forschung begonnen, das Konzept der »Volksgemeinschaft« nicht allein als propagandistische Inszenierung von etwas »Falschem« zu verdammen, sondern die Begeisterung vieler Zeitgenossen ernst zu nehmen.[20] Statt die Integrationsbereitschaft und die Faszination der Beherrschten anzuerkennen, betonten Geschichts- und Politikwissenschaft jahrzehntelang die Gewalt und die Repressalien der Herrschenden. In bester pädagogischer Absicht standen Widerstand und Verweigerung, d. h. Verhaltensweisen gesellschaftlicher Minderheiten, im Mittelpunkt des wissenschaftlichen Interesses.[21] Lange schien das Eingeständnis zu schwer, dass die »Volksgemeinschaft« der Mehrheit der Deutschen einiges zu bieten gehabt hatte: Sie verhieß in einer sozial, politisch und ökonomisch fragmentierten Gesellschaft, in einem Klima der Verzweiflung und der Hoffnungslosigkeit Gleichheit und Aufstieg, Partizipation und Wohlstand. Damit hatte sie Erfolg. Die »Volksgemeinschaft« kann als geglaubte Gesellschaftsutopie verstanden werden, der Millionen von Deutschen anhingen. Die Durchsetzungskraft des Nationalsozialismus wird weniger auf Terror als vielmehr auf der Erwartung und Erfüllung eines besseren Lebens beruht haben.

Um die Frage nach der Befriedigung der materiellen Bedürfnisse der »Volksgenossen« hat sich eine heftige Historikerkontroverse entwickelt. Vehement hat Götz Aly mit seiner These der nationalsozialistischen »Gefälligkeitsdiktatur« die Überzeugung vertreten, dass die politische Loyalität der Deutschen im Wesentlichen auf einem durch den Raub- und Rassenkrieg ermöglichten hohen Maß an materieller Bereicherung beruhte und einem damit verbundenen Gefühl sozialer Gleichheit und sozialen Aufstiegs.[22] Seine Kritiker hingegen hielten Aly unter anderem vor, dass nicht die Befriedigung kollektiver Profitgier, sondern der verbreitete Nationalismus und Rassismus das Regime stabilisiert habe.[23] Ob diese prägnante Gegenüberstellung von »Fressen« und »Moral« für die Erklärung der gesellschaftlichen Anziehungskraft der »Volksgemeinschaft« erhellend ist, mag dahingestellt bleiben. Für den »ganz normalen Volksgenossen« an der Front und an der Heimatfront wird sich diese Alternative in der Form nie gestellt haben, bedurfte das nationalistische Gleichheitsversprechen doch alltäglicher materieller Absicherung, während erfüllter Konsum sich wiederum als egalitäre politische Utopie begreifen ließ.

Die Verbreitung und Intensität des Nationalismus von einfachen Soldaten, Mannschaftsdienstgraden und unteren Offiziersrängen der Wehrmacht stehen hier im Mittelpunkt des Interesses.[24] Die Militärgeschichtsschreibung »von unten« hat sich in den vergangenen beiden Jahrzehnten mit dem alltäglichen Erleben der Menschen im Krieg, dem Leid des Einzelnen, kaum aber mit dem Stellenwert des Rassismus an der Front beschäftigt.[25] Diese Tendenz ist problematisch. Denn die durch den demokratischen Impetus der Alltagsgeschichte vielleicht verständliche Parteinahme verkennt oft die Täterrolle, ja bereits die weltanschauliche Partizipation der einfachen Soldaten. Dass vom Nationalismus deutscher Soldaten in der Forschung kaum die Rede ist, liegt zum Teil aber auch an den überlieferten Quellen. In ihren notwendig subjektiv gefärbten Briefen stellen die Männer sich selber eben nur selten als Mörder, Plünderer und Unterdrücker dar, sondern in der Regel als Opfer widriger Lebensbedingungen, militärischer Repression und emotionaler Entbehrungen. Die Schlussfolgerung aus diesem Befund kann nicht nur sein, den »kleinen Mann« als Täter zu entlarven. Vielmehr kommt es darauf an, die scharfe Unterscheidung von »Tätern« und »Opfern« zugunsten einer kontextualisierten Analyse von weltanschaulichen Überzeugungen und konvergierenden wie divergierenden Verhaltensmustern im Vernichtungskrieg aufzugeben.[26]

Um die Welt- und Feindbilder in der Truppe zu analysieren, stützt sich dieses Buch in erster Linie auf eine breite Auswahl von Feldpostbriefen aus der Bibliothek für Zeitgeschichte in Stuttgart, aus dem Bundesarchiv in Freiburg, aus Beständen in den Stadt- bw. Staatsarchiven von Nürnberg und Bremen, sowie der Feldpostbriefsammlung im Museum für Kommunikation in Berlin. Vor allem die Originale und die Abschriften von jeweils etwa 50 000 Briefen der Sammlungen »Sterz« und »Schüling« in der Bibliothek für Zeitgeschichte bilden die Quellengrundlage dieser Darstellung.[27] Mehrere tausend Exemplare wurden im Original oder im Exzerpt gesichtet, einige Hundert davon im vorliegenden Buch zitiert.[28] Erhoben wurden mit wenigen Ausnahmen allein Briefe von Wehrmachtsangehörigen, die ihren Familien und Frauen vom Krieg in Osteuropa berichten. Die Arbeit fokussiert daher – trotz eines Vorlaufes – die Jahre 1941 bis 1944. Dabei hat die heterogene Überlieferungslage es nicht erlaubt, sich auf einzelne Truppenverbände oder auf bestimmte Kriegsschauplätze, Einsatzzeiten und -orte zu konzentrieren, obwohl das eine gewinnbringendere Einordnung in spezifische Situationen des Vernichtungskrieges ermöglicht hätte. Allerdings dürften die Fragen nach dem Verhältnis der Soldaten zu »Führer«, »Volk« und »Vaterland« problemloser vom militärischen Kontext gelöst zu beantworten sein als etwa die Erfahrungen von Gewalt.[29]

Feldpostbriefe verheißen Authentizität. Näher scheint man dem alltäglichen Kriegserleben der Soldaten nicht kommen zu können. Und tatsächlich ist die Möglichkeit zeitlich bedingter Selektionsmechanismen des Gedächtnisses und nachmaliger autobiographischer Korrekturen der persönlichen Selbstdarstellung bei Feldpostbriefen nicht gegeben. Doch eine vermeintlich unmittelbare Wirklichkeitsabbildung besteht nur in der Zuschreibung der Zeitgenossen und mancher optimistischer Historiker.[30] Doch Feldpostbriefe bilden nicht die wie auch immer gearteten »wahren« Verhältnisse des Krieges ab. Ohne den Wirklichkeitsgehalt der Briefe zu verkennen, muss sich jeder, der diese Zeugnisse heranzieht,

23

der »Fallhöhe zwischen Kriegsrealität und brieflicher Darstellung«[31] stellen. Anerkennt man aber, dass Feldpostbriefe keine ungefilterten Eindrücke vermitteln, sondern im Gegenteil durch kulturell tradierte Deutungsmuster das Kriegsgeschehen verklären, verharmlosen oder verschweigen, liegt genau darin ihr großer Wert: Schreibend erschufen die Soldaten der Wehrmacht subjektiv gefilterte Rezeptionen des eigenen Lebensbereichs und semantisch erzeugte Sinn- und Identitätskonstrukte.

Das vorliegende Buch beruht nicht allein auf Originalbriefen. Eine wichtige Quellengruppe bilden die Zensurakten der Militärbehörden, die sich zum Teil im Bundesarchiv in Freiburg erhalten haben. Die einzelnen Armeeoberkommandos erstellten monatliche Berichte über die Stimmung in der Truppe, indem sie stichprobenweise Feldpostbriefe kontrollierten, diese exzerpierten und dann gegebenenfalls zur Verfolgung von Delikten weiterleiteten. Durch den Blick auf die Zensurakten bekommt man eine statistisch belegbare Vorstellung von der Häufigkeit bestimmter Briefthemen und vom Kanon des im Zweiten Weltkrieg Sagbaren und Unsagbaren. Flankierend werden zudem offizielle und illegale Stimmungsberichte über die Vorstellungen und die Haltung der Bevölkerung an der Heimatfront herangezogen. Zum einen fertigten die deutschen Regierungs-, Polizei- und Justizbehörden interne und vertrauliche Berichte über die Stimmung der Bevölkerung an, von denen die geheimen Rapporte des Sicherheitsdienstes der SS (die »Meldungen aus dem Reich«) veröffentlicht vorliegen. Ihr Ziel war es allerdings weniger die Stimmung der Bevölkerung annäherungsweise abzubilden, als vielmehr die politische Geschlossenheit der »Volksgemeinschaft« zu demonstrieren. Zum anderen erstellte die Exil-SPD (die so genannte Sopade) aus dem ihr zur Verfügung stehenden Material Analysen der deutschen Volksmeinung. Die »Meldungen aus dem Reich« akzentuieren eher den nationalen Konsens, die Sopadeberichte eher den antinationalen Dissens in der Bevölkerung.[32] Zur Rekonstruktion der nationalistischen Wert- und Ordnungsvorstellungen in der deutschen Öffentlichkeit werden schließlich ausgewählte große Tageszeitungen aus dem Reichsgebiet und gleichermaßen die Zeitungen für die Soldaten (»Mitteilungen für die Truppe«, »Mitteilungen für das Offizierkorps«) stichprobenweise untersucht.

Die Frage wie sich die Prozesse öffentlicher Kommunikation und kollektiver Sinnstiftung heute noch rekonstruieren lassen, dürfte kaum eine befriedigende Antwort erfahren können. Angesichts einer durchaus lückenhaften und heterogenen Überlieferungslage ist es ausgesprochen schwierig, und in einem methodisch strengen Sinne sogar unmöglich, repräsentative Aussagen über die Welt- und Feindbilder von Deutschen im Zweiten Weltkrieg zu treffen. So viel versprechend und hilfreich quantifizierende Verfahren zur Bestimmung der Bevölkerungsmeinung auch sind, die damit verbundenen methodischen Probleme können nicht übersehen werden.[33] Das zeitgenössische Quellenmaterial erlaubt meistens keine hinreichenden Angaben über den Sozialstatus, die Konfession oder das Alter der sich äußernden Personen, noch darüber, inwieweit aus den einzelnen Belegen auf die Disposition und das Verhalten der Gesamtgruppe zu schließen ist. Den gleichen Problemen unterliegen selbstredend auch die hier verwendeten Quellengruppen. Die folgenden Überlegungen zum Stellenwert der Nationsvorstellungen in Deutschland und an der Ostfront basieren auf Materialien, welche zwar kaum quantifizierbare Befunde, wohl aber qualitative Erkenntnisse über die handlungsleitende Wirkung kollektiver Ordnungsvorstellungen ermöglichen. Statt quantifizierende gegen qualitative Verfahren auszuspielen oder die vergesellschaftende Rolle politischer Weltbilder zu ignorieren,[34] kommt es hier darauf an, die Reichweite kultureller Deutungen und kollektiver Überzeugungen auszuloten. Qualitative sind durch quantitative Erklärungsansätze nicht zu ersetzen, weil sie andere Erkenntnismöglichkeiten auf historische Zusammenhänge eröffnen.

Das anschließende zweite Kapitel handelt von der Bestimmung des Eigenen und des Fremden innerhalb der deutschen Zivilbevölkerung. Zunächst werden die ideologischen Ausgangsbedingungen für den Zweiten Weltkrieg anhand des Wandels der Nationsvorstellungen in Deutschland im Ersten Weltkrieg und in der Weimarer Republik untersucht. Der folgende Abschnitt analysiert zentrale Elemente der nationalistischen Weltbilder innerhalb der deutschen Kriegsgesellschaft zwischen 1939 und 1945. Dabei ist zu zeigen, welche geteilten Visionen und welche gemeinsamen Aversionen in den Köpfen der »Volksgenossen« bestanden. Schließlich geht es um die Breitenwirkung und die Grenzen der Nationsvorstellungen innerhalb der unterschiedlichen sozialen Klassen der deutschen Zivilbevölkerung. Inwieweit deuteten Bürgertum, Arbeiterschaft und Landbevölkerung ihre politische und soziale Umwelt mit Hilfe nationalistischer Kategorien?

Das dritte Kapitel stellt die deutsche Nation als Kommunikationsgemeinschaft vor. Zunächst geht es um das Verhältnis von Nationalismus und Propaganda und um die Frage, inwieweit die braunen Machthaber die deutschen Nationsvorstellungen manipulieren konnten. Darauf werden die nationalistischen Sprachregelungen in der deutschen Öffentlichkeit im Zuge des Krieges gegen die Sowjetunion 1941 beleuchtet. Mit welchen Formen, Techniken und Inhalten aus dem nationalistischen Repertoire stellten die NS-Machthaber den deutschen Überfall dar? Während es im zweiten Abschnitt des Kapitels um die Art und Weise nationalsozialistischer Sinnproduktion geht, analysiert der dritte die Kommunikation zwischen Front und Heimat. Was berichteten einfache Soldaten in ihren Briefen an ihre Angehörigen über den Krieg? Welche Rolle spielte dabei die militärische Zensur, aber auch die Selbstzensur der Männer? Welche Sinnmuster strukturierten ihre Wahrnehmung und wie wurden nationalistische Deutungen in den soldatischen Kriegsalltag integriert?

Das vierte Kapitel veranschaulicht, wie die daheim erlernte nationalistische Perspektive auf die Welt das Denken und Handeln der deutschen Soldaten an der Ostfront strukturierte. Zunächst werden die verschiedenen Nationsvorstellungen in der Truppe, ihr Stellenwert und ihre Grenzen beleuchtet. Im zweiten Abschnitt ist zu zeigen, wie die Männlichkeitskonzepte der Soldaten mit ihren nationalistischen Überlegenheitsvisionen verschmolzen und Ungleichheit legitimierten. Von der Abwertung der Einwohner und der Lebensverhältnisse in Osteuropa handelt auch der dritte Teil. Hier werden die nationalistisch gebrochenen Wahrnehmungen der Sowjetunion und ihrer Bewohner untersucht. Im letzten Teil geht es um das brisante Problem der Wirkungsmacht von Nationsvorstellungen im Kontext des Vernichtungskrieges: Zu analysieren ist, wie die Männer in ihren Briefen von den Massenmorden an Kriegsgefangenen, Juden und Partisanen berichteten, wie sie mit nationalistischen und rassistischen Deutungen die Taten sprachlich verarbeiteten und ihnen einen »Sinn« verliehen. Dabei sind gerade die durch den Nationalismus beschränkte Wahrnehmungsfähigkeit der Soldaten, ihre Bedrohungsvisionen und die Konstruktion von Handlungszwängen in den Blick zu nehmen.

Im abschließenden fünften Kapitel werden die Ergebnisse der vorangegangenen Überlegungen unter dem Gesichtspunkt möglicher Handlungsspielräume im Kontext des Vernichtungskrieges zusammengefasst. Mit anderen Worten: In welchem Verhältnis standen nationalistisches Weltbild und tödliche Handlung? Radikalisierten die Nationsvorstellungen die Kriegführung gegen die Feinde der deutschen Nation? In einem Ausblick auf die Debatten um die Erinnerung an den Nationalsozialismus in der politischen Gegenwart der Bundesrepublik geht es schließlich um die Probleme einer sich abzeichnenden Neubewertung deutscher Kriegsverbrechen. Welche Ursachen hat diese veränderte Sicht auf die Geschichte des Zweiten Weltkriegs, die zunehmend nicht mehr die Opfer der Deutschen, sondern die Deutschen als Opfer in den Blick nimmt?

»Volksgenossen« und »Gemeinschaftsfremde«: Nationsvorstellungen der deutschen Gesellschaft im Zweiten Weltkrieg

Die Konjunktur des Nationalismus im 20. Jahrhundert wird durch das Zeitalter der Weltkriege markiert. Der Nationalismus der Nationalsozialisten entstand als eine Folge des Ersten und endete mit dem Zweiten Weltkrieg. Das Reden über Nation und Krieg war im Nationalsozialismus allgegenwärtig. Wohin man auch blickt, kaum ein Bereich des öffentlichen Lebens in Deutschland wurde von nationalistischen Deutungs- und Argumentationsmustern nicht erfasst. Das galt zumal nach 1939, wenn von der »Volksgemeinschaft an der Heimatfront«, dem »Großdeutschen Freiheitskampf« oder einem »antibolschewistischen Kreuzzug«[1] die Rede war. Der totale Krieg begünstigte die Aneignung der bedrohlichen Umwelt mit Hilfe der dichotomen Kategorie der Nation, sodass alles eine »nationale Frage« werden konnte. Tendenziell jede Art von Politik musste im Krieg in der Sprache des Nationalen formuliert werden, um als tatsächliche oder vermeintliche Überlebensfrage Geltung beanspruchen zu können. Der Krieg war mithin Ursprung und Ziel der nationalistischen Sprache. Er überlagerte in der Perspektive der Zeitgenossen alles politische Reden und Handeln, indem er Wahrnehmungen und Sprachhandlungen bis in die der Wortwahl hinein strukturierte.

Wie kam es zu diesem Wandel und dieser Radikalisierung des Nationalismus in Deutschland? Den Ausgangspunkt markieren hier die Erfahrungen und die Folgen des Ersten Weltkrieges. Zunächst ist zu zeigen, welche unterschiedlichen

Nationskonzepte in den politischen Lagern bestanden, und wie es den Anhängern des Nationalsozialismus gelang, ihre Gesellschaftsvorstellungen als die Erfüllung lang gehegter nationaler Ziele zu legitimieren. Der zweite Abschnitt untersucht zentrale Elemente nationalistischer Weltbilder innerhalb der deutschen Kriegsgesellschaft zwischen 1939 und 1945. Nationalismus, Führerkult, Rassismus und Antisemitismus werden als Medium der Kommunikation zur Verständigung über zentrale Probleme und Werte der deutschen Gesellschaft begriffen. Im dritten Teil schließlich geht es um die soziale Reichweite und die Grenzen der Nationsvorstellungen innerhalb des Bürgertums, der Arbeiterschaft und der Landbevölkerung.

Kriegsnationalismus: Entstehung und Entwicklung des radikalnationalistischen Weltbildes vom Ersten bis zum Zweiten Weltkrieg

Das Jahr 1914 markiert – tiefer noch als die Jahre 1918, 1933 oder 1939/1941 – die entscheidende Zäsur in der Geschichte des deutschen Nationalismus. Um den Nationalismus des Zweiten Weltkriegs zu begreifen, ist ein Rückblick auf den Ersten Weltkrieg und seine Belastungen unerlässlich. Der neue Nationalismus und die Ideologie der »Volksgemeinschaft« resultierten aus den nach innen gewandten Rückwirkungen einer neuen »totalen« Kriegführung. Der moderne industrielle Krieg erforderte die durchgreifende Umorganisation der Gesellschaft durch den Staat unter dem Primat der kriegswirtschaftlichen Funktionalität. In dem Maße, in dem die materiellen Rüstungsanstrengungen und der Unterhalt eines Massenheeres gerade 1916 und 1917 zur zentralen Aufgabe der Gesellschaft wurden, berührte diese Entwicklung immer stärker die bestehenden Herrschaftsverhältnisse, weil sie die Kontrolle über Menschen und Material neu regelte.

Daher verlagerten sich politische Auseinandersetzungen zunehmend auf den Kampf um die Kontrolle dieses Prozesses.[2] Die vielfältige staatliche Intervention – besonders die Ausweitung der Rüstungsproduktion und der Entzug zahlreicher individueller und institutioneller Freiheiten – rief langfristig den entschlossenen Widerstand der Bevölkerung und der rivalisierenden politischen Lager hervor. Protestdemonstrationen und Streiks richteten sich nicht mehr allein gegen private Unternehmer, sondern gegen den intervenierenden Staat, dem die politische Verantwortung für die materielle Not, die Beschränkung der Freizügigkeit und die zahllosen alltäglichen Schwierigkeiten angelastet wurde.[3] Da aber der Staat unter den Bedingungen des totalen Krieges auf die Mobilisierung und die Loyalität seiner Bevölkerung angewiesen blieb, konnten sozioökonomische Spannungen eine empfindliche militärische Schwächung nach sich ziehen. Eine erfolgreiche Kriegführung setzte daher eine entsprechende innere Konfliktregelung, etwa in Gestalt politischer Reformen und der Erfüllung von Partizipationsansprüchen Unterprivilegierter, voraus.[4]

Nationalismus und Kriegführung bedingten einander. Eine zentrale Rolle sowohl bei der Legitimation staatlicher Zwangsmaßnahmen im Ersten Weltkrieg als auch beim Widerstand gegen diese kam nationalistischen Deutungsmustern zu. Die massiven staatlichen Eingriffe in die bestehende Ordnung ließen sich nur mit der Berufung auf die durch den Krieg in ihrer Existenz bedrohte Nation rechtfertigen und mit der Notwendigkeit, den angegriffenen Nationalstaat zu verteidigen. Besonders unter den Bedingungen des sich seit 1916 vollziehenden »totalen Krieges« versprach allein die glaubhafte Berufung auf den »Willen des Volkes« eine hinreichende Herrschafts- und Interessenlegitimation. Das leistete der politische Mehrheiten suggerierende und legitimierende Bezug auf die »Nation« überzeugender als der Appell an Klasse oder Konfession. Gleichzeitig aber begünstigte die

kriegswirtschaftlich bedingte und auch semantisch wie ideologisch vollzogene Aufwertung gesellschaftlich Minderprivi-
legierter, dass sie durch Berufung auf ihre Zugehörigkeit zur
Nation und ihre kriegsrelevante Leistung die Chance erhielten, sich staatlichen Eingriffen zu widersetzen. Mehr noch:
Oppositionelle Gruppen konnten die staatliche Herrschaft in
dem Maße in Frage stellen, in dem es ihnen unter dem Druck
der Kriegslage gelang, selber das nationale Gemeinwohl zu
definieren.

Der Ausbruch des Ersten Weltkrieges veränderte daher
langfristig Zustand, Zuschnitt und Zukunft des deutschen
Nationalismus. Alles begann mit einer nationalistischen Par-
tizipationsverheißung: Zwar war die Kriegsbegeisterung der
ersten Wochen in ihrer gesellschaftlichen Verbreitung begrenzt und in ihrer zeitlichen Dauer sehr beschränkt. Das
realhistorische »Augusterlebnis« befiel allenfalls kurzfristig
die männliche, protestantische Bevölkerung in den größeren
Städten, kaum hingegen Frauen, Arbeiter, Bauern oder Katholiken.[5] Gleichwohl waren die Folgen weit reichend. Ungeachtet seiner eindeutigen sozialen Grenzen wirkte der »Geist
von 1914« vor allem deshalb, weil sich der nationale Glaube
vieler Deutscher und die Ereignisse des Kriegsausbruches in
einer verführerischen Vision vereinten: der nur durch einen
Krieg erreichbaren inneren Einheit der Nation. Die Vorstellung der nationalen Einheit versprach angesichts der krisen-
haften Anspannungen der Vorkriegszeit einerseits und der
Herausforderung, die der Erste Weltkrieg andererseits darstellte, eine neue Sinnstiftung und Geborgenheit im Solidar-
verband der Nation. Der Glaube an die allgemeine nationale
Solidarität von 1914 sollte wenigstens bis 1945 – und nicht
nur dem protestantischen Bildungsbürgertum – als immer
wieder aktualisierbares Modell einer aus dem Krieg geborenen harmonischen Gesellschaftsordnung dienen.

Der entscheidende Kristallisationspunkt der Gemein-
schaftseuphorie basierte auf den vielfältigen Vorstellungen

und Interessen, die sich mit dem Reden von der »Nation« verbanden. Die Nation bot eine faszinierende Projektionsfläche für die Einheitshoffnungen und Wertvorstellungen beinahe aller gesellschaftlichen Gruppen. Denn die erstrebte »Volksgemeinschaft« war politisch deutungsoffen. Der Mythos der geeinten Nation wurde eigentlich erst wirkungsmächtig, weil dieser die verschiedensten Interessen artikulierte und gleichzeitig überwölbte. Da die Berufung auf die Nation sowohl ein attraktives Deutungsmuster für eine komplexe und bedrohliche Umwelt als auch eine Erfolg versprechende politische Handlungsstrategie für konkurrierende Interessen darstellte, ließ sich der Anschluss an die Weltbilder und die politische Praxis der großen gesellschaftlichen Gruppen und Eliten leicht sicherstellen. In allen politischen Lagern redete man viel von der Einheit und von der Erneuerung der Nation, von Volk oder Vaterland und verknüpfte große Hoffnungen damit. Deren grundsätzliche Unvereinbarkeit und Unerfüllbarkeit erkannten die Zeitgenossen nur selten. Nicht nur das: Die semantische Konstruktion des »Burgfriedens« diente den nach wie vor verfeindeten politischen Lagern dazu, mittels ihrer nationalistischen Argumente ihren Einfluss im öffentlichen Raum auszubauen oder zu verteidigen. Die Stoßrichtung der nationalistischen Utopien war eindeutig innenpolitischer Natur – und das auf doppelte Weise: Mit dem deutschen Nationalstaat verteidigte man die bestehende Ordnung und stritt gleichzeitig für die gedachte Ordnung Nation, die je nach Interessenlage und politischem Standpunkt von potenziell jedem anders gefüllt werden konnte.[6]

Der Reichsleitung war bewusst, dass sich mit dem Glauben an das »Augusterlebnis« und dem Abschluss des »Burgfriedens« die einzigartige Chance bot, die verfeindeten gesellschaftlichen Kräfte, voran die SPD, in den Nationalstaat zu integrieren. Die kaiserliche Regierung suchte den »Burgfrieden«, die »Reduktion des Bismarckschen Staates zu seiner

Idealform«,[7] zu institutionalisieren und erhoffte sich vom Krieg die politische und soziale Befriedung der Gesellschaft. Die begrenzte Kooperation antagonistischer Gruppen schien dem bestehenden Nationalstaat und dessen regierenden Eliten die dringend vermisste Stabilität verliehen zu haben. Der Krieg eröffnete der Regierung die Möglichkeit, außer den »nationalen« und konfessionellen Minderheiten vor allem die Sozialdemokratie mit der bestehenden Ordnung zu versöhnen.[8] Während die kaiserliche Regierung zwischen konkurrierenden Nationsvorstellungen zu lavieren suchte, bezog man im Lager der Konservativen klare Positionen: Der »Burgfriede« und das »Augusterlebnis« waren für die »alte Rechte«, die Konservative Partei und die Agrarier reiner Selbstzweck, begriffen sie doch die verkündete innenpolitische Einigkeit und die offenbare emotionale Ergriffenheit der Bevölkerung als Konsolidierung der bestehenden Herrschaftsverhältnisse. Die Konservativen verbanden mit ihren traditionellen Nationsvorstellungen die Hoffnung auf die Rückkehr Deutschlands zu einem vermeintlich idealen, vorindustriellen Zustand. Die kulturelle Vorkriegsdekadenz im Allgemeinen und den verachteten politischen Pluralismus mit seinen offenen Interessengegensätzen im Besonderen grenzte man von der alles überstrahlenden Gegenwart scharf ab. Demnach wies der Krieg dem deutschen Volk die Rückkehr zu traditionellen Werten, zu »höchste[m] Soldatenglück«, »zur strenge[n] Hingabe an die gebieterische Pflicht« und zur »unerschütterliche[n] Treue zum Herrscherhause«.[9] Die Konservativen stilisierten ihre deutsche Nation als Verkörperung von monarchischer Autorität und Preußentum.

Diese konventionellen Nationsvorstellungen teilte die radikale Rechte, namentlich der berüchtigte »Alldeutsche Verband«, nicht. Für die radikalen Nationalisten war der Weltkrieg ein »Rassekrieg«. In diesem Glaubenssystem bildete die »Rasse« die Grundeinheit der deutschen Nation und des geschichtlichen Lebens. Da dieses sich in der notwendigen Aus-

einandersetzung mit anderen Völkern vollzog, lag die letzte
Ursache des Weltkrieges in den rassischen Unterschieden der
Völker begründet, genauer in der perfiden Rachsucht der
minderwertigen »Fremdrassen«, vor allem der Slawen, gegen
die nordische »Edelrasse«.[10] Nun schien sich bei Gelegenheit
des Weltkrieges die Chance zu bieten, alldeutsche Konzepte
in bisher unerreichbarem Ausmaß zu verwirklichen. Die völkischen Nationalisten proklamierten 1914 ein »neues Nati-
onalbewußtsein«, das sich auf der existenziellen Erfahrung
des »gemeinsamen großen weltgeschichtlichen ... Erlebnis-
ses«[11] des Krieges gründete. Die Ideologie der radikalen
Rechten erhob das gesamte »Volk« – im Sinne der »Volksnation« – zum Subjekt der Nation und versprach – fiktiv oder
nicht – politische und soziale Egalität durch den gemeinsamen Kampf in der »Volksgemeinschaft«. Diese Form der Berufung auf das »Volk« war unter der Herausforderung der
extremen gesellschaftlichen Belastungsprobe insofern ein in-
novatives Konzept, als dieses Ideal einer im Existenzkampf
zusammengeschmiedeten, rassistisch determinierten »Volksgemeinschaft« seine verführerische Überzeugungskraft nicht
allein im konservativen Lager entfalten sollte.[12] Das bedeutete unter den Bedingungen des Weltkrieges nicht nur die
permanente Konfrontation nach außen, sondern erforderte
zur Aufrechterhaltung der Kohäsion der »Volksgemeinschaft« die ethnische Abgrenzung im Innern – sei es gegen
nationale Minderheiten oder Juden.[13] Indem die neue Rechte
das ethnisch definierte Volk zur Grundeinheit menschlichen
Seins stilisierte, bedrohte sie die Grundlagen des Deutschen
Kaiserreiches. In der Hoffnung auf gewaltige Gebietserwei-
terung agitierten die Aktivisten des völkischen Nationalismus im Ersten Weltkrieg zunehmend offener für die Überwindung des kleindeutschen Nationalstaates zugunsten des
ethnisch homogenen Einheitsstaates. Es ging – auf eine Formel gebracht – um die »Weiterentwicklung de[s] Nationalstaat[s] zum Rassenverbande«, um die »politische Zusam-

menfassung stamm- und artverwandter Völkerschaften unter einem Staatsganzen«.[14]

Auch auf der gegenüberliegenden Seite des politischen Spektrums innerhalb der Sozialdemokratie war nun viel von »Volk« und »Nation« die Rede. Im August 1914 überraschte nicht zuletzt die Sozialdemokraten selber die Intensität ihres Nationalismus, wenn man bedenkt, dass sie seit der Sozialistengesetzgebung unter Bismarck eine betont antinationale Haltung kultiviert hatten. Weder bewältigten die Sozialdemokraten theoretisch das Spannungsverhältnis zwischen national und international, noch waren sie sich immer ihres »linken« Nationalismus bewusst. Der »unbewußte Nationalisierungsprozeß«[15] der SPD schlug sich in ihrer doppelten Loyalität gegenüber der eigenen Klasse und der internationalen Arbeiterbewegung einerseits und dem Nationalstaat andererseits nieder. Dazu kamen noch die Wirkungen eines schleichenden Integrationsprozesses in das Kaiserreich. Auch aufgrund der materiellen Verbesserungen für die Arbeiterschaft – wie einer anhaltenden Reallohnsteigerung und eines relativ fortschrittliches Sozialversicherungssystems – gewannen viele Sozialdemokraten die Überzeugung, im Kaiserreich wertvolle Errungenschaften zu besitzen, und fürchteten angesichts der militärischen Bedrohung 1914, mehr zu verlieren als ihre Ketten.[16] Ihre Diffamierung in der wilhelminischen Gesellschaft als »vaterlandslose Gesellen« erzeugte außer Protest auch den »Widerlegungseifer«[17] der Sozialdemokratie, sich von diesem scheinbaren Makel zu reinigen und endlich als Teil der reichsdeutschen Nation anerkannt zu werden. Der »Vorwärts« bekräftigte: »Die Arbeiter stehen nicht außerhalb der Nation.«[18] In der Sozialdemokratie berief man sich gleichwohl auf ein anderes Deutschland und bestritt den Ausschließlichkeitsanspruch des Reichsnationalismus der regierenden Eliten. Scharf unterschied man in der SPD zwischen einer demokratisch und sozialreformerisch gedeuteten deutschen Nation, in die von Seiten der Revisionisten aber bereits ethnisch-kulturelle Elemente eingeflossen waren, und dem Kaiserreich als verachtetem »Klassenstaat«.[19]

Im politischen Katholizismus schließlich begrüßte man den Kriegsausbruch mit einem ostentativen Bekenntnis zum Nationalstaat. »Deutschland, Deutschland über alles«, jubelte die »Germania«, »ein Hochgefühl patriotischer Begeisterung erfüllt jedes Deutschen Brust.«[20] Die katholischen Eliten kleideten die Ereignisse in religiöse Metaphern mit offenen Reminiszenzen an Papst Urbans Kreuzzugspredigten: »Zu einem Kreuzzug wollen wir ausziehen ... Gott will es!«[21] Die Motive hinter dieser Haltung waren denen der Sozialdemokraten ähnlich, mit denen man sich über Jahrzehnte hinweg die Pariastellung im Kaiserreich geteilt hatte: Die Sucht nach Anerkennung durch die Gesamtgesellschaft und die Projektion der eigenen Werte und Vorstellungen auf eine zunehmend mit dem reichsdeutschen Nationalstaat gleichgesetzte Nation. Das katholische Anerkennungssyndrom kennzeichnete 1914 die Hoffnung, durch eifrige öffentliche Übererfüllung geglaubter patriotischer Normen endlich die gesellschaftliche Integration in das Kaiserreich zu erfahren. Schon in den letzten Friedensjahren sah die große Mehrheit der Katholiken keinen grundsätzlichen Gegensatz mehr zwischen ihrer universalen Gemeinschaft und der des deutschen Nationalstaates. Allerdings setzten katholische Intellektuelle gegen das Ideal einer staatszentrierten homogenen Reichsnation ihre Vorstellungen von einer großdeutschen, kulturell pluralen und katholisch-universalen deutschen Nation.[22]

Es war genau diese Oszillation deutscher Nationsvorstellungen zwischen Ordnungssehnsucht, sozialem Ausgleich und ethnischer Abgrenzung, welche den Aufstieg der »Volksgemeinschaft« ermöglichen sollte. Die nationalen Utopien des Zweiten Weltkrieges sollten sich wesentlich aus den im Ersten Weltkrieg unbefriedigt gebliebenen speisen. Denn zwischen 1914 und 1918 erfüllten sich die unterschiedlichen nationalistischen Hoffnungen von Regierungseliten, der alten und neuen Rechten, Liberalen, Sozialdemokraten und Katholiken nicht. Der Bezug auf die »Nation« stellte zwar ein attraktives Deutungsmuster für eine komplexe und bedrohliche Umwelt und eine Erfolg versprechende politische Handlungsstrategie der konkurrierenden politischen Lager dar. Doch ließ sich dadurch der von der Mehrheit der politischen Akteure erhoffte gesellschaftliche Konsens, die »nationale Einheit«, kaum erreichen. Mit Hilfe des Nationalismus trennte man die Welt scharf in Gut und Böse und markierte politische Gruppen und Ziele, auf welche die Aggression hingelenkt werden musste: Wer sich des Nationalismus als eines Kommunikationsmediums bediente, tendierte zu einer verstärkten Wahrnehmung gesellschaftlicher Bedrohungen und Konflikte. In dem Maße, in dem der Krieg die innenpolitischen Konfliktlinien der Vorkriegszeit, ungeachtet aller nationalistischen Einheitshoffnungen, massiv verschärfte, wurde auch mit Hilfe der äußeren Feindbilder der »Burgfriede« zerstört. Die Deutungsoffenheit der Nation und die Herstellung der nationalen Einheit auf der Grundlage konfliktträchtiger Exklusion begünstigten von Beginn an nicht nur die außenpolitische, sondern auch die innenpolitische Polarisierung. Die Feinde der deutschen Nation ließen sich außerhalb und innerhalb der eigenen Landesgrenzen entdecken.

Außenpolitisch waren die Folgen des deutschen Kriegsnationalismus noch gravierender. Das Kaiserreich war letztlich nur im Westen geschlagen worden. Osteuropa aber behauptete man für eine kurze, aber prägende Zeit als Verfügungsmasse deutscher Politik und als Objekt großdeutscher Phantasien: Russland verlor durch den Diktatfrieden von Brest-Litowsk Polen, Finnland, das Baltikum und vor allem die Ukraine und sah sich damit auf das vorpetrinische Kernland zurückgeworfen. Alle Gebiete fielen in mehr oder weniger direkter Form in den Herrschaftsbereich des Deutschen Kaiserreiches. Die Maßlosigkeit des Diktatfriedens von Brest-Litowsk kündigte eine dunkle deutsche Zukunft für den

Osten Europas an. Osteuropa avancierte durch die militärischen Erfolge des Ersten Weltkrieges nicht nur zum Objekt
deutscher territorialer Expansionsvisionen. Ebenso wichtig
war, dass »der Osten« im Vorstellungshorizont zahlloser deutscher Politiker und Eliten, aber eben auch einfacher Soldaten, zu einer außereuropäischen, »asiatischen« und mithin
unzivilisierten Chiffre mutierte. Die Strapazen des Feldzuges
und das Erlebnis des augenscheinlichen kulturellen und zivilisatorischen Gefälles eröffneten einen weiten Assoziations-
bereich, der zwischen Gefahr und Verheißung oszillierte,
zwischen Weite und Chaos, Ursprünglichkeit und Barbarei,
Rassekraft und Überschwemmung.[23] Die weit ältere Idee vom
deutschen »Drang nach Osten«[24] war nicht nur durch den
Krieg Wirklichkeit geworden, sondern verpflichtete als geschichtliche Mission weiterhin für die Zukunft.

Prägend für deutsche »Lebensraumvisionen« und Ungleichheitsvorstellungen im und nach dem Ersten Weltkrieg
wurden die rassistisch begründeten Formen deutscher An-
nexionen in Osteuropa. Die Expansionspolitik des kaiserlichen Deutschlands begünstigte die fortschreitende Ethnisierung der Nationsvorstellungen. In dem Maße, in dem aus der
Konkursmasse des Russischen Reiches weite Gebiete Osteuropas in deutsche Hände fielen und eine gezielte Besied-
lungs- und Vertreibungspolitik von der Regierung, aber auch
von weiten Teilen der bürgerlichen Öffentlichkeit propagiert
wurde, verbreitete sich im politischen Diskurs die Forderung,
dieses Land »frei von Menschen« zu annektieren.[25] Die
Furcht vor einer Zunahme »fremdrassiger« Minderheiten innerhalb deutscher Landesgrenzen korrespondierte mit der
Stilisierung des deutschen Volkes zu einer homogenen ethnischen Abstammungsgemeinschaft.[26] Die behauptete Überlegenheit gegenüber Polen und Osteuropäern wurde allmählich auf eine »natürliche« und »wissenschaftliche« Grundlage
gestellt. Nur gebürtigen Deutschen, die durch das vermeintlich unabänderliche Faktum der Abstammung an den Nati-

onalstaat gebunden waren, glaubte eine wachsende Anzahl der politischen Akteure im Kaiserreich vor dem Hintergrund der militärischen Herausforderung vertrauen zu können.

Nicht erst 1941, bereits 1914 war der Krieg in Osteuropa von manchen Deutschen als Rassenkampf konzipiert worden. Die deutsche Lebensraumideologie und besonders das aggressiv vertretene Konzept einer »völkischen Flurbereinigung« kündigten auf einer ideologischen und semantischen Ebene das an, was 20 Jahre später der nationalsozialistische Angriffskrieg in Osteuropa in die Tat umsetzte. Augenscheinlich hatte sich der Angriffskrieg als Mittel zur gewaltsamen Gründung eines homogenen alldeutschen Großreiches auf Kosten einer »minderwertigen« Bevölkerung in Osteuropa bewährt und bildete fortab nicht nur im Vorstellungshorizont der radikalen Nationalisten eine feste Größe. Zwar stand die nachmalige nationalsozialistische Terrorherrschaft in keinem direkten Verhältnis zu der wilhelminischen Expansionspolitik. Der Hauptunterschied der kaiserlichen Ostpolitik zu der des Nationalsozialismus lag weniger auf der ideologischen Ebene als vielmehr im Fehlen systematischer Gewalt. Obwohl man im kaiserlichen Deutschland trotz aller ideologischen und semantischen Radikalität in der Frage der »Germanisierung« am Ende vor dem Mittel der Gewalt zurückschreckte, bildeten die deutsche Polenpolitik und der antipolnische Diskurs im Ersten Weltkrieg ein wichtiges Bindeglied zwischen der Ausnahmegesetzgebung des Kaiserreiches und der gewaltsam verwirklichten Lebensraumpolitik des »Dritten Reiches«.[27] Hitlers Generation hatte die ungeheure gewaltsame Ostexpansion miterlebt. Für kurze Zeit war ein alldeutsches Großreich bereits im Ersten Weltkrieg Wirklichkeit und konnte fortab bis in den Zweiten Weltkrieg einen verführerischen Bezugspunkt zur Umsetzung deutscher Weltmachtsphantasien bilden.[28]

Der Ausgang des Ersten Weltkrieges hatte ebenso weit reichende innenpolitische Folgen für das Nationsverständnis in

Deutschland. Die Weimarer Republik blieb bis zu ihrem Ende mit dem Makel der Niederlage behaftet. Die in Versailles ratifizierte europäische Nachkriegsordnung bildete vielleicht das wirkungsmächtigste innenpolitische Zerrbild, dessen Bekämpfung den kleinsten gemeinsamen Nenner der verfeindeten Lager ausmachte. Deutschnationale und Völkische, Katholiken und Liberale, Sozialdemokraten und Kommunisten – sie alle vereinte nicht viel mehr als die Überzeugung, dass Deutschland zum nicht nur territorial verstümmelten Opfer einer ungerechten Siegerjustiz geworden war. »Versailles« avancierte zum hochemotional aufgeladenen Schlüsselbegriff im innenpolitischen Alltagsgeschäft. Dabei brachten die Suche nach dem verlorenen Reich und das Bedürfnis, die Niederlage zu erklären, antisemitische, antisozialistische und antiliberale Nationsvorstellungen in ungekanntem Ausmaß hervor. Gleichzeitig begünstigte die Delegitimation der besiegten staatlichen Ordnung die Aufwertung des »deutschen Volkes« im politischen Diskurs der Weimarer Republik, weil allein die Abstammungsgemeinschaft noch politische Kontinuität und ideologische Hoffnung zu verkörpern schien.[29]

Nach 1918 waren »Volk« und »Vaterland« in aller Munde. Gerade in der Weimarer Republik ordneten die politischen Akteure aller Richtungen ihre veränderte Umwelt wie nie zuvor mit Hilfe nationalistischen Denkens und Redens. In diesem Sinne war Weimar eine wahrhaft »nationale« Gesellschaft. Als Folge des Ersten Weltkrieges mussten alle politischen Ansprüche rivalisierender Parteien und Gruppen in der Sprache des Nationalen formuliert werden, um Aufmerksamkeit und Geltung beanspruchen zu können. Der Krieg und die aus ihm geborene fragile politische Ordnung der Weimarer Republik vertieften nationalistisch begründete Grenzen, machten sie aber gleichzeitig durchlässiger. Denn Begriffe wie »Volksgemeinschaft«, »Volksstaat«, »Volkswirtschaft« oder »Volkspartei« etablierten sich über die Grenzen der politischen Lager hinweg zum allgemeinen Diskursgut.

Alle Rechtsparteien hefteten sich nun bezeichnenderweise das Etikett »Volkspartei« an. Und die konservativen Gegner der endgültig zur staatstragenden Partei gewordenen Sozialdemokratie spotteten: »An Nationalismus läßt sich, Gott sei Dank, kein Deutscher mehr vom anderen übertreffen.«[30] Die »Nation« versprach offenbar jedermann alles. Mit dem Bezug auf den »Volkswillen« als entscheidende Legitimationsinstanz und mit der Idee der egalisierenden Leistung aller für die kämpfende Nation bot sich gerade oppositionellen Gruppen in der Weimarer Republik die Chance, ihre politischen Ansprüche durchzusetzen. Die Repräsentanten der Arbeiter- und der Frauenbewegung und bezeichnenderweise schließlich die Nationalsozialisten argumentierten, dass die Legitimation moderner Gesellschaften sich nicht lediglich auf die Eliten, sondern in erster Linie auf das »Volk« gründen müsse. Unter den Nachwirkungen eines totalen Krieges konnten gerade Massenbewegungen glaubhaft beanspruchen, die nationale Gemeinschaft zu repräsentieren.

Die Weimarer Republik stellte im umfassenden Sinne des Wortes eine Nachkriegsgesellschaft dar. Sie erlebte die Fortsetzung des Weltkrieges mit anderen Mitteln. Im Deutschland der 1920er Jahre waren die zentralen gesellschaftlichen Probleme zwangsläufig Folgen des Ersten Weltkrieges und wurden mit den Erfahrungen des Krieges und in der Sprache des Nationalen beurteilt. Der totale Krieg mit seinen furchtbaren Kosten prägte die Innenpolitik der jungen Demokratie in der Weise, dass alle zivilen Auseinandersetzungen eine »nationale«, mithin eine existenzielle und unbedingte Loyalität beanspruchende, Angelegenheit werden konnten.[31] Im Gegensatz zur Friedensperiode des Wilhelminischen Reiches vollzogen sich die politischen Auseinandersetzungen immer seltener innerhalb eines akzeptierten Verfassungsrahmens, sondern wie im Ersten Weltkrieg zwischen rivalisierenden nationalistischen Legitimitätsansprüchen. Sozialdemokraten, Liberale, Konservative, Nationalsozialisten und selbst Kommunisten beriefen sich auf ihre spezifische Nationsvorstellung als höchste Legitimationsinstanz. Dabei vollzog sich allerdings eine bezeichnende sprachliche Verschiebung: Den zentralen semantischen Bezugswert bildeten nicht mehr die »Nation« und auch immer weniger der Nationalstaat. Vor dem Hintergrund der nachhaltig geschwächten staatlichen Ordnung, aber durch die kriegsbedingte Aufwertung der breiten Bevölkerung, prägten die Kategorien »Volk« und »Volksgemeinschaft« verstärkt die politische Sprache in Deutschland. Ungeachtet der gesellschaftlichen Konflikte, welche die nationalistischen Deutungen im Krieg verstärkt hatten, gab in der Weimarer Republik die »Volksgemeinschaft« ein immer wieder aktivierbares Modell einer aus dem Krieg geborenen harmonischen Gesellschaftsordnung ab. In dem Maße, in dem sich die politischen, sozialen und ökonomischen Probleme der Weimarer Republik weiter verschärften und die gesellschaftlichen Spannungen zunahmen, konnte das Ideal der harmonischen »Volksgemeinschaft« umso heller erstrahlen.[32]

Das Konzept der aus dem Krieg geborenen und je nach weltanschaulichem Standpunkt als ethnisch homogen oder egalitär definierten »Volksgemeinschaft« prägte zentrale politische Debatten in der Weimarer Republik. Die »Volksgemeinschaft« gründete sich auf das Herrschaftsprinzip der Exklusion, mithin auf ein konflikthaftes Moment, da für die Herstellung der nationalen Einheit die Ausgrenzung der Feinde des deutschen Volkes notwendig war. Die Rechte setzte so ihren im Weltkrieg begonnenen Kampf gegen die »undeutschen« Elemente fort, die letztlich nie zur »Volksgemeinschaft« gehört hätten und denen sie den militärischen und politischen Zusammenbruch vom November 1918 anlastete. Im System des Parlamentarismus und in den Trägern der demokratisch-parlamentarischen Ordnung erblickte das konservative Lager wie im Weltkrieg einen Angriff der Alliierten auf die deutsche Gemeinschaft. Das Ergebnis war eine nicht endende hasserfüllte Polemik gegen »Novemberverbrecher«, »Bolschewisten« und Juden, die ihren charakteristischen Ausdruck in der Legende vom »Dolchstoß« antinationaler Kräfte der Heimat in den Rücken des siegreichen Heeres fand. Die Dolchstoßdebatte markierte einen neuen Tiefpunkt in der Diffamierung der politischen Gegner als antinationale Verräter und bildete bis 1933 und darüber hinaus ein attraktives Modell für die erstarkenden Feinde der Demokratie. Für die politische Kultur der Weimarer Republik war es jedoch bezeichnend, dass auch im sozialdemokratischen und katholischen Lager der politische Gegner immer wieder als Feind der deutschen Nation denunziert wurde. Auch die Repräsentanten der Weimarer Koalition wussten von Anfang an, wo der Hauptfeind der Deutschen stand: nämlich rechts. Die Absage an legitime Differenzen und die Übertragung der Verratssemantik auf den innenpolitischen Gegner mit Hilfe der Berufung auf »Volk« und »Nation« vergifteten von Beginn an das politische Klima und waren kompromissorientierten Konfliktlösungen wenig förderlich. Denn zur Legitimation der eigenen Position war die Delegitimation der gegnerischen zwingend erforderlich.[33]

Das extrem destruktive Potenzial des Weimarer Nationalismus, die ubiquitäre Verratssemantik und die Sprache des bewaffneten Konfliktes begünstigten ein hohes Maß von alltäglicher politischer Gewalt. Die Bereitschaft zur physischen Gewalt gegen innenpolitische Gegner in Anknüpfung an das Kriegserlebnis, die Fememorde und die öffentliche Akzeptanz der Verbrechen bezeichneten den entscheidenden Bruch mit dem Nationalismus der Wilhelminischen Gesellschaft. Die neue Rechte und namentlich die faschistischen Kampfbünde setzten in den 1920er Jahren das in Gewalttaten um, was die nationalistischen Honoratiorenverbände des Kaiserreiches noch auf einer semantischen Ebene belassen hatten.[34] Doch auch in der politischen Alltagspraxis in kleineren Städten und Gemeinden zeichnete sich eine neue Kultur der Ge-

walt gegen die vermeintlichen Gegner der »Volksgemeinschaft« und namentlich gegen Juden ab. Die Teilhabe an
Gewaltmaßnahmen verband die Nationalisten miteinander,
beschleunigte aber die Zerstörung der bürgerlichen Zivilgesellschaft.[35] Von der wachsenden Destabilisierung der
Weimarer Republik profitierte daher vor allem der Nationalsozialismus. Den politischen Einsatz von nationalistisch
motivierter und legitimierter Gewalt und den neuen Politik-
stil, der alles Öffentliche und Private gleichermaßen zu einer
»nationalen« und semi-militärischen Aufgabe machte, beherrschte er wie sonst niemand.

Auch wenn der Nationalsozialismus ideologisch wenig
Originäres hervorbrachte, lag seine politische Werbekraft
doch eben in der erfolgreicheren, weil kompromisslosen
Adaption etablierten nationalistischen Wissens begründet.[36]
Durch weit radikalere Methoden als die »Systemparteien«
konnte die NS-Bewegung der Angst vor der um sich greifen-
den gesellschaftlichen Desintegration begegnen. Ihr Aufstieg
bis 1933 und ihre staunenswerte Breitenwirkung in den verbleibenden Friedensjahren verdankten sich nicht zuletzt einer vernichtenden antirepublikanischen Kritik sowie unermüdlichen Polemik gegen die »Versailler Knechtschaft« und
gegen die kapitalistische Ausbeutung der »Volksgenossen«.
Zerfielen auch Reich und Heer, wirtschaftlicher Wohlstand
und soziale Bindungen, lieb gewonnene Lebensstile und
Wertesysteme, die Nationalsozialisten wussten doch den Ausweg. Sie verkündeten einen nationalen Aufbruch und hatten
gleichzeitig die Erklärung für die Fehlentwicklungen der
Jahre nach 1914 parat: Nationale Stärke, wirtschaftliches
Wachstum und vor allem die ersehnte soziale Sicherheit und
politische Stabilität konnten nur durch eine Rückwendung
zum »Geist von 1914« gelingen. Der Erste Weltkrieg wies den
Weg zur Erneuerung der nationalen Ordnung. Die Zukunft
lag in einer Wiederauflage der deutschen »Volksgemeinschaft«, die anders als der politische »Burgfrieden« der Jahre

1914–1918 sowohl langfristig bestehen als sich auch in einem künftigen Krieg behaupten sollte.

Entscheidend für den Erfolg der Nationalsozialisten war, dass sie zur Verwirklichung ihrer Ziele an einen breiten nationalistischen Grundkonsens in der deutschen Bevölkerung anknüpfen konnten. Am überzeugendsten waren die neuen Machthaber dort, wo sie nicht mehr zu überzeugen brauchten. Bereits im März 1933 schrieb Kurt Tucholsky an Walter Hasenclever über die nationalsozialistische Politik des nationalen Konsenses: »Die Leute wollen das ja so, im Grunde. Die letzte Tat des Reichsbanners ist ein Werbemarsch für den Wehrsport gewesen, die SPD versichert heute noch, sie sei doch aber patriotisch und ruhrkämpferisch, fast alle erkennen die von Adof [sic] gesetzten Kategorien an und streiten sich nur um ihre Einordnung ... . Man kann aber nicht einem Volk das Gegenteil von dem predigen, was es in seiner Mehrheit will ... . Viele sind nur gegen die Methoden Hitlers, nicht gegen den Kern seiner ›Lehre‹.«[37]

Über das Verhältnis der Arbeiterschaft zur Nation gaben sich auch die geheimen Berichte der Exil-SPD im Jahre 1936 keinen Illusionen hin: »Unsere Leute sind heute jeder anationalen Haltung abgeneigt, sie sind zwar für eine internationale Verständigung, sie fühlen sich aber in erster Linie als Deutsche. Das kann man ihnen nicht austreiben.«[38] Das erkannte auch Sebastian Haffner im englischen Exil 1939. Nicht die Nazis modellierten die Nationsvorstellungen der Deutschen, vielmehr beruhe ihr unheimlicher Erfolg auf dem Appell an den in der Bevölkerung fest etablierten Nationalismus: »Es gibt einen Punkt, an dem sie [die loyale Bevölkerung] mit den Nazis wirklich einer Meinung sind: an dem, der Nazismus genau mit ihren Bestrebungen und Ideen übereinstimmt: ... der Patriotismus. ... Die Nazis sind die schreckliche Folge der Überzeugungen, die schon lange vorher – in normalen, zivilisierten Zeiten – propagiert und der Jugend an deutschen Schulen und Universitäten eingeimpft wurden. Sie sind die furchtbare Inkarnation der Ideale der bombastischen Sonntagsredner, die von 1870 bis 1918 und danach erfolgreich wirkten. Wenn kultivierte loyale Deutsche versuchen, mit dem Nazismus zu brechen, erweisen sich ihre eigenen heiligsten Ideale als Hemmschuh. Wirken die Nazis nicht ausschließlich ›für Deutschland‹? ... Der Patriotismus, den sich die Deutschen seit der Reichsgründung zu eigen gemacht haben, ist keine Vaterlandsliebe, sondern eine Vaterlandsbindung. Er ist ein Gefühl, das die sittliche, geistige und ästhetische Verantwortung teilweise lähmt. Er ist sozusagen ein blinder Fleck im geistigen Auge. Diese Vaterlandsbindung haben nicht die Nazis geschaffen. Man könnte umgekehrt sagen, sie habe die Nazis geschaffen. Zumindest haben die Nazis sie fertig vorgefunden und konnten damit Wunder vollbringen.«[39]

Allerdings genügten das Vertrauen auf einen nationalen Grundkonsens und der ritualisierte Appell an Volk und Vaterland auf Dauer nicht allein. Um die Bindung der Menschen an »ihre« Nation sicher zu stellen, waren in Nazi-Deutschland wie anderswo ständige materielle und für jeden alltäglich greifbare Erfolge notwendig. Die vielleicht wichtigste Ursache für den rapiden Loyalitätsgewinn des Nationalsozialismus in Deutschland nach 1933 bestand daher in der erfolgreichen Bekämpfung der traumatischen Massenarbeitslosigkeit. Schon nach zwei Jahren gelang es dem Regime, die Anzahl der Arbeitsuchenden zu halbieren, und bereits 1937 herrschte ein Mangel an Facharbeitern.[40] Irritiert konstatierte die illegale SPD, wie sehr die breite Bevölkerung die Befriedigung ihrer materiellen Bedürfnisse begrüßte. »Uns scheint, dass die Indifferenz, die große Schichten der Bevölkerung erfasst hat, zur zweiten stützenden Säule des Systems geworden ist. ... Nicht allein der Terror ist die Ursache dieser politischen Desinteressiertheit der breiten Masse, sondern auch die Tatsache, dass der Faschismus einigen Millionen Arbeitslosen irgendwelche Beschäftigung gab, sei es im Arbeits- oder Militärdienst oder in regulärer Arbeit, bei welcher Entlohnung auch immer.«[41]

Von nicht zu unterschätzender Bedeutung waren zudem die demonstrativen, aber friedlichen außenpolitischen Erfolge zwischen 1935 und 1938. Die Abstimmung über den Status des Saargebietes, die militärische Besetzung des Rheinlandes und der alles überstrahlende Triumph des »Anschlusses« von Österreich an das Deutsche Reich erschienen vielen Zeitgenossen nicht allein als nationalsozialistischer Erfolg, sondern vor allem als nationale Genugtuung einer jahrelang machtpolitisch gedemütigten deutschen Nation. Die Revision des Versailler Vertrages war das erklärte »nationale« Ziel aller politischen Lager in der Weimarer Republik gewesen. Der Bericht der Sopade-Korrespondenten von Klagen Geraer Arbeiterinnen über den Versailler Vertrag verdeutlicht, warum der Nationalsozialismus dort am erfolgreichsten war, wo er etablierte Aversionen in der Bevölkerung aufzugreifen vermochte und die Umsetzung dieser Vorstellungen glaubhaft versprechen konnte: »Im Ganzen muss man feststellen, dass die Ablehnung des Versailler Vertrages außerordentlich tief im ganzen deutschen Volke verwurzelt ist, was der Nazipropaganda jetzt zugute kommt. Die meisten Frauen wissen dabei natürlich gar nicht, welche Lasten wirklich auf den Versailler Vertrag zurückzuführen waren. Sie wissen aber, dass schon zu Zeiten der Weimarer Republik gegen den Versailler Vertrag protestiert wurde. Viele erinnern sich auch noch, dass die Kommunisten und die Nazis gemeinsam gegen Versailles gewettert haben.«[42]

Der Kampf gegen die »Versailler Knechtschaft« war nur eines der mächtigen nationalistischen Feindbilder, deren Geltung über den unmittelbaren Kreis nationalsozialistischer Anhänger weit hinausreichte. Noch einflussreicher wird im Deutschland der Zwischenkriegszeit der verbreitete Abscheu gegen den Marxismus im Allgemeinen und die nach der Revolution in Russland 1917 mit Händen zu greifende Furcht

vor der »Weltgefahr« des Bolschewismus im Besonderen gewesen sein. Die gemeinsamen nationalistischen Aversionen
waren stärker als die geteilten Visionen. »Jahre hindurch war
die Angst vor dem Bolschewismus eine Art negative Massen-
grundlage für das Regime«, befanden die sozialdemokratischen Exilberichte.[43] Die bei allen sich bietenden Gelegenheiten verkündete Mission des NS-Staates, die Welt vor dem
Bolschewismus zu retten und in Deutschland damit anzufan-
gen, war bis in das sozialdemokratische Lager hinein kon-
sensfähig. Bildungsbürger und Unternehmer, Arbeiter und
Angestellte, Bauern und nicht zuletzt auch die zur Bekämpfung des »gottlosen Bolschewismus« fest entschlossenen Kirchen – dieses politische Ziel verband beinahe alle gesellschaftlichen Gruppen.[44]

Die »Volksgemeinschaft« verfestigte und verflüssigte
gleichzeitig nationale Grenzziehungen. Auf der hier skizzier-
ten Linie der doppelten Transformation nationalistischer Vorstellungen erklärt sich die Breitenwirkung des nationalsozialistischen Weltbildes und dessen partieller Einbruch selbst
in das sozialistische und katholische Lager glaubwürdiger,
als durch die Vorstellung, die Zustimmung der Deutschen sei
im Wesentlichen das Produkt von Zwang und Propaganda:
Die »Volksgemeinschaft« verhieß zum selben Zeitpunkt ein
Mehr an Gleichheit wie an Ungleichheit und spiegelte damit
unmittelbar den Wandel politischer Kategorien seit dem Ersten Weltkrieg wider. Auf der einen Seite konnte die Vorstellung einer sozialharmonischen Nation subjektiv einen Parti-
zipationsgewinn für ehemals Minderprivilegierte bedeuten.
Die durch nationalistische Weltbilder herbeigeführte Exklusion von Fremdgruppen begünstigte im dialektischen Umkehrschluss die Inklusion derjenigen, die sich zur eigenen
Nation bekannten. Angestellte, Arbeiter oder einfache Soldaten – jedermann, der sich als Teil der »Volksgemeinschaft«
sah, vermochte persönliche Aufwertung, soziale Sicherheit
und politische Gleichheit zu erleben. Die exklusive Dimen-

sion nationalistischer Inklusion bedingte nicht nur die Verstärkung, sondern ebenso auch die Überwindung bestehender Grenzen.

Die Notwendigkeit, die Nation durch eine ausschließende Grenzziehung zu konstatieren, bedeutete auf der anderen Seite aber eine extreme Feindfixierung und eine Biologisierung des politischen Diskurses. Der Nationalsozialismus verkörperte die nationalistische Dialektik von Inklusion und Exklusion in schärfster Konsequenz. Die Bedingung für die Wohlfahrt der theoretisch egalitären und sozial abgesicherten »Volksgenossen« war die rigide Ausgrenzung von Außenseitern und Feinden, welche der neuen Gemeinschaft per Definition nicht angehören konnten. Vor allem erlaubte der rassistische Nationalismus nicht nur, außenpolitische Feinde und ethnische Minderheiten zu diffamieren. Der Radikalnationalismus richtete sich gegen Sozialdemokraten und Kommunisten, Liberale und Intellektuelle, Homosexuelle und »Erbkranke«, und vor allem gegen Juden und »nichtarische« Minderheiten – und schließlich gegen alle Nachbarvölker der Deutschen. Die wechselseitige rassistische Diffamierung jedweder innen- und außenpolitischer Gegner verdeutlichte, in welchem Ausmaß die politischen Akteure ihre bedrohliche Umwelt selber konstruierten. Die Feinde der »Volksgemeinschaft« standen praktisch überall und konnten von der Nazielite und den Volksgenossen immer wieder anders bestimmt werden. Innenpolitisch wurde die diesem Denksystem innewohnende Feindschaft perpetuiert, außenpolitisch die Keimzelle für den Angriffs- und Vernichtungskrieg gelegt.[45]

Die »Volksgemeinschaft« als Erfolgsgemeinschaft: Visionen und Aversionen der deutschen Zivilbevölkerung im Zweiten Weltkrieg

Eine der am weitesten verbreiteten Kategorien der politischen Sprache im Nationalsozialismus stellte die Rede von der »Volksgemeinschaft« dar. Den Appell an die Gemeinschaft aller Volksgenossen definierte etwa Meyers Konversationslexikon von 1937 als »Zentralbegriff allen nationalsozialistischen Denkens«.[46] Adolf Hitler und die großen und kleinen Paladine in der Partei und in den Generalstäben der Wehrmachtsteile beschworen bei allen sich bietenden Gelegenheiten den Stellenwert der »Volksgemeinschaft« als Ideal sozialer Geborgenheit, politischer Gerechtigkeit und nationaler Erneuerung der deutschen Gesellschaft. Im nationalsozialistischen Deutschland suchte man den Herausforderungen des Zweiten Weltkrieges durch eine Rückkehr zu den politischen Utopien des Ersten Weltkrieges zu begegnen: Das Reden von der »Volksgemeinschaft« konnte Erinnerungen an den »Burgfrieden« und die »Schützengrabengemeinschaft« wachrufen, und damit glaubhaft versprechen, in der Gegenwart die Traditionslinien der politischen Rechten und der politischen Linken erfolgreich zu versöhnen. Die »Volksgemeinschaft« verhieß verlorene nationalstaatliche Größe wiederherzustellen, und sollte es gleichzeitig dem »kleinen Mann« ermöglichen, den NS-Staat als »seinen«, weil sozial gerechten und militärisch starken, Staat zu betrachten. Damit unterbreitete sie ein nationales Konsensangebot: Die fürchterlichen Konflikte der Vergangenheit und die massiven Belastungen der Gegenwart versprach sie durch eine Art ideologischen Minimalkompromiss zu lösen. Die NS-Bewegung hatte sich seit ihrer Gründung aus nationalistischen Ängsten, Visionen und Hoffnungen genährt und konnte diese schließlich glaubhaft verkörpern und verbreiten. Das politische Reden und Handeln in den Kategorien der »Volksgemein-

schaft« stellte nationalistische Beurteilungskriterien zur Verfügung, welche es potenziell jedem Bürger ermöglichten, die
bedrohliche Umwelt des neuen Krieges nach Sinnhaftem und
Sinnlosem, vor allem aber nach Zugehörigem und Fremdem
einzuteilen.[47] Vor dem Hintergrund der Herausforderung des
Zweiten Weltkrieges werden in diesem Kapitel die verschiedenen Kristallisationspunkte der »Volksgemeinschaft« diskutiert. Welche positiven Nationsvorstellungen hegten die Deutschen und welche Feindbilder pflegten sie? Hier wird der
Blick zunächst auf gesellschaftliche Ordnungsvisionen, das
Reden von der »Volksgemeinschaft« selber und den »Führerkult« gelenkt, bevor Feindschaft, Rassismus und Antisemitismus betrachtet werden.

Den ideologischen Fluchtpunkt des Konzepts der »Volksgemeinschaft« bildete eine gesamtgesellschaftliche Ordnungsbesessenheit. Die deutsche Ordnungssehnsucht kann
als elementare Bedingung für den Aufstieg des radikalen
Nationalismus gar nicht überschätzt werden.[48] Vor dem Hintergrund schmerzhafter persönlicher und kollektiver Orien-
tierungsverluste und Deprivationserfahrungen bis 1933 und
einer neuen tödlichen militärischen Bedrohung seit 1939 versprach der Nationalsozialismus vor allem Eines leisten zu
können: »Ordnung« zu schaffen. Im Vorstellungshorizont der
Zeitgenossen bildete der basale Begriff der »Ordnung« eine
zentrale und auch in ihrer symbolischen Bedeutung kaum zu
überschätzende Größe. Im Wertekanon wirtschaftlicher und
wissenschaftlicher Eliten, im deutschen Bürgertum insgesamt
aber auch innerhalb der organisierten Arbeiterbewegung bestanden verschiedene Ordnungsentwürfe, die sich direkt in
die »Volksgemeinschaft« integrieren ließen.[49] Das nationalsozialistische »Wirtschaftswunder«, die emotionale Orientie-
rungsofferte, die zunächst überaus erfolgreiche Kriegführung
und selbst die politischen Verfolgungen und die Terrormaß-
nahmen schienen alle nur auf das eine hehre Ziel hinauszu-
laufen: Deutschland in Ordnung zu bringen. Den Anspruch

des Regimes, Garant politischer und sozialer Ordnung zu sein, suchte es in der Öffentlichkeit allerorten sichtbar zu machen. Die Massenveranstaltungen wie die staatliche Repression gegen diejenigen, welche die vermeintliche gesellschaftliche Normalität bedrohten, dienten vornehmlich diesem Ziel. Die Verhaftung »undeutscher« Kommunisten, »nichtarischer« Juden oder homosexueller SA-Führer konnte aus dieser Perspektive als Wiederherstellung der »ordentlichen« moralischen Verhältnisse erscheinen; der neue Weltkrieg als Rückkehr zur rechtmäßigen politischen Hegemonialstellung Deutschlands gedeutet werden. Bezeichnend für die Intensität der Sehnsucht nach Ordnung, Sicherheit und Geborgenheit war die affektive Bereitschaft innerhalb der deutschen Bevölkerung, auch ein »hartes Durchgreifen« der Staatsführung, ja die notwendige Reorganisation Deutschlands notfalls unter Einsatz rücksichtsloser Gewaltmaßnahmen zu erreichen. Das »radikale Ordnungsdenken« (Lutz Raphael) scheint eine tödliche Dynamik entfaltet zu haben. Sowenig die nationalsozialistische Volksgemeinschaftsvision ideologisch wirklich Neues enthielt – neu waren die Entschlossenheit und die Fähigkeit des NS-Regimes, dieses Konzept auch in die gewaltsame Tat umzusetzen. Der Aktionismus nationalsozialistischer Nationalisten beschränkte sich nicht mehr nur darauf, die Welt zu beschreiben, sondern sie suchten sie durch das Prinzip des Ausschlusses zu verändern.[50]

Die Mehrheitsfähigkeit der Volksgemeinschaftsideologie beruhte darauf, dass sie inhaltlich äußerst vage angelegt war und jeder großen gesellschaftlichen Gruppe etwas aus dem Traditionsfundus deutscher Utopien des 19. und frühen 20. Jahrhunderts anzubieten hatte. Sie vermochte es, die Erneuerung der Nation glaubhaft zu verkörpern, weil alle Deutschen darunter etwas anderes verstehen konnten. Diese positive Deutungsoffenheit der »Volksgemeinschaft« faszinierte und ebnete ihr den Weg. Strittige Zielsetzungen, die etwa die Neuregelung der sozioökonomischen Verhältnisse oder der kapitalistischen Wirtschaftsordnung hätten berühren können, enthielt das Konzept explizit nicht.[51] Die »Volksgemeinschaft« stellte eine semantische und ideologische Neuorientierung dar, um das nationale Konsenspotenzial innerhalb der deutschen Gesellschaft möglichst voll auszuschöpfen. Diese nationale Neuorientierung wiederum kann nicht einfach als politische Kosmetik oder als Verschleierung der bedrückenden »wahren« Verhältnisse im kriegführenden NS-Staat abgetan werden. Auch mit der Annahme einer politischen Verführung oder gar Manipulation der deutschen Bevölkerung ist die Durchsetzungskraft der »Volksgemeinschaft« nur unzureichend charakterisiert. Vielmehr ging von der faszinierenden Vorstellung einer durch den neuen Weltkrieg möglich gewordenen gleichberechtigten Teilhabe aller Mitglieder der deutschen Nation – Beherrschten wie Herrschenden – an ihrer politischen Ausgestaltung eine neue Dynamik aus. Die »Volksgemeinschaft« versprach all jenen »Volksgenossen«, welche ihre gesellschaftliche Funktion loyal erfüllten, einen greifbaren Anteil am Sozialprestige: Die »Volksgemeinschaft« erwies sich für viele Deutsche als soziale und ökonomische Erfolgsgemeinschaft. Das bedeutete materielle Absicherung und politische Geltung. Das NS-Regime stützte sich daher nicht allein auf die Volksabstimmungen, die es nach jedem größeren außenpolitischen Erfolg gezielt abhalten ließ, um die innenpolitische Zustimmung der Bevölkerung zu mobilisieren und zu demonstrieren.[52]

Wichtiger noch als die plebiszitären Loyalitätserklärungen war das alltägliche nationalistische Plebiszit der Mitglieder der deutschen Nation, die Erfolg verheißende Teilhabe am Projekt der »Volksgemeinschaft«, welche offenbar weit gespannte ideelle und materielle Interessen zu realisieren versprach.[53] Dass die politische Loyalität der Volksgenossen auch auf einem durch den Raub- und Rassekrieg ermöglichten hohen Maß an materieller Bereicherung und einem damit verbundenen Gefühl von sozialer Gleichheit und sozialem

Aufstieg beruhte, hat Götz Aly jüngst pointiert deutlich gemacht.[54] Die anhaltende Debatte um Alys Thesen läuft allerdings auch deshalb ins Leere, weil sich für Millionen Deutsche die Frage nach der materiellen oder der ideellen Anziehungskraft der »Volksgemeinschaft« so nicht stellte. Um politische Geltung zu beanspruchen, bedurfte auch die nationalsozialistische Nation alltäglicher wirtschaftlicher und sozialer Absicherung, welche sich dann wiederum als egalitäre politische Utopie begreifen und instrumentalisieren ließ. Jedenfalls war die Zustimmung der »ganz normalen« Deutschen zum NS-Regime nicht passiv, sondern ausgesprochen aktiv und in ständiger flexibler Neubildung begriffen.

Entscheidend für die Geltung der »Volksgemeinschaft« war der neue Krieg. Die innere Kohärenz und das subjektive Zusammengehörigkeitsgefühl jeder Großgruppe wird durch eine äußere militärische Bedrohung gesteigert. Das galt auch und gerade für das kriegführende NS-Deutschland. Erst durch die Erfahrungen und Belastungen des Zweiten Weltkrieges konnte sich die deutsche Bevölkerung als tägliche Kampf- und Leidensgemeinschaft begreifen. Und erst durch die militärische Herausforderung wuchs der politische Wille, sich als Deutscher von den Feinden der Nation abzugrenzen auch bei vielen regimekritischen »Volksgenossen«. Der Krieg verstärkte selbst in der Perspektive bekennender Sozialdemokraten die Notwendigkeit, die nationale Gemeinschaft durch rigide Sicherungsmaßnahmen zusammenzuhalten, um einem drohenden Chaos wie 1918 zu wehren: »Selbst die Gegner des Nationalsozialismus werden sich nicht dem Vorwurf ausliefern, Landesverräter zu sein.«[55] Und ein weiterer Berichterstatter für die Exil-SPD hielt aus einem vertraulichen Gespräch mit einem Geschäftsfreund fest, dass diesen »ganz und gar die Furcht vor dem Chaos beherrschte und dass sein Pflichtbewußtsein und sein zur Schau getragener Glaube an den deutschen Sieg von dem Gedanken beherrscht wurde, nachher in einem Zusammenbruch ohne Beispiel die Existenz zu verlieren und die gesellschaftliche Position preisgeben zu müssen. Er befindet sich damit in der gleichen tragischen Lage wie Millionen von Deutschen. Sie stehen zum Nationalsozialismus und gehen nun auch mit ihm in den Krieg ... weil sie darum bangen, hinter ihm und mit ihm im großen Nichts zu versinken.«[56]

Die gesellschaftliche Ordnungsbesessenheit vieler Deutscher verband sich mit persönlichen Ängsten vor dem Verlust der sozialen und materiellen Stellung. Im Ergebnis entstand eine oft gar nicht so »widerwillige Loyalität« (Wilhelm Deist) der Deutschen im Zweiten Weltkrieg, von der die Machthaber profitierten.[57] Loyalität konnte nicht nur die Abwehr einer Niederlage, sondern auch die Bejahung des Krieges bedeuten. Dazu stellen die Deutschlandberichte für Berlin fest: »Wenn man alle diese Dinge sachlich prüft, kommt man zu dem Ergebnis, dass gegen alle Erwartungen die Perspektiven des Nazismus im Volke populär sind. Das gilt auch für den Krieg. ... Es ist ein Irrtum, wenn man den Krieg im Reich für unpopulär hält und den Willen zum Sieg gering einschätzt.« Gleichermaßen heißt es auch aus Südwestdeutschland, »dass der Krieg gegen Polen im Großen genommen, absolut populär im deutschen Volke ist«.[58]

Vor allem aber kann der von den meisten Zeitgenossen für schlicht unmöglich gehaltene militärische Triumph der Angriffskriege der Jahre 1939–41 in seiner Bedeutung für das kollektive Gemeinschafts- und das chauvinistische Überlegenheitsgefühl kaum hoch genug veranschlagt werden. Bereits der rasche und aus deutscher Sicht relativ unblutige Sieg über Polen versetzte viele in eine »nationale Hochstimmung«.[59] Die symbolische Genugtuung des Frankreichfeldzuges empfand dann eine klassen- und lagerübergreifende Mehrheit der Deutschen als vollendeten nationalen Triumph und als Wiedergutmachung der Schande von 1918. »Die Nachricht vom Einmarsch deutscher Truppen in die kampflos übergebene französische Hauptstadt«, vermeldeten die geheimen Lageberichte des Sicherheitsdienstes, »versetzte die Bevölkerung in allen Teilen des Reiches in eine bisher in diesem Maße noch nicht erlebte Begeisterung. Auf vielen Plätzen und Straßen kam es zu lauten Freudenkundgebungen und herzlichen Begeisterungsszenen. … Wie ein Wunder bestaunte man die erfolgreiche Erstürmung Verduns in so unglaublich kurzer Zeit, war doch noch in aller Erinnerung, daß diese Festung im Weltkrieg monatelang erfolglos umkämpft wurde und über 300 000 Soldaten das Leben kostete. Die kaum mehr zu überbietenden Erfolge der deutschen Truppen lassen immer mehr die Gefahr aufkommen, daß die wahren Leistungen und übermenschlichen Anstrengungen unterschätzt und die größten Siege als Selbstverständlichkeit hingenommen werden, da man es ja seit Monaten gar nicht anders gewöhnt ist.«[60] Glaubt man den »Meldungen aus dem Reich«, verfehlte der Sieg über Frankreich selbst bei den kommunistischen und sozialdemokratischen Gegnern des Regimes seine Wirkung nicht.[61] Wahrscheinlich konnte das NS-Regime niemals vor und niemals nach dem Juni 1940 auf eine größere und uneingeschränktere Loyalität der Bevölkerung vertrauen. Die nationale »Volksgemeinschaft« hatte sich auch als militärische Erfolgsgemeinschaft bewiesen und dadurch den vielleicht ultimativen Legitimationsgewinn verbuchen können.

Der Führerkult um Adolf Hitler bildete neben der Volksgemeinschaftsideologie den zweiten wesentlichen positiven Kristallisationspunkt deutscher Nationsvorstellungen im Zweiten Weltkrieg. Die Tatsache, dass Hitler bis zuletzt nur im Ausnahmefall für die Fehlentwicklungen der NS-Herrschaft verantwortlich gemacht wurde, verrät einiges über die langlebigen Traditionen des autoritären Nationalismus in Deutschland. Lange vor der nationalsozialistischen Machtüberlassung war der Glaube weit verbreitet, dass nur eine »starke« Führungspersönlichkeit, welche sich unparteiisch über alle kleinlichen Interessenkonflikte hinwegzusetzen vermochte, Deutschlands Wohlfahrt und Größe verbürgen könne.[62] Hitlers Popularität hing damit weniger von seiner Persönlichkeit als von der Erwartungshaltung seiner zahllosen Bewunderer ab. Hitlers Aufstieg, das erkannten auch die Sopade-Berichte zu seinem 50. Geburtstag im April 1939, war letztlich auch ein Produkt verbreiteter nationalistischer Rettungsphantasien: »Man kann sagen, daß in den ganzen vierzehn Jahren bis zur Machtergreifung Hitlers die Phantasie eines Teils des deutschen Volkes ständig an der Erschaffung des ›Retters‹ arbeitete, der eines Tages erscheinen und alle Not beenden sollte.«[63] Vieles scheint mithin dafür zu sprechen, Hitlers Breitenwirkung mit Hilfe Max Webers als eine »charismatische Herrschaft« zu begreifen. Mehrere Historiker argumentieren überzeugend auf der Linie von Webers Idealtypus.[64] Demnach stellt sich Hitlers Herrschaft als eine durch die Krisen der Weimarer Republik und des von ihm entfesselten Weltkrieges ermöglichte außeralltägliche Bewährungsprobe dar. Dem Charismatiker können seine Anhänger zuschreiben, über außergewöhnliche und übermenschliche Fähigkeiten zu gebieten, die nur ihm eine Überwindung der Krise gestatten. Entscheidend ist dabei der Faktor der Zuschreibung, die Tatsache, dass allein die subjektive Bewertung der Gefolgsleute einen Menschen zum Charismatiker erhebt.

Damit soll gerade nicht die integrative Kraft des gezielt zur Herstellung eines nationalen Konsenses eingesetzten Hitler-Mythos bestritten werden. Alle Bereiche des öffentlichen Lebens im NS-Staat, vom »Hitlergruß« bis zum Kauf einer Briefmarke, vom Kinobesuch bis zur Sportveranstaltung, waren von einem bewusst zu Propagandazwecken stilisierten Führerkult geprägt.[65] Doch ebenso klar war, dass die kreativen Manipulationsstrategien eines Joseph Goebbels die Einheit der deutschen Nation um ihren »Führer« nur behaupten und demonstrieren konnten, weil der Glaube an die Macht Adolf Hitlers bereits massenhaft bestand. So gesehen war der Führerkult eine Schöpfung der selbstbegeisterten deutschen Nation. Diejenigen, die dem »Führer« zujubelten, feierten gleichzeitig sich selber. Der Zusammenhalt der nationalen »Volksgemeinschaft« und die ihr zu- und übergeordnete Persönlichkeit des gestaltenden »Führers« bildeten ein System kommunizierender Abhängigkeiten.

Eine Mehrheit der Deutschen hat Hitler als Sinnbild der wieder erstarkten Nation »eher geliebt als gefürchtet«.[66] Die Popularität des »Führers« war in den letzten Friedensjahren außerordentlich groß und brach auch in der Anfangsphase des Zweiten Weltkrieges noch nicht ein. Die triumphalen und vor allem relativ unblutigen Blitzkriege trugen wie »die früheren außenpolitischen Erfolge Hitlers« selbst nach Auffassung der Sopade-Berichte dazu bei, »daß die ›Wunderkraft des Führers‹ eine große Rolle im Volke spielt«.[67] Hitlers Radioansprachen, denen die »Volksgenossen« bereits in Friedenszeiten ergriffen lauschten, motivierten die Bevölkerung im Krieg zusätzlich und gaben oft für Tage ein Gesprächsthema ab. Über die Wirkung von Hitlers Rede im November 1940 in München vermelden die SD-Berichte: »Die Bevölkerung steht nach den eingegangenen Meldungen stark unter dem Eindruck der Rede des Führers in München, die ›wie eine Erlösung‹ gewirkt habe. ... Übereinstimmend wird zum Ausdruck gebracht, daß die als begründeter denn je empfundene Siegeszuversicht des Führers sich auch auf den letzten Volksgenossen übertragen habe. ... Der Gesamteindruck der Führerrede wird in allen Meldungen als gewaltig und von nachhaltigster Wirkung auf die Haltung des gesamten deutschen Volkes bezeichnet.«[68]

Umgekehrt hieß das aber auch: Als die schnell errungenen Siege ausblieben und die Verlustlisten in den Zeitungen länger wurden, litt der Glaube an Hitlers militärische Führungsfähigkeiten nachhaltig. Der Russlandfeldzug scheint hier die Wendemarke der Hitlerschen Popularität zu markieren. So brach beispielsweise in den Todesanzeigen der Tagespresse der Bezug auf den »Führer« bereits ab 1941 leicht und ab 1942 signifikant ein. Die Verbreitung von Formeln wie »Für Führer, Volk und Vaterland fiel ... « ging gegenüber denjenigen Sprachregelungen in Gefallenenanzeigen zurück, in denen allein vom Kampf für Volk und Vaterland, vom Helden- und Opfertod die Rede war.[69] Dieser Beobachtung entspricht auch das Ergebnis einer Erhebung des Instituts für Demoskopie aus dem Jahre 1985 zur NS-Akzeptanz in der deutschen Bevölkerung. Bei aller retrospektiven Befragungen gegenüber gebotenen methodischen Vorsicht scheint das Resultat beachtenswert, dass 58 % der Befragten angaben, an die Idee des Nationalsozialismus geglaubt zu haben, aber lediglich 41 % einräumten, Hitler bewundert zu haben.[70] Die Weltbilder des Nationalsozialismus und der »Volksgemeinschaft« waren augenscheinlich für eine Mehrheit der Deutschen attraktiver als die Person Hitlers. Es würde allerdings zu weit führen, aus diesem Befund auf eine relevante Oppositionshaltung der Bevölkerung zu schließen, oder auf ein vollständiges Ende des Führermythos bereits zu Lebzeiten des Diktators. Wie im Kapitel IV.1. zu zeigen ist, löste noch im Sommer 1944 das gescheiterte Attentat auf Hitler an Front und Heimat eine ungeheure Empörung aus.

Zur Verwirklichung der deutschen »Volksgemeinschaft« bedurfte es aber nicht nur geteilter nationaler Visionen, sondern auch gemeinsamer Aversionen. Die Utopie der »Volksgemeinschaft« gründete sich auf zwei einander bedingende Grenzziehungen: Die zur Nation zugehörigen Klassen und Milieus sollten zu einer sozialharmonischen Gemeinschaft verbunden werden, weshalb die wie auch immer bestimmten Nichtzugehörigen aus dem »Volkskörper« ausgeschlossen werden mussten. Das zentrale Charakteristikum des Nationalismus ist die Handhabung einer herrschaftskonstituierenden Unterscheidung. Indem etwas Bestimmtes wahrgenommen und beschrieben wird, wird etwas anderes ausgeschlossen oder abgewertet. Die Wahrnehmung der Umwelt mit Hilfe des Nationalismus ist daher nicht nur das Ergebnis einer gesetzten Differenz, sondern die Herstellung der nationalen Kohäsion bedarf des Momentes der Ausgrenzung. Die Abwertung des Fremden ist daher im Nationalismus von vornherein angelegt. Dieses Denken in Gegensätzen ist fixiert auf den Feind, den man als Zerrbild des Selbstbildes stilisiert und ohne den man sich selber nur schwer erfassen kann.[71] Aus diesem Verständnis der »Volksgemeinschaft« folgte, dass ihre Geltung erst durch die Bestimmung des Verhältnisses zwischen Zugehörigen und Nichtzugehörigen möglich war. Wer sich auf die nationalsozialistische »Nation« berief, der musste auswählen und ausklammern, musste Grenzen bestimmen und ihren Verlauf durch den Hinweis auf die Homogenität innerhalb dieser Grenzen begründen.

Keine Nation ohne Feindschaft – das galt zumal im Vernichtungskrieg. Die Qualität der Feindschaft sowie die Art und die Reichweite nationalistisch motivierter Ausgrenzung wandelten sich grundlegend unter den Bedingungen des Zweiten Weltkrieges. Im nationalsozialistischen Vernichtungskrieg, der nicht mehr auf die militärische Unterwerfung Gleichwertiger, sondern auf die physische Ausrottung vermeintlicher »Untermenschen« zielte, kam der Bestimmung des Eigenen und des Fremden zentrale Bedeutung zu. Von der nationalistischen Ausgrenzung von Fremden schien der Fortbestand des »Großdeutschen Reiches« abzuhängen. Die Nation als im Existenzkampf befindliche Entität zu denken, hatte nachhaltige Folgen: Alles Fremde stellte für die Nationalisten per definitionem die Homogenität der »Volksgemeinschaft« in Frage, gefährdete daher die Kriegführung und hatte notfalls gewaltsam aus der deutschen Nation entfernt zu werden. Im kriegführenden NS-Staat konnte man sich nur schwer dieser Logik von Volk und Kampf entziehen. Der Bezug auf Volk und Nation als höchste Sinnstiftungs- und Legitimationsinstanz ermöglichte quantitativ und qualitativ eine zuvor unerreichte

Neudefinition des Fremden und des Eigenen. Die neue Rolle des Nationalismus im Zeitalter der Weltkriege bestand darin, durch die Behauptung von »natürlicher« und notwendiger Fremdheit den Grenzen eine fundamentale und vermeintlich unveränderbare Eigenschaft zu verleihen. Das augenfälligste Indiz für die neue Qualität der Feindschaft war ihre Ethnisierung und Biologisierung.

Die wichtigste nationale Negativfolie deutscher Nationsvorstellungen im Zweiten Weltkrieg bildete der Rassismus. Ein Schlüsselbegriff des öffentlichen und privaten Redens war die »Rasse«. Das Wort wurde häufig, auch alltagssprachlich, als Bezeichnung für Ausländer, für ethnische und kulturelle Gruppen, aber auch für soziale Außenseiter verwandt. »Rasse« bezeichnete keinesfalls eine klar bestimmbare Kategorie, vielmehr bestanden die unterschiedlichsten und in der Nachfolge Darwins vermeintlich wissenschaftlich untermauerten Vorstellungen von einer »nordischen« oder »arischen« Gemeinschaft des »Blutes« nebeneinander. Nur die begriffliche Verwirrung war diesen Konzepten gemeinsam. Zwar verstand sich der Rassismus als Naturlehre der Gesellschaft, doch beschrieb er wie der Sozialdarwinismus den Zirkelschluss von der Gesellschaft auf die Natur und von der Natur wieder auf die Gesellschaft. Am Ende des scheinbar naturwissenschaftlichen Beweisganges standen nur diejenigen Prämissen, deren Gültigkeit die Rassisten zuvor behauptet hatten.[72] Entscheidend für die Geltung des Rassismus war nicht die Tatsache, dass er Gruppen mit Stereotypen belegte, sondern dass Rassisten – also jedermann der auf »Rasse«, »Volk« und »Blut« rekurrierte – diese Klassifizierung vornahmen und so erst die Rasse erschufen.[73] Die zentrale Grundannahme nationalsozialistischer Rassisten war die »Natürlichkeit« und Unveränderbarkeit von als Rassen definierten Gruppen. Diese seien prinzipiell so ungleichwertig, dass diese vorgebliche biologische Tatsache durch keine zivilisatorischen Eingriffe aufgehoben werden könne. Als Folge bedingte eben diese prinzipielle Ungleichheit einen andauernden »Kampf der Rassen«, der den Ursprung und das Ziel der Geschichte markierte.[74] Der Rassebegriff gab den kriegführenden Nationalisten somit ein attraktives Deutungsmuster: Potenziell jede kulturelle Eigenart, jedes gesellschaftliche Verhalten konnte auf eine scheinbar naturwissenschaftliche Basis gestellt werden. Ulrich Herbert hat daher die rassistische Praxis während der nationalsozialistischen Herrschaft treffend als »Biologisierung des Gesellschaftlichen« charakterisiert.[75] Im Prinzip ließen sich auf diese Weise alle verunsichernden und beklagten Erscheinungsformen moderner Gesellschaften zugleich bekämpfen, welche von einer idealisierten »Normalität« der Vergangenheit abwichen. Als universaler Erklärungsansatz für alle politischen und sozialen Fehlentwicklungen der Gegenwart eröffnete der NS-Rassismus einen viel versprechenden Lösungsweg.[76]

Doch zum »Rassefeind«, zum prinzipiellen Gegner der arischen »Volksgemeinschaft« konnten nicht allein fremde Völker und ethnische Minderheiten, sondern potenziell auch viele Deutschen werden. Kranke Menschen in Heilanstalten, wie auch immer definierte »nichtarische Erbkranke«, als »gemeinschaftsfremd« diskriminierte soziale Außenseiter, schließlich jedermann, der sich der geltenden Ordnung verweigerte und abweichende politische Ansichten vertrat. Wer das rassistische Weltbild nicht teilte, musste fürchten, eben dadurch als »minderwertig« abqualifiziert zu werden. Auf diese Weise bedingten sich der rassistische Glaube an die Unfähigkeit zur Einpassung in das Kollektiv und die Volksgemeinschaftsideologie wechselseitig. Biologismus und Antiindividualismus standen in struktureller Affinität zur Vorstellung von der »Volksgemeinschaft«, weil die Gleichheit der »Volksgenossen« in der Ungleichheit der rassistisch ausgeschlossenen »Gemeinschaftsfremden« begründet lag. Die Gleichheit der Deutschen im rassistisch definierten Kollektiv schloss legitime Differenzen als »minderwertig« aus und leistete einer Dehumanisierung von inneren und äußeren Gegnern der kriegführenden Gesellschaft Vorschub. Rassismus bedeutete daher mehr als die politische Verabsolutierung des Abstammungsprinzips, vielmehr half er, nationale Zugehörigkeit und Fremdheit unter Rekurs auf den Weltkrieg neu zu begründen. Im laufenden »Kampf ums Dasein« kam es weniger auf traditionelle Bindungen und Loyalitäten an, sondern allein auf die Selbstbehauptung der Deutschen im Krieg selber.[77]

Das Zerrbild des Juden im Nationalsozialismus war ein Derivat des biologistischen Nationalismus. Nationalismus und Rassismus waren für den modernen Antisemitismus konstitutiv, weil das antisemitische Bild der Juden nur in Abgrenzung von einem nationalen Selbstbild konstruiert werden konnte. Ohne diesen Nexus von Nationalismus und Antisemitismus scheint die Dynamik der Judenfeindschaft im Nationalsozialismus kaum begreifbar.[78] Antisemitische Ausgrenzungen erhielten eine zusätzliche exklusive Dimension erst durch die Biologisierung nationalistischer Vorstellungen. Die Behauptung der »rassischen Überlegenheit« der deutschen »Volksgemeinschaft« bedurfte einer negativen Gegenfolie, die sich mit zahllosen tradierten Stereotypen ausmalen ließ. Juden waren von dieser Form nationalistischer Feindschaft in besonderem Maße betroffen, weil der überlieferte christliche Antijudaismus hierfür eine Vielzahl semantischer Anknüpfungspunkte bot. *Diesen* Feind brauchten die Nationalisten zumal im Zweiten Weltkrieg: Die Definition der Juden als »Gegenrasse« (Alfred Rosenberg)[79] der Deutschen kann als notwendige Konsequenz des als »Rassenkampf« konzipierten Vernichtungskrieges begriffen werden. Die Erfindung der »Gegenrasse« basierte auf binären, meist wenig originellen Unterscheidungen. Das Bekenntnis zur deutschen Ordnung und zum Eigenbild erfolgte mit Hilfe einer negativen Bestimmung, durch den Hass auf das, was man nicht sein wollte: Das eigene »Gute« stand im endlosen Kampf gegen das Böse, Teuflische, »Zersetzende«, »Perverse«, Fremdartige und kulturlose Wirken »des« Juden. Im unspezifischen Gegenbild »des« Juden versammelte man alle bekannten Fehlentwicklungen der eigenen Gesellschaft und alle durch den Zweiten Weltkrieg freigesetzten Bedrohungsängste.

Für die meisten Deutschen im Zweiten Weltkrieg – darauf hat schon Victor Klemperer in seinen Beobachtungen zur Sprache im Nationalsozialismus hingewiesen – waren Rassismus und Antisemitismus identisch.[80] Die Benennung des jüdischen Feindes erfolgte in der Sprache des nationalistischen Rassismus, der sich exzessiv der Metaphern der Parasitologie bediente. Mit »jüdischem« Ungeziefer konnte es in der Logik dieses Weltbildes keinen legitimen Ausgleich geben. Vielmehr mussten die Juden wie alle Parasiten aus dem sauberen deutschen Volkskörper entfernt, wenn nicht physisch »ausgemerzt« werden. Allerdings belegten die Antisemiten nicht allein Juden mit ihrem Hass. Wie die Hetze etwa des antisemitischen Kampfblattes »Der Stürmer« belegt, konnten auch so genannte »Judenknechte«, also jedermann, dessen Geschäftsgebaren, soziales Verhalten oder politische Haltung den Machthabern missfiel, zum »Juden« gemacht werden.[81] Die Verbreitung biologistischer Nationsvorstellungen bereitete denjenigen antisemitischen Ausgrenzungsstrategien den Boden, mit deren Hilfe man auch assimilierte Juden stigmatisieren und letztlich jeden missliebigen Menschen aus der »Volksgemeinschaft« verbannen konnte. Die Nationalisten suchten mit Hilfe des Antisemitismus bevorzugt solche sozialen und politischen Defizite zu erklären, für die nicht allein äußere Feinde verantwortlich gemacht werden konnten. Gerade das Verhältnis von Nationalismus und Antisemitismus veranschaulichte, in welchem Ausmaß die Grenzziehung zwischen äußeren und inneren Feinden stets konvergierte.[82]

Durchführung und Erfolg der antisemitischen Verfolgungsmaßnahmen im Nationalsozialismus hingen wesentlich von der Reaktion der deutschen Öffentlichkeit ab. Solange die Entrechtung der deutschen Juden nicht in gewaltsame Pogrome ausartete – deren Exzesse im November 1938 die große Mehrheit der Deutschen ablehnte[83] –, stieß ihre gesellschaftliche Isolierung innerhalb der Eliten und der breiten Bevölkerung in Deutschland auf erstaunlich wenig Widerstand. Der staatliche Antisemitismus war genau dann erfolgreich, wenn er an bestehende nationalistische Weltbilder innerhalb der Bevölkerung anknüpfen konnte. Die Deutschen glaubten derjenigen Propaganda, von der sie nicht mehr überzeugt zu werden brauchten. Selbst die stets um den Nachweis einer regimekritischen Haltung der einfachen Menschen bemühten Deutschlandberichte der Exil-SPD stellten bereits 1936 fest: »Es gibt nicht wenige, die, obwohl sie keine Nationalsozialisten sind, dennoch in gewissen Grenzen damit einverstanden sind, daß man den Juden die Rechte beschneidet, sie vom deutschen Volk trennt. Diese Meinung vertreten auch sehr viele Sozialisten. Sie sind zwar nicht mit den harten Methoden einverstanden, die die Nazis anwenden, aber sie sagen sich: ›Dem Großteil der Juden schadet's nicht‹.« Diese latente Akzeptanz des Antisemitismus basiere auch darauf, »daß ein beträchtlicher Teil der Bevölkerung heute schon von der Richtigkeit der nationalsozialistischen Rassenlehre überzeugt ist und ihre Anwendung auf das deutsche Volk für eine geschichtliche Notwendigkeit hält«.[84]

Der Antisemitismus war innerhalb weniger Jahre zu einem alltäglichen Kommunikationscode im Nationalsozialismus geworden. Die Etablierung des Antisemitismus in zahlreichen Bereichen des öffentlichen Alltags bedingte sowohl seine gesellschaftliche Unauffälligkeit wie seine latente Wirkung.[85] Befremdet registrierten kritische Beobachter, dass etwa Verlautbarungen wie »›der Jude ist kein Mensch. Er ist eine Fäulniserscheinung‹, ... bei niemandem mehr Aufsehen« erregten und sich in der Bevölkerung eine Stimmung verfestigte,»die man am besten wohl mit Gleichgültigkeit bezeichnen könnte. Man sagt sich: Manche Juden haben es verdient, daß sie etwas schikaniert werden, denn man kennt sie von früher her .... Im allgemeinen sieht man dem Treiben zu, ohne sich besonders aufzuregen.«[86] Das Regime dürfte sich aus der passiven Zustimmung zu einem immer radikaleren Vorgehen gegen die deutschen Juden im Laufe des Krieges in seiner Politik ermutigt gefühlt haben.

Die Belastungen des totalen Krieges gaben dem Antisemitismus zusätzliche Nahrung. Mit der dramatischen Anspannung der ökonomischen und militärischen Situation in der deutschen Kriegsgesellschaft konzentrierten Teile der Bevölkerung ihren Hass auf Juden, weil sie diese für ihre Notlage verantwortlich machten. Das Bild des jüdischen Kriegsgewinnlers aktualisierte das traditionelle antisemitische Image des jüdischen Wucherers. Immer wieder tauchten Beschwerden über angebliche jüdische Hehlerei mit Mangelwaren auf.[87] Im September 1941 machte dann der NS-Staat die jüdischen Feinde der »Volksgemeinschaft« für jedermann durch den Stern sichtbar. Die offiziellen SD-Berichte über die Einführung der Kennzeichnungspflicht der Juden in Deutschland müssen allerdings unter dem Vorbehalt gelesen werden, dass sie die Kritik an dieser Maßnahme unterbelichten. Weite Teile der Bevölkerung distanzierten sich offenbar mit wachsender Radikalisierung der Verfolgungsmaßnahmen von der antisemitischen Propaganda und Politik des Regimes.[88]

Gleichwohl scheint der gelbe Stern, der zunächst für Irritationen gesorgt hatte, nach einigen Monaten meist akzeptiert worden zu sein: »Es wird überall betont, daß diese Verordnung einem lange gehegten Wunsch weiter Bevölkerungskreise, besonders an Plätzen mit noch verhältnismäßig zahlreichen Juden, entsprochen habe. Aus Meldungen ergibt sich allerdings auch übereinstimmend, daß die Sonderbehandlung der mit Deutschblütigen verheirateten Juden in der Bevölkerung Befremden und Unwillen hervorgerufen habe. Die in der Verordnung vorgesehenen Ausnahmen seien von Volksgenossen sogar vielfach als ›halbe Maßnahme‹ kritisiert worden. Insbesondere hätte man überall die Feststellung machen können, daß in der Allgemeinheit eine radikalere Lösung des Judenproblems mehr als jeder Kompromiß Verständnis findet und daß in weitesten Kreisen der Wunsch nach einer klaren äußeren Scheidung zwischen dem Judentum und den deutschen Volksgenossen besteht.«[89] In Zeiten des totalen Krieges bestand nicht nur bei radikalen Antisemiten, sondern offenbar auch bei »ganz normalen« Deutschen das erhöhte Bedürfnis, die eigene Gruppe reinlich von allem Fremden und Feindlichen zu scheiden. Unter dem Homogenitätsdruck des Krieges suchte man das an und für sich Unmessbare zu bestimmen: feste Kriterien für die Zugehörigkeit zum Deutschtum. Der Stern machte das augenscheinlich ähnliche Judentum als etwas aus der Gemeinschaft auszuscheidendes Fremdes sichtbar. Diese Grenzziehung eröffnete gleichzeitig Erklärungen und Lösungswege für die bestehende Misere.[90]

Reichweite und Grenzen der Nationsvorstellungen im Bürgertum, in der Arbeiterklasse und in der Landbevölkerung

Die alle Deutschen vereinende »Volksgemeinschaft« war eine mächtige Vision ihrer Anhänger – nie die Verwirklichung eines Zustandes. Je länger der Krieg dauerte, desto sichtbarer wurden ihre Grenzen. Damit soll nicht ihre reale Geltung im Denken und Handeln zahlloser Deutscher bestritten werden. Angesichts der bis in den April 1945 hinein nicht vollständig gebrochenen Faszinationskraft der nationalsozialistischen »Volksgemeinschaft« besteht die Gefahr, die Nationsvorstellungen im »Dritten Reich« als ein geschlossenes Konzept wahrzunehmen und so nachträglich der Ideologie der NSDAP aufzusitzen. Tatsächlich erscheint es aber fraglich, von einer rein integrativen Funktion des Nationalismus im Nationalsozialismus auszugehen. Ein Deutungsmonopol auf die Nation besaßen selbst die Nationalsozialisten nicht. Selbst im »Dritten Reich« bildete die öffentliche Meinung keinen monolithischen Block.[91] Zwar bestanden nach 1933 in Deutschland weder eine pluralistische Öffentlichkeit noch von den Machthabern unabhängige kollektive Akteure, die ihren Interessen und Vorstellungen mit Hilfe eines eigenen Nationalismus freien öffentlichen Ausdruck hätten verleihen können. Doch die Nationsvorstellungen im nationalsozialistischen Deutschland waren so vielfältig wie die Gesellschaft selber. Sogar unter Kriegsbedingungen bestanden unterschiedliche Vorstellungen von der deutschen Nation nebeneinander. Streng genommen ist es deshalb geboten, von einer Vielzahl differierender Nationalismen zu sprechen. Offenbar projizierten unterschiedliche gesellschaftliche Gruppen jeweils ihre eigenen Wertvorstellungen und Utopien in die interpretierbare »vorgestellte Gemeinschaft« der Nation hinein – abhängig von ihrer Klassenlage, ihrer Konfession, ihrem Geschlecht, ihrer Region oder ihrer politischen Orientierung.[92] Den Stellenwert der »Volksgemeinschaft« innerhalb der deutschen Zivilbevölkerung auch nur halbwegs genau zu bestimmen, ist deshalb ausgesprochen schwierig. Die beiden zentralen Fragen nach der alltäglichen Verbreitung dieser Kategorie und nach ihrer Deutungsrelevanz für den Einzelnen sind vor dem Hintergrund von fehlenden repräsentativen Meinungsumfragen und den aus ihrer jeweiligen Perspektive selektiven Stimmungsberichten der Exil-SPD bzw. des Sicherheitsdienstes der SS nur annäherungsweise zu beantworten. Im Folgenden werden sowohl gemeinsame als auch unterschiedliche Nationsvorstellungen der drei wichtigsten sozialen Gruppen im nationalsozialistischen Deutschland untersucht – die des Bürgertums, der Arbeiterschaft und der Landbevölkerung.

Dem sozial amorphen Charakter des deutschen Bürgertums entsprach die Vielfalt der hier bestehenden Nationalismen.[93] So hat die neuere Forschung zu Recht die ältere These von »Panik im Mittelstand« (Theodor Geiger) falsifiziert und hervorgehoben, dass der Aufstieg der NSDAP ihrer Organisation und ihrer Werbekraft als moderne Massenpartei und nicht einem aggressiven, schichtenspezifischen Nationalismus des Kleinbürgertums zu verdanken war. Auch das Wirtschaftsbürgertum hat, entgegen einer langlebigen Legende, die NS-Bewegung vor 1933 nicht aus ideologischer Überzeugung systematisch finanziert.[94] Wenn es aber eine soziale Formation gab, deren Nationsvorstellungen sie in die ideologische Nähe zum Nationalsozialismus brachte, dann war es das deutsche Bürgertum. Die uneinheitlichen nationalen Einheitsentwürfe des Bildungsbürgertums, des »alten« Mittelstandes, der Angestellten und des Wirtschaftsbürgertums waren eher reaktiv und richteten sich vor allem gegen bestimmte Gesellschaftsbilder. Was die nationalistischen Ordnungsvorstellungen des deutschen Bürgertums im NS-Staat gleichwohl vereinte, das waren einige wenige gemeinsame Aversionen und Visionen: Die Angst vor dem Verlust der eigenen politischen und kulturellen Führungsposition innerhalb der deutschen Nation und der Wunsch nach der machtvollen Erweiterung des deutschen Nationalstaates zu Lasten seiner Nachbarn.

In der Tendenz lässt sich beobachten, dass mit einer höheren gesellschaftlichen Position und Schulbildung die Affinität zum Nationalsozialismus stärker ausfiel.[95] Die Ursachen für diese Anfälligkeit des Bildungsbürgertums waren vielfältig. Teile der Bildungseliten kämpften in den ersten Jahrzehnten des 20. Jahrhunderts einen wenig aussichtsreichen Kampf gegen eine wahrgenommene materielle und ideelle Verschlechterung. Die Versprechen des NS-Staates, gleichzeitig den vermeintlich libertinären Verfallserscheinungen der Demokratie zu begegnen sowie die soziale Konkurrenz von Juden, Kommunisten und Frauen zu beschneiden, fielen hier auf fruchtbaren Boden. Der im Bildungsbürgertum gepflegte Führerkult war immer auch ein Ausdruck des eigenen politischen und sozialen Führungsanspruches.[96] Die nationalsozialistische Herrschaft empfanden namhafte Professoren als »nationale Revolution«, die Aufbruch zu neuer Größe und die Rückkehr zum autoritären Staat verhieß. Gerade in dieser Berufsgruppe verglich man die Ereignisse der Jahre zwischen 1933 und 1942 gerne mit dem »Augusterlebnis« und dem »Burgfrieden« des Ersten Weltkrieges. Der Nationalsozialismus versprach, gleichsam die deutsche Geschichte durch die Versöhnung der Klassengegensätze und die Überwindung des Parteienstreits zu krönen.[97]

Der deutsche Nationalstaat stellte als ein machtpolitischer Faktor für das Bildungsbürgertum die Erfüllung deutscher Geschichte dar. Die außenpolitischen und militärischen Erfolge der Jahre bis 1941 können für die Identifikation des Bildungsbürgertums mit dem zu ungekannter Größe gestärkten Nationalstaat kaum hoch genug veranschlagt werden. Hochschullehrer, Pfarrer und Journalisten verglichen den deutschen Nationalstaat, jenseits jeder zweckrationalen Staatsauffassung, in biomorphen Metaphern mit einem beseelten, nun wieder zu alter Stärke erstandenen natürlichen »Organismus«. Alles, was nach der empfundenen Demütigung in den Jahren seit 1918 die außenpolitische Größe des deutschen Nationalstaates wiederherstellte, wurde oft enthusiastisch begrüßt, dessen Gegner leidenschaftlich bekämpft. Im Zweiten Weltkrieg konzentrierte sich der nationale Hass des Bildungsbürgertums daher nicht allein auf das »bolschewistische« Russland, sondern zunächst auf England. In Gestalt des englischen Feindbildes externalisierte man den eigenen Abscheu vor den Auswirkungen des sozialen

Wandels und vor allem vor der Industrialisierung. Die Sopade-Berichte vermelden in diesen Kreisen eine beachtens-
werte Resonanz der offiziellen Kriegspropaganda, welche –
wie schon im Ersten Weltkrieg – England bis 1941 als
»Hauptfeind« diffamierte.[98]

Vergleichbare demonstrative Unterwerfungsakte, wie sie
weite Teile des Bildungsbürgertums aus eigener nationalistischer Überzeugung der neuen Ordnung entgegenbrachten,
finden sich weit weniger im gehobenen Wirtschaftsbürgertum. Zwar begrüßte man auch in der Geschäftswelt die Ent-
machtung der verachteten sozialistischen Gewerkschaften
und Parteien und besonders in der Großindustrie die Aufrüs-
tung sowie die angestrebte machtpolitische Autarkie. Wesentliche Elemente der nationalsozialistischen Herrschafts-
praxis, bürokratische Willkür und vereinzelte staatliche Eingriffe in die unternehmerische Entscheidungsfreiheit, nicht
zuletzt auch die antisemitische Hetze und die Pogrome,
lehnte das Wirtschaftsbürgertum jedoch als Bedrohung ihrer
politischen Weltbilder und ihrer Geschäftsinteressen mehrheitlich ab. Die Verflechtung der Wirtschaftselite mit dem
NS-Regime hielt diese aber gerade unter Kriegsbedingungen
loyal. Die militärischen Erfolge der Anfangsjahre versprachen
gleichzeitig glänzende Geschäfte und nationale Größe. Die
sozialdemokratischen Exilberichte charakterisieren die Haltung von Fabrikanten aus Süddeutschland: »Grundsätzlichen
Äußerungen gegen das Dritte Reich und seine Führer bin ich
aber in diesem Kreise nicht begegnet. ... Diese Leute, die
teilweise selbst eingezogen sind, und deren Familien heute
mit Wehrmacht und Partei vielseitig verknüpft sind, befinden
sich trotz aller Beschwerden noch in einer nationalen Hochstimmung.«[99]

Die Erfahrung relativer politischer Ohnmacht und sozialer
Deprivation machten Teile des alten und neuen Mittelstandes, das Kleinbürgertum und die Angestellten zunächst für
die Ideen der nationalsozialistischen Bewegung empfänglich.

Nach der sicherlich überzogenen Einschätzung der Korrespondenten der Sopade hätten »die Angestellten immer
schon zu romantischen völkischen Ideen geneigt«.[100] Tatsächlich hat die Forschung gezeigt, in welchem Umfang gerade
die aufstiegsorientierte neue Sozialformation der Angestellten die politischen Errungenschaften einer pluralistischen
Gesellschaft zu schätzen wusste.[101] Eher trifft der Befund einer ideologischen Abhängigkeit von der NS-Bewegung auf
den »alten« Mittelstand zu. Für die Berichterstatter der Sopade galt das »Kleinbürgertum als Träger der nationalsozialistischen Revolte«.[102] Die gerade in Handwerk und Handel
verbreiteten Statusängste spiegelten sich in den nationalistischen Ordnungsvorstellungen dieser Bürger, welche dem
Großkapital und »den« Juden, Sozialisten und Parteipoliti-
kern gleichermaßen unterstellten, das Wohl der Gesamtnation zu gefährden. Doch die Hoffnung des »alten« Mittelstandes, zur »richtigen« Ordnung eines sozialharmonisch
geordneten Nationalstaates zurückzukehren, wurde auch
von den braunen Machthabern und dem Kriegsausbruch
letztlich enttäuscht. Hochfliegende Visionen einiger Interes-
senvertretungen, am »Lebensraumprogramm« in Osteuropa
ideell und materiell zu partizipieren, vom Kolonialwaren-
händler gleichsam zum Kolonisator aufzusteigen, erfüllten
sich nicht. Vielmehr entfremdeten die Belastungen des Zweiten Weltkrieges auch das Kleinbürgertum vom NS-Staat, das
sich seiner Rolle als ökonomisches Zentrum der Nation beraubt sah. Irritiert stellten die Machthaber gegen Kriegsende
einen rapiden Rückgang des Hitlergrußes im Kleinbürgertum und in der Beamtenschaft fest. Vor allem aus Furcht vor
dem nationalen Chaos und aus einer antibolschewistischen
Überzeugung heraus hielten »alter« und »neuer« Mittelstand
dem Regime lange die Treue: »Besonders im Westen des Reiches und in Süddeutschland glauben viele, daß dieser Zustand dem vorzuziehen sei, der eintreten könne, wenn das
enttäuschte und nach Vergeltung lechzende Volk von Aben-

teurern und Demagogen geführt und ausgenutzt würde. Solche eventuellen trüben Aussichten tragen übrigens auch wiederum dazu bei, daß die unpolitischen Kleinbürger, deren Angst vor dem Bolschewismus seit dem Russenpakt wieder gestiegen ist, sich noch immer mit dem Nationalsozialismus abfinden.«[103]

Auch die Arbeiter hatten ein Vaterland. Zwar kultivierte gerade die Sozialdemokratie im Kaiserreich seit der Sozialistengesetzgebung unter Bismarck eine betont antinationale Haltung. Ihre revolutionäre Rhetorik verdeckte aber nur mühsam den revisionistischen Umschwung und den allmählichen Wandel zu einer systembejahenden und staatstragenden Partei. Weder bewältigten die Sozialdemokraten theoretisch das Spannungsverhältnis zwischen national und international, noch reflektierten sie den eigenen »linken« Nationalismus. Internationale Klassenloyalität und nationale Staatsloyalität wollten zahlreiche Sozialdemokraten nicht als Widerspruch, sondern eher als notwendige Ergänzung begreifen. Wegen der historischen Vorbelastung der Begriffe »Nation« und »Volk« suchte die Parteimehrheit energisch, sich vom Nationalismus der Rechten und ihren lärmenden patriotischen Demonstrationen abzugrenzen.[104] Gerade in der Weimarer Republik betonte die nun endgültig zu einer »nationalen« Partei gewandelte SPD stets die strukturelle Ähnlichkeit von Nationalismus und Sozialismus. Im Gegensatz zu den Hoffnungen der Konservativen eröffneten diese vom traditionellen Fortschrittsoptimismus der Partei gekennzeichneten Vorstellungen von der deutschen Nation den Sozialdemokraten die Möglichkeit, von der neuen parlamentarischen Ordnung eine baldige demokratische, emanzipierende und sozialistische Wandlung des Deutschen Reiches zu erwarten. An einer so verstandenen deutschen Nation wollte man nicht nur teilhaben, sondern begriff sich geradezu als deren reformerische Speerspitze.

74

Vor diesem Hintergrund ist die partielle Integration der Arbeiterklasse in die nationalsozialistische »Volksgemeinschaft« weit weniger erklärungsbedürftig, als es der Forschung bis in die 1980er Jahre hinein schien.[105] Die deutsche Arbeiterbewegung musste nicht gegen ihren Willen von der Bedeutung nationaler Weltbilder überzeugt werden. Damit soll nicht die Rolle des nationalsozialistischen Zwangsstaates in Abrede gestellt werden, der die Menschen mit allen Mitteln politisch zu entmündigen suchte. Zwar gab es bei der Mehrheit der Arbeiter und Arbeiterinnen keine enthusiastische Zustimmung zum NS-Staat und zum Nationalsozialismus. Wenn irgendeine soziale Schicht im »Dritten Reich« sich von den Werten und der Praxis der NS-Bewegung aus politischen Motiven heraus bewusst distanzierte, dann war es die industrielle großstädtische Arbeiterschaft. Die entscheidende Frage ist hier, welche Nationsvorstellungen innerhalb der Arbeiterbewegung sie für die »Volksgemeinschaft« empfänglich oder resistent machten.

Unabhängig von dem enormen Anpassungsdruck, der auf allen Menschen im NS-Staat lastete, eröffnete die neue Ordnung der Arbeiterklasse positive nationale Identifikationsangebote. Mit der Verherrlichung der Arbeit konnten die nationalsozialistischen Propagandisten auf einen breiten Grundkonsens in der Gesamtbevölkerung und besonders in der Arbeiterschaft bauen. Seit ihrer Entstehung im 19. Jahrhundert war es innerhalb der Gewerkschaften und der Sozialdemokratie ganz unstrittig, dass Arbeit, Fleiß und Ordnung Garanten und notwendige Bedingungen für die Wohlfahrt des Einzelnen wie für die Stellung der deutschen Nation bildeten. Diese Wertschätzung des egalitären Leistungs- und Ordnungsethos machte – bei all ihren tatsächlichen Unzulänglichkeiten – das Konzept der »Volksgemeinschaft« für viele Arbeiter und Arbeiterinnen attraktiv. Die sozialegalitäre Ideologie der braunen Machthaber und die flankierenden sozialen Verbesserungen waren für die arbeitenden Unterschichten mehr als nur ein »fürsorgliches Gehabe« (Tim Mason). Die »Volksgemeinschaft« versprach gerade gesellschaftlich Minderprivilegierten, dass Leistung mehr zählte als ererbter Rang, und schien Klassenbarrieren durchlässiger zu machen.

Gleichzeitig knüpfte diese ideologische Neuorientierung an etablierte Gemeinschafts- und Solidaritätsvisionen der Arbeiterbewegung an. Der egalitäre, reformerische Nationalismus der Linken ermöglichte auch ehemaligen Sozialdemokraten, für eine vermeintlich zeitgemäße Adaption ihrer gesellschaftlichen Visionen zu schwärmen. Der generelle Lohnstopp, eine zunehmende soziale Mobilität, das KdF-Freizeitangebot oder die obligatorischen Eintopfsonntage machten diese nationale Gemeinschaftsutopie ganz praktisch erlebbar und vermittelten gerade einfachen Menschen unter dem Motto »Ein Volk hilft sich selbst« Gefühle von Geborgenheit und gesellschaftlicher Machbarkeit.[106] Die »politisch indifferenten« Arbeiter machte nach Auffassung der Korrespondenten der Sopade schon der sichere Arbeitsplatz für die »Volksgemeinschaft« empfänglich: »Sie fühlen sich weiter nicht unterdrückt, weil sie für Freiheit und Demokratie nie besonders geschwärmt haben. ... Sie vermissen die Demokratie nicht und sind froh, wenn sie einen bescheidenen Arbeitsplatz haben. Der Militarisierung Deutschlands stehen sie sympathisch gegenüber, denn sie schafft Arbeit, im übrigen sind sie den patriotischen Phrasen der Rundfunkeinpeitscher natürlich weitgehend zum Opfer gefallen.«[107]

Namentlich Arbeiter befürworteten mithin die Ankündigungen des Regimes, die Vergünstigungen und die Belastungen gleichmäßig auf alle Klassen zu verteilen. Die umfassende staatliche Reglementierung aller Klassen und Lager bediente in gewisser Hinsicht sozialistische Gesellschaftsideale und dürfte gleichzeitig einer immerhin »psychologischen Egalisierung« (Martin Broszat) Vorschub geleistet haben.[108] »Die Arbeiterschaft begrüßt es durchaus«, vermerkte ein Beobachter für die Exil-SPD im März 1940 aus Berlin,

»daß die ›besseren Leute‹ praktisch aufhören, welche zu sein. Jetzt im Krieg haben sie nicht nur ihre gleichen Rationen, sondern sie sind in der Produktion der Volkswirtschaft ebenfalls nur eine Nummer wie die Proleten selber. Auf diese Weise befriedigt man heute in Deutschland seine ›antikapitalistische Sehnsucht‹. Die Nazis haben es fertig gebracht, beim Arbeiter eine Vorstellung von ›Sozialismus‹ zu entfalten, die praktisch gleichbedeutend ist mit der Formel: Allen Nichts.«[109] Derartige Befunde dürfen aber nicht darüber hinwegtäuschen, dass zahlreiche alte gesellschaftliche Spannungen und Ungleichheiten ungebrochen fortbestanden – verschärft durch die Sozial- und Wirtschaftspolitik des Regimes und die materiellen Belastungen des Krieges. Die reale Geltung der »Volksgemeinschaft« wurde daher oft, und nicht nur von sozialdemokratischen Betrachtern, in Frage gestellt: »Der Nationalsozialismus gibt zwar vor, die Klassen durch die ›Volksgemeinschaft‹ ersetzt zu haben, aber in Wirklichkeit bestanden in der Republik niemals so scharfe gesellschaftliche Grenzziehungen wie heute, und es schien mir, daß gerade die in der Opposition standhaft gebliebenen Elemente der Arbeiterschaft es darauf anlegten, diese Absonderung und Undurchsichtigkeit zu fördern.«[110]

Auch wenn die sozialstaatlichen Erfolge des NS-Regimes nicht verkannt werden dürfen, waren für die insgesamt mehrheitlich loyale Haltung der Arbeiterklasse ihr spezifischer Nationalismus auf der einen Seite und die Belastungsprobe des Zweiten Weltkrieges auf der anderen Seite entscheidend. Ihre tradierten »linken« Nationsvorstellungen und ihre gleichzeitige öffentliche Diffamierung als »antinational« und »undeutsch« vom Kaiserreich bis zur Weimarer Republik erzeugten außer Protest auch das Bedürfnis, endlich zum »Volk«, zur »Nation« oder zum »Staat« dazuzugehören. Mit dem Nationalsozialismus glaubten weite Teile der Arbeiterklasse, diesem Ziel näher gekommen zu sein. Das galt zumal unter Kriegsbedingungen. Aus dem Saargebiet hielt ein Berichterstatter für die illegale Sozialdemokratie fest: »Von einer defaitistischen Stimmung ist bisher nichts zu bemerken. ... Bei saarländischen Arbeitern, die jetzt in der Armee sind, kann man vielfach hören, daß die Nazis jetzt doch nach links geschwenkt seien. Wörtlich sagte einer: ›Jetzt muß man zum Führer halten, eine Revolution wäre Verrat. Verliert Deutschland den Krieg, so werden wir uns der neuen Situation fügen müssen. Bestimmt wäre es aber der Keim zu einem neuen Kriege, wenn Deutschland wie beim Westfälischen Frieden zerstückelt würde‹.«[111] Bemerkenswert an derartigen Äußerungen ist nicht allein das demonstrative Bekenntnis zu Deutschland, sondern vielmehr das betonte Bedürfnis, sich dieses Mal als »national« besonders zuverlässig vor dem Hintergrund der konservativen Mythen vom »vaterlandslosen Gesellen« und vom »Dolchstoß« 1918 zu erweisen. »In politisch geschulten Arbeiterkreisen ist die oft zur Schau getragene Gleichgültigkeit eine Folge der Angst vor dem, was nach Hitler kommen könnte. Was soll werden, fragen sich die denkenden Menschen, wenn wieder ein wehrloses Deutschland mit den Westmächten die Friedensverhandlungen führen soll, nachdem Hitler vorher die ganze Wut der Welt gegen Deutschland gelenkt hat. ... Es herrscht keine Begeisterung, aber auch keine aktive Antikriegsstimmung. Alle haben Furcht. Ein großer Teil fühlt sich aber vorläufig doch noch zuerst als Deutscher und will nicht als Vaterlandsverräter geächtet werden.«[112]

Die Kriegsbedingungen stifteten zusätzlich gemeinsame Belastungen und Erfahrungen. Das Erlebnis des totalen Krieges und mehr noch die markanten militärischen Erfolge der Jahre 1939 bis 1941 versetzten selbst manche Arbeiter und Arbeiterinnen, wie die Mehrheit der übrigen Reichsbevölkerung, in eine nationalistische Hochstimmung. Umgekehrt verlor der Nationalsozialismus innerhalb der Arbeiterklasse überproportional deutlich an Zustimmung, als seit 1943 die erwarteten Siege ausblieben.[113] Folgt man dem von der illegalen Sozialdemokratie entworfenen Stimmungsbild, zeigten sich Arbeiterinnen und ältere Arbeiter für nationalistische Überlegenheitsphantasien weniger empfänglich als ihre jüngeren männlichen Kollegen in den Betrieben. »Im allgemeinen läßt sich sagen, daß die älteren Arbeiter müde und hoffnungslos, die jüngeren aber fanatisiert und fest von der Überlegenheit Deutschlands überzeugt sind.«[114] Doch selbst in der Zeit der militärischen Triumphe kippte die Stimmung innerhalb der Arbeiterklasse selten in nationalistische Euphorie um: »Viele urteilsfähige Beobachter sind überzeugt, daß mit diesen Menschen ein Krieg nicht gewonnen werden kann. Im rheinisch-westfälischen Industriegebiet wird die Stimmung des Volkes wieder mehr und mehr feindselig gegen das Naziregime. Es gibt hier auch Hurrapatrioten, aber nur wenige unter der Arbeiterschaft. In den Arbeiterkreisen wird auch schon mal ein Wort mehr gewagt, besonders in den Kneipen.«[115]

Schließlich ist auch der Stellenwert nationalistischer Aversionen und geltender Feindbilder hervorzuheben, welche die Arbeiterklasse mit der kriegführenden Gesamtgesellschaft verband. Beispielsweise griffen Leipziger Industriearbeiter, die in der Wehrmacht in Osteuropa ihren Dienst verrichteten, in ihren offenen Briefen an die Belegschaft daheim zur Beschreibung der Umgebung und der Einwohner der Sowjetunion auf dieselben nationalistischen und rassistischen Stereotypen zurück wie die übrigen Soldaten. In diesen Briefen verliehen viele Soldaten ihrer Genugtuung darüber Ausdruck, Teil einer wohl organisierten Gemeinschaft zu sein und auch an der Front »gute Arbeit« zu leisten.[116] Ein vergleichbares Bild offenbart der latente Antisemitismus innerhalb der Arbeiterklasse – auch wenn die Aversion gegen »jüdische Plutokraten« hier nur ein untergeordnetes und eher reaktives Ideologieelement bildete.[117] Insgesamt bestand weder ein eindeutiger nationaler Konsens noch ein klassenspezifischer Dissens mit dem NS-Regime und seinen Feinden.

Die Mehrheit der Arbeiter verortete sich – abhängig von ihrer persönlichen Lage und dem Kriegsverlauf – zwischen klarer Zustimmung und schroffer Ablehnung.[118]

Das Verhältnis der Landbevölkerung zum deutschen Nationalismus war – vorsichtig formuliert – ambivalent. Bei vielleicht keiner Schicht der deutschen Bevölkerung unterschied sich die offizielle Bewertung ihrer Stellung innerhalb der Nation so markant von ihrer Selbsteinschätzung. Vor allen anderen Wirtschaftsbereichen kam der Landwirtschaft im nationalsozialistischen Weltbild eine privilegierte Stellung zu. Auf der Linie der bis zum Exzess propagierten »Blut und Boden«-Ideologie sollte das rassistisch verklärte Bauerntum vor allem nach dem Ausbruch der Feindseligkeiten mit der Sowjetunion Siedler für die deutsche Ostkolonisation stellen. Gleichzeitig aber stießen die nationalistische Boden- und Bauernideologie und die nationalsozialistische Agrarpolitik vor dem Hintergrund der im Krieg gebotenen rüstungswirtschaftlichen Priorität auf auch für die Landbevölkerung unverkennbare Grenzen.[119]

Die Wertschätzung des deutschen Bauerntums durch den Nationalsozialismus erwiderten vor allem die Agrareliten und die Mitglieder der landwirtschaftlichen Interessenverbände und Landwirtschaftskammern. Aber auch einige Kleinbauern sympathisierten anfänglich mit der NS-Bewegung, von der man sich materielle Hilfe für Tausende überschuldeter Höfe und nicht zuletzt ideelle Unterstützung gegen die beklagten Folgen der Modernisierung erhoffte. Negative Gesellschaftsbilder fanden sich in der Landbevölkerung weit häufiger als positive. Beschwerden über die Industrialisierung, das vermeintliche Chaos in der Weimarer Republik, die Angst vor Kommunisten und Klagen über wachsende Gottlosigkeit stellten nur einige der Kritikpunkte dar. Gerade Landwirte erhoben den notorischen Ruf nach »Ordnung« in Deutschland. Diese defensive Sicht auf die eigene politische und so-

80

ziale Stellung machte Teile der Landbevölkerung für den nationalsozialistischen Blut- und Bodennationalismus empfänglich. Doch die Desillusionierung setzte schon in den ersten
Jahren der Diktatur ein.[120]

Die Auswirkungen des Zweiten Weltkrieges offenbarten
dann, welch einen untergeordneten Rang die politische Kategorie der Nation im Denken der Mehrheit der Landbevölkerung einnahm. Die massiven wirtschaftlichen und sozialen
Belastungen des Krieges erschütterten die Wertschätzung der
Landbevölkerung für das Gesellschaftsmodell des Nationalsozialismus endgültig. Nicht nur dass die Kriegsfolgen die
wirtschaftliche Grundlage zahlloser Bauern bedrohten. Vielmehr demonstrierte der Zweite Weltkrieg wie bereits der
Erste, dass die Menschen in den abgeschiedenen Dörfern
und Höfen sich vornehmlich auf die eigene Lebenswelt konzentrierten und sich kaum als Mitglieder der abstrakten deutschen Nation begriffen.[121] Definiert man die »Nation« als
Kommunikationsgemeinschaft, bestanden massive Kommu-
nikationsprobleme zwischen der Landbevölkerung und der
Gesamtnation. Die Weltbilder und die Werte der Bauern unterschieden sich signifikant vom Vorstellungshorizont ihrer
Zeitgenossen, ja, man las nicht einmal dieselben Zeitungen
oder hörte dieselben Radioprogramme. Über diese politische
Apathie der Kleinbauern notierten die Sopade-Berichte aus
dem Bezirk Rheinland-Westfalen: »In der Gemeinde X., die
nur von Kleinbauern bewohnt ist, fand eine Bauernversamm-
lung statt. ... In seinen Ausführungen erklärte der Kreisbau-
ernführer, es gäbe noch immer Landwirte, die den wahren
Sinn der Volksgemeinschaft nicht verstehen wollten. Viele
übten Kritik aus Gewohnheit. In Zukunft würden diejenigen,
die sich nicht in die Volksgemeinschaft einfügen könnten,
aus der Kreisbauernschaft ausgeschlossen werden. Außer
dem Verlust des billigen Kunstdüngers und des Kraftfutters
würde ihr schlechtes Verhalten auch noch andere Folgen
nach sich ziehen. ... Bis zum heutigen Tage ist es Kreisleiter

81

Volm nicht gelungen, in verschiedenen Gemeinden des hiesigen Gebietes Ortsgruppen zu errichten. Selbst die Ortsbauernführer lesen nicht den ›Westdeutschen Beobachter‹, sondern den ›Volksfreund‹, eine frühere Zentrumszeitung.«[122]

Auch in Zeiten der militärischen Triumphe ergriff die Landbevölkerung kaum ein Anflug nationalistischer Euphorie. Vielmehr suchte man am gewohnten pragmatischen Lebensstil und an lieb gewonnenen Traditionen festzuhalten, mochten die Machthaber in Berlin auch Krieg führen. Ernüchtert mussten die zuständigen Regierungspräsidenten oder die Kreisleiter immer wieder erkennen, dass für die Mehrheit der Bevölkerung auf dem Lande die »Volksgemeinschaft« nicht wesentlich über die dörfliche Gemeinschaft hinausreichte.[123] Ihr letztlich unpolitisches und eher durch die christliche Humanitätslehre oder den Katholizismus geprägtes Denken bewahrte anscheinend viele Bauern und Bäuerinnen vor der kritiklosen Übernahme der propagierten Feindbilder der »Volksgemeinschaft«. Aus Bayern hieß es über den Erfolg der verkündeten Englandfeindschaft: »Auf dem flachen Lande hat die Haßpropaganda gegen England keinen rechten Erfolg. Diese politischen Fragen liegen der Landbevölkerung viel zu fern, als daß sie deswegen in Erregung geraten würde.«[124] Gerade in dieser Region spielten neben dem Gegensatz von Stadt und Land auch noch die alten bayerischen Ressentiments gegen eine Bevormundung durch Preußen eine wichtige Rolle.[125] So übte die unablässige staatliche Propaganda gegen die vermeintliche rote Bedrohung aus dem Osten nach Beginn des Überfalls auf die Sowjetunion auf die katholische Landbevölkerung einen kontraproduktiven Effekt aus. Fest verwurzelte christliche Werte und ein weitgehendes Unverständnis für die weltpolitischen Expansionsvisionen des Nationalsozialismus konterkarierten die katholische Aversion vor dem »gottlosen Bolschewismus«. Als die deutschen Bischöfe in ihrem Hirtenbrief vom 26. Juni 1941 die Bedrängnisse der katholischen Kirche im NS-Staat monierten, das bolschewistische Russland aber nicht einmal erwähnten, war der Ärger der Machthaber so groß wie die Zustimmung der ländlichen Kirchenbesucher. In den »Meldungen aus dem Reich« bewertete man die wachsende Distanzierung der Landbevölkerung von der »Volksgemeinschaft« mit Sorge: »Die nunmehr aus allen Gebieten des Reiches vorliegenden Berichte sprechen von einer außerordentlichen Beunruhigung der Bevölkerung in Folge der Verlesung dieses Hirtenbriefes. ... Die Aufnahme des Hirtenbriefes in den meist stark gefüllten Kirchen richtete sich einmal nach der örtlichen Lage; die *ländliche Bevölkerung wurde viel erregter* als die städtische. ... Wie mehrere Meldungen besagen, haben mehrfach Frauen geweint. ... Es war nur selten zu einem demonstrativen Verlassen des Gottesdienstes gekommen. ... Die überwiegende Mehrheit der Kirchenbesucher ließ sich dagegen zu stark aggressiven Äußerungen hinreißen.«[126] Im östlichen Bayern schrieben Frauen an ihre eingezogenen Männer in Russland, sie sollten lieber »heimkommen, um hier den Bolschewismus zu bekämpfen«.[127] Und im gleichen Tenor hielt der Gefreite Karl S. Ende August 1941 aus der Sowjetunion fest: »An diesem Sonntag dachten wir in einem Gemeinschaftsgottesdienst ganz besonders an die Heimat, daß dort nicht dieses Wort wahr werde. Denn auch wir haben gehört von den vielen Klosteraufhebungen in den Rheinlanden und Westfalen. Aber wir wollen doch gar nichts, auch nicht das Geringste gemeinschaftlich mit dem Bolschewismus haben.«[128] Eine ernst zu nehmende Bedrohung der braunen Machtposition stellten solche Proteste freilich nie dar. Die Weltbilder der Landbevölkerung waren zu unpolitisch und zu traditionell, um sie für irgendeine weit reichende politische Umgestaltung in Deutschland, geschweige denn in Europa zu begeistern. Das beschränkte den Einfluss des NS-Staates namentlich auf die katholische Landbevölkerung, bewahrte diese aber vor potenziellen politischen Verweigerungen.

Die Fülle der Deutungen der Nation entsprach beinahe der Menge ihrer Deuter. Die im kriegführenden Deutschen Reich nebeneinander bestehenden verschiedenartigen Nationalismen verbanden außer dem Glauben an die Einheit der nationalen Gemeinschaft nur wenige geteilte Visionen und Aversionen. Die Nationsvorstellungen differierten zwar nach Klasse, Konfession oder Region, wichtiger allerdings als die soziale Schichtung scheinen individuelle Dispositionen und zumal der Verlauf des Krieges selber gewesen zu sein. Solange der NS-Staat die Erwartungshaltung seiner Bürger bediente, materielle Sicherheit ermöglichte und militärische Erfolge vorzuweisen hatte, war mit nennenswerten Enttäuschungen der nationalen Erwartungshaltungen kaum zu rechnen. Erst die sich abzeichnende militärische Niederlage beschleunigte die Erosion der nationalen Konsensgesellschaft, wie diese umgekehrt eine erfolgreiche Motivation der Wehrmachtsoldaten und damit eine jahrelange Kriegführung begünstigt hatte.

Die deutsche Nation als Kommunikations-
gemeinschaft: Offizielle und inoffizielle
Deutungsangebote des Krieges gegen die
Sowjetunion

Die Nation ist in erster Linie nicht eine Interessen- und Wert-,
sondern eine Kommunikationsgemeinschaft. Der Nationalismus schafft als eine Form der Kommunikation die Möglichkeit zur Verständigung mit Hilfe von gemeinsamen Aus-
drucksweisen, Denkfiguren, Systemen von Symbolen und
Ritualen. Die Nation, das »ausgedehnte Allzweck-Kommuni-
kationsnetz von Menschen« (Karl W. Deutsch), verbindet die
verschiedenen Individuen durch Kanäle semantischer und sozialer Kommunikation miteinander. Die Angehörigen einer
Nation räumen denjenigen Nachrichten und Vorstellungen
einen Vorrang in ihrer Kommunikation, in ihrer Wahrnehmung und Entscheidungsfindung ein, die in der nationalen
Sprache kodiert sind. Die ausschlaggebende Bedeutung des
Nationalismus als eines Mediums liegt darin, dass ein bestimmter Sprachstil und eine bestimmte Sinngebung festle-
gen, dass nur diejenigen, welche diesen Sprachstil verstehen
und anwenden können, an der Ausgestaltung der Kommunikationsgemeinschaft teilzuhaben vermögen.[1]

Mit anderen Worten: Der Glaube an die deutsche »Volksgemeinschaft« war ein Produkt fortgesetzter öffentlicher und
privater Kommunikation. Das alltägliche gemeinsame nationalistische Reden, das Lesen derselben Zeitungen oder das
Hören des Radios erzeugte eigentlich erst die »Nation« im
Denken der Deutschen. Das hieß aber nicht, dass Homogenität die Grundlage des deutschen Nationalismus bildete,
oder dass jeder dasselbe dachte oder sagte. Die formale Ein-

heit der Sprache des Nationalismus überdeckte, dass die Inhalte des Nationalismus uneindeutig blieben. Die Empfänger
massenmedialer Botschaften waren nicht nur passive Rezipienten. Die Deutschen bedienten sich zwar derselben nationalistischen Schlüsselbegriffe (»Volk«, »Führer«, »Vaterland«), konnotierten diese aber unterschiedlich, je nachdem,
was die einzelnen Menschen darunter verstanden.[2]

Die Bedingungen des Zweiten Weltkrieges gaben der nationalen Kommunikation einen neuen Deutungsrahmen vor.
Die vorgestellte Ordnung der Nation war im Deutschen Reich
(wie in anderen Nationalstaaten) strukturell mit der Führung
von Kriegen verbunden. Zwar mussten auch im Frieden die
zur Nation Zugehörigen und Nichtzugehörigen bestimmt
werden. Doch in einem totalen Krieg wurde diese nationale
Grenzziehung ungleich wichtiger. Da es dem Deutschen
Reich an militärischen Gegnern in der Tat nicht mangelte,
intensivierten die bewaffneten Auseinandersetzungen die
Geltung kollektiver Feindbilder und Emotionen, und damit
den Glauben, einer bedrohten Gemeinschaft anzugehören.
Das galt zumal im Hinblick auf den zum alles entscheidenden »Rassenkampf« stilisierten Krieg gegen die Sowjetunion,
von dem hier die Rede sein wird. Die Neuausrichtung der
Gesellschaft nach militärischen Effizienzkriterien berührte
das Leben jedes Einzelnen, wodurch die zur alltäglichen Erfahrung gewordene bewaffnete Konfrontation die öffentliche
und private Kommunikation verdichtete. Der Zweite Weltkrieg beherrschte das Reden und Denken der Deutschen wie
kein anderes Thema und verstärkte ihr Zusammengehörigkeitsgefühl nachhaltig.

Hier soll zum einen das Verhältnis von Nationalismus und
Propaganda generell beleuchtet und dabei der Frage nach-
gegangen werden, inwieweit die NS-Eliten in der Lage waren, die Nationsvorstellungen der deutschen Bevölkerung
zu beeinflussen. Darauf geht es um die nationalistischen
Sprachregelungen des Krieges gegen die Sowjetunion 1941

in der deutschen Öffentlichkeit. Mit welchen Formen, Techniken und Inhalten aus dem nationalistischen Repertoire stellten die NS-Machthaber den deutschen Überfall dar? Dabei kann es nicht darum gehen, in klassischer Ideologiekritik den manipulativen, die »Wirklichkeit« verzerrenden Charakter der Propaganda herauszuarbeiten,[3] sondern es kommt darauf an, die Art und Weise nationalsozialistischer Sinnproduktion zu analysieren. Zum anderen ist die Kommunikation zwischen Heimat und Front zu beleuchten. Was berichteten einfache Soldaten in ihren Briefen an ihre Angehörigen über den Krieg? Welche Sinnmuster strukturierten die Wahrnehmung der Wehrmachtssoldaten des Ostheeres? Und schließlich: Welche Gemeinsamkeiten und welche Unterschiede bestanden zwischen den offiziellen und den inoffiziellen Deutungsangeboten des Krieges?

Zwang oder Zustimmung? Zum Verhältnis von Propaganda und Nationalismus

Die Führungselite des nationalsozialistischen Staates war vom Glauben an die Wirkungsmacht der Propaganda geradezu besessen. Zumal unter Kriegsbedingungen vertraute man auf die konsensbildende Kraft gleichschaltender Manipulationsmaßnahmen. Ein ganzes Kapitel in »Mein Kampf« etwa ist der vermeintlich vorbildlichen und effektiven Kriegspropaganda der Alliierten des Ersten Weltkrieges gewidmet.[4] Demnach erschien die kriegführende »Volksgemeinschaft« mindestens so sehr als Produkt staatlichen Zwanges wie patriotischer Zustimmung. Diesen Irrglauben der nationalsozialistischen Elite an die Allmacht geschickter Propaganda und medialer Manipulation reproduzieren Teile namentlich der älteren Forschung durchaus unkritisch:[5] Mit dem Zusammenbruch der pluralistischen Weimarer Zivilgesellschaft schien demnach auch die deutsche Bevölkerung jedes kritische und unabhängige Denken verlernt zu haben und zum Objekt totaler staatlicher Kontrolle geworden zu sein. Im Grunde basiert diese Vorstellung auf einem zeitgenössischen monodimensionalen Kommunikationsmodell, welches eine direkte und allzeit kontrollierbare Beeinflussung der Empfänger durch die Sender massenmedialer Botschaften behauptet. Zudem wird der – wie auch immer zu messende – »Erfolg« nationalsozialistischer Propaganda mit staatlicher Meinungsmanipulation und der Herstellung eines »falschen Bewusstseins« gleichgesetzt. Dabei wird in klassischer Ideologiekritik die hässliche Fratze der Diktatur als die verschleierte »Wirklichkeit« begriffen – und diese »Wahrheit« mit der »Lüge« und dem »schönen Schein« der Propaganda kontrastiert.[6] Tatsächlich entspricht der Glaube, wonach »die« Deutschen im Nationalsozialismus gleichsam einer totalen kommunikativen und ideologischen Gehirnwäsche unterzogen worden sein sollen, eher dem Anspruch des Regimes als den historischen Verhältnissen.[7] Denn das Hauptziel der NS-Propaganda bestand weniger in der werbenden Verführung, weniger in der Kreation von Illusionen für willige oder unwillige »Volksgenossen«, als vielmehr in der Absicherung der bestehenden Machtverhältnisse. Wie Goebbels unmittelbar vor dem Überfall auf die Sowjetunion Hitler gegenüber einräumte, komme es für die Kriegführung nicht auf Worte, sondern auf das Gehorchen an.[8]

Selbst unter den Bedingungen der institutionelle und personelle Freiheit rigide beschneidenden NS-Herrschaft verfügte keine gesellschaftliche Gruppe in politischen Fragen über ein meinungsbildendes Monopol. Zwar hatten die nationalsozialistischen Eliten weit weniger Schwierigkeiten, ihre Politik als »nationales Interesse« darzustellen als etwa oppositionelle Gruppen, weil sie stärkeren Einfluss auf den Sprachstil ausübten und über ungleich bessere Zugangsmöglichkeiten zum öffentlichen Diskurs verfügten. Doch gleichzeitig war ihr Manipulationsspielraum eng begrenzt, denn

»Sinn« lässt sich nicht administrativ erzeugen. Tatsächlich lassen sich Momente von Zwang und Konsens, von Manipulation und Partizipation nebeneinander beobachten. Folgt man etwa dem Urteil der SD-Berichte und der Gestapoakten, bestand ein partieller, gleichwohl aber unverkennbarer Meinungspluralismus in der deutschen Bevölkerung fort. Die Menschen lernten zwischen den Zeilen zu lesen, bezogen mehrere Zeitungen gleichzeitig, vertrauten Gerüchten und Hörensagen oder griffen nach Möglichkeit sogar auf ausländische Blätter und Radiosendungen zurück.[9] Sowenig der kriegführende NS-Staat davor zurückschreckte, die erforderliche Mobilisierung mit Hilfe rigoroser Zwangsmaßnahmen zu gewährleisten und Widerstand auch durch Gewalt, Propaganda und Zensur bekämpfte, war doch offensichtlich, dass diese Mittel versagen mussten, wenn sich große Teile der Bevölkerung dem staatlichen Zugriff verweigerten. Die verbreitete Auffassung, wonach eine planvolle regierungsamtliche Propaganda die Bevölkerung kriegsbereit gehalten oder gar eine einheitliche »nationale Stimmung« hergestellt habe, geht an der Realität vorbei. Die Identifikation mit der Nation ließ sich nicht verordnen, und in der Regel überzeugte die Propaganda nur bereits Bekehrte. Nationalismus war daher eher die Voraussetzung für Erfolg versprechende Propaganda – nicht umgekehrt.

Entscheidend für die Geltung der NS-Herrschaft war deren Legitimation und plebiszitäre Akklamation in der deutschen Öffentlichkeit. Die Öffentlichkeit ist der gesellschaftliche Ort, an dem die Nation entwickelt wird, bestehen bleibt oder scheitert. Die Öffentlichkeit darf nicht als ein direkt kontrollierbares, in sich geschlossenes Phänomen verstanden werden, sondern als ein Ort von konkurrierenden Diskursen und Interessenartikulationen – ein Ort der Konfliktaustragung und Legitimierung von Herrschaft.[10] Die hier vor allem interessierende Bedeutung der Öffentlichkeit liegt in ihrem Potenzial, politische Kommunikation zu ermöglichen.[11] Die legitimationswirksame Öffentlichkeit steigert für bestimmte Phänomene die Aufmerksamkeit und entzieht damit andere Themen der Meinungsbildung. Die politische Kommunikation konzentrierte sich im Zweiten Weltkrieg auf relativ wenige Probleme. Die gleichen Phänomene in der Kriegsgesellschaft – Ernährungslage und Bombenkrieg, Führerkult und Feindschaft – wurden nun von allen thematisiert, aber durchaus unterschiedlich interpretiert. Wenn die Nation eigentlich erst durch die öffentliche Kommunikation entsteht und der durch die nationale Sprache vermittelte Inhalt mehrdeutig ist, beschränkt das auch die Möglichkeiten, die Wirkungen der Nationalismen zu kontrollieren. Daher konnte die Ausübung politischer Herrschaft nicht nur auf der Manipulation und ideologischen Eindämmung durch die regierenden Eliten beruhen, sondern musste in öffentlicher Auseinandersetzung stets neu definiert und ausgehandelt werden. Der Erfolg in solchen Auseinandersetzungen resultierte nicht aus einem gesellschaftlichen Konsens, wohl aber aus kreativen Erfindungen, aus Machttechniken und Prozessen sozialen Lernens, welche die Denk- und Verhaltensweisen, die Vorstellungen und Handlungen der Beteiligten beeinflussten.[12] Erst diese Entwicklung moderner Politik im 20. Jahrhundert ermöglichte und erzwang die nationalsozialistische Interessenlegitimation im öffentlichen Raum.

Ungeachtet der genannten Einschränkungen ist die »handwerkliche Qualität« der nationalsozialistischen Propaganda unbestreitbar. Ihr Erfolg resultierte aus der Anwendung der zu ihrer Zeit modernsten und effektivsten Techniken der Massenkommunikation. Die Ästhetisierung des Politischen, die sinnliche Erfahrbarkeit und das Erlebnis der bildhaften Inszenierung einer Gemeinschaft machten einen Großteil der Faszination aus. Der graue Alltag der »Volksgenossen« ließ sich in ein wichtiges Politikum verwandeln: In den Tageszeitungen stieß man auf eine appellativ-affirmative und mit Superlativen gespickte Sprache, die neuen Medien Rundfunk und Film verbreiteten Informationen, Unterhaltung – und zugleich damit auch emotionale Signale an den Einzelnen, sich als Mitglied einer Gemeinschaft zu empfinden. Eine ähnliche Funktion ging von den werbewirksamen politischen Inszenierungen und öffentlichen Ritualen aus. Die zahllosen lokalen Feierlichkeiten, die reichsweiten Parteitage, schließlich die Olympischen Spiele waren grandiose Bühnen zur Darstellung eines politischen Kultes. Alle technischen und medialen Stilmittel der Zeit setzte man virtuos ein. Die Monumentalität der Feierlichkeiten spiegelte hier nicht nur die hierarchischen Herrschaftsverhältnisse des Regimes wider, sondern vermittelte auch die Teilhabe des Individuums an der Sicherheit der Gemeinschaft.[13]

Aus dieser Feststellung auf den Konsens stiftenden Erfolg der NS-Propaganda zu schließen oder ihr gar die Fähigkeit zur Herstellung »nationaler« Loyalitäten beizumessen, ist so nahe liegend wie gefährlich. Die Wirkung eines derart perfekten Propagandaapparates scheint auf der Hand zu liegen, lässt sich empirisch aber nur schwer und im Falle nationalistischer Weltbilder gar nicht eindeutig bestimmen.[14] Am erfolgreichsten war die Propaganda dort, wo sie nicht mehr zu überzeugen brauchte, wo sie vielmehr auf tradierte nationalistische Wissensbestände aufbauen konnte. Die Propaganda umfasste ein Ensemble von Strategien zur politischen Meinungs- und Wahrnehmungslenkung, dessen Erfolg auf der Anbindung an etablierte »nationale« Sinnstiftung beruhte. Sie wirkte damit gleichsam als Katalysator, nicht als Initiator gesellschaftlichen Wissens. Denn die nationalsozialistischen Propagandamaßnahmen richteten sich in einem erstaunlichen Umfang nach den in der Mitte der deutschen Gesellschaft etablierten kollektiven Weltbildern aus.[15]

Propaganda und Nationalismus traten unter den Bedingungen des rassistischen Vernichtungskrieges in eine dynamische Wechselwirkung. Die Verbreitung rassistischer, fremdenfeindlicher und autoritärer Stereotype etwa beim Krieg gegen Polen oder gegen die Sowjetunion konnten nur bei denjenigen Soldaten ihre Wirkung zeitigen, welche entsprechend prädisponiert waren. Das beobachteten die Sopade-Korrespondenten bereits im November 1939 in Berlin: »Polen ist nun erledigt. Die Berichte der deutschen Soldaten haben um ein Vielfaches das übersteigert, was die deutsche Presse und der Rundfunk über die Vorgänge in Polen berichtet haben. Deshalb jetzt allgemeines Verständnis für das rigorose Vorgehen der deutschen Amtsstellen in Polen.« Und Oberleutnant Albert K. schrieb im Oktober 1942 aus der Sowjetunion über seine Eindrücke: »Die Russen machen einen total abgekämpften, verhungerten Eindruck, unter den Gefangenen alte Männer und 16–17jährige anscheinend; viele Mongolen und andere vertierte Gesichter, genau so, wie die P.K.-Bilder [Propagandakompanie – der Verf.] sie zeigen.«[16] Vor allem galt auch für die NS-Propaganda, dass sich nichts leichter verkaufen ließ als ein offenkundiger militärischer Sieg. Voller Genugtuung unterstrichen die SD-Berichte angesichts des sich anbahnenden Triumphes über Frankreich 1940: »Als Zusammenfassung aller Meldungen kann festgestellt werden, daß die gegenwärtige allgemeine Propagandalenkung mit ihren Mitteln der Presse, des Rundfunks und des Films das Volk hinter sich hat, was beispielsweise das ostpreußische Gebiet in der Feststellung zusammenfaßt: ›Die gegenwärtige *Nachrichtenübermittlung* wird vor allem *restlos geglaubt*‹.«[17]

Umgekehrt beraubten die seit Ende 1942 dicht aufeinander folgenden verheerenden militärischen Niederlagen das Regime einer wesentlichen Legitimationsgrundlage. Die propagandistische Dauerberieselung traf auf eine mehr und mehr abstumpfende Bevölkerung, welche die wachsende Diskrepanz zwischen beschönigenden Propagandaparolen und den nachprüfbaren Tatsachen unwillig zur Kenntnis nahm. »Aus den hier vorliegenden Meldungen«, resümierten die SD-Berichte schon im Januar 1942, »geht übereinstimmend hervor, daß die augenblickliche Berichterstattung über die Lage im Ost sowie in Nordafrika Gegenstand heftiger Kritik geworden ist. ... Aus der Bevölkerung würden Zweifel an der Aufrichtigkeit der deutschen Berichterstattung laut. ›Dem Volk werde nicht mehr die Wahrheit gesagt‹.« Gerade nach der Katastrophe von Stalingrad wurden den Verantwortlichen verstärkt die Grenzen ihrer Beeinflussungsmöglichkeiten offenbar: »Große Teile der Bevölkerung reagieren sehr darauf, wenn der Heldenkampf von Stalingrad ›zu sehr als Vorspann für den Appell zum Arbeitseinsatz benutzt‹ werde. ... Man wolle nicht, daß mit dem Unglück von Stalingrad ›Propaganda gemacht‹ werde.« Die Grenzen staatlicher Indoktrinationsstrategien und die alltäglichen Abschottungsversuche der Bevölkerung gegen diejenigen Weltbilder, welche mit ihren eigenen Beobachtungen und Werten im Widerspruch standen, waren in der zweiten Hälfte des Krieges selbst den affirmativen SD-Berichten immer wieder zu entnehmen.[18]

Unter ähnlichen Bedingungen vollzogen sich die Propagandamaßnahmen für die kämpfende Truppe: Die Wehrmachtsführung bemühte sich – je näher das Ende rückte, desto tatkräftiger –, Offiziere und Mannschaften durch systemkonforme Propaganda in Form von mündlichen Vorträgen und Filmen oder in Gestalt von Frontzeitungen und Zeitschriften (»Mitteilungen für die Truppe«) zu beeinflussen.[19] Die »wehrgeistige Führung«, also die Vorstellung, Schlachten durch Worte mitzuentscheiden und die Soldaten wie Marionetten ideologisch dirigieren zu können, war nicht nur durch einen wachsenden staatlichen Realitätsverlust und durch einen unerfüllbaren Kontrollanspruch gekennzeichnet, sondern in ihrer Wirkung auch durch die skeptische Haltung der Männer an der Front selber limitiert. Damit soll keine grundsätzliche Opposition des »kleinen Mannes« gegen die NS-Elite behauptet werden. Loyal denkende Soldaten, gerade diejenigen, welche von der Bedeutung von »Volk, Führer und Vaterland« auch unter extremen Belastungen überzeugt blieben, nervte die ihnen zunehmend unnötig, übertrieben und weltfremd erscheinende offizielle Agitation: »Mit seiner Frau möchte man sich doch vernünftig unterhalten. Da braucht doch keine Propaganda zwischengeschaltet zu werden. [...] Ich glaube, daß unsere Propaganda nicht ganz unschuldig an einer miesen Stimmung ist. Da konnte man am Anfang doch jeden Tag nicht hoch genug in die Welt posaunen.«[20] Und in einem von den Zensurbehörden abgefangenen Brief schrieb der Soldat Dr. K. im Sommer 1944: »Wir haben augenblicklich beim Unterricht Vorträge über das Judentum und den Bolschewismus. Du glaubst gar nicht, wie gelangweilt man diese Vorträge anhört. Neulich beim Judentum wollte unser Chef, weil er selbst merkte, was er für einen müden Haufen vor sich hatte, eine Art Debatte in Gang bringen. Drei Mann fingen auch an. Darunter auch ich. Nun wurde es natürlich langsam spät. Da hättest Du mal hören sollen, was ich an den Kopf geflüstert bekam. ... Manchmal denkt man, daß man sich bei einer Partisanengruppe befindet.«[21] Bis 1944 war der Glaubwürdigkeitseinbruch staatlicher Manipulationsstrategien weit vorangeschritten. Die Breitenwirkung von Propaganda hing damit von Faktoren ab, welche das Propagandaministerium und die nationalsozialistische Elite nur unzureichend beeinflussen konnten. Mit anderen Worten: Es kam weniger auf die staatlich verordnete Mobilisierung als auf die Selbstmobilisierung der Deutschen an. Der Erfolg von Propaganda war nicht nur vom Kriegsverlauf bestimmt, sondern auch von ihrer Fähigkeit, glaubhaft an mehrheitsfähige nationale Weltbilder appellieren zu können, gleichsam als »Indikator für alles, von dessen Wahrheit das Volk überzeugt zu sein wünschte«.[22]

Propagandakrieg. Der Überfall auf die Sowjetunion aus der Perspektive der Medien und der Wehrmachtsführung

Der deutsche Überfall auf die Sowjetunion war ein Medienereignis. Parallel zum Vormarsch der fast drei Millionen Wehrmachtssoldaten in den frühen Morgenstunden des 22. Juni 1941 setzte sich der gewaltige Apparat des Propagandaministeriums in Bewegung. In der festen Überzeugung, dass eine allumfassende und ausgeklügelte staatliche Beeinflussung der deutschen Bevölkerung eine notwendige Ergänzung zur militärischen Kriegführung darstelle, initiierte die NS-Führung eine gewaltige Medienkampagne. Der sofort verbreiteten »Proklamation des Führers an das deutsche Volk« folgte eine Unmenge von Erklärungen, Berichten, Extrablättern und Meldungen in den Tageszeitungen, den Rundfunksendern und den Wochenschauen. Auch ehemals politikfernere Bereiche prägte der Propagandaapparat: Die Feuilletons brachten unablässig Hintergrundberichte über die Sowjetunion und ihre Menschen, »Sondermeldungen« unterbrachen immer wieder die Unterhaltungssendungen im Radio. Die »Volksgemeinschaft« entstand durch die gemeinsame Teilnahme der Deutschen an der Kriegsberichterstattung: »Genau eine Woche, nachdem in der Frühe des Sonntagmorgen der Angriff an der Ostfront begonnen hat, ist die deutsche Heimat wieder um die Lautsprecher geschart; die Straßen sind fast menschenleer, jeder möchte die ersten Meldungen hören.«[23] Während die Leser der Tagespresse gelegentlich Unmut über die Uniformierung der Zeitungen äußerten, erfreuten sich gerade die Wochenschauberichte großer Beliebtheit bei den Zuschauern. Im Laufe des Krieges wuchs die Zahl der gezeigten Wochenschaukopien aufgrund der großen Nachfrage von 800 auf 2000. Eine Erklärung für diese Popularität dürfte in der durch den Krieg selber gesteigerten Aufmerksamkeit der Deutschen für ihre Umwelt liegen sowie durch

die höchstes Interesse weckende Abfolge der siegreichen
Feldzüge seit 1939. Front und Heimatfront wurden so allwöchentlich als Kampfgemeinschaft inszeniert. Durch das
Medium Kino konnte jeder Deutsche an den ungekannten
militärischen Erfolgen partizipieren und sich auch an der
Heimatfront als Teil einer offensichtlich unbesiegbaren Nation empfinden. Die Identifikation des Kinopublikums mit
den deutschen Soldaten sollte durch den Einsatz minuziös
aufeinander abgestimmter Mittel erreicht werden, welche die
Wochenschauen zu eindrucksvollen Beispielen der NS-Propaganda machten. Geschickt montierte das Propagandaministerium Bilder, Kommentare, Geräusche und Musik zu
einer optischen und akustischen Reizflut. Während die
Wochenschau die eigenen Soldaten vorzugsweise zu trium-
phierender Musik und in hellem Seitenlicht als harte und
männliche Kämpfer zeigte, begleitete dissonante, Unheil ver-
kündende Musik die Inszenierung der sichtbar erschöpften
und abgerissenen Kolonnen gefangener Rotarmisten. Damit
sollten nicht nur Bilder von Unordnung und Chaos beim Be-
trachter evoziert werden. Die Nahaufnahmen von unrasierten
Soldaten aus den asiatischen Teilrepubliken des Landes
suchten gekonnt, bestehende rassistische Aversionen zu bestätigen.[24]

Die monopolisierten Nachrichtenagenturen konzentrierten die Aufmerksamkeit der Bevölkerung auf das beherrschende Thema der deutschen Invasion und des sowjetrussischen Zerrbildes. Die Vielfalt der eingesetzten Medien
stand in umgekehrt proportionalem Verhältnis zur inhaltlichen Monotonie der Berichterstattung. In souveräner Miss-
achtung des nationalsozialistischen Angriffskrieges stilisierte
die Propaganda das Deutsche Reich zu einem Opfer sowjetischer Aggressionsabsichten. Deutschland sei den Vernich-
tungsabsichten des im Bunde mit den Juden und den west-
lichen Demokratien stehenden »bolschewistischen« Russ-
lands gerade noch zuvorgekommen. »Komplott mit London

von Moskau offen zugegeben. Beide Komplicen einig im Vernichtungswillen gegen Deutschland und Europa«, titelte etwa der »Völkische Beobachter« am 23. Juni 1941.[25] Es waren im Wesentlichen vier Deutungsmuster des Krieges gegen die Sowjetunion, auf die sich die regierungsamtliche Propaganda konzentrierte: Der Feldzug erschien, erstens, als antibolschewistischer Weltanschauungskrieg, der, zweitens, nicht nur zum Fortbestand Deutschlands, sondern auch zur Rettung Europas geführt werden musste. Diese europäische Zivilisation galt es, drittens, gegen die Totengräber der etablierten gesellschaftlichen Ordnung im Allgemeinen und, viertens, gegen den slawischen »Rassefeind« im Besonderen zu schützen. Keine dieser Vorstellungen war neu – und deshalb waren sie wirksam. Wie im vorangegangenen Kapitel anhand der Entwicklung der nationalen Sprache deutlich gemacht, suchten die braunen Machthaber die infolge des Ersten Weltkrieges etablierten politischen Kategorien zu aktivieren und zu radikalisieren.

Die NS-Propaganda überhöhte den deutsch-russischen Gegensatz hemmungslos ins Prinzipielle. »Das ist hier ein anderer Gegner als in Belgien und Frankreich«, resümierte die »Frankfurter Zeitung«, und der »Völkische Beobachter« schwadronierte unter der Schlagzeile »Die große Mission«: »Nationalsozialismus und Bolschewismus stehen sich wie Feuer und Wasser in einer grundsätzlichen Feindschaft gegenüber. ... Der Kampf gegen den jüdischen Weltbolschewismus gehört geradezu zu den Wesensmerkmalen nationalsozialistischer Politik.«[26] Der Feldzug gegen die Sowjetunion nahm damit den Charakter eines Weltanschauungskrieges an. Es gehe, so die »Münchner Neuesten Nachrichten«, um »den notwendigen Endkampf zweier um ganz Europa ringender Lebensauffassungen«.[27] Dabei nahm man es mit der Feindbestimmung begrifflich nicht allzu genau. Marxismus, Kommunismus, Bolschewismus, zumal in der gängigen antisemitischen Redewendung vom »jüdischen Bolschewismus«,

97

waren im nationalsozialistischen Sprachgebrauch weitgehend austauschbar. Indem Russland durchgehend mit Antitypen zu den eigenen Werten und Symbolen belegt wurde, erhöhte das die Wahrscheinlichkeit, den Krieg als die Auseinandersetzung zweier unvereinbarer nationaler Prinzipien zu deuten, sodass kein Raum für legitime Differenzen blieb. Die wichtigsten Kontraste bildeten russisches Chaos gegenüber deutscher Ordnung, Zivilisation gegen Barbarei, Dreck gegen Sauberkeit, Masse gegen »Volksgemeinschaft«.

Die nationalistische Dichotomisierung verschärfte sich bis hin zur pseudoreligiösen Verklärung des Ostfeldzuges und im Umkehrschluss zur Identifikation des russischen Feindes mit den Mächten der Finsternis. Durch die großzügige Verwendung nationaler Symbole und Metaphern verlieh man dem Krieg nicht nur eine sakrale Aura, sondern verschmolz gleichzeitig weltliche und religiöse Pflichterfüllung. Denn wenn die Sache der Deutschen gerecht war, wenn der Krieg den letzten Kampf zwischen Gut und Böse darstellte, dann war Deutschlands Feldzug auch die Sache Gottes. Den projizierten nationalen Wandel drückte man mit Hilfe traditioneller quasi-religiöser und moralischer Begriffe aus, die den übersteigerten Erwartungshorizont und die eingeschränkten Deutungsmöglichkeiten ihrer Produzenten verrieten. »Der Kampf Deutschlands gegen Moskau wird zum Kreuzzug Europas gegen den Bolschewismus«, hieß es etwa im »Völkischen Beobachter« und die »Berliner Morgenpost« titelte im Juli 1941: »Die Tore zur Sowjethölle sind offen!«[28] Warum die nationalsozialistischen Propagandisten exzessiv auf die militärisch wenig erfolgreichen Kreuzzüge rekurrierten – worauf die Alliierten den deutschen Feldzug als »Hakenkreuzzug«[29] verspotteten –, bleibt ebenso erklärungsbedürftig wie bereits Hitlers Weisung, den Überfall auf die Sowjetunion ausgerechnet mit dem Decknamen »Barbarossa« zu belegen – schließlich war der Stauferkaiser im Jahre 1190 ertrunken, bevor er das heilige Land auch nur erreicht hatte.[30]

Ein auf den ersten Blick erstaunliches Charakteristikum der NS-Propaganda bildete die Rede vom gemeinsamen Krieg Europas gegen die Sowjetunion. Offenbar erachtete das Propagandaministerium die nationalistische und sakrale Legitimation des deutschen Angriffskrieges allein für unzureichend. Um als Sachwalter vorgeblich menschheitsbeglückender Ziele zu gelten, setzten die Verantwortlichen dieser Kampagne auf eine supranationale Legitimationsformel: Europa gegen Moskau. Den deutschen Angriffskrieg mit Europas Interessen zu rechtfertigen, diente nicht nur zur semantischen Verschönerung der eigenen Aggressionen, sondern hatte handfeste Ursachen. Zum einen suchte man auf diese Weise, die englische Freiheitspropaganda im besetzten Europa zu konterkarieren und die freiwillige Anteilnahme zahlreicher nichtdeutscher Truppenkontingente am deutschen Feldzug hervorzuheben. Zum anderen konnte man in Berlin hoffen, so einen weiteren politischen Keil in den Vielvölkerstaat Sowjetunion zu treiben und die dortigen Separationstendenzen zu stimulieren.

Daher war allerorten in der Presse nun vom »Freiheitskrieg Europas«, vom Kampf »um Europas Bestand« oder vom »Bekenntnis zum neuen Europa« die Rede.[31] Unter der Schlagzeile »Der Aufbruch der Völker Europas gegen den Bolschewismus« hielt der »Völkische Beobachter« fest: »Europas Einheitsfront im Kampf gegen den Bolschewismus hat sich gebildet. Überall erheben sich die Völker, um unter der Führung Deutschlands die drohende Gefahr aus dem Osten ein für allemal zu bannen.«[32] Die supranationale Legitimationsformel vom gemeinsamen Kampf Europas gegen die rote Bedrohung diente nicht nur als außenpolitische Integrationsklammer für die mit dem Deutschen Reich gegen die Sowjetunion angetretenen Mächte. Noch wichtiger war die innenpolitische Dimension, galt es doch, gegenüber der deutschen Bevölkerung das Idealbild abendländischer Zivilisation mit dem Zerrbild asiatischer Barbarei zu kontrastieren. Hemmungslos setzte sich ausgerechnet das nationalsozialistische Deutschland mit den Errungenschaften der europäischen Zivilisation gleich. »Das Reich und seine Verbündeten führen diesen Kreuzzug mit einem europäischen Mandat versehen«, verkündete der »Völkische Beobachter«. »Europa findet sich und verteidigt alles, was es in tausendjährigen Kämpfen, Arbeiten und schöpferischen Leistungen zum Mittelpunkt aller menschlichen Kultur und Gesittung gemacht hat.« Dagegen befände sich England »mit dem Bolschewismus im Angriff gegen Europa«, um »dem Abendland in den Rücken zu fallen«, was nur »die Vernichtung aller menschlichen und europäischen Werte, die organisierte Gottlosigkeit, die Verproletarisierung aller« nach sich ziehen würde.[33]

Die Propagandakampagne zur angeblichen Verteidigung der europäischen Zivilisation demonstrierte, dass die Sowjetunion in gewisser Hinsicht den idealen Feind für das nationalsozialistische Deutschland darstellte. Denn die Art und Weise, in der in Deutschland über den Kommunismus, den »Bolschewismus« und die sozialen und ökonomischen Verhältnisse des Landes insgesamt diskutiert wurde, ermöglichte das Fortbestehen eines mächtigen russischen Feindbildes. Das Wesen dieses Russlandbildes war die Vereinfachung. Die komplexe realhistorische Situation reduzierten die Propagandisten auf simple nationale Stereotype von richtig und falsch, von Ordnung und Chaos, Sauberkeit und Dreck. Genüsslich verbreitete die Presse das zum Modebegriff des Sommers 1941 avancierte Schlagwort vom »Sowjetparadies«.[34] Die verzerrte Schilderung der Lebensverhältnisse in der Sowjetunion ließen die Errungenschaften des nationalsozialistischen Deutschland umso heller erstrahlen. »Erbärmliche Behausungen, verdreckte und verlauste Wohnungen, verwahrloste Straßen, verluderte Betriebe – kurz, an Stelle eines sozialen Paradieses ein elendes Dasein in tierischer Stumpfheit, wie es sich kein Europäer je vorstellen konnte«, berichtete der »Völkische Beobachter«. Entsprechend schrieb die »Berliner Morgenpost«: »Dem deutschen Soldaten bietet sich ein einziges Bild des Elends dar. Von Wohnungen kann man nicht reden, sondern nur von Behausungen, von Straßen nicht, sondern von grundlosen Pfaden, in denen man versinkt. Nirgendwo gibt es ein Dorf, das sich mit einem deutschen vergleichen ließe, verdreckt und verlaust sind die elenden Hütten, und in ihnen vegetieren Menschen.«[35] Dagegen stelle »das nationalsozialistische Deutschland ... den sozial fortgeschrittensten Staat der Welt« dar.[36] Voller Stolz verwies man auf den erfolgreichen Abbau der Arbeitslosigkeit in Deutschland und die staatliche Rundumversorgung der »Volksgenossen«. »Und während die siegreiche nationalsozialistische Revolution sofort daranging, Tausende und bald Zehntausende von Werktätigen auf den KdF-Schiffen in fremde Länder zu schicken und damit ihr Weltbild – ohne Furcht vor Vergleichen – zu weiten, sperrte die Sowjetmacht nach wie vor ihre 170 Millionen Untertanen hermetisch von der Umwelt ab.«[37]

Die nationalsozialistische Propaganda verriet wenig über die tatsächlichen Verhältnisse in der Sowjetunion, viel aber über die Weltbilder und Emotionen in Deutschland. Die Polemik gegen die Herrschaft des »Bolschewismus« beförderte politische, soziale und kulturelle Aversionen aus dem politischen Diskurs der Zwischenkriegszeit in die Gegenwart des Jahres 1941. Eine eigentliche Auseinandersetzung mit dem Kommunismus in der Sowjetunion fand nicht statt. Die NS-Propaganda rekurrierte daher nicht allein auf die politische Differenz beider Systeme, sondern verlieh alltäglichen kulturellen Unterscheidungsmerkmalen eine politische Dimension. Mit Hilfe des Appells an basale, im nationalen Vorstellungshorizont der Deutschen fest verankerte Sinnmuster (Arbeit, Sauberkeit, Ordnung, Familie), suchte man eine fundamentale Distanz zur Sowjetunion und ihren Menschen zu erzeugen. Bereits die Wortwahl in der Presse dokumentierte, dass es häufig die nationalistische Sprache selber war, welche die Entstehung verschärfter Grenzziehungen begünstigte. So entstand ein Zerrbild der Sowjetunion, welches durchgehend die Verletzung der aus nationalsozialistischer Sicht »richtigen Ordnung« behauptete. Einen verstärkten Impuls erhielt diese demonstrative deutsche Ordnungsbesessenheit dadurch, dass von den Verhältnissen in der Sowjetunion angeblich sogar eine Bedrohung der intimen menschlichen Beziehungen ausging. Seit der russischen Revolution von 1917 geisterte die antikommunistische Horrorvision von staatlich organisierter Polygamie, ja vom gesellschaftlichen Gemeineigentum an Ehefrauen und Töchtern durch konservative Gazetten. In offener Empörung berichtete die nationalsozialistische Presse daher auch 1941 von polygamen Beziehungen, herrenlosen Kindern und grassierendem »sittlichen Verfall«. »Mit 7 Frauen zugleich verheiratet«, titelte etwa die »Berliner Morgenpost«, und fuhr dann fort: »Sie zerstörten planmäßig Ehe und Familie ... . Die Folge war begreiflicherweise ein sittliches Chaos, das genau so furchtbar wurde, wie der wirtschaftliche Verfall, den das Land nahm.«[38] Als Resultat der »Verkündung der freien Liebe und (der) Aufhebung jeder sittlichen Bindung in der Ehe«, vagabundierten überall »herrenlose Kinder im Sowjetparadies« umher.[39]

Ein ausgesprochen wirksames Mittel, das politische System der Sowjetunion gleichsam im Intimbereich zu verletzen, stellte die Behauptung von der hier herrschenden Umkehrung der bürgerlichen Werte dar. Inwieweit die Klagen über die in »Unordnung« geratenen Geschlechterbeziehungen ein Ausdruck der nationalen »Normalmoral«[40] (Rainer Lepsius) des nationalsozialistischen Deutschlands war, zeigte vor allem die verbreitete Polemik gegen weibliche Rotarmisten, die so genannten Flintenweiber. Die Praxis der sowjetischen Streitkräfte, auch Frauen gegen die Invasoren einzusetzen, bestätigte in den Augen der nationalsozialistischen Propagandisten nur die Gültigkeit der eigenen antibolschewistischen Zerrbilder. Die nationalistischen Ordnungsmuster der

»Volksgemeinschaft« zementierten die tradierte Ordnung der Geschlechterverhältnisse, indem man den Frauen ihren vermeintlich biologisch angestammten Platz in der kämpfenden Gemeinschaft mit einer neuen moralischen Rigorosität anwies. Ein Verhalten wider diese Natur der Geschlechter war im Krieg mithin eine hochpolitische Angelegenheit. Indem man Uniform tragenden Frauen anlastete, gegen die natürliche Ordnung der Dinge zu verstoßen, war es nur ein kleiner Schritt, sie auch aus der deutsch definierten Menschheit zu verbannen. Der »Völkische Beobachter« führte dazu aus: »Unter den Bildern, die die letzte Wochenschau zeigte und die den ganzen Abgrund zwischen Europa und dem Bolschewismus sichtbar machten, war eines zu sehen, das sich dem Gedächtnis nachhaltig einprägte. Unter der gefangenen Besatzung eines Bunkers befand sich eine Frau – das heißt, diesen Namen verdient ein solches Wesen nicht mehr. Eine entmenschte Erscheinung, deren Züge nichts Weibliches mehr an sich hatten. ... ›Gleichberechtigung auf allen Gebieten‹ ... zählte von jeher zum eisernen Bestand marxistischer Agitationsparolen. ... Ohne jede Berücksichtigung der natürlichen Gebote wurden in der Sowjetunion Frauen als Hauer und Schlepper in die Bergwerke geschickt.« Nun sind »in geschlossenen Formationen ... die bolschewistischen Weiber auf dem Schlachtfeld eingesetzt worden, ... die Sittlichkeit des Krieges ebenso leugnend wie die der Menschheit angeborene Achtung vor weiblicher Art.«[41] Die Militarisierung der deutschen Gesellschaft verfestigte die Vorstellungen von der unterschiedlichen Natur von Männern und Frauen. Der wieder entdeckten archaischen Maskulinität der kriegführenden Männer entsprach die Wiederbelebung der traditionellen Frauenrolle als Behüterin, Beschützerin und Brüterin. Die Anwendung tradierter Geschlechterkategorien, das Reden über Männer- und Frauenrollen, war vor allem angesichts der extremen militärischen und politischen, sozialen und ökonomischen Herausforderungen ein Mittel, das eigene Gemeinwesen und seine Umwelt zu begreifen. Die Aufregung über Soldatinnen in der Roten Armee reflektierte und kreierte die Vorstellungen von der deutschen Nation im Krieg. Dabei griffen der nationalistische Biologismus und der nationalistische Rassismus ineinander.

Das Beharren auf einer vorgeblich natürlichen Ungleichheit in Gestalt rassistischer Nationskonzepte bildete die entscheidende Legitimationsgrundlage der NS-Propaganda gegen die Sowjetunion. Die Grundlage des völkischen Denkens war, wie vorn erläutert, der Glaube, dass die Menschheit in unterschiedlich hoch stehende »Rassen« geteilt sei, und diese ererbten Merkmale in Analogie zum Tierreich auch den Charakter von politischen Gemeinschaften prägten. Sozialen und kulturellen Differenzen verlieh man eine politische Qualität. Mehr noch: Politische Entwicklungen konnten die ethnische Qualität eines Volkes im positiven, wie in Deutschland, oder im negativen Sinne, wie eben in der Sowjetunion, nachhaltig verändern. So behauptete die NS-Propaganda tatsächlich von den Einwohnern des russischen Vielvölkerstaates, sie seien letztlich das ethnisch missratene Produkt eines fehlgeschlagenen politischen Feldversuches: Der »Sowjetmensch« sei eine »neue Rasse aus der politischen Retorte. ... Die Terrorherrschaft der Bolschewisten hat eine erstaunliche volksbiologische Wirkung gehabt: In der knappen Zeitspanne eines Vierteljahrhunderts hat ein Riesenvolk buchstäblich sein Gesicht verloren und sich aus einer kräftigen, innerlich und äußerlich gesunden Bauernnation in eine graue, körperlich verkümmerte und seelisch verstumpfte, verkrampfte Masse verwandelt.«[42]

Indem die Agitatoren aus dem Propagandaministerium, den Nachrichtenagenturen und Zeitungsredaktionen eine augenscheinlich »natürliche« und »objektive« Differenz zwischen Deutschen und »Slawen« konstruierten, verbreiteten sie eine pseudowissenschaftlich fundierte Erklärung für die Überlegenheit deutscher Kultur und deutscher Kriegsmacht.

Die nationalistische Sprache der deutschen Presse begünstigte zugleich, dass dieser Krieg als Kampf auf Leben und
Tod wahrgenommen werden konnte. Das sich so formierende
Feindbild legitimierte und strukturierte den Krieg gegen
Russland. Die fundamentale Dichotomisierung des Konflikts
zeigte sich unter anderem in der Verwendung von Metaphern
der Reinigung und der Krankheit. Sobald aber der deutsch-
russische Gegensatz und der Krieg den Charakter gleichsam
natürlicher Phänomene erhielten, war es bestenfalls sinnlos,
eher verwerflich, deren Notwendigkeit zu bezweifeln. Der
Angriffskrieg gegen die Sowjetunion stellte in dieser Perspektive eine wörtlich zu nehmende Säuberungsaktion dar.
Unter der Schlagzeile »Sowjet-Gefangene sehen dich an«
hetzte der »Völkische Beobachter«: »Eine wahre menschliche
Menagerie von unvorstellbarer Buntheit ... . Es war wie ein
Ausschnitt aus der Vielgestalt des riesenhaften Bolschewi-
kenreichs und seiner krausen Mischung von Völkern und
Rassen, eine Sammlung niedrigen und niedrigsten Men-
schentums, richtigen Untermenschentums, wie es Stalin und
sein Blutregime braucht. ... Roh und ungeschlacht ausse-
hende Burschen mit fanatischem, heimtückischen Blick, die
zu allem fähig scheinen. ... Und dann die Juden, ekelhaftes
Geschmeiß, wie es nur der Osten kennt, und wie es sich von
dort jedes Mal, wenn ein blutiges Geschehen Not und Wunden schafft, Mikroben und Parasiten gleich, über die davon
ergriffenen Länder ergoß.«[43]
Die Konsequenz dieser semantischen Polarisierung der
politischen Welt demonstrierte die systematische rassistische
Hetze gegen die Juden in der Sowjetunion. Für alle ethnisch-
politischen Fehlentwicklungen der sowjetischen Gesellschaft
wurden letztlich die Juden verantwortlich gemacht. Der
Krieg, so formulierte es Goebbels selber in einem Artikel für
den »Völkischen Beobachter«, habe die »zwingende Notwendigkeit unserer antisemitischen Anschauung« bestätigt.[44]
Entsprechend machte die nationalsozialistische Propaganda

für Verletzungen des Kriegsrechts bevorzugt Juden verantwortlich.»In der Nacht vom 24. zum 25. Juni wurde von jü-
disch-kommunistischen Funktionären des organisierten Untermenschentums ein entsetzliches Blutbad angerichtet.« ...
Unbeschreiblich seien die »Bestialitäten dieser Tiere in Men-
schengestalt«.[45] Und mit Tieren waren politische Verhandlun-
gen auf gleicher Augenhöhe selbstredend sinnlos. In irritie-
render Offenheit mehrte sich in der nationalsozialistischen
Presse die Rede von der »Vernichtung« der unzivilisiert
kämpfenden Kommissare und Rotarmisten. »Für europäische
Gehirne unfaßbar rücksichtslos, verschlagen und heimtü-
ckisch kämpfen die vom Bolschewismus fanatisierten Kreaturen. Wo sie von ihren Kommissaren hingestellt werden, da
bleiben sie ... . Das ist weniger soldatische Tapferkeit als
der instinkthaft-animalische Kampfestrieb des aufgehetzten
Halbwilden. Jeden einzelnen dieser Kerle muß man vernichten, zusammenschießen, ehe er das Feuer einstellt.«[46]

Es stellt sich die Frage, in welchem Verhältnis der propagandistische Aufwand zum gewünschten politischen Erfolg an
der Heimatfront stand. Wie bewertete die deutsche Bevölkerung die geschilderten offiziellen Deutungsangebote? Die gesellschaftliche Reichweite der rassistischen Propaganda gegen die Sowjetunion ist allerdings nicht eindeutig zu
bestimmen. Auf der einen Seite stellte sich eine mit dem
Westfeldzug vergleichbare freudige Siegesstimmung bei der
deutschen Bevölkerung nicht ein. Vielmehr ging die Schön-
färberei der regierungsamtlichen Verlautbarungen den Menschen zunehmend auf die Nerven. Mehr noch: Die Notwendigkeit gebetsmühlenartig über Jahre hinweg in allen
Medien die Parolen von der »jüdisch-bolschewistischen« Bedrohung zu wiederholen, kann auch als ein Indiz für den Unwillen der Bevölkerung gegenüber den staatlichen Indoktri-
nationen verstanden werden.[47]

Wieweit aber auf der anderen Seite das Denken und Re-

den in den Kategorien einer rassistischen »Volksgemeinschaft« zum alltäglichen Diskursgut für viele Deutsche geworden war, offenbarten die geheimen Lageberichte des Sicherheitsdienstes. Spitzel im Kinopublikum beispielsweise
unterrichteten die Machthaber regelmäßig über die Aufnahme der Wochenschauen durch das Publikum.[48] Demnach
zollten die Besucher der handwerklich geschickten Inszenierung der sowjetischen Kriegsgefangenen wohl deshalb viel
Beifall, weil der Augenschein eigene Vorstellungen von deutscher Überlegenheit bestätigte. »Wie übereinstimmend berichtet wird, sei man über das Aussehen dieser Gefangenen
geradezu entsetzt gewesen. Man habe gelegentlich sogar be-
zweifelt, dass diese ›Wilden‹, ›Untermenschen‹, ›Zuchthäus-
ler‹ usw. Angehörige der regulären sowjetrussischen Armee
seien. ... Frauen hätten mit Entsetzen darauf hingewiesen,
dass ihre Männer gegen derartige ›Tiere‹, denen jede Grausamkeit zuzutrauen ist, kämpfen müssten.«[49] Der Anblick der
immer gleichen, endlosen Kolonnen von sichtbar erschöpften, unrasierten Männern, die bewussten Nahaufnahmen von
Soldaten aus den asiatischen Teilrepubliken der Sowjetunion
bestätigten offenbar die Gültigkeit der zuvor erlernten rassistischen deutschen Weltordnung. »Die Bildberichte von bolschewistischen Gefangenen haben immer wieder Ausrufe des
Entsetzens und des Abscheus ausgelöst (Braunschweig, Weimar u.a.). Besonders nachhaltige Eindrücke seien wiederholt
bei Frauen festgestellt worden. Äußerungen des Mitleids, wie
sie vereinzelt noch bei ähnlichen Bildern in der letzten Wochenschau bemerkt wurden, seien diesmal nicht festgestellt
worden. Vielfach sei in halblauten Rufen die Erschießung aller politischen Kommissare gefordert worden (Dortmund,
Hamburg, Graz, Innsbruck).«[50] In den gleichen Ausgaben der
Wochenschauen aus den ersten Kriegsmonaten tauchten
auch Aufnahmen von Deportationen von Juden und hämi-
sche Meldungen über schikanöse Zwangsarbeiten der jüdischen Einwohner auf.[51]

In das Bild der oftmals affirmativen und schadenfrohen Rezeption der Wochenschauen in der deutschen Bevölkerung passen auch die Berichte über die zahlreichen Gaffer, die sich staunend um die im Reichsgebiet eilig errichteten Gefangenenlager scharrten, um einen Blick auf die exotischen Völkerschaften der Sowjetunion zu werfen. Gerade in den ersten Kriegsmonaten wanderten die Einwohner am Wochenende scharenweise zu den Lagern, um die russischen Gefangenen wie Tiere im Zoo neugierig zu besehen. Dabei scheint eine Mehrheit deren unmenschliche Behandlung durchaus begrüßt, eine ehemals gewerkschaftlich oder konfessionell orientierte Minderheit die Zustände abgelehnt zu haben. In einem Schreiben der SD-Außenstelle Bielefeld vom 30. Juli 1941 heißt es: »Das an der Senne eingerichtete Gefangenenlager, in dem ca. 12 000 Russen untergebracht sind, bildet zurzeit eines der Hauptgesprächsthemen der hiesigen Bevölkerung. Die Gespräche befassen sich besonders mit dem verwahrlosten Aussehen der Gefangenen. Erstaunt stellt man Vergleiche an zwischen den russischen Kriegsgefangenen von 1914–18 und den aus dem Arbeiterparadies kommenden degenerierten Bolschewiken. Während der größte Teil der Bevölkerung es als unbedingt gerecht ansieht, daß die Gefangenen noch immer keine Baracken haben und auf freiem Feld nächtigen müssen ... , glaubt ein kleiner Teil von namentlich konfessionell gebundenen Menschen aus einer gewissen Humanitätsduselei heraus, diese Behandlung als barbarisch ablehnen zu müssen.«[52]

Auf fruchtbaren Boden fiel auch die Agitation gegen die »Flintenweiber«. Seit den Tagen der Weimarer Republik hatten rechte Nationalisten und paramilitärische Kampfbünde bewaffnete Frauen zur perversen kommunistischen Bedrohung der menschlichen und nationalen Gemeinschaft stilisiert.[53] Vor dem Hintergrund der nationalisierten Geschlechterordnung und der rassistischen NS-Propaganda verwundert es daher wenig, dass den Frauen in der Roten Armee im

Jahre 1941 der offene Hass auch der Wehrmachtsführung entgegenschlug. Generalfeldmarschall v. Kluge unterzeichnete sogar eine Weisung, die lautete: »Frauen in Uniform sind zu erschießen.«[54] Gleichzeitig häuften sich Beschwerden in der Truppe über die »unnatürliche« Praxis der Bolschewisten, Frauen zu bewaffnen.[55] Entsprechend lebhaft gestalteten sich an der deutschen Heimatfront die zahlreichen Unmutsäußerungen der Kinobesucher über die in den Wochenschauen gezeigten weiblichen Rotarmisten. Diese verletzten bereits durch ihre Teilnahme am Kampf fundamental die Vorstellungen über die richtige Ordnung der Geschlechter und der Nation. Die rassistische Konsequenz im Krieg lautete mithin: Die Selbstbegeisterung der »wertvollen« Mitglieder der deutschen »Volksgemeinschaft« basierte auf der Verachtung, ja, der Vernichtung »minderwertiger« Gruppen und des »anderen« Geschlechtes. »Die größte Aufmerksamkeit hätten, wie aus allen Berichten zu entnehmen ist, die Aufnahme von den bolschewistischen Kriegsgefangenen beansprucht. Immer wieder sei die Bevölkerung entsetzt von den gezeigten Verbrechertypen. ... Vor allem interessiert man sich stark für das Schicksal der mehrmals gezeigten Flintenweiber, die man, nach Ansicht vieler Volksgenossen, unmöglich als Kriegsgefangene ansehen könne, und immer wieder hört man den Wunsch, solche Typen nicht am Leben zu lassen.«[56]

Den Abscheu vieler Deutscher vor dem russischen »Rassefeind« suchte die nationalsozialistische Propaganda zwar nach Kräften zu verstärken, doch grundlegende Weltbilder und politische Emotionen konnte man nicht aus einem Vakuum heraus erzeugen. Der Erfolg der Propaganda basierte auf dem Vorhandensein lange bestehender rassistischer Ungleichheitsvorstellungen innerhalb der deutschen »Volksgemeinschaft«. Ungeachtet der Bedeutung der tradierten Englandfeindschaft – die auch nach 1941 nicht abriss – führte die rassistische Perspektive auf den Krieg zu einer Konzentration nationalistischer Aggressionen gegen die Sowjetunion und ihre Menschen. So betrachteten von Beginn des Feldzuges an viele »Volksgenossen« die Sowjetunion als »eigentlichen Gegner« und fürchteten dessen »asiatische Methoden« der Kriegführung.[57] Eine Zusammenstellung der rassistischen Vorstellungen über die Sowjetunion innerhalb der deutschen Bevölkerung durch den Sicherheitsdienst der SS ergab im August 1942 folgendes Bild: »Die Menschen der Sowjet-Union seien als tierisch, viehisch, animalisch hingestellt worden. Im Kommissar und Politruk werde dieser Mensch zum ›Unmensch‹ schlechthin. ... Es wurde mit Sorge gefragt, was wir mit diesen ›Tieren‹ in Zukunft anfangen wollten. Viele Volksgenossen stellten sich vor, daß sie radikal ausgerottet werden müßten. ... Das Menschentum des Ostens werde im großen und ganzen als rassisch minderwertig bezeichnet. Vielfach hätten Typen der Mongolen und Turkvölker dabei Verwendung gefunden, um den tierischen Charakter des Soldaten der Sowjetarmee bildlich und anschaulich herauszustellen.«[58]

Wechselt man die Blickrichtung von der Inlandspropaganda auf die Beeinflussungsstrategien der Wehrmachtsführung, sind signifikante Unterschiede nicht auszumachen. Die Propaganda, der sich die Angehörigen der deutschen Wehrmacht ausgesetzt sahen, differierte weder formal noch inhaltlich von den Kampagnen des Reichspropagandaministeriums. Richtlinien über die »wehrgeistige Führung« der Truppe legten etwa fest, dass es auf die »Vermittlung der Grundbegriffe der nationalsozialistischen Weltanschauung« ankomme.[59] Die Wehrmachtsführung ließ keinen Zweifel daran, dass die Truppe vom gleichen Kameradschaftsgeist wie die heimische »Volksgemeinschaft« geprägt war.[60] Nicht nur das: Von zentraler Bedeutung für die Wehrmachtsideologie war die Behauptung, dass Soldatentum und Nationalsozialismus wesensgleich seien. Die in der Truppe angeblich vorherrschenden Werte von Kampfesgeist, Härte, Pflichterfüllung und Mannhaftigkeit sollten wiederum für die »Volksgemeinschaft« Maßstäbe setzen. Da »das Soldatentum (die) dem deutschen Wesen entsprechende Haltungsform« darstelle und dieses vorbildhaft vom Nationalsozialismus verkörpert werde, dürfe sich die deutsche Armee voller Stolz als »nationalsozialistische Wehrmacht« bezeichnen.[61] Entsprechend hieß es in den »Mitteilungen für die Truppe«, dem vom Oberkommando der Wehrmacht herausgegebenen massenweise verteilten Propagandablatt, unter der Überschrift »Jeder von uns ein Garant des Nationalsozialismus«: »Nationalsozialismus und Soldatentum sind ein und dasselbe. Aus dem Geist der Front wurde einst die Bewegung geboren, ein Frontsoldat hat sie geschaffen und führt sie, Frontsoldaten sichern ihre Zukunft und erkämpfen dem neuen Deutschland seine Freiheit.« Im Weltanschauungskrieg gegen die Sowjetunion gelte daher verstärkt: »Jeder deutsche Soldat ist in Feindesland ein Propagandist für das deutsche Volk und den Nationalsozialismus.«[62]

Die entscheidende Argumentationstechnik, mit der den Wehrmachtsangehörigen der Kampf gegen die Sowjetunion vermittelt wurde, stellte die Propagierung eines politischen Krieges dar. Die Soldaten wurden systematisch zum Weltanschauungskrieg erzogen. Gerade die Verwendung sakraler Metaphern und religiöser Sprachformen veranschaulicht die Orientierung auch der militärischen Propaganda am Leitbild des Weltanschauungskrieges. »Der Kampf gegen die Bolschewisten ist wirklich ein ›Kreuzzug‹«, verkündeten die »Mitteilungen« zu Beginn des Feldzugs. »Der Krieg im Osten ist insofern anders als alle bisherigen Kämpfe, als uns hier nicht ein soldatischer Gegner mit soldatischen Grundsätzen entgegentritt, sondern hier gilt es, den höllischen Einbruch eines Untermenschentums abzuwehren.«[63] Von Beginn der Feindseligkeiten an, vor allem aber mit der militärischen Wende des Krieges 1943 und der Einrichtung der Institution des Nationalsozialistischen Führungsoffiziers, legte das OKW

111

besonderen Wert auf die politische Erziehung und ideologische Ausrichtung der Wehrmachtsangehörigen. Da »der Kampf (das) Grundgesetz des Lebens« bilde, sei klar, »daß das weltanschauliche und politische Fundament der stärkste Motor und die beste Stütze des Kampfeswillens sind«.[64] Auf dieser Linie des politischen Daseinskampfes argumentierend, forderten etwa die »Mitteilungen für das Offizierkorps«: »Politische Offiziere müssen wir sein! ... Die treibende Kraft des bolschewistischen Feindes ist eine politische Idee, die Idee der marxistischen Weltrevolution. ... Die politische Dynamik ... muß durch eine noch stärkere politische Dynamik der deutschen Wehrmacht überwunden werden. Das deutsche Schwert muß von Soldaten geführt werden, die tief davon durchdrungen sind, die stärkere, die sittlichere Idee zu vertreten. ... Für den Soldaten ist es undenkbar, anders als politisch, also nationalsozialistisch, zu denken.«[65]

Für die Motivation des politischen Weltanschauungskriegers war der strukturell böse Feind unverzichtbar. In einer hetzerischen Schärfe, die der Kampagne des Reichspropagandaministeriums um nichts nachstand, diffamierten die »Mitteilungen für die Truppe« das »jüdisch-bolschewistische System« bei allen Gelegenheiten.[66] Die rassistische Perspektive der Wehrmachtspropaganda unterstellte ihrem Feind nicht nur alle infernalischen Taten – sie bestritt ihm auch das Menschsein. »›Bestien‹ hat der Führer ... die Bolschewisten genannt. Er spricht von einem Feind, ›der nicht menschlich ist, sondern nur aus Bestien besteht‹. ... Bestialisch handeln Untermenschen. ... Wir deutschen Menschen können die Horden der Sowjets nicht mit unseren Volksgenossen in einem Atem nennen. ... So ist der Krieg im Osten mit keinem anderen der bisherigen Feldzüge zu vergleichen. ... Wo der Bolschewik einrückt, wo diese Untermenschen ein Land überfluten, da wird alles edle Blut gemordet, die Frauen werden geschändet, alle Denkmäler der Kultur werden vernichtet.«[67] Zur Bestimmung des »Rassefeindes« waren auf-

wendige Verfahren nicht notwendig, dazu genügte das Alltagswissen jedes einzelnen deutschen Soldaten. Genau deshalb appellierten die Propagandaschriften der Wehrmachtsführung an den »gesunden Menschenverstand« der Männer,
die ihren Feind schon durch den Augenschein entlarven würden. »Was Bolschewisten sind, das weiß jeder, der einmal
einen Blick in das Gesicht eines der Roten Kommissare ge-
worfen hat. Hier sind keine theoretischen Erörterungen mehr
nötig. Es hieße die Tiere beleidigen, wollte man die Züge
dieser zu einem hohen Prozentsatz jüdischen Menschen-
schinder tierisch nennen. Sie sind die Verkörperung des Infernalischen, Person gewordener wahnsinniger Haß gegen
alles edle Menschentum. In der Gestalt dieser Kommissare
erleben wir den Aufstand des Untermenschen gegen edles
Blut.«[68]

Die Angehörigen der Wehrmacht sahen sich nicht allein
einer andauernden propagandistischen Kampagne ausgesetzt, auch die Armeebefehle ihrer eigenen Kommandeure
vermittelten dezidiert politische Botschaften. Durch ihre
Sprachformen wurden die Anordnungen selber zum Teil der
offiziellen Propaganda und transportierten antislawische und
antisemitische Stereotype. Mit der Autorität des militärischen Befehls erzeugten die Erlasse nationalsozialistische
Vorstellungen innerhalb der Wehrmacht selber. Der Unterschied zwischen dienstlicher und politischer Anweisung ver-
flüchtigte sich. Bereits im Oktober 1940 hatte der Chef des
Oberkommandos der Wehrmacht, Walther v. Brauchitsch,
Richtlinien für die politische Schulung der Soldaten und
Offiziere erlassen, die auf den etablierten nationalistischen
und rassistischen Ordnungsvorstellungen der »Volksgemeinschaft« gründeten. Im Mai 1941, also noch Wochen vor Beginn des Feldzuges, erklärten die durch das OKW herausgegebenen »Richtlinien für das Verhalten der Truppe in
Rußland«, den kommenden Krieg zu einem Kampf der Weltanschauungen: »Der Bolschewismus ist der Todfeind des

nationalsozialistischen deutschen Volkes. Dieser zersetzen-
den Weltanschauung und ihren Trägern gilt Deutschlands
Kampf.«[69] Damit charakterisierte die Wehrmachtsführung den
Gegner in derselben nationalistischen und rassistischen
Sprache wie die nationalsozialistischen Machthaber. Noch
deutlicher wurde der Oberbefehlshaber der 6. Armee, Generalfeldmarschall Walter von Reichenau, im Oktober 1941, der
am »nationalen« Charakter des Feldzuges keinen Zweifel lassen wollte: »Das wesentlichste Ziel des Feldzuges gegen das
jüdisch-bolschewistische System ist die völlige Zerschlagung
der Machtmittel und die Ausrottung des asiatischen Einflus-
ses im europäischen Kulturkreis. Hierdurch entstehen auch
für die Truppe Aufgaben, die über das hergebrachte einsei-
tige Soldatentum hinausgehen. Der Soldat ist im Ostraum
nicht nur ein Kämpfer nach den Regeln der Kriegskunst, sondern auch Träger einer unerbittlichen völkischen Idee und
der Rächer für alle Bestialitäten, die deutschem oder artver-
wandtem Volkstum zugefügt wurden.«[70] Dass Reichenaus
Weltbild innerhalb des Generalstabes keine Einzelansicht
darstellte, bewiesen eine ganze Reihe ähnlich lautender Befehle und Erlasse etwa durch General Erich v. Manstein und
Generaloberst Hermann Hoth. Diese Richtlinien und Tages-
befehle wurden oft bis hinunter auf die Ebene der Kompanien
verteilt und vorgelesen.[71] Jeder einzelne Soldat hatte daher
die Botschaften der staatlichen Propaganda und die politischen Befehle seiner Vorgesetzten in seinen militärischen Alltag einzuordnen.

Kriegsalltag. Die private Kommunikation
zwischen Front und Heimat

Definiert man die Nation als »vorgestellte« Gemeinschaft,
fällt der sprachlich vermittelten Kommunikation eine zentrale
Rolle zu. Auf der Linie der hier vorgeschlagenen Interpreta-

tion, welche die Nation als Gemeinschaft derjenigen begreift, welche auf geteilte kollektive Weltbilder und politische Kategorien rekurrieren, kommt es darauf an, die nationale Kommunikation zwischen Front und Heimat zu analysieren. Die hier im Mittelpunkt des Interesses stehende private Verständigung zwischen deutschen Soldaten und ihren Angehörigen muss für den nie abgeschlossenen Prozess des »Nation-Building« ausgesprochen hoch veranschlagt werden. Der alltäglichen Reproduktion der deutschen Nation im Vorstellungshorizont der »Volksgenossen« an der Front und in der Heimat ist – so die These – ein deutlich größerer Stellenwert als der offiziellen Propaganda beizumessen. Für die Selbst- und die Fremdwahrnehmung der Wehrmachtsangehörigen waren ihre eigenen Kommunikationsweisen wirkungsmächtiger als staatlich gelenkte Deutungsvorgaben. Hier soll im Folgenden veranschaulicht werden, wie deutsche Soldaten vom Krieg in der Sowjetunion berichteten und auf welche Weise sie dabei ihre Nationsvorstellungen in den militärischen Alltag integrierten.

Die Untersuchung von Feldpostbriefen bildet die aussichtsreichste Möglichkeit, nationalistische Weltbilder einfacher Soldaten rekonstruieren zu können. Durch ihre massenhafte Verbreitung ermöglichen sie nicht nur Einblicke in den Kriegsalltag der breiten Bevölkerung, sondern verdeutlichen auch die »Wirkungskraft der Ideologien«.[72] Die an ihre Angehörigen in der Heimat schreibenden Wehrmachtsoldaten schufen mit ihren Schriftzeugnissen die imaginierte Verbindung zwischen den Deutschen täglich neu. Die Untersuchung von Feldpostbriefen erlaubt es, den Stellenwert der Kategorie der »Volksgemeinschaft« in den Köpfen der Wehrmachtsoldaten aufzuzeigen. In vollem Bewusstsein der ideellen Verbindung zwischen Heimatfront und Front schwärmte etwa der Gefreite Karl K. an seine »werten Kameraden« daheim: »Ihr macht neben Eurer schweren Arbeit noch vielen anderen Dienst ... , bildet junge Soldaten aus und gebt ihnen die Welt-

115

anschauung mit, die heute unsere Front auszeichnet.«[73] Auch als der NS-Staat im unübersehbaren Zusammenbruch begriffen war, hielt offenbar viele Soldaten ihr nationalistisches Weltbild kampfbereit. Die Langlebigkeit des Ideals der »Volksgemeinschaft« in den Briefen der Truppe stellten auch die Zensurbehörden noch im Sommer 1944 voller Genugtuung fest: »Bemerkungen über Vorhandensein oder Wirkung von ›nationalsozialistischer Truppenführung‹ liegen nicht vor. Das dürfte als Beweis dafür anzusehen sein, daß das nationalsozialistische Gedankengut in einem solchen Maße Allgemeingut des deutschen Soldaten geworden ist, und so selbstverständlich, daß er gar nicht auf den Gedanken kommt, darüber ein Wort zu verlieren. Die Briefe aller guten Soldaten lassen erkennen, daß die militärischen Pflichten ... untrennbar verbunden sind mit der Treue zum Führer und damit mit echter nationalsozialistischer Haltung überhaupt.«[74]

So wichtig der regelmäßige schriftliche Bezug auf die deutsche Nation für ihre Anhänger auch war – die große Mehrheit der Feldpostbriefe handelt nicht von »Führer, Volk, und Vaterland«. Vielmehr dominiert eine konsequente Alltagssicht auf den Krieg. Über 90% der Briefe sind von wenigen zwischenmenschlichen Themen gekennzeichnet, die sich auch im Verlauf des Krieges kaum änderten:[75]

Da ist zunächst das stetige Thema der Trennung von den Liebsten. Die Briefe richteten sich ganz überwiegend an die eigenen Eltern, die Ehefrauen, Verlobten und Freundinnen der Soldaten. Vor allem die Trennung von der Partnerin spielte eine zentrale Rolle. Immer wieder versicherten sich die Männer und Frauen gegenseitig der Zuneigung und Treue und auch Eifersucht klang regelmäßig an, fürchteten manche Männer doch um die erotische Zuverlässigkeit ihrer Frau in der Heimat. Ein Großteil der Feldpostbriefe waren damit Liebesbriefe und verliehen zumal der Sehnsucht nach Heimkehr und einem glücklichen Wiedersehen innigen Ausdruck. Eng damit zusammen hängt ihre Funktion als Lebenszeichen. Die Männer wurden nicht müde, ihre Lieben über die eigene Lage zu beruhigen und dürften somit nicht zuletzt ihre eigene Furcht bekämpft haben. Die Bedeutung einer positiven Nachricht von der Front war für die Angehörigen kaum zu überschätzen. Gleichzeitig verzeichneten die Schreiben oft minuziös den Eingang der erhaltenen Sendungen, baten um bestimmte Dinge oder verwiesen auf noch ausstehende Briefe und Päckchen. Man tauschte Geld und Wertsachen aus, die Soldaten erhielten warme Kleidung und Verpflegung aus der Heimat.

Ein wichtiges Thema bildete der unblutige militärische Alltag. Die Männer beschrieben das Verhältnis zu den Kameraden und Vorgesetzten, schilderten die Stimmung in ihrer Einheit. Einen großen Stellenwert nahmen die üblichen dienstlichen Verpflichtungen ein. Die Vielfalt und die Eintönigkeit dessen, was die Soldaten taten und worüber sie berichteten, war beachtlich. Die Beschreibung zahlloser banaler Besatzungsaufgaben, Kontrollgänge, die Wartung von Waffen und Gerätschaften fand so ihren Weg in die Feldpostbriefe. Den größten Raum bei der Beschreibung der eigenen Situation nahm aber wohl das Problem der Verpflegung ein. Klagen über das Essen zogen sich durch zahllose Briefe. Das Essen aus der Feldküche bestand meistens aus monotoner Suppenkost oder aus Trockengemüse. Die Versorgung mit Lebensmitteln war gerade an der Ostfront oft sehr schlecht, weil die Nachschubwege aufgrund der Kampfhandlungen, der Entfernungen und des Klimas abrissen. Aus der Sicht des Landsers ist es deshalb durchaus verständlich, dass man sich bei der Bevölkerung eine Ergänzung seines Speisezettels suchte. Ohne große Hemmungen eigneten sich die Männer bei der einheimischen Bevölkerung Brot, Kartoffeln, Vieh und Gemüse an. Im Frühling 1944 hielt der Gefreite Hans W. fest, wie eine geplante Jagd auf Partisanen zum »Organisieren« – so der gängige Euphemismus – von Lebensmitteln diente: »Wie ja schon erwähnt, war ich auf Partisanenjagd. Es wurde nicht geschossen, die Beute war auch dementsprechend. Ich als Fahrer mußte ein ganzes Stück hinter der Ortschaft halten bleiben, konnte also gar nichts erhaschen außer ein paar Eiern, und das waren auch nur vier Stück. Ich wäre so gern dabei gewesen, aber überall kann man halt nicht sein. Die SS dagegen war anders auf Draht, die nahm mit, was keine sechs Zentner wog, und das ist auch richtig.«[76]

Breiten Raum in der Korrespondenz nahm die persönliche Verfassung der Männer, zumal die zahllosen körperlichen Strapazen ein. Gewaltmärsche, Schanzarbeiten und damit verbundene Erschöpfung und Schlafmangel spiegelten sich in den Briefen. Sorgen machten den Soldaten zudem alle möglichen Krankheiten und zumal ihr dauernder Kampf gegen das Ungeziefer. Flöhen, Wanzen und Läusen war unter den herrschenden hygienischen Bedingungen des Ostfeldzuges kaum beizukommen. Direkten Einfluss auf die körperliche und mentale Verfassung der Truppe hatte darüber hinaus das Wetter. Über Hitze und Staub im Sommer, über Kälte und Erfrierungen im Winter klagen die Briefe in die Heimat. Und auch in der Übergangszeit litten die Männer unter dem alltäglichen Regen, Dreck und Schlamm, die durch die Uniform bis auf die Haut drangen.

Viele Feldpostbriefe waren Reiseberichte. Die jahrelangen, ausgedehnten Kampfhandlungen auf dem europäischen Kontinent eröffneten Millionen deutscher Männer die Gelegenheit, fremde Länder und Menschen kennenzulernen. So berichten viele Soldaten voller Befriedigung ihren Angehörigen von ihren »touristischen« Erlebnissen im Krieg. Dabei fügen sich in den Reiseberichten Beschreibungen der Landschaften und der Sehenswürdigkeiten nicht selten bruchlos in Darstellungen von Tod und Zerstörung ein. In einer Zeit, als Reisen für die breite Bevölkerung in der Regel unerschwinglich waren, ermöglichten die nationalsozialistischen Feldzüge Millionen von Wehrmachtsangehörigen, große Teile Europas kennenzulernen. »Lieber Papa, liebe Mama, ...

Soweit wie jetzt in Russland war ich doch von der Heimat noch nicht entfernt. In so einem Krieg bekommt man halt doch allerhand von der Welt zu sehen, was in Friedenszeiten nie der Fall gewesen wäre. ... Habe auch gerade jetzt so das richtige Alter dafür, wenn man nur wieder gesund heim kommt. War nun jetzt schon in Polen, in Frankreich und in Russland und wer weiß wo man bis der Krieg ganz aus ist noch überall hinkommt.«[77]

Der Zweite Weltkrieg führte zu einer nie gekannten Verschriftlichung der Kommunikation. Millionen von Menschen, die nie zuvor einen Brief verfasst hatten, suchten trotz sichtbarer orthographischer Schwierigkeiten, den Kontakt mit den Angehörigen aufrechtzuerhalten. Feldpostbriefe waren das Mittel, das durch die kriegsbedingte Trennung unterbrochene alltägliche Gespräch mit Partnern, Familie und Freunden fortzusetzen. Die Schreiben boten als »Gesprächsmedien«[78] (Klaus Latzel) die Chance, die neue Kriegswirklichkeit sich selber und den Bezugspersonen in der Heimat sinnvoll erscheinen zu lassen. Feldpostbriefe ermöglichten den schriftlichen Austausch mit Hilfe etablierter Wissensbestände und auf dieser Grundlage die Einordnung der neuen Kriegsbedingungen. Denn um die neuen Erfahrungen und Belastungen zu verarbeiten und zu kommunizieren, mussten die Schreibenden auf bekanntes kollektives und individuelles Wissen, auf bestehende Wertesysteme, Deutungsmuster und Sprachstile zurückgreifen. Und eine wesentliche Sinnstiftungs- und Legitimationsinstanz bildete die Kategorie der Nation. Wer als Deutscher im Zweiten Weltkrieg Erfahrungen sinnvoll einzuordnen versuchte, dem fiel es schwer, nicht auf dieses verbreitete Werte- und Bewertungssystem zurückzugreifen. Der Bezug auf die Nation ermöglichte es, vergangene und neue Erfahrungen zu integrieren und schreibend die Werte und die Ideale der »Volksgemeinschaft« auf die Ostfront zu übertragen. Die Briefe zwischen Front und Heimat erschufen für die Menschen eine deutsche Gemeinschaft der Anwesenden und Abwesenden.

Sich auf »Volk« und »Nation« zu beziehen, geschah meist ganz beiläufig und den jeweils spezifischen Situationen angepasst. Die schriftliche Kommunikation der Deutschen im Zweiten Weltkrieg war gekennzeichnet durch individuelle Aneignungen und Anverwandlungen der bereits verbreiteten nationalen Deutungen. Folgt man dem Konzept des »Eigen-Sinns«[79], also den Umformungen und Umdeutungen gesellschaftlichen Wissens durch die Menschen selber, dann gewinnt man den Blick für die den jeweiligen Schreibsituationen entsprechenden Transformationen. Diese semantische Praxis veranschaulicht, dass die »Volksgenossen« mehr waren als passive Adressaten nationalsozialistischer Propaganda, sondern durch ihre Sprache auch über die Chance einer individuellen Sinngebung verfügten. Erst die Ein- und Anpassung an die eigenen Lebensumstände verlieh den in der Gesellschaft verbreiteten Sprachen und Weltbildern Geltung. Nationale Deutungen wurden genau durch die Einbindung in den sozialen Alltag wirkungsmächtig. Es wäre daher ein Trugschluss, aus der vorherrschenden Alltagsperspektive auf den Krieg in den Feldpostbriefen auf eine unpolitische, harmlose und nicht-nationale Disposition der Soldaten zu schließen.[80] Vielmehr kombinierte das Alltagswissen der Männer Beobachtungen über die eigene Situation immer wieder mit nationalistischen Versatzstücken. Erklärungsbedürftig ist daher vor allem die Tatsache, dass die Soldaten in ihrer privaten Kommunikation überhaupt regelmäßig auf nationalistische Deutungs- und Argumentationsmuster zurückgriffen.[81]

Diese Politik des vordergründig Unpolitischen soll im Folgenden anhand eines exemplarisch ausgewählten längeren Schreibens verdeutlicht werden. Ein aufschlussreiches Beispiel für die partielle Durchdringung eines persönlichen Gedankenaustausches mit nationalistischen Ordnungsvorstellungen ist ein Brief des Obergefreiten Hans H. an seine Braut auf dem heimischen Bauernhof vom Juni 1943. Vordergründig betrachtet handelt das Schreiben fast ausschließlich von persönlichen Sorgen, von Ernährungs- und Versorgungsfragen. Die Beiläufigkeit, mit der vor »Ausländern« und »Juden« gewarnt wird, offenbart, dass die Kategorien der deutschen Nation hier zum Alltagswissen geworden sind und keiner weiteren Erläuterung mehr bedürfen. Das Reden mit Hilfe der Begriffe von »Volk«, »Vaterland« und »Führer« kann als ein unreflektierter Modus der Kommunikation begriffen werden, der auf geteiltes Allgemeinwissen zurückgreift.

»Meine innig geliebte Mary! ... Deine große Sorge um Edi ist zwar verständlich, aber gar zu schwarz darfst Du auch nicht sehen. Vielleicht kommt es in diesem Sommer überhaupt nicht zum Kampf, und bis zum Winter kann sich so manches ändern. Ich kann mir nicht recht vorstellen, wieso der Edi am Vormarsch ist. Du hast doch geschrieben, daß er ohnedies ganz vorn ist, und eine Offensive ist ja auch im Raum um Charkow meines Wissens noch nicht im Gange.

Zugleich mit Deiner Post erhielt ich heute auch einen Brief von meiner Mutter. Sie ist wohl etwas einsam und gedrückt, weil von den Kindern keins mehr daheim ist, außer der jüngste Bub. Nun hat auch der Südtiroler Knecht, der ein feiner und zuverlässiger Kerl und ein ausgezeichneter Arbeiter war, einrücken müssen, und sie haben nur mehr 3 Ausländer, mit denen sie das Gut bewirtschaften müssen. Natürlich muß man auf das Gesindel aufpassen und hinter jedem her sein, und dazu ist eben der Stiefvater und die Mutter schon zu alt und abgerackert. ...

Es freut mich, daß Du tüchtig essen tust, soweit man in der Heimat das überhaupt noch kann. Hat man nicht die Fleischration wieder herabgesetzt? Bei uns hat ja auch das Essen stark nachgelassen. Kraut und Kartoffeln stehen täglich auf dem Speisezettel, aber das bekommen wir reichlich und manchmal auch ganz annehmbar zubereitet. Die Suppe wäre zwar gut, aber sie haben nichts zum Einkochen, keine Nockerln oder Nudeln oder Gries. Sie ist immer leckeres ge-

kochtes Fleischwasser. Deinen Rat bezüglich Schuhcreme-
schachteln und Zahnpastatuben werde ich befolgen und
diese Dinge stets heimschicken. Ich weiß ja, daß Du sehr
tüchtig bist im Einkaufen. Wenns bei uns nur auch irgend
etwas zum Kaufen gäbe, möchte ich gerne was ergattern,
aber hier ist alles kahlgefressen wie nach einem Heuschre-
ckenüberfall. ...

Die Sache mit der Spinnstoffsammlung und auch dem Appell nimmt mich nicht wunder. Es geht nun bald ins fünfte
Kriegsjahr, und an ein Ende ist sobald nicht zu denken. In
den Leuten wird allmählich eben ein Gleichgültigkeitsgefühl
großgezogen. Bei der Besichtigung bei uns hat der Chef feststellen müssen, daß mehr als die Hälfte nicht wußte, wann
der Führer im Reich die Macht übernommen hatte. Es küm-
mert sich eben keiner mehr drum. Unter uns Kameraden darf
man auch alles reden. Die Zeit des Fanatismus und der
Nichtduldung anderer Ansichten ist vorbei, und allmählich
beginnt man, klarer und nüchterner zu denken. Wollen wir
den Krieg gewinnen, dann müssen wir auch vernünftiger
werden und dürfen nicht mehr großsprecherisch und prah-
lerisch alle Welt abstoßen. Das hast ja selber auf dem Appell
gemerkt, daß man heute schon anders spricht als vor drei
Jahren. Es ist richtig, wir müssen den Krieg gewinnen, um
nicht der Rache der Juden ausgeliefert zu werden, aber die
Träume von einer Weltherrschaft sind dahin. ...

Meine liebe Braut, leb wohl und denke oft an Dein ein-
sames Schlafhaserl, das Dich so gerne umarmen und küssen
möchte!«[82]

Die Politisierung des augenscheinlich harmlosen Kriegsalltags mit Hilfe des Rekurses auf die deutsche Nation ging einher mit einer konsequenten Personalisierung der neuen Erlebnisse. Der Einzelne ordnete mit Hilfe seiner nationalistischen Weltbilder den Krieg, Russland und seine Bewohner
um die eigene Person an. Das erleichterte oder ermöglichte

offenbar erst das Verstehen und Verarbeiten der eigenen
Lage. Gleichzeitig werteten sich die Männer dadurch selber
extrem auf. Jeder kämpfende »Volksgenosse« konnte einen
persönlichen Anteil an den militärischen Erfolgen Deutschlands verbuchen. Die Soldaten reduzierten in ihren Briefen
die Komplexität der Verhältnisse auf eine gleichsam individuelle Auseinandersetzung. »Wie ich Dir schon in einem vergangenen Brief mitteilte, befinde ich mich schon seit dem
24. Juni im Kampfe gegen den Kommunismus in Rußland«[83],
schrieb der Gefreite Alois Paul S. zu Beginn des Feldzuges an
seine Frau. Und der Soldat Karl O. verkündete zur gleichen
Zeit: »Wie Du erleichtert schon wissen oder annehmen wirst,
bin ich mit dabei, die Russen schlagen zu helfen.«[84]

Die Personalisierung der Kriegserlebnisse bedeutete aber
nicht nur individuelle Aufwertung, sondern auch individuelle
Entlastung. In der Regel führte diese Sicht dazu, dass die
Soldaten sich als Opfer widriger Umstände beschrieben. Vor
allem klagten sie über emotionale Entbehrungen und über
materielle Not, etwa über Kälte und Hunger im russischen
Winter.[85] Als Teil einer Invasionsstreitmacht, als Täter im Vernichtungskrieg, betrachteten sich die Männer nur selten. Daher liefert die Sichtung der Feldpostbriefe den Befund, dass
die Soldaten das Bild eines Krieges in die Heimat vermitteln,
das ihr aktives Töten verschweigt. Im gesamten Verlauf des
Feldzuges änderte sich der Kanon des Sagbaren und Unsagbaren nur wenig. Der unbewusste Prozess der Anpassung an
die widrigen Umstände führte in den meisten Fällen dazu,
dass die bedrohliche Umwelt mit zunehmender Erfahrung
zum Alltag wurde und keiner Erwähnung mehr bedurfte. Dafür spricht auch der relativ geringe Verbreitungsgrad von
Schilderungen über Kriegsverbrechen in den Feldpostbriefen. In vielleicht ein bis zwei Prozent aller Briefe finden sich
Hinweise auf Wehrmachtsverbrechen.[86] Wahrscheinlicher als
die Annahme, dass die Mannschaften von der Ermordung der
Bevölkerung in den besetzten Ostgebieten nichts mitbeka-

men, scheint die Erklärung, dass die hoch gesetzte Wahrnehmungsschwelle der Soldaten und die Auswirkung von Zensur und Selbstzensur die Kommunizierbarkeit von Gewaltaktionen behinderten.[87]

Die Auswahl der Briefinhalte wurde in besonderem Maße durch die militärische Zensur und die Selbstzensur der Soldaten bestimmt. Zuständig für die stichprobenartige Überwachung der Feldpost waren die den Armeeoberkommandos unterstehenden Feldpostprüfstellen. Soldaten und Zivilbevölkerung waren gleichermaßen über die militärische Briefzensur unterrichtet und mussten bei schwerwiegenden Verstößen gegen die Zensurbestimmungen mit drakonischen Strafen rechnen. Oft warnten Sender und Empfänger sich gegenseitig davor, in den Briefen nur nicht zu viel zu riskieren. Der Obergefreite V. S. etwa stellte lakonisch fest: »Wie Du mir mitteilst, war auch ein Brief von mir geöffnet worden. Da muß man sich in acht nehmen damit man nichts unrechtes schreibt, sonst haben sie einen gleich am Arsch.« Und im gleichen Tonfall hieß es beim Gefreiten Josef H.: »Man darf ja nicht schreiben was man denkt. Wenn sie einem den Brief öffnen, wird man ganz schnell eingelocht, wenn man was geschrieben hat, was sie nicht gern hören.«[88]

Allerdings sollte die Wirkung der militärischen Zensur nicht überbewertet werden. Denn obwohl die rigide staatliche Zensur eine wichtige Kommunikationsbarriere bildete, hatten die Behörden vor dem Hintergrund der ungeheuren Masse täglicher Sendungen (bis zu 25 Millionen Stück täglich im Jahre 1942!) keine Chance, den Briefwechsel der Soldaten hinreichend zu kontrollieren. Schwer zu bestimmen ist mithin, in welchem Ausmaß die äußere Zensur geheime (dazu zählten auch Kriegsverbrechen) und defätistische Äußerungen zu unterdrücken vermochte. Und vor allem: So rigide die Zensurbehörden auch darauf bedacht waren, regimekritische und defätistische Äußerungen der Truppe zu unterdrücken, so konnten sie die Soldaten doch kaum veranlassen, positive

Einschätzungen und Meinungen zu schreiben. Gerade die hier interessierenden Appelle an das deutsche Volk und seinen Führer dürften als aus eigenem Antrieb geäußerte, aber gesellschaftlich gewünschte Weltbilder die staatliche Zensur unverfälscht passiert haben.[89]

Wichtiger als die offizielle Zensur scheint die Selbstzensur der schreibenden Soldaten gewesen zu sein. Wer wollte seine Lieben daheim schon mit der katastrophalen Umwelt des Russlandkrieges konfrontieren? Die Selbstkontrolle des Einzelnen drückte sich vor allem in dem Unwillen aus, die Angehörigen mit dem Schrecken des Krieges, mit den eigenen Ängsten und auch mit den erlebten Verbrechen zu belasten. Seiner Ehefrau vertraute Rittmeister Klaus H. an: »Es ist für mich zunächst ein gewaltiges Plus bei allem hier, daß ich Dir so ziemlich ungeschminkt schreiben kann, was hier geschieht. ... Ich weiß von manchem Soldaten, der nichts weiter tun kann, als nichtssagende Worte, daß es ihm gut geht, nach Hause zu schreiben, der einfach nicht sagen darf, was ihn bewegt und was um ihn herum wirklich geschieht.«[90] Die Autoren der Briefe sahen sich gezwungen – bewusst und unbewusst – scharf zu selektieren, was sie nach Hause berichteten und was nicht. Immer wieder bekannten die Soldaten offen, Schwierigkeiten damit zu haben, die Fülle der Belastungen und Erlebnisse in Worte zu fassen. So schrieb ein Oberfeldwebel nach Hause: »Was ich in diesen Monaten alles sehen und erleben durfte, ist wirklich nicht mit Worten wiederzugeben, und es bedarf einer mündlichen Aussprache. Jedenfalls stellt dieser Krieg alles bisher Dagewesene in den Schatten.«[91] Im gleichen Tonfall hieß es im Brief des Soldaten Alex P. an seine »liebe Gretel«: »Es sind oft schreckliche Bilder, liebe Gretel, die man hier zu sehen bekommt. Davon, liebe Gretel, möchte ich Dir nicht schreiben. Jedenfalls haben wir unsere Feuertaufe gut überstanden. Auch daran, liebe Gretel, gewöhnt man sich.«[92] Doch nicht nur das Töten und Sterben im Krieg blieb unsagbar. Dieser Befund trifft für alle Bereiche zu, welche nicht den geltenden kollektiven Ordnungsvorstellungen entsprachen. So ließen sich etwa die eigenen Ängste kaum in Einklang mit den bestehenden Idealvorstellungen deutscher Männlichkeit bringen. Und Gleiches galt für die Sexualität. Das Thema der sexuellen Erfahrungen an der Front war trotz seiner unbestreitbaren Bedeutung für die Soldaten nur äußerst selten Gegenstand verschriftlichter Kommunikation. Allenfalls beschränkten sich einige Soldaten auf Andeutungen des Erlebten: »Diese Woche wurden Gefangene eingebracht, unter welchen sich Weiber befanden, zu welchem Zweck wirst Du wohl nicht erraten, werde es Dir mal sagen, wenn wir uns wiedersehen.«[93]

Das hier interessierende zentrale Problem des Stellenwertes von Nationalismus und Rassismus im Vorstellungshorizont deutscher Soldaten ist auch mit Hilfe einer semantischen Untersuchung ihrer Briefe nur annäherungsweise zu lösen. Die Frage, wie die zahllosen verstreuten Aussagen und zumal die hoch selektiven Berichte zu bewerten sind, verweist auf die große methodische Schwierigkeit jeder Feldpostanalyse. Die Untersuchung eines Korpus von Feldpostbriefen wird durch die Grenzen der Quantifizierbarkeit und der Repräsentativität bestimmt. Es ist eben unmöglich, aus den Einzelfunden auf die Disposition und das Verhalten der Gesamtheit zu schließen. Letztlich kann es nur um eine möglichst hohe Plausibilität von mit Hilfe der Briefe zu untermauernden Argumenten gehen. Unabhängig davon, wie oft sich direkte oder indirekte Appelle an »Führer«, »Volk« und »Vaterland« in den Briefen auch nachweisen lassen, belegen auch noch so häufig angeführte Fundstellen keinen Sachverhalt. Angesichts der – nach einer konservativen Schätzung – auf 40 Milliarden Exemplare[94] veranschlagten Anzahl deutscher Feldpostbriefe im Zweiten Weltkrieg kann durch keine Auswahl Repräsentativität erreicht werden. Vielmehr kommt es darauf an, Inhalte plausibel zu illustrieren und zu kontextualisieren.

Scheut man die Zuspitzung nicht, dann bilden Feldpostbriefe nicht ab, »wie es wirklich gewesen ist«, sondern die durch die Soldaten »gemachte« Wirklichkeit. In der Rekonstruktion von Vorstellungen, nicht in einer vermeintlichen Beschreibung der »Realität«, liegt der hohe Quellenwert dieser Schriftzeugnisse. Gerade weil Feldpostbriefe keine ungefilterten Eindrücke transportieren, sondern im Gegenteil durch kulturell tradierte Deutungsmuster die Kriegserlebnisse verarbeiten, verharmlosen und verschweigen, eignen sie sich für eine Untersuchung von Nationsvorstellungen in besonderem Maße. Für eine Analyse des Nationalismus in der deutschen Wehrmacht heißt das: Durch eine kommunikative Konstruktion der Wirklichkeit, also durch die unablässige Verständigung der Männer mit ihren Angehörigen über den Alltag an der Front oder den Sinn des Krieges mit Hilfe der vorhandenen Sprache, Vorstellungen und Werte erzeugten sie die Gemeinschaft der Nation täglich neu.

Die »Volksgemeinschaft« an der Ostfront:
Der Vernichtungskrieg in Feldpostbriefen
deutscher Soldaten

Deutschlands Überfall auf die Sowjetunion eröffnete am 22. Juni 1941 eine neue Dimension der Kriegführung. Das Ausmaß der militärischen Operationen, vor allem aber die ungeheuren Gewaltexzesse, denen etwa 30 Millionen Menschen zum Opfer fielen, machten den deutsch-sowjetischen Krieg zum Archetypus des Vernichtungskrieges. Das erklärte Ziel der Reichsleitung und der Wehrmachtsführung war nicht nur die Eroberung neuen »Lebensraumes« in Osteuropa, nicht allein die Zerschlagung der gegnerischen Armee, sondern die physische Vernichtung ihres Hauptfeindes: der »jüdischen Bolschewisten«. Diese weltanschauliche Prämisse hatte für Millionen von sowjetischen Kriegsgefangenen, Juden und zu Partisanenhelfern gemachten Zivilisten tödliche Konsequenzen. So maßgeblich die verbrecherische Planung der Wehrmachtsführung, die militärische Befehlsstruktur und der Kontext der deutschen Besatzung in Osteuropa das mörderische Kriegsgeschehen auch bestimmten, einen integralen Bestandteil des Vernichtungskrieges bildeten die nationalistischen und rassistischen Weltbilder der Soldaten selber.

Die Nationsvorstellungen innerhalb der Deutschen Wehrmacht spiegelten diejenigen der deutschen Gesamtgesellschaft wider. Ohne die Bedeutung der spezifischen Sozialisationsmechanismen innerhalb militärischer Institutionen und insbesondere die »wehrgeistige Erziehung« im NS-Staat verkennen zu wollen, unterschieden sich die Gesellschaftsbilder »ganz normaler« Wehrmachtsoldaten nicht wesentlich von denen der übrigen Bevölkerung. Die Wehrmacht stellte eine Armee von etwa 18 Millionen Soldaten aus allen gesellschaftlichen Schichten und allen Regionen des Landes dar, von denen neun bis zehn Millionen an der Ostfront eingesetzt wurden. Das heißt auch, dass sich in der Armee die ganze Bandbreite nationalistischer Dispositionen, von fanatischen Nationalsozialisten über politisch Indifferente bis hin zu Regimekritikern, finden lässt. Mit dem Anlegen der Uniform entledigten sich die Soldaten eben nicht der im Zivilleben erworbenen Weltbilder und Werte. Für eine Wehrpflichtigenarmee galt verstärkt, dass der Einzelne – der relativ plötzlich in die Welt des Krieges geriet – auf zuvor erlernte und erfahrene gesellschaftliche Deutungs- und Wahrnehmungsmuster zurückgreifen musste. Der Wehrmachtsoldat konnte sich aus dem Wissensvorrat der NS-Gesellschaft bedienen und wurde gleichzeitig von ihr bedient. Diese bestehenden Wissensbestände wirkten wie eine Matrix – sie erleichterten bestimmte Formen des Wahrnehmens und Handelns und erschwerten andere. Die jedem Einzelnen zur Verfügung stehenden Filter waren die sprachlich vermittelten Deutungs- und Wahrnehmungsmuster, die auf Elementen des durch Sozialisation erworbenen gesellschaftlichen Wissens beruhten. Diese Bedeutungszuschreibungen umrissen Wahrnehmungspotenziale und legten daher fest, was aufgenommen werden konnte und was nicht. Wirkungsmächtig wurden sie dann, wenn sie zu Handlungen wurden.[1]

Die Mannschaften und Offiziere der Wehrmacht waren auch an der Ostfront durch die daheim erfahrenen Visionen und Aversionen der deutschen »Volksgemeinschaft« geprägt. Was viele Soldaten kannten, schätzten und verteidigten, waren jene Gesellschaftsideale, deren Verwirklichung man in den 1930er Jahren in Deutschland hatte miterleben können. Schon beim Eintritt in die Wehrmacht brachten gerade die jüngeren Jahrgänge prägende Sozialisationserfahrungen mit, zu denen etwa die paramilitärische Ausbildung in der HJ und im Reichsarbeitsdienst oder Gemeinschaftserlebnisse in den zahllosen Organisationen von Partei und Staat zählten. Die Vorstellung einer sozialharmonisch geordneten und im Kampf gegen ihre Feinde zusammengeschweißten Nation faszinierte viele an der Heimatfront und verfehlte ihre Wirkung auch an der Ostfront nicht.[2] Die »Volksgemeinschaft« an der Ostfront erlaubte es, die Eigengruppe als klassenlose, aber hierarchische Gemeinschaft von Kameraden zu verklären. Die »Volksgemeinschaft« in den Köpfen der Truppe stellte damit semantische und habituelle Selektionsmechanismen zur Verfügung, um die bedrohliche Umwelt des Krieges und die Feinde der Nation zu beurteilen. Wer bereits in der Heimat etwa Bolschewisten und Juden als nationale Gefahren verachtet hatte, hing unter Kriegsbedingungen seinen Ressentiments tendenziell verstärkt nach. Wie zahlreiche Feldpostbriefe verdeutlichen, griffen junge Soldaten und Offiziere auf eine den offiziellen Verlautbarungen der Staatsführung äußerst ähnliche Sprache und sehr ähnliche nationalistische Einordnungskategorien zurück. Die Verbreitung von Gemeinschafts- und Führerkult, von Rassismus und Antibolschewismus in der privaten Korrespondenz von Wehrmachtsangehörigen wirft die Frage nach dem Grad der individuellen Zustimmung zum Kriegsgeschehen auf und das Problem, ob ein »stillschweigender faustischer Pakt zwischen dem Regime und seinen Bürgern« bestand.[3]

Der bis zum Überfall auf die Sowjetunion praktizierte innere Nationalismus und Rassismus wandte sich ab 1941 nach außen. Zugespitzt formuliert: Der Vernichtungskrieg war die konsequenteste Fortsetzung dessen, was die Anhänger der »Volksgemeinschaft« mehrere Jahre lang bereits gegen die »nationalen« Feinde innerhalb der deutschen Landesgrenzen propagiert und vollzogen hatten. Die deutsche »Volksgemeinschaft« führte den Krieg nicht gegen Menschen, die in ihren Kategorien als Gleiche galten, sondern als Auseinandersetzung zur Bestimmung der Ungleichheit von Rassen. Zu

Recht hat Michael Geyer auf den Zusammenhang zwischen der nationalistisch motivierten und legitimierten Erweiterung von Partizipationschancen der deutschen Bevölkerung einerseits und der Zunahme politischer Radikalität und kollektiver Gewalt andererseits verwiesen.[4] Die naive Annahme, dass die imaginierte Gemeinschaft »ganz normaler« Deutscher aus eigenem Antrieb für einen Krieg nicht zu gewinnen war, ist durch nichts zu beweisen und wird gerade durch die Geschichte des Zweiten Weltkrieges grausam widerlegt. Die individuelle Beteiligung am Krieg und die dort gemachten eigenen Erlebnisse führten gerade nicht zu einer Abnahme von Gewalt und Hass. Vielmehr scheinen der Aufstieg und der Fall des Nationalsozialismus die These zu bestätigen, dass mit der Zunahme gläubiger oder passiver Nationalisten, mit der Erfüllung ideeller und materieller Wünsche immer größerer Bevölkerungskreise die Gewalttätigkeit des Regimes zunahm. Die erklärungsbedürftige Tatsache, warum die Mehrheit der Deutschen an der Front wie an der Heimatfront sich bis zum bitteren Ende dem Kriegsgeschehen nur im Ausnahmefall verweigerte, scheint nur dann verständlich, wenn man den Krieg auch als ein Mittel für individuelle und kollektive Partizipation begreift.

Zunächst werden in diesem Kapitel die verschiedenen Nationsvorstellungen in der Truppe, ihr Stellenwert und ihre Grenzen diskutiert. Dabei geht es – wie bereits bei der Untersuchung der Nationalismen in der Zivilbevölkerung – um geteilte Visionen (»Volksgemeinschaft«, Führerkult) und geteilte Aversionen (Rassismus, Antisemitismus). Im zweiten Abschnitt ist zu zeigen, wie die Männlichkeitskonzepte der Soldaten mit ihren nationalistischen Überlegenheitsvorstellungen verschmolzen und Ungleichheit legitimierten. Von der Abwertung der Einwohner und der Lebensverhältnisse in Osteuropa handelt auch der dritte Teil. Hier werden die nationalistisch gebrochenen Wahrnehmungen der Sowjetunion und ihrer Bewohner beleuchtet. Der vierte Abschnitt schließlich thematisiert das heikle Problem der Wirkungsmacht von Nationsvorstellungen: Bestand ein Zusammenhang zwischen den nationalistischen und rassistischen Weltbildern deutscher Soldaten und ihrem gewalttätigen Handeln im Vernichtungskrieg? Wie beurteilten und wie behandelten die Männer der Wehrmacht russische Kriegsgefangene, Partisanen und Juden?

Nationalismus und Defätismus

Die deutsche Nation war kein Naturereignis, sondern ein Produkt ihrer Anhänger. Eben der alltägliche sprachliche Rückgriff auf geteilte politische Kategorien erschuf »Volk« und »Nation« im Denken der Wehrmachtsangehörigen immer wieder neu. Die deutschen Soldaten führten die deutsche Nation mit in den Krieg und hatten doch nur eine ungefähre Vorstellung von ihr. Ihre Feldpostbriefe demonstrierten, dass sie es meist mit der Begriffsbestimmung nicht allzu genau nahmen. Von »Volk« und »Volksgemeinschaft«, von »Vaterland« und »Deutschland« und auch von der »Heimat« und ihrem »Führer« war da die Rede, wenn man an das übergeordnete und vertraute Kollektiv appellierte. Dabei erlaubte die semantische Unbestimmtheit des Eigenen potenziell jedem Soldaten, das unter der nationalen Gemeinschaft zu verstehen, was gerade dem Einzelnen vertraut, lieb und teuer war. Die Identifikation mit dem eigenen »Vaterland«, dem »Volk« oder der »Heimat« wurde durch den Gegenbegriff der »Fremden« oder des »Feindes« noch verstärkt. Für die ersten Monate des Russlandkrieges ist der Anteil der Briefe, welche die eigene Herrschaft über den Feind betonen und den Gegner nationalistisch abwerten und verachten, auf knapp 20 Prozent an der Gesamtkorrespondenz geschätzt worden.[5] Die Häufigkeit latenter nationalistischer Urteile und vorbewusster Stigmatisierungen dürfte noch erheblich darüber lie-

132

gen. Erklärungsbedürftig ist weniger der relative Umfang des Anteils nationalistischer Deutungen, als überhaupt die Tatsache ihrer nennenswerten Verbreitung in einer sonst von rein privaten Angelegenheiten und alltäglichen Schilderungen gekennzeichneten Korrespondenz. Den Untersuchungen Karl-Heinz Reubands zufolge hat die besondere kommunikative Situation der Soldaten der Wehrmacht ihre Empfänglichkeit für systemkonforme Weltbilder signifikant erhöht.[6] Von einer einheitlichen nationalistischen Kriegsmentalität in der Wehrmacht auszugehen, ist gleichwohl unzulässig und wird nicht zuletzt von der Inhaltsanalyse der Feldpostbriefe widerlegt. Nicht gegen den Strich gelesen offenbaren diese, wie gesehen, in den meisten Fällen eine vordergründig unpolitische Alltagssicht auf den Zweiten Weltkrieg.

Nationalistische Deutungsmuster erfüllten bei der sprachlichen Aneignung und Verarbeitung des Zweiten Weltkrieges durch die Männer der Wehrmacht im Wesentlichen vier Funktionen: Erstens strukturierten sie die Wahrnehmung der Soldaten, begünstigten die Durchsetzung bestimmter Vorstellungen und machten den Erfolg anderer unwahrscheinlicher. Zweitens verliehen sie dem Kriegsgeschehen »Sinn« als Kampf für den Bestand und die Zukunft der deutschen »Volksgemeinschaft« und legitimierten dabei eigenes Verhalten und Verschulden. Drittens erleichterte die Berufung auf die mit der Zivilbevölkerung geteilten Ordnungsvorstellungen von »Führer, Volk und Vaterland« die Kommunikation über Themen, die ansonsten unter das Schweigegebot der Zensur oder der Selbstzensur zu fallen drohten. Und schließlich viertens konnten nationalistische Weltbilder die Akteure unter selbst geschaffene Handlungszwänge setzen: Wer sich in bestimmten Kontexten auf die Nation und ihre Feinde berief, dem standen der eigenen Wahrnehmung zufolge oft nur begrenzte Handlungsspielräume zur Verfügung.

Die Konjunktur nationalistischer Vorstellungen war vom Auf und Ab des Kriegsverlaufes bemerkenswert unabhängig.

Rückgriffe auf »nationale« Sinnstiftungsangebote fanden zu allen Zeiten statt, bis es im Herbst 1944 zu einem dramatischen Loyalitätseinbruch kam. Bis dahin waren viele Feldpostbriefe von einem bemerkenswerten gemeinschaftlichen Überlegenheitsgefühl gekennzeichnet. Im Überschwang der ersten militärischen Erfolge gegen die Sowjetunion schrieb etwa Leutnant Otto D. am 30. Juli 1941 seinem »lieben Kamerad Karl«: »Was sind wir doch für ein gottbegnadetes Volk! Wie berechtigt ist der Führungsanspruch, den der Führer für uns Deutsche in Europa erhebt!«[7] Nach der Auffassung vieler Soldaten stärkte die Truppe ihr Gemeinschaft stiftendes nationales Weltbild. So bekannte der Obergefreite Erich G. im Sommer 1943: »Das Ziel unserer Feinde ist nach wie vor die deutsche Zersplitterung. Unser Glaubensbekenntnis ist die deutsche Einheit. Die Hoffnung unserer Feinde ist der Erfolg der großkapitalistischen und plutokratischen Interessen. Unser Wille ist der Sieg der nationalsozialistischen Volksgemeinschaft!«[8]

Auch und gerade als das Kriegsglück sich unverkennbar gegen die Aggressoren gekehrt hatte, motivierte der Bezug auf das deutsche Vaterland als Verteidigungsgemeinschaft und die Heimat als Hort teurer Bindungen augenscheinlich viele Soldaten. Der Gefreite Ambros D. beschloss seine Ausführungen über seine Leiden im Krieg im Herbst 1943 mit dem Bekenntnis: »Es ist erste Pflicht auszuharren für unser schönes deutsches Vaterland. Denn kein schöner Land als unser liebes Vaterland gibt es auf dieser Erde, und um diese Perle, das Herz Europas, wollen wir durchhalten bis zum Sieg.«[9] Und selbst angesichts der unabwendbaren Niederlage und mit der Wahrscheinlichkeit des eigenen unmittelbaren Todes konfrontiert, verliehen Einzelne dem Kriegsgeschehen noch einen »nationalen Sinn«. Im Brief des Gefreiten W. aus Stalingrad an seine Eltern – kurz vor der Kapitulation der 6. Armee verfasst – geriet die Nation zur Gemeinschaft der Lebenden, Toten und der noch Ungeborenen, deren Fortbestand auch durch den Tod des Einzelnen nicht gefährdet war. In gewisser Hinsicht garantierte demnach erst der eigene Opfergang den Fortbestand des Kollektivs: »Dies ist der letzte Brief, den ich an Euch richten kann. Wir haben halt mal Pech gehabt. Wenn diese meine Zeilen zu Hause sind, so ist Euer Sohn nicht mehr da, ich meine auf dieser Welt. Aber da ist er doch, immer und ist glücklich, sein Leben für unser Vaterland und seinen Führer opfern zu dürfen. ... Alles für unsere Heimat, für unsere liebe Vaterstadt und unseren Führer. Grüßt alle recht herzlich von mir, dankt alle in meinem Namen, wir siegen doch noch!«[10] Das Bekenntnis zu Volk und Deutschtum stellte eine nicht zu unterschätzende und bis in das letzte Kriegsjahr hinein nicht vollständig erschöpfte Motivationsquelle dar. Die Alternative – eben die totale Niederlage – schien zu schreckliche Konsequenzen zu bergen. Nationalistische Deutungen kreierten die Dichotomie des Entweder-Oder. Zwischen Triumph und Vernichtung bestanden im Denken der Nationalisten wenige Alternativen. »Dieser Krieg darf unter keinen Umständen verloren gehen!«, befand im Mai 1943 der Unteroffizier Alfred N. »Was wäre wohl dann? Deutschland existierte jedenfalls nach einem verlorenen Krieg nicht mehr. Und das weiß der Führer bestimmt. Wir können eben immer nur wieder den Herrgott bitten, daß er den Führer und unsere Waffen segnen möge. Es kann doch nicht sein, daß der Jude siegt und herrscht.«[11]

Die wichtigste politische Vision war auch an der Front der Glaube an die deutsche »Volksgemeinschaft«. Die eigene Einordnung in dieses Wertesystem bedeutete unter Kriegsbedingungen immer auch die Identifizierung mit einer Kampfgemeinschaft. Im Bewusstsein, Teil einer kriegführenden Nation zu sein, schrieb etwa der Feldpostbote Paul S. von der Ostfront: »Das Soldatenleben ist nicht einfach, nur der Gedanke an Euch, den Führer und unser schönes und herrliches Großdeutschland läßt einen alles ertragen. Das

135

Schwerste ist halt die Aufgabe des persönlichen Ichs.«[12] Erst das Erlebnis des Kampfes verband für viele die Front mit der Heimatfront, ja konnte sogar als Königsweg zur Stärkung des deutschen Menschen erscheinen. So dozierte der Obergefreite Hanns W. über den Stellenwert des Kampfes für den Zusammenhalt von Front und Heimatfront: »Es weiß jeder, ... daß eben Entbehrung, Kampf und Lebenseinsatz unerläßlich sind, um endlich mal wieder Mensch zu sein bzw. zu werden, Mann, Frau und Kind. Nur die nackte Tatsache vor Augen wird uns Deutsche stark machen und erhalten können und den unabwendbaren Sieg bringen helfen. Wenn ein jeder Deutscher all das sehen würde, was hier zur Wahrnehmung geboten ist, dann würde todsicher ein jeder Mensch, ob Mann ob Frau, wieder 100%iger deutscher werden und bleiben.«[13] In der Perspektive bekennender Nationalisten ebnete sich der Unterschied zwischen Militärs und Zivilisten im totalen Krieg zusehends ein. Front und Heimatfront waren gleichermaßen Kombattanten im Kampf um Deutschlands Zukunft. »Es spielt überhaupt keine Rolle«, meinte Unteroffizier Fritz F. in einem Brief an einen Bekannten, »ob Du dort lebst und ich hier, einer tut in der Heimat seine Pflicht und arbeitet Tag für Tag für die Front und der andere tut an der Front auch nur seine Pflicht für die Heimat – aber eines wollen wir nie vergessen – und zwar das – daß über aller Arbeit ›Deutschland‹ steht, und das muß leben, auch wenn wir sterben müssen.«[14]

Je deutlicher sich die militärische Niederlage abzeichnete, desto eindringlicher beschworen viele Feldpostbriefe die deutsche Kampfgemeinschaft und den Durchhaltewillen der Heimat. »Tatsächlich liegt jetzt auch alles an der Heimat«, schrieb Hauptmann Emerich P. unmittelbar nach der Katastrophe von Stalingrad an seine Frau, »jetzt müssen alle ausnahmslos in der Heimat zugreifen, um der Front die Kräfte und Munition zu geben, die sie braucht, um dem an Menschen und Material überlegenen Gegner standzuhalten. Der

Soldat hier im Osten leistet Unglaubliches, die Heimat muß sich ihm würdig erweisen.«[15] Im Subtext hieß das: Manche Männer fürchteten offenbar, dass das Engagement der sich in vermeintlicher Sicherheit wiegenden »Heimatfront« den militärischen Leistungen der kämpfenden Truppe nicht entspreche. Immer wieder warnten Einzelne vor der Gefahr eines »Dolchstoßes« in den Rücken der Wehrmacht wie Anno 1918. Auch auf diese Weise bestanden die Weltbilder und Ängste des Ersten Weltkrieges fort. »Jetzt ist wie im Herbst 1918 nur alleine die Heimat für den Ausgang dieses Krieges verantwortlich. Die Front steht«, glaubte der Gefreite Hans J. im Sommer 1943.[16]

Die Hoffnung auf die Erfüllung der Verheißungen der »Volksgemeinschaft« erstarb erst mit dem Ende des NS-Staates. Noch im August 1944 schrieb etwa der Unteroffizier Bruno S. nach Hause: »Du schreibst, daß die Heimat bald an einen Sieg unsererseits nicht mehr glaubt. ... Ich glaube sogar sagen zu können, wir haben die bolschewistische Dampfwalze zum Stehen gebracht und glaube sogar ... den Sieg dieses Jahr noch zu erringen. Ich weiß nicht, ob Du sagen wirst, ich sei ein Fanatiker oder verrückt. Hierzu würde ich Dir antworten: Ich bin noch nie in meinem Leben in einer Partei gewesen und ich gehe auch in keine Partei. Ich spreche nur als überzeugter Deutscher, in diesem Falle als deutscher Soldat. Ich bin kein Plutokrat und kein Kapitalist, ich war ein Zimmermann aus dem kleinsten Arbeiterstand, aber ein Deutscher bin und bleibe ich bis zu meinem letzten Atemzug.«[17] Der aus derartigen Briefen sprechende Glaube, dass der Sieg vor allem aus der »richtigen« Weltanschauung und aus einem einheitlichen Willen des deutschen Volkes resultieren werde, war vor allem Ausdruck eines Gefühls politischer und kultureller Überlegenheit gegenüber den vermeintlich rückständigen Feinden im Osten. Der Kampf des weltanschaulich und militärisch stärkeren deutschen Volkes konnte dabei durchaus missionarische Züge annehmen. »Ein siegreicher Sommer liegt hinter uns«, befand ausgerechnet im Oktober 1943 der Gefreite Karl K., »er hat uns ein schönes Stück weiter gebracht, dem Siege näher, der bald kommen wird und kommen muß, weil wir es wollen, weil ein ganzes Volk es will. Wahrheit und Recht haben sich in der Welt noch immer durchgesetzt, sie sind mit uns. ... Unser Volk, unsere geliebte Heimat ist groß geworden durch unseren lieben Führer Adolf Hitler, durch seine Weltanschauung. Weil er unserem Volk den Glauben an sich, an seine Mission wieder gegeben hat, kann dieser Kampf nur im Siege enden. Dafür steht ihr in der Heimat, dafür stehen wir hier draußen und kämpfen und ringen um den großen ersehnten Sieg.«[18] Damit war neben der integralen Weltanschauung der »Volksgemeinschaft« der zweite wesentliche positive Kristallisationspunkt deutscher Nationsvorstellungen im Zweiten Weltkrieg benannt: der Kult um den »Führer« Adolf Hitler.

Der immer auch Elemente von nationalistischer Selbstbegeisterung enthaltende Führerkult war an Front und Heimatfront gleichermaßen ausgebildet. In der Zeit der anfänglichen Siege, die allem Anschein nach Hitlers militärischem Genie zu verdanken waren, personifizierte er die deutschen Triumphe und ermöglichte jedem Einzelnen, die Komplexität der Kriegserlebnisse auf eine gleichsam persönliche Auseinandersetzung zu reduzieren. Das erleichterte das Verarbeiten der eigenen Lage, stiftete nationale Identifikation – und wertete auch den einfachen deutschen Landser ungemein auf: »Adolf und ich marschieren gegen unseren großen Feind Rußland«, posaunte der Gefreite Ferdinand B. im Sommer 1941 heraus.[19] Gleichzeitig verkörperte Hitler für zahllose Soldaten der Wehrmacht das Wiedererstarken von Volk und Nation. »Wir sind das glücklichste Volk auf dieser Erde, weil wir Adolf Hitler besitzen, der uns die herrlichste, größte Idee gab, die uns glücklich macht. Noch viel mehr will ich Ende des Kriegs für den Nationalsozialismus tun im Kampf um die

Seele des deutschen Menschen ... weil der Nationalsozialismus uns ein ewiges Reich baut«, schrieb der Unteroffizier Franz H. aus dem besetzten Frankreich nach Hause.[20] Und von der Ostfront berichtete der Gefreite Wendelin P. anlässlich eines Truppenbesuches Adolf Hitlers 1943 von der wahrhaft übermenschlichen Ausstrahlungskraft, die der »Führer« im Glauben seiner Anhänger besaß: »Die Anwesenheit des Führers an der Front gab jedem Landser wieder neuen Mut und neue Kraft, und es wäre gelacht, wenn es nicht wieder vorwärts ginge. Als der Führer nach hier kam, ging es wie ein Lauffeuer von Mund zu Mund, und seine, ich möchte sagen, mystische Kraft, strahlte hunderte Kilometer weit.«[21] Die Gleichzeitigkeit von Hitlers entrückter Distanz und seiner medialen Omnipräsenz verstärkte seine Ausstrahlungskraft zusätzlich. Inwieweit erst die freiwillige Glaubensbereitschaft seiner Anhänger Hitler zum Charismatiker machte, verdeutlichte auch der emphatische, sich einer sakralisierten Sprache bedienende Feldpostbrief von Leutnant Otto D. aus der Ukraine: »Befreit ist Mensch und Natur, Gott ist wieder in sein Recht eingesetzt und seine ewige Ordnung. Wir aber, wir nationalsozialistischen Soldaten Adolf Hitlers, haben diese göttliche Ordnung wieder hergestellt.«[22] Die deutschen Soldaten erschufen sich mit dem verklärten »Führer« nicht nur eine Verkörperung der Werte der »Volksgemeinschaft«, sondern damit auch ein Idealbild ihrer selbst.

Die wahrhaft gläubige Verehrung Hitlers blieb selbst im Anblick der drohenden militärischen Katastrophe bis fast zuletzt erhalten. Den entscheidenden Test für Hitlers transzendentale Popularität und für seinen Stellenwert als Sinnbild der deutschen Nation gab der Anschlag auf ihn vom 20. Juli 1944 ab. Einhellig geht aus den geheimen Berichten des Sicherheitsdienstes wie der Feldpostprüfstellen hervor, dass die Bevölkerung in der Heimat wie an der Front den Anschlag auf Hitler mehrheitlich verurteilte. Im Kampf auf Leben und Tod bekannten sich nicht nur gläubige Nationalsozialisten, sondern auch Unentschiedene und Skeptiker zum »Führer«, der längst zum Symbol der kriegführenden deutschen Nation geworden war und dessen Sturz auch das ganze deutsche Volk mit in den Abgrund zu reißen drohte.[23] Die Angst um Hitlers Leben konnte die Furcht vor dem eigenen Ende symbolisieren, provozierte Aktionismus und stabilisierte mithin das Regime kurzfristig. Die stichprobenweise Überprüfung der Feldpost, welche die Zensurbehörden nach dem Attentat vom 20. Juli 1944 verstärkt auf die Stimmung zum Regime und das Hitlerbild in der Truppe hin auswerteten, ermöglicht eine statistisch belegbare Vorstellung von dem Ausmaß dieser Wertschätzung. Die monatlichen Stimmungsberichte der einzelnen Armeeoberkommandos beruhten in der Regel auf 20 000 bis 60 000 überprüften Sendungen. Bis in den Spätsommer des Jahres 1944 hinein überwog der Glaube an Deutschlands Mission und Hitlers Führungskraft die pessimistischen Äußerungen bei weitem. Das Attentat auf Hitler kommentierte die überwiegende Mehrheit der Truppe mit unverhohlenem Entsetzen und Erleichterung über des »Führers« Rettung.[24] Im internen Stimmungsbericht des AOK 8 vom August 1944 heißt es: »Der tiefe Abscheu, der das gesamte deutsche Volk über den feigen Mordanschlag auf den Führer erfaßt hat, lodert in allen Briefen vom Monatsende Juli und in der ersten Hälfte des Monates August auf. Nicht nur die Tatsache des Anschlages allein rüttelt die Schreiber in den besten Kräften des Herzens auf, ihr Blick ist auch in den Abgrund gerichtet, vor dem die gesamte Nation stand, in den Abgrund, in welchem Vernichtung, Sklaverei, Armut, Not, Hunger und die Auslieferung der deutschen Heimat an unsere Feinde lag.«[25]

Insgesamt gewichtete etwa der Prüfbericht vom Pz. AOK. 3 vom 2. September 1944 das Verhältnis von positiven zu negativen Äußerungen für den Juli 1944 auf 80% zu 20% und für den August immerhin noch auf 75% zu 25%. Schwere Verstöße wegen »Zersetzung« oder gegen die »Disziplin«

machten im Schnitt sogar nur zwischen 0,1% und 0,5% der zensierten Briefe aus.[26] Die rigiden Zensurmaßnahmen – schließlich mussten die Soldaten bei gravierenden defätistischen Äußerungen mit drakonischen Strafen rechnen – machen allein das Fehlen signifikanter Regimekritik begreiflich. Da niemand die Soldaten zwingen konnte, in ihrer privaten Korrespondenz reihenweise Bekenntnisse zu »Führer, Volk und Vaterland« abzulegen, ist dagegen deren Fortbestand noch zu diesem Zeitpunkt erklärungsbedürftig. Der permanente Einfluss nationalistischer Vorstellungen manifestierte sich gerade in der Tatsache, dass der einmal geformte Erwartungshorizont auch durch gegenläufige Erfahrungen nur äußerst schwer verändert werden konnte. Es bedurfte der vollständigen militärischen Niederlage und der alliierten Besatzung, um das Weltbild der deutschen Nationalisten endgültig zu erschüttern. Eine pragmatische Erklärung für diese Konstanz deutschen Denkens könnte darin bestehen, dass Nationalismus und Führerkult nicht unter das Verbot der Zensur und der Selbstzensur fielen und daher als Kommunikationscode auch am Ende des Krieges eine der wenigen verbleibenden Möglichkeiten darstellten, gefahrlos Informationen auszutauschen, Ängste zu kompensieren und Identifikation zu stiften.

Dem eigenen Missionsanspruch des Führerstaates und seiner als Religionsersatz konzipierten Liturgie öffentlicher Veranstaltungen entsprach die pseudoreligiöse Sprache seiner Anhänger und der oft naive Glaube an Hitlers Sendung. In zahllosen Feldpostbriefen wurde die »Errettung des Führers« als Ausdruck göttlichen Willens oftmals in einer sakralen Sprache und in christlichen Metaphern gefeiert. »Gottlob ließ die Vorsehung unseren Führer zur Errettung Europas erhalten, und unsere heilige Pflicht ist es nun, uns noch fester an ihn zu klammern«, befand der Soldat Bruno P.; und der Feldwebel Karl H. erkannte gar den Willen des Allerhöchsten: »Man kann wirklich nur das göttliche Walten des Herrgottes darin sehen, daß nichts Schlimmeres eintrat, denn es wäre sicherlich ein fürchterliches Chaos über uns gekommen.«[27] Bereits Hitlers Überleben konnte in dieser Perspektive als Gewissheit dafür erscheinen, dass er ein Berufener war und seine siegreiche militärische Mission für Deutschland noch zu erfüllen habe. So hielt ein Oberleutnant B. fest: »Ich bin glücklich, gerade jetzt an der Front zu sein, denn in der Heimat müßte ich mich bis auf die Knochen schämen. Der Gedanke, daß dem Führer bei dem schändlichen Attentat nichts geschehen ist, gibt uns die Gewißheit, daß unser Führer berufen ist, uns zum endgültigen Siege zu führen.«[28]

Da Hitler selber für seine Anhänger eine übermenschliche, fast göttliche Autorität verkörperte, ersetzte oft der Rekurs auf eine anonyme »Vorsehung« den Dank an Gott. »Gestern erhielten wir durch das Radio die Nachricht, daß auf unseren heiß geliebten Führer ein verbrecherisches Attentat verübt worden sei. Die *Vorsehung* hat unseren Führer vor allem bewahrt. ... Wie wird das Volk gejubelt haben, und mit welcher Freude wird es die Nachricht aufgenommen haben, als es hieß, der geliebte Führer lebt. Bei einem Todesfall wäre es für die Freiheit der Völker schlecht bestellt gewesen, denn er ist es der uns zum *Endsieg* führt.«[29] Bezeichnend für Hitlers Charisma und das von ihm ausgehende nationale Identifikationspotenzial ist die auffällige emotionale Ergebenheit dem »Führer« gegenüber, ja, die persönliche Anteilnahme an seinem Schicksal: »Mit tiefer Erschütterung mußten wir vorgestern den ruchlosen Mordanschlag auf den Führer hinnehmen. Als wir in der Nacht aus Führers Mund die Tatsachen hören mußten ... standen unserem Oberst, in welcher Verfassung ich ihn noch nie gesehen habe, die Tränen in den Augen. ... Das Wichtigste ist, daß unserem Führer nichts geschehen ist. Das ist die große Vorsehung, die unseren Glauben nur noch stärken kann.«[30]

Die theokratischen Züge von Hitlers Herrschaft und die gläubige Anhänglichkeit und Unbedingtheit der Mehrheit

seiner Volksgenossen haben immer wieder Anlass dazu gegeben, den Nationalsozialismus als »politische Religion« oder
sogar als »Ersatzreligion« zu interpretieren. In der Historiographie des Faschismus sind die zahlreichen Analogien zwischen der NS-Herrschaft und dem Christentum ausführlich
erörtert worden: Das »Dritte Reich« habe angestrebt zwischen
Vergangenheit und Zukunft semantisch zu vermitteln und
Erlösung von den Übeln der jüngeren deutschen Vergangenheit verheißen. Der »Führer« sei für deutsche Nationalisten
Walter göttlichen Willens gewesen, habe die Verbindung der
»Volksgenossen« mit dem Allmächtigen ermöglicht und sei
selber erschienen als allwissender und unfehlbarer Gesandter
der »Vorsehung«, Inkarnation einer spezifischen Christus-
symbolik. Zur Überwindung allen Übels schließlich sei in der
politischen Religion des Nationalsozialismus ein Kampf auf
Leben und Tod zwischen »Gut« und »Böse«, Christ und Anti-
christ unabdingbar.[31] Die Breitenwirkung des nationalsozialistischen Führerkultes wurde zwar durch die in allen Gesellschaftsschichten vorhandenen christlich-apokalyptischen
Traditionen ermöglicht. Entscheidend für seine Geltung waren aber weniger seine religiösen Formen als die zeitgemäße
Umformung tradierter religiöser Symbole im Interesse der
Politik. Sakralisierte Politik beschreibt diesen Mechanismus
daher treffender als politische Religion. Dem Führerkult
des Nationalsozialismus den Charakter einer »Ersatzreligion«
zuzusprechen, hieße letztlich auch, der affirmativen Perspektive und den Deutungsmustern zahlloser Zeitgenossen aufzusitzen.

Der Glaube deutscher Soldaten, einer überlegenen »Volksgemeinschaft« anzugehören, bedurfte nicht nur positiver
Identifikationsangebote, sondern auch nationaler Negativ-
folien. Die wichtigste Form nationalistischer Ausgrenzung
stellte der pseudowissenschaftlich fundierte Rassismus dar.
Die nationale Gleichheit beruhte auf rassistischer Ungleich-

heit, auf der Annahme, dass die Welt unabänderlich in »höher-
und minderwertige« Arten und Rassen geteilt sei. Unter
Kriegsbedingungen, zumal im Zeichen des Vernichtungskrieges in Osteuropa, hatte die Vorstellung, einer Abstammungsgemeinschaft anzugehören, weit reichende Implikationen. Denn nur durch den Kampf der Rassen selbst formte
sich diesem Denksystem zufolge die eigene Gemeinschaft.
Zur biologistischen Selbstbestimmung und Selbstbehauptung
des Deutschen gehörte strukturell der »Rassenfeind« der
»Volksgemeinschaft«, durch dessen Bekämpfung sich das
eigene Kollektiv erst formierte. Die ethnisch konzipierte
»Volksgemeinschaft« vervollkommnete sich nur durch den
gnadenlosen Kampf gegen die biologische Bedrohung der
»minderwertigen« Slawen. Den Krieg als Rassekrieg zu kon-
zipieren, hieß ihn auf Dauer und auf Leben und Tod zu führen. Das deutsche Volk als Rasse im Sinne des vulgären
Sozialdarwinismus zu begreifen, bedeutete, es auf den per-
manenten Kampf ums Überleben festzulegen.[32]

Das Weltbild des Rassismus teilten viele Angehörige der
Wehrmacht mit den übrigen »Volksgenossen«. Dieser Befund
ist nicht verwunderlich. Um es erneut zu betonen: Die Wehrmacht war eine Wehrpflichtigenarmee, die genau diejenigen
politischen Weltbilder repräsentierte, welche in der deutschen Gesamtgesellschaft vorhanden waren. Vor diesem Hintergrund erstaunt es kaum, dass die Vorstellungen des rassistischen Nationalismus auch die Wahrnehmungen vieler
Frontsoldaten prägten. Die daheim erlernten rassistischen
Weltbilder halfen, die unübersichtliche Lage an der Front zu
deuten, und sie legitimierten das eigene Handeln. Damit befanden sich die privaten Feldpostbriefe und die offizielle Propaganda in einem dynamischen Wechselverhältnis. An der
Heimatfront betrachtete man die Berichte der Soldaten über
russische »Minderwertigkeit« genauso als Bestätigung der
eigenen Weltbilder, wie die kämpfenden Truppen etwa die
rassistisch diffamierenden Wochenschauen dankbar aufgrif-

fen. Zur Wirkung der rassistischen Wochenschaupropaganda hielten im Sommer 1941 die »Meldungen aus dem Reich« fest: »Aus allen Reichsteilen wird berichtet, daß die in Wort und Bild, in Presse und Rundfunk erfolgte realistische Berichterstattung über die Greueltaten der Bolschewisten in der Bevölkerung tiefen Eindruck macht und Abscheu erregt (z. B. Königsberg, Bremen, Chemnitz, Köln, Karlsruhe, Frankfurt/M., München, Salzburg, Breslau, Potsdam, Wien, Thorn, Düsseldorf, Posen, Innsbruck, Allenstein, Weimar, Troppau, Liegnitz). ... Der Eindruck werde mehr und mehr dadurch verstärkt, daß Feldpostbriefe die Ausführungen von Presse und Rundfunk bestärken und teilweise noch weitergingen als die Propaganda.«[33] Umgekehrt konstatierte Oberleutnant Julius von E. beim Anblick von Kriegsgefangenen befriedigt: »Was ich hier an Kriegsgefangenen zu sehen bekomme, das übertrifft oft noch das, was wir so hie und da in den Wochenschauen gesehen haben. Das sind einfach keine Menschen mehr! Das sind Tiere! Typen von Volksstämmen aus dem dunkelsten Osten Asiens! ... Das sind keine richtigen Soldaten! Das ist nur mehr von Kommissaren vorgetriebenes Kanonenfutter!«[34]

Ganz unabhängig davon, wie unzutreffend und wissenschaftlich unhaltbar rassistische Klassifizierungen tatsächlich auch sind: Um in der Perspektive seiner Anhänger Geltung zu erlangen, hatte auch der NS-Rassismus an sinnlich erfahrbare Unterschiede der Menschen anzuknüpfen. Die rassistische Ungleichheit musste sich an den von jedem Einzelnen beobachtbaren ethnischen oder kulturellen Differenzen zwischen den deutschen Soldaten und ihren »asiatischen« Feinden festmachen lassen.[35] Die alltägliche Konstruktion des rassistischen Feindbildes vollzog sich daher in einem Denken und Reden in Antinomien, das die eigene und selbstredend unbedingt überlegene deutsche Kultur mit der vermeintlich gegebenen Barbarei und Wildheit der Russen kontrastierte. »Die Russen sind Biester. Sie erinnern mit ihrem vertierten

Gesichtsausdruck an die Neger des französischen Krieges«, stellte Major Hans S. zu Beginn der deutschen Invasion fest, und für Leutnant Klaus W. waren die Einwohner »weiße Neger, nichts anderes«.[36] Vor allem Sowjetsoldaten aus dem asiatischen Teil des Landes bestätigten Vorurteile über die mangelnde »rassische Hygiene« des Gegners. Rücksichtslos bediente man sich, wenn von den russischen Soldaten die Rede war, Analogien zum Tierreich. »Der Krieg hier in Rußland«, schrieb Unteroffizier Lothar K., »ist ein ganz anderer, als sonst mit einem Staat. Das sind keine Menschen mehr, sondern wilde Horden und Bestien, die durch den Bolschewismus in den letzten 20 Jahren so gezüchtet wurden. Ein Mitleid mit diesen Menschen darf man gar nicht aufkommen lassen.«[37]

Charakteristisch für das private wie das öffentliche Reden über die Rote Armee war eine dualistische Perspektive, in der Angehörige der Feindarmee als minderwertige oder halbtierische Rasse konsequent aus der deutschen Menschheit ausgegrenzt wurden. Mit Hilfe einer wörtlich zu nehmenden Schwarz-Weiß-Malerei und eines vulgarisierten Darwinismus ließ sich die Grenze zum »asiatischen Feind« fundamental und geradezu »objektiv« ziehen. Durch diese im Glauben der Zeitgenossen unverrückbare Beschreibung des Feindes legte man indirekt auch Kriterien fest, die der Selbstbeschreibung und der eigenen Aufwertung durch die Abwertung des Anderen dienten. Indem die Deutschen sowjetische Soldaten als »asiatisch« oder »tierisch« bezeichneten, stellten sie sich selber gleichzeitig als »weiß« und »zivilisiert« dar.[38] Gleichwohl ist den Briefen, welche das Kriegsgeschehen als einen biologistischen »Kampf der Arten« darstellten, immer auch die Angst vor der rassistischen Bedrohung durch die feindlichen Völker zu entnehmen. Je näher die drohende Niederlage rückte, desto größer wurden die Furcht und die Ohnmacht mancher Briefautoren, dass der Krieg die Unterlegenheit der an und für sich überlegenen eigenen Rasse zu demonstrieren

drohte. »Aber wir wissen doch, daß der Sieg nicht selbstverständlich ist. Es kann auch anders kommen. Es ist also auch
möglich, daß die rassisch geringwertigen russischen Völker
und die minderwertige bolschewistische Weltanschauung uns
einfach, trotz aller Tapferkeit und Sauberkeit, erdrückt, über-
rennt.«[39]

Wie der Rassismus stellte auch der moderne Antisemitismus
ein Derivat des Nationalismus dar. Der Antisemitismus innerhalb der kriegführenden Wehrmacht spiegelte die tradierten Vorstellungen über das Verhältnis von Juden und Nicht-
juden sowie eine jahrelange antisemitische Indoktrination
der Offiziere und Mannschaften wider. Die antisemitische
Propaganda verfehlte ihre Wirkung zumal dann nicht, wenn
sie bestehende nationalistische Überlegenheitsvorstellungen
bestärkte.[40] Als entscheidender Katalysator kam aber die
Erfahrung des Feldzuges gegen die Sowjetunion ab dem
Sommer 1941 hinzu: Das abstrakte und meist unsichtbar ge-
bliebene jüdische Feindbild ließ sich nun im Denken der
nationalsozialistischen Eliten wie im Erfahrungshorizont einfacher Soldaten mit der Situation in der Sowjetunion abglei-
chen. So konnte es potenziell gelingen, Antisemitismus und
Antikommunismus direkt aufeinander zu beziehen und »die«
Juden für alle beobachtbaren Missstände und wahrgenom-
menen Fehlentwicklungen in der Sowjetunion verantwortlich
zu machen. »Der Jude wußte und weiß, hat er Deutschland,
dann hat er Europa, ja die ganze Welt. Denn alle anderen
Völker können nicht soviel Kraft aufbringen als das deutsche.
Unter Bolschewismus verstehe ich den Kampf Judas um die
Weltmacht«, schrieb Unteroffizier Wilhelm F., an seine »liebe
Frau« daheim.[41] Eine ähnliche Gleichsetzung von Kommunis-
mus und Judentum nahm der Unteroffizier L. in seiner
Legitimation des Feldzuges vor: »Durch den Sieg des Bol-
schewismus und des Judentums [würde] die Menschheit in
Barbarei versinken und einem namenlosen Verfall entgegen-

gehen. Das aber kann der Wille der Vorsehung nicht sein. Deutschland ist dazu berufen, Europa vor dem endgültigen Untergang zu bewahren und damit Kultur und Gesittung zu retten.«[42] Im Bolschewismus bekämpfte man nicht nur ein politisches Prinzip und ein Produkt jüdischen Zersetzungswillens, sondern auch mit der »Gegenrasse« ein ethnisches Prinzip.

Wer in der Heimat Antisemit war, änderte auch in der Sowjetunion seine Auffassung nicht. Im Gegenteil: Den Anblick der fremdartigen Sowjetunion und das Erlebnis der chaotischen Kriegszustände beschrieben viele Soldaten als Bestätigung ihrer bekannten rassistischen Einteilung der Welt. Der Krieg demonstrierte für sie die politisch-ethnische Überlegenheit der deutschen »Volksgemeinschaft«. »Schön ist es gerade nicht hier, hier wimmelt es von Juden, da könntet Ihr Muster sehen, das kann ich Euch gar nicht beschreiben. So etwas gibt es Gott sei Dank bei uns nicht mehr. Jetzt sieht man erst, wie schön unser Vaterland ist«, resümierte der Soldat Karl-Heinz G.[43] Immer wieder betrachteten Angehörige der Wehrmacht den Krieg in Osteuropa als die prinzipielle Auseinandersetzung zweier Weltanschauungen. »Daß wir den Krieg gewinnen, darüber kann ja kein Zweifel herrschen. Es geht hier um zwei Weltanschauungen: Entweder wir oder die Juden.«[44] In einer wiederum oft sakralisierten Sprache betonten die Männer, dass im Kampf des deutschen Volkes mit seinem jüdischen Todfeind eine kompromissorientierte Lösung nicht in Frage komme: »Diesmal handelt es sich nicht um einen ›Kavalierskrieg‹ alten Stils, wo es um Landstücke ging. ... Es geht ... eben um die jüdische Weltgeltung, die unserer Lösung der Judenfrage die Vernichtung des deutschen Volkes entgegenstellt. Es ist schon ein Glaubenskrieg, und zwar ein sehr radikaler, an dessen Ende nur vollständige Vernichtung stehen kann.«[45]

Das dynamische Wechselverhältnis von instrumentellen und ideellen Einflüssen auf die Weltbilder der Wehrmachtsangehörigen demonstrierte die Aufnahme des antisemitischen Hetzblattes »Der Stürmer« in der Truppe. Die Redaktion suchte und fand Gemeinsamkeiten zwischen dem Kampf der Soldaten an der Russlandfront und der heimischen Agitation. Umgekehrt konnte sich die Zeitschrift auch im Krieg einer breiten und geneigten Leserschaft seiner 400 000 bis 800 000 wöchentlichen Exemplare erfreuen. Ein Leutnant K. zeigte sich von den negativen Erfahrungen in Russland schlicht überwältigt, gleichzeitig aber auch über die Bestätigung seiner Erwartungen befriedigt: »Es ist einfach unmöglich zu schildern, was wir erlebt haben. Das satanischste und verbrecherischste System aller Zeiten ist das Judensystem im ›Sowjetparadies‹ – es ist ein Paradies für Juden. ... Trotzdem wir diesen Anschauungsunterricht haben, sind wir, meine Männer und ich, für den ›Stürmer‹ dankbar.«[46] In einem Leserbrief an den »Stürmer« unterstrich ein Soldat im Sommer 1942, dass erst die eigene Anschauung der Lebensumstände in Osteuropa ihm die Augen für die kulturelle, ja hygienische Fremdheit der Juden geöffnet habe. Die Juden Osteuropas wurden nicht als Individuen betrachtet, sondern als Chiffre für eine wesensverschiedene und gleichsam persönlich widerwärtige Bedrohung abgeurteilt: »Wer den Juden glaubt zu kennen und ihn nicht in seiner Urheimat, dem Osten, gesehen hat, irrt! Den Juden kann man nur erkennen, wenn man ihn dort studiert, wo er auch ohne Kultur seine schmutzigen Geschäfte betreiben kann. ... Ob man nun durch Judenstädte oder Judendörfer geht, überall trifft man unbeschreiblichen Schmutz, Primitivität und – Kennzeichen aller Ghettos – einen Gestank auf den Straßen, der einem Ungewohnten übel macht. Hat man dann noch das Pech, bei gutem Wetter (dann stinkt's noch ärger) dienstlich verschiedene ›Wohnungen‹ aufsuchen zu müssen, dann kann man es nur unter fortwährendem Zigarettenverbrauch. Selbst stabile Kerle wurden nach 2 Stunden Dienst im Ghetto weich!«[47]

Derartige Briefe blieben kein Einzelfall. Nach Ausbruch

der Feindseligkeiten mit der Sowjetunion wurde das Blatt mit einer wahren Flut antisemitischer und antikommunistischer Zuschriften aus der Truppe heraus bedacht. Die hasserfüllten Beschwerden über immer noch nicht deportierte jüdische Arbeitskräfte wurden gemeinsam mit antisemitischen Spottgedichten wöchentlich in der neuen Rubrik »Das ist der Jude. Frontsoldaten schildern ihre Erlebnisse« abgedruckt.[48] Ein anonym bleiben wollender Obergefreiter suchte seinem Protestschreiben den Charakter einer »Wehrmachtsbeschwerde« zu verleihen und schloss mit der fragenden Forderung: »Warum hat man in Polen, auf dem Vormarsch in Rußland, nach all den Vorkommnissen den Juden nicht voll und ganz ausgemerzt?«[49] Die bekennenden Antisemiten wiederum zeigten sich befriedigt, ihre Auffassungen allwöchentlich quasi offiziell bestätigt zu bekommen. Gerade unter den Bedingungen des Russlandfeldzuges funktionierte der Antisemitismus als nationalistischer Kommunikationscode. »Den ›Stürmer‹ erhalte ich nun zum dritten Mal. … Als S.A.-Mann habe ich längst das jüdische Gift in unserem Volk erkannt; wie weit es mit uns hätte kommen können, das sehen wir erst jetzt in diesem Feldzug. Was das Juden-Regime in Rußland angerichtet hat, sehen wir mit jedem Tag. … Es muß und wird uns gelingen, die Welt von dieser Pest zu befreien, dafür garantiert der deutsche Soldat der Ostfront, und wir wollen nicht eher zurück, als hier die Wurzel allen Übels ausgerissen und die Zentrale der jüdisch-bolschewistischen ›Weltbeglücker‹ vernichtet ist.«[50]

Nationalistische Deutungsmuster bildeten einen wichtigen Bestandteil der Korrespondenz deutscher Soldaten – dominierend aber waren sie nicht. Um es erneut zu betonen: Mehr als von allen anderen Dingen berichten die Feldpostbriefe von den Sehnsüchten und dem Alltag, den Entbehrungen und Ängsten ihrer Verfasser. Zwar integrierten die Männer ihre Nationsvorstellungen oft erstaunlich bruchlos in ihren

Dienstalltag und in ihre übrigen Ansichten. Doch blieb die Konjunktur von Nationalismus und Rassismus nicht nur abhängig von der individuellen Disposition des Verfassers, sondern auch von den Bedingungen des jeweiligen Einsatzes, dem Zusammenhalt der eigenen Einheit oder vom Verlauf des Krieges generell. Denn der Krieg eröffnete nicht nur Chancen für Nationalismus und Rassismus. Er schuf gleichzeitig günstige Bedingungen für nationalistischen Konsens wie für oppositionellen Dissens. Es konnte einen großen Unterschied ausmachen, ob ein Soldat seine Ansichten über Volk und Führer, über Sinn und Unsinn des Krieges im rückwärtigen Heeresgebiet im Sommer 1941 oder in einer umkämpften Abwehrstellung im Winter 1944 zu Papier brachte. Daher kommt es darauf an, die Grenzen der fraglos wirkungsmächtigen nationalistischen Legitimationsstrategien zu markieren und eine Gegenrechung aufzumachen: In welcher Form wurde Kritik an den herrschenden Sinnstiftungen des Kriegsgeschehens laut und welcher Stellenwert kam defätistischen und regimekritischen Äußerungen in den Feldpostbriefen zu?

Die größte Belastungsprobe des soldatischen Nationalismus stellten die zahlreichen Erschwernisse des soldatischen Alltags dar. Auch wenn viele Männer dem Kriegsgeschehen immer wieder mit Hilfe nationalistischer Deutungen »Sinn« verliehen, fehlte es zu keinem Zeitpunkt an Klagen über die eigene Lage und selbst nicht an grundsätzlicher Kritik an den eigenen Vorgesetzten und der deutschen Führung. Die große Mehrheit der Beschwerden war zunächst vordergründig unpolitisch und etwa gegen die Versorgungslage gerichtet. So klagte etwa im Winter 1941/42 der Unteroffizier Walter F.: »Durch die schlechten Wegverhältnisse sind unsere Versorgungseinheiten nicht nachgekommen. Wir waren gezwungen, uns vier Wochen aus dem Lande zu ernähren. Wie da die Verpflegung aussah, können Sie sich bei dieser verelendeten Bevölkerung ja denken. Morgens, mittags und abends Kartoffeln, und die nicht immer. Brot ist für uns ein kostbarer Leckerbissen geworden. ... Man merkt jetzt erst einmal, daß Hunger weh tut«.[51] Und noch eindringlicher schildert der Gefreite Hans Joachim C. seine Notlage: »Dieser russische Winter mit diesen augenblicklichen Umständen ist für einen Außenstehenden unvorstellbar grausam. Völlig am Ende meiner Kräfte heule ich, wenn ich alleine bin, wie ein kleines Kind und bin so verzweifelt.«[52]

Angesichts des Bombenkrieges fürchteten viele Soldaten um ihre Angehörigen in der Heimat und misstrauten zunehmend den regierungsamtlichen Verlautbarungen. Noch empörter fiel die durch eigene Anschauung fundierte Kritik an der offiziellen Berichterstattung über den Ostfeldzug aus. Wütend glichen manche Soldaten propagandistische Erfolgsmeldungen mit dem eigenen Erleben in ihren Briefen ab, wie der Soldat Erwin K., im Frühjahr 1942: »Da macht man Reklame in den Kinos und in der Zeitung, die Soldaten in Rußland bekommen alles. Leinwand und Papier sind aber keine Wirklichkeit. Euch vertröstet man in der Heimat. Alles nur Schwindel und Betrug. Mir kann keiner etwas sagen, ich sehe alles mit eigenen Augen. Hier geht auch alles schön vorwärts, erzählt man euch zu Hause, nur daß wir hier in einem Abschnitt, wo wir sind, schon seit Wochen noch keine 20 km vorwärts gekommen sind. Nichts als täglich 15–20 Tote und 40–50 Verwundete. ... Wir siegen nur, erzählt man Euch. Oh lauter Schwindel.«[53]

Selbst der Massenmord an der jüdischen Bevölkerung wurde zuweilen zum Gegenstand von kritischen Gesprächen in der kämpfenden Truppe. Immer wieder sickerten Berichte von Erschießungen jüdischer Zivilisten durch die Barrieren des staatlich verordneten Schweigens und erregten vereinzelt Unmut unter den Soldaten. Manche derjenigen, die sich als deutsche Patrioten begriffen, hatten wenig Verständnis für die nationalsozialistische Vernichtungspolitik und beklagten wie der Soldat Hans A. hinter vorgehaltener Hand den

Zwang zum Dienst in der Wehrmacht: »Gestern Abend haben wir gesessen und gesprochen – über Dinge, um deretwillen man sich schämen muß, Deutscher zu sein. Was man hier so erfährt, wie dem ›auserwählten Volk‹ mitgespielt wird. Das hat nichts mehr mit Antisemitismus zu tun, das ist Unmenschlichkeit, wie man sie im XX. Jahrhundert, dem ›aufgeklärten, modernen Zeitalter‹, nicht mehr für möglich halten sollte. Wie wird das einmal gesühnt werden! Man möchte bei solchen Erzählungen (und hier hört man sie aus erstem Munde) am Sinn unseres Kampfes einfach verzweifeln! Aber was bleibt uns? Maul halten und weiter dienen.«[54]

In einem unter nationalsozialistischen Vorzeichen geführten totalen Krieg war letztlich jede Unmutsäußerung potenziell politisch und für den Verfasser potenziell gefährlich. Die Belastungen des Feldzuges und namentlich die Empörung über ungerechte Behandlungen durch Vorgesetzte veranlassten einige Soldaten dazu, Briefe zu verfassen, welche ihnen bei Entdeckung durch die Zensurbehörden Anklagen wegen »Meckerei« oder gar »Zersetzung« einbringen konnten. Mit der Erosion der Wehrmacht häuften sich Klagen über Schikanen in der Armee und die ungerechte Verteilung knapper Güter durch die kleinen und großen Paladine in Uniform. Empörender als der Mangel an Lebensmitteln, Alkohol oder Zigaretten schien vielen einfachen Soldaten ihre ungleichmäßige Verteilung zu sein, zumal damit auch der Anspruch der kämpfenden »Volksgemeinschaft« als zur Schau gestellte soziale Fassade entlarvt wurde. Entsprechend beschwerte sich der Sanitätsgefreite Otto H. 1944 in einem Brief nach Hause: »Heute hatten wir einen General auf Besichtigung. ... Der einfache Landser hat die Mühe und Arbeit, und die Herren genießen abends in den Casinos dann die gute Besichtigung bei Alkohol im Überfluß, auch hinter der Front die Gelage, genau wie im letzten Kriege, für die einen ist er da, für die Masse gibt es von Zeit zu Zeit 1/10 l. Rum, der andere Teil säuft flaschenweise. Der Standesunterschied hat ja im 3. Reich aufgehört!! So sieht es aus.«[55] Gerade im letzten Kriegsjahr zeichnete sich eine unübersehbare Erosion der Stimmung in der Truppe ab und immer häufiger erreichten Klagen über nachlassende soldatische Disziplin und Moral die Heimat. Ein Oberfeldwebel hielt Ende August 1944 in aller Deutlichkeit fest: »Wenn ich in meinem Leben jemals Nationalsozialist gewesen wäre, müßte ich mich jetzt wahrscheinlich anstandshalber erschießen. ... Was hier gehurt und gesoffen wird, ist beachtlich. Diese Leute haben zum Großteil noch nie etwas vom Feind gesehen. Sie haben Angst und suchen für ihre zukünftige Feigheit schon jetzt Entschuldigungsgründe. Sie sehen sich schon als Leichen und wollen die letzten Tage ihres Lebens noch genießen.«[56]

Wenige Soldaten gingen noch weiter. Vereinzelt wurde selbst massives Unbehagen am Nationalsozialismus laut. Dabei bedeutete Kritik an der nationalsozialistischen Führung nicht unbedingt antinationalistische Opposition. Aus der Perspektive des »kleinen Mannes« stellte das militärisch-politische Versagen der Machthaber oft einen Verrat an den beschworenen Zielen nationaler Größe und kollektiver Wohlfahrt dar. Im Sommer 1944 brachte der Gefreite Heinrich R. in einem Schreiben an seine Frau den Betrug der NS-Elite mit dem Leiden des deutschen Volkes in Zusammenhang: »Was noch werden wird, von dieser Lumpen-Firma erdacht, ist doch alles vergeblich. Lug und Volksbetrug ist immer, wo es auch sei. Man sollte meinen, das deutsche Volk müßte diese irre Führung endlich einmal merken, denn diese Lumpenfirma will nur die Erhaltung der Partei und ihrer schönen Posten im Reich. Das Volk und die Soldaten brauchen sie nur zu ihrer eigenen Sicherheit. Unser Leben ist nicht lebenswert, solange diese Firma nicht verschwindet.«[57] Selbst die Wertschätzung des sakrosankten »Führers« begann unter der Erosion der Stimmung in der Wehrmacht zu leiden. Im Mai 1944 notierte der Unteroffizier Heinrich V. über Hitlers nachlassendes Charisma in der Truppe: »Die ehrlich gläubigen Optimisten sind jetzt jedenfalls in der Minderheit. Dabei hängt man das Bild des Führers, das von der Propagandastelle gerade in diesen Tagen wieder geliefert wurde, in der Stube oder im Bunker auf, tut es mit halb ausgesprochenen Worten und zweideutigem Lächeln, aber zweifellos noch immer mit einem Rest gläubiger Verehrung.«[58] Und mit unverhohlenem Zynismus kommentierte der Soldat Erich K. im August 1944 die katastrophale militärische Lage an der Ostfront: »Gestern wurde uns unsere ›Brückenkopf‹-Lage ganz unverblümt vorgelesen. ... Auch zehn Todesurteile sind angeschlagen als abschreckendes Beispiel, von Soldaten, die bereits nach Riga entwischt sind ... . Na, ihr wißt ja, daß ich und wir alle ein riesiges Vertrauen auf unseren geliebten Führer haben und deshalb auch sooooo voll Zuversicht sind.«[59]

Solche Briefe blieben die Ausnahme. Aufrichtige Überzeugung, die Selbstzensur der Autoren und nicht zuletzt die tödliche Drohkulisse der staatlichen Zensur begrenzten den Kanon des Schreib- und Sagbaren. Nur wenige Soldaten setzten in den Feldpostbriefen ihre immer widrigere Lage in Beziehung zur Politik des NS-Regimes. Gerade vor der letzten Konsequenz militärischer Verweigerung – der Fahnenflucht – schreckten fast alle zurück. Schließlich musste der Verfasser bereits bei der Planung derartig schwerwiegender Verstöße mit der Todesstrafe rechnen. Und so hatte der oben bereits erwähnte Gefreite Heinrich R. großes Glück, dass sein ungewöhnlich direkter Brief vom April 1944 nur seine Frau und nicht den Zensor erreichte: »Unsere Führung hat das Verantwortungsbewußtsein verloren und opfert heute rücksichtslos die Menschen dahin, fast planlos. Wir sehen doch hier alles und kennen die großen Fehler, aber die Partei will leben, und wenn wir alle sterben. ... Hier lauert der Tod auf jeden von uns. Ich kann nicht mehr denken, ich kann es kaum noch ertragen. Wenn nicht bald ein Wunder geschieht, dann gibt es nur noch einen Entschluß für mich, entweder in Gefangenschaft zu gehen oder ich haue ab nach Westen in Zivil.«[60]

155

Herrenmenschen: Visionen deutscher Männlichkeit

Nationalismus ist ein Relationsphänomen. Das heißt, er entsteht und besteht nie isoliert. Seine Wirkungsmacht entfaltet
er erst durch die Beziehungen zu anderen Weltbildern innerhalb konkreter Situationen. Daher ist er in der Lage, potenziell jeden Lebensbereich, den öffentlichen wie den privaten,
zu durchdringen und zu politisieren. Zwei der wichtigsten
Weltbilder, mit denen sich Nationsvorstellungen im 20. Jahrhundert bevorzugt verknüpften, sind der Rassismus bzw. der
Antisemitismus und der Sexismus. Der Rassismus setzt bio-
logistische und kulturelle, der Sexismus biologisch-sexuelle
Merkmale absolut. Diese Formen der Kategorisierung verbindet zum einen die Annahme, es gebe innerhalb der Menschheit naturgegebene, universelle und unveränderbare Unter-
teilungen. Zum anderen besitzen diese Kategorien ein
beträchtliches klassen- und geschlechter-, konfessionen- und
lagerübergreifendes Potenzial. Gemeinsam ist ihnen, dass sie
durch – oftmals pseudowissenschaftlich untermauerte – Praktiken der Ein- und Ausgrenzung Bedeutung konstruieren. Da
Sexismus und Nationalismus gleichermaßen mit Hilfe einer
bipolaren Unterscheidung Herrschaft konstituierten und legitimierten, vollzogen sich Prozesse politischer Sinnstiftung
gerade im Nationalsozialismus oft im Zuge von Diskursen
über die »richtige« Ordnung der Geschlechter. Die Konstruktion von Geschlechterkategorien half, die Erfahrung des totalen Krieges und die damit verbundenen Herausforderungen und Bedrohungsängste in einem bekannten, jedermann
zur Verfügung stehenden Koordinatensystem zu verorten.[61]
Hier interessiert, welche Männlichkeitsvorstellungen innerhalb der Wehrmacht bestanden und wie mit deren Hilfe die
Erfahrungen des Krieges in der Sowjetunion verarbeitet wurden.[62] Und vor allem: Inwieweit war das Geschlechterbild der
Soldaten politisiert und mit nationalistischen Überlegenheitsphantasien verschmolzen?

Die Sprache soldatischer Männlichkeit war keine originär neue Schöpfung des Nationalsozialismus. Vielmehr war sie spätestens nach den Erfahrungen des Ersten Weltkrieges und der militarisierten politischen Kultur der Weimarer Republik zum allgemeinen Diskursgut geronnen. Mann sein hieß Soldat sein – und Soldat sein Deutscher sein. Nicht allein überzeugte Nationalsozialisten, sondern auch die sozialdemokratischen Aktivisten im »Reichsbanner« und die Mitglieder in den zahllosen paramilitärischen Vereinigungen der Zwischenkriegszeit kultivierten die Ideale der »Schützengrabengemeinschaft« des Weltkrieges als Leitbilder einer künftigen »Volksgemeinschaft«.[63] Im Zentrum dieser deutschen Männlichkeitsvisionen stand die Übertragung soldatischer Tugenden auf eine hierarchisch und heroisch strukturierte Gesellschaft. Demnach war die Nation eine Kampfgemeinschaft männlichen Geschlechts. Das bedeutete nicht, dass Frauen vollständig aus diesem Verband ausgeschlossen werden sollten, schließlich bedurfte die Zuschreibung von Männlichkeit der Kontrastfolie von Weiblichkeitskonstruktionen. Auf diese Weise aber legitimierten die Nationalisten mit Hilfe eines anthropologischen Kunstgriffes Herrschaftsverhältnisse zwischen den Geschlechtern innerhalb der »Volksgemeinschaft« und gleichzeitig gegenüber den Fremden außerhalb. Diese Konstruktion deutscher Männlichkeit ging deshalb auch oft nahtlos in rassistisch-biologistische Ordnungsvorstellungen über. Männlichkeits- und Rassevorstellungen beruhten beide auf einer naturgesetzlichen Legitimation und richteten sich als Kampfdoktrin explizit gegen die inneren und äußeren Feinde der »Volksgemeinschaft«. Männlichkeit war mithin nicht mehr eine gleichsam natürliche und private, sondern eine politische und öffentliche Angelegenheit, weil sie auf die »Volksgemeinschaft« verwies.[64]

Das Konzept des soldatischen Männerbundes stellte einen tragenden Pfeiler der neuen völkischen Gesellschaftsordnung dar. Nachdem die NS-Bewegung zur Macht gelangt war, konnte sie auch ihr Weltbild von Kampf und »harter« Männlichkeit vollends zur Staatsdoktrin erheben. Indem man an stereotype, aber mehrheitsfähige Sekundärtugenden wie Opferbereitschaft und Tapferkeit, Gehorsam und Willenskraft, Disziplin und Entschlossenheit appellierte – die jeden deutschen Mann über Frauen, Ausländer und »Gemeinschaftsfremde« erhob –, beschwor man immer zugleich das Ideal einer Kampfgemeinschaft. Der Einzelne wie das Kollektiv hatten den männlichen Kämpfer zu verkörpern. Diese Werte wurden der männlichen Jugend in allen Sozialisationsinstanzen des Regimes, von der Schule bis zur Hitler-Jugend, vom Arbeitsdienst bis zum Eintritt in die Wehrmacht vermittelt und vorgelebt. Das deutsche Volk und die deutsche Wehrmacht begriffen nicht nur aktive Nationalsozialisten, sondern auch zahllose weltanschaulich ungebundene Deutsche als komplementäre Keimzellen eines neuen, harten und kampfesfreudigen Menschen. Auf diskursiver Ebene, aber auch im Alltag der »Volksgenossen« ebnete sich der Unterschied zwischen Zivilbevölkerung und Militär, zwischen Frieden und Krieg zusehends ein. An allen denkbaren öffentlichen und privaten Lebensbereichen inszenierten die braunen Machthaber neue Alltagsfronten. Allerorten dominierte die Sprache des Kampfes. Männliche und weibliche »Volksgenossen« befanden sich im ständigen Kampf an der »Arbeits-« oder »Geburtenfront«, stritten unerbittliche »Erzeugungs-« oder »Eintopfschlachten.«[65]

Die Rekrutenausbildung der Wehrmacht setzte die Soldaten einem ständigen lebensweltlichen und ideologischen Trommelfeuer aus. Der Härte des militärischen Drills entsprach die weltanschauliche Schulung, die aus den Männern deutsche Kämpfer machen sollte. In der Denkschrift »Weltanschauung und Soldatentum« vom September 1943 hielt die Wehrmachtsführung über die Prinzipien der soldatischen Männlichkeit und des Kampfes fest: »Der Kampf als Grundgesetz des Lebens, das völkische Recht als politische Forderung, der Ras-

sengedanke als völkischer Lebensquell, der Gemeinschafts-
gedanke als soziale Gesellschaftsethik und das Soldatentum
als dem deutschen Wesen entsprechende Haltungsform, diese
Grundgedanken der Weltanschauung sind von jedem als die
allein möglichen Grundlagen der Fortführung und Entwicklung deutschen Volkslebens erkannt worden.«[66] Hitler persönlich formulierte offenbar vor dem Hintergrund der eigenen
Weltkriegserfahrungen ausführliche Richtlinien über die
Wehrerziehung im Heer und glaubte, dass in der Krise des
neuen Krieges die »Volksgemeinschaft« die notwendigen harten und rücksichtslosen Kämpfer hervorbringen werde.[67]

Allerdings bleibt fraglich, inwieweit die Männer der Deutschen Wehrmacht von ihrer Mission als Kämpfer überzeugt
werden mussten. Das NS-Regime bediente nicht nur die
Weltbilder der Deutschen, sondern wurde auch von diesen
gespeist. »Hart« und »stark« sein, »tapfer« und »pflichtbe-
wusst« seine Stellung im Leben wie in der Kampflinie zu
verteidigen, das waren feste Größen im Tugendkanon der
deutschen Gesellschaft. Diese in alltäglicher, jahrelanger Sozialisation erfahrenen Leitbilder »harter« Männlichkeit ent-
falteten eine klassen-, konfessions-, generations- und eben
auch geschlechterübergreifende Breitenwirkung in Deutschland. Lange vor 1933 waren Vorstellungen von spezifisch
männlichen Tugenden auch in politisch indifferenten Bevöl-
kerungsteilen gesellschaftlich so fest verwurzelt, dass die
neuen Machthaber daran leicht anknüpfen konnten.[68] Zwar
umfasste das in der Wehrmacht verbreitete Konzept soldatischer Kameradschaft gleichermaßen »weiche« männliche
Vorstellungen, wie etwa die Gemeinsamkeit kollektiver
Erfahrung oder die Geborgenheit in der Gruppe. Im Kontext
des Ostkrieges aber vermochten gerade diese Formen soldatischer Männlichkeit in Gestalt von Gruppendruck und
externalisierter Gewalt sich mit dem Kämpferideal zu einer
tödlichen Einheit zu verbinden. Kameradschaft bedeutete
Gemeinschaft nach Innen und Gewalt nach Außen.[69]

Die Feldpostbriefe der Offiziere und auch gewöhnlicher Mannschaftsdienstgrade demonstrieren die verbreitete Internalisierung dieses weltanschaulichen Wissens. Ihre Sprache ist ein deutlicher Indikator für eine männliche Selbstdisziplinierung, die unkontrollierte Gefühlsausbrüche abzuwehren suchte. Immer wieder feierte das aktivistische Weltbild der Männer daher »Härte« und »Taten«. »Dieser Kampf muß bis zum Äußersten geführt und durchgekämpft werden, dann wird die Welt den ewigen Frieden finden«, hoffte etwa der Unteroffizier Karl G. Ein Mann sein, hieß zu handeln und zu kämpfen. Auch der Obergefreite B. betonte den Stellenwert entschlossener Härte: »Entscheidend allein ist in diesem Ringen, wer den letzten Schlag führt. Starke Nerven und gläubige Herzen gehören natürlich dazu, um nicht wankelmütig zu werden.«[70] Der Brief des Gefreiten Hermann S. demonstrierte zudem, wie weit das maskuline Härteideal den Bereich das Sag- und Schreibbaren einengte. Nur im Angesicht des Todes und der persönlichen Verlusterfahrung erlaubte sich der stahlharte Kämpfer an der Ostfront eine Träne: »Ich nehme an, daß Du in dem Brief, der noch fehlt, geschrieben hast, daß August gefallen ist. Der Krieg macht uns Menschen alle hart wie Stahl. Das merke ich an mir selbst. Aber als ich das von August gelesen habe, kamen mir die Tränen. Das ist das erste Mal, seitdem ich in Rußland bin.«[71] Der Soldatentod blieb – unterschiedlich bewertet – im Denken der Männer stets präsent. Zumal in der erfolgreichen Anfangsphase des Krieges gegen die Sowjetunion schwadronierten manche Soldaten von männlichem Heldentum und nationalem Heldentod auf dem Schlachtfeld. Die Nachwirkungen jahrzehntelanger weltanschaulicher Prägungen sind im Brief des Obergefreiten F. vom November 1941 nicht zu übersehen: »Sollte ich meine Heimat einmal nicht wieder sehen, dann weinet nicht um uns, denn es ist nun einmal Krieg und ein Soldatentod auf dem Schlachtfelde ist auch eine große Ehre. Ja, wir jungen Menschen sind nun einmal so, denn das hat uns ja meine Mutter mitgegeben. Mut und Tapferkeit, und darauf bin ich sehr stolz. Lieber als Held sterben, als dann als Feigling in die Heimat zurück.«[72]

Auch als das Kriegsglück sich gegen die Invasoren wandte, griffen zahllose Soldaten in ihrer Korrespondenz auf die jedermann zur Verfügung stehenden Redewendungen, auf vermeintlich unpolitische Durchhalteparolen aus dem Bereich tradierter Männlichkeitswerte zurück. Ein deutscher Mann zu sein bedeutete, den Tod von Freunden und Kameraden und auch das persönliche Opfer klaglos zu ertragen. Je fragiler die Front schien, desto nachdrücklicher inszenierten sich viele Soldaten als harte Kämpfer mit Durchhaltequalitäten. »Wir müssen treu sein und weiterkämpfen. ... Uns kann nichts erschüttern, wenn auch die Bomben noch so dicht fallen. Lieber ehrenvoll sterben als feige und ›klug‹ sein. Gerade jetzt müssen wir uns bewähren und fest stehen wie ein Fels«, meinte etwa ein Sanitätsobergefreiter im Spätsommer 1944.[73]

In der sprachlichen Bewältigung des Kriegsalltags durch die Soldaten der Wehrmacht griffen Männlichkeits- und Nationskonstrukte fruchtbar ineinander. Der Bund kameradschaftlich handelnder deutscher Soldaten spiegelte die Ideale der heimischen »Volksgemeinschaft« wider. Im Kontext des Vernichtungskrieges stellte der Rückgriff auf das Vorbild männlicher Härte ein nationalistisches Phänomen, die Rede von der kämpfenden »Volksgemeinschaft« eine männlich konnotierte Vorstellung dar. Von männlichen Tugenden zu schwadronieren war damit keine private Angelegenheit, sondern hatte weit reichende gesellschaftliche Implikationen. Im Reden und Denken der Soldaten verschmolzen das Individuelle und das Kollektive und eröffneten politische Potenziale. Denn weil die Männlichkeits- und Nationskonstrukte vieler Soldaten allerorten Ungleichheit rechtfertigten und kreierten, welche sich auf die Vision einer »deutschen Männlichkeit« gründeten, mithin auf eine augenscheinlich natürlich gegebene anthropologische Konstante, politisierten sie tendenziell jeden Lebensbereich an der Ostfront. Mit anderen Worten: Noch der einfachste Landser war als Soldat und als Mann jedem Einheimischen überlegen und partizipierte am Sozialprestige des »Herrenmenschen«. Der vorn schon erwähnte Ingenieur Hans J. etwa konnte es gar nicht abwarten, sich freiwillig zur Wehrmacht zu melden: »Liebe kleine Frau, Dein letzter Brief hat mich besonders erfreut, denn Du schreibst, daß Du stolz sein wirst, wenn ich das graue Kleid des Soldaten tragen werde. So habe ich mir die Mutter meiner Kinder gewünscht, ›tapfer und stolz‹, damit meine Kinder auch Herrenmenschen werden.«[74] Wieweit das Geschlechterbild deutscher Soldaten nationalisiert war, wie sehr vermeintlich beiläufige Redeweisen über notwendige Härte, den Kampf und den Sinn des Soldatentums Ausdruck einer als »natürlich« betrachteten Weltordnung waren, veranschaulicht das Schreiben von Leutnant Otto D. vom Juli 1941: »Die natürliche und göttliche Ordnung wieder herzustellen, ist wohl letztlich der tiefste Grund dieses Krieges. Es ist ein Kampf gegen die Sklaverei, gegen den bolschewistischen Wahnsinn. Stolz bin ich, unendlich stolz, daß ich nunmehr als Soldat und mit der Waffe gegen dieses bolschewistische Untier und einen Feind kämpfen darf, an dessen Vernichtung in Deutschland ich in den schweren Kampfjahren einst mithelfen durfte. Stolz bin ich auf meine Wunden aus den schweren Wahlkämpfen, auf mein Verwundeten- und auf mein Infanterie-Sturmabzeichen, das ich seit kurzem trage.«[75]

Die Verteidigung der deutschen Heimat stellte die wichtigste Legitimationsgrundlage des soldatischen Nationalismus dar. Soldatische Männlichkeitsvorstellungen banden den Kampf der Wehrmacht an die höchsten kollektiven Ideale: Die Verteidigung des Vaterlandes und der eigenen Angehörigen. »Überall ist eben der Feind und macht zunichte, was er eben zunichte machen kann. Wir alle aber wollen hoffen, daß alles bald ein Ende finden möge. Trotz allem wollen wir ausharren, bis der Feind geschlagen und der Sieg unser ist. Es ist erste Pflicht auszuharren für unser schönes deutsches Vaterland.«[76] Gleichsam nahtlos passte sich der tradierte Tugendkanon des Mannes als hart und kämpferisch in das nationale Konzept der um ihre Existenz ringenden »Volksgemeinschaft« ein. Jeder einzelne deutsche Mann schien berufen, sich nicht nur für die abstrakte Gemeinschaft, sondern auch für seine Lieben in der Heimat einzusetzen.[77] Der kämpfende Mann verteidigte gleichzeitig Volk und Familie. Doch Schutz bedeutete immer auch Herrschaft. Der Schutz der weiblichen Angehörigen in der Heimat implizierte dem dominanten Männlichkeitskonstrukt zufolge auch die Unterordnung der Frau unter ihren bewaffneten Beschützer – in der Gegenwart und in der künftigen deutschen Nachkriegsordnung: »Wir Soldaten stehen hier im Osten, um die größte Gefahr, die es gibt, zu vernichten. Die Russen haben den Befehl bekommen, wenn sie in Deutschland sind, wird alles niedergemacht und angezündet. Mit Frauen können sie machen, was sie wollen. – Gott sei dank wird dies nie geschehen. Dafür sind wir viel zu stark. Du, liebe Mama, brauchst keine Angst zu haben. Diesen Krieg werden wir gewinnen, mag kommen was will. Und wenn der einmal zu Ende ist, dann kommen wir Männer alle nach Hause und werden für Euch Frauen in der Heimat sorgen, damit Ihr die Schrecken des Krieges so schnell wie möglich vergeßt.«[78]

Der Habitus einer heroischen Männlichkeit verstärkte die wahrgenommene rassistische Bedrohung der deutschen »Volksgemeinschaft«. Diejenigen, welche sich als unnachgiebige Verteidiger der »Volksgemeinschaft« begriffen, die der festen Überzeugung waren, dass der deutsche Mann in der Völkerhierarchie weit über den »Slawen« stand, fürchteten sich oft vor einer persönlichen rassischen Niederlage, die sie in der erwarteten Vergewaltigung ihrer Frauen durch die Rote Armee erkannten. Schließlich stellte die Angst vor dem Übergriff der russischen Soldaten auf die körperliche Unversehrtheit deutscher Frauen auch eine Bedrohung männlicher Ehre dar. Der männliche Sexismus vermittelte zwischen dem individuellen und dem kollektiven Körper, stellte Beziehungen her zwischen dem kämpfenden Soldaten und der bedrohten Heimat. Deutsche Männlichkeitsphantasien verschränkten Sexualität und Rassismus und politisierten auf diese Weise auch den Intimbereich der eigenen Nation. Im Vorstellungshorizont von manchem Wehrmachtsangehörigen verteidigte der deutsche Mann daher nicht nur die Heimat, sondern mit den eigenen Frauen und Kindern auch den individuellen wie den kollektiven Körper. Der Rassekrieg war so ein persönlicher Kampf des deutschen Mannes geworden.

Auf dieser Linie männlich konnotierter Aversionen brüstete sich der Gefreite Werner F. im Herbst 1941: »Diese Kerle in unserem schönen, zivilisierten Deutschland würden wie von der Hölle in den Himmel kommen und sicher alles zerstören und besudeln. Ganz abgesehen von der entsetzlichen Gefahr für unsere Frauen und Mädchen. Aber diese Gefahr ist ja Gott sei Dank in letzter Minute abgewandt worden.«[79] Die besondere Betonung der russischen Neigung, sich an deutschen Frauen zu vergreifen, verlieh ihren männlichen Verteidigern zusätzliche Reputation. So schrieb der Obergefreite Rudolf H. nicht ohne Stolz an seine Frau: »Was können wir froh und dankbar sein, daß diese Horden nicht bei uns eingefallen sind, und noch mehr Ihr Frauen, denn Ihr wärt das gefundene Fressen für diese Untermenschen gewesen. Und wir – wir hätten Euch nie wieder gesehen.«[80] Die Vorstellung männlicher Potenz implizierte umgekehrt die Furcht vor männlichem Machtverlust. Die männlichen Bedrohungsängste verbanden sich im Bild der »bolschewistischen Horden« häufig mit sexuellen Befürchtungen, da man sich in Deutschland fremde Völker seit jeher potenter und viriler als die Europäer vorstellte.[81] Rassistische Phantasien von »Asiaten« oder Juden führten zum Glauben einer gleichermaßen ethnischen wie sexuellen Bedrohung des Deutschtums. Deut-

scher Rassismus und deutsche Männlichkeitsvisionen bedingten sich damit gegenseitig. Voller augenscheinlich ehrlich empfundener Abscheu begründete Hauptmann Hans
Günter E. 1944 seinen Durchhaltewillen mit der geglaubten
doppelten Gefährdung durch die Rote Armee. »Gestern erhielt ich ein russisches Flugblatt, das an die russischen Soldaten gerichtet war. Wohl kein Aufruf oder Zeitungsartikel
kann aufrüttelnder sein, als der Befehl des Juden Ehrenburg:
›Soldaten der Roten Armee, nun holt Euch Eure Beute, die
deutschen Frauen und Mädchen! Genießt den Duft ihres
Fleisches und die Lust Ihres Geschlechtes! Dann weidet Euch
am Morden des Faschisten! Holt Euch die blonden germa-
nischen Frauen, und so brecht Ihr den deutschen Übermut!‹
Ich muß schon sagen, beim Lesen lief mir ein eiskalter
Schauer über den Rücken. Man darf über diese Worte gar
nicht weiter nachdenken, sie sind furchtbar. Grenzenloser
Haß und letzte Hingabe ist die einzige Antwort, die wir darauf geben können. Wir *müssen* den Sieg an unsere Fahnen
heften.«[82]

Aus der Stilisierung der Soldaten als männliche Verteidiger der Heimat folgten umgekehrt ihre Aversionen gegen
diejenigen Deutschen, deren vermeintliche Schwäche ihr eigenes Opfer gefährde. Oft kontrastierte man den harten
Frontkämpfer mit dem weichen »Drückeberger« in der Heimat. Diese Männlichkeitsvorstellungen basierten wie Nati-
onsentwürfe auf der dichotomen Logik der Ausgrenzung, die
eigene Identifikation mit einer überlegenen Gruppe bedurfte
notwendig der Abwertung der Anderen. Auf diese Weise wurden komplizierte Sachverhalte in bekannte Kategorien und in
eine jedermann verständliche Sprache übersetzt.[83] »Drückeberger und Schwächlinge, auch Zweifler am deutschen
Sieg«, schrieb im Sommer 1944 ein Leutnant an seine Braut,
»gehören nicht mehr zu uns und müssen aus dem Volskör-
per ausgestoßen werden, denn sie wirken nur zersetzend in
den gesunden Reihen und sabotieren die Front in ihrem

165

Glauben. Wir glauben an den Sieg und kämpfen bis zur Selbstaufopferung. Darin sind wir uns alle einig. Der Feind hat nur dann über uns gesiegt, wenn kein deutscher Mann mehr lebt und bis dahin ist noch ein weiter Weg. Ja mein liebes Mädchen, das ist der Glaube und Wille der kämpfenden Front, der aus diesen meinen Zeilen zu Dir spricht.«[84]

Mittels der Denkfigur vom Kampf auf Leben und Tod der Frontsoldaten wurden aber die internen Spannungen der deutschen »Volksgemeinschaft« nicht nur reproduziert, sondern noch entscheidend verstärkt durch die Übertragung der nationalistischen Feindtypisierung auf vermeintliche innenpolitische Gegner, auf weiche Zivilisten und weibliche Bürger beiderlei Geschlechts. So konnte tendenziell jedermann – und eben auch jede »undeutsche« Frau – als Verräter und Feind in den eigenen Reihen aus der Nation der männlichen Kämpfer ausgegrenzt werden. Seit dem Ersten Weltkrieg hatte die radikale Rechte den politischen Gegner im In- und Ausland mit Hilfe der Sexualmetaphorik denunziert.[85] Es ist daher unzureichend, das Gefahrenpotenzial des Nationalismus und Sexismus nur darin zu sehen, dass sie die Feindschaft zwischen den Staaten und Völkern verstärken und perpetuieren. Nicht weniger relevant ist die Dynamik der inneren Polarisierung einer Gesellschaft. »Eure Pflicht in der Heimat ist es jetzt, jeden Miesmacher zu stellen«, meinte unter dem Eindruck des Attentates auf Hitler 1944 ein Unteroffizier. »Bisher ist uns hier draußen nicht der gegenüberliegende Feind, sondern die Heimat in gefährlichster Weise in den Rücken gefallen, siehe Weltkrieg 1914–1918 und jetzt Putsch der verkalkten Offiziere. Also wenn man es richtig besieht, die Frauen haben ihre Männer zum Teil selbst umgebracht! Aber nicht weich, sondern eisern hart werden, auf ein paar solche Kalkfiguren in der Heimat mehr oder weniger kommt es nicht an. Am besten schreibt ihr auf Eure Plakate, nicht Räder müssen rollen für den Sieg, sondern die Köpfe derjenigen, die nicht mitmachen wollen.«[86]

Das Ideal des männlichen Kämpfers machte das Töten im Krieg und die Ausübung von Gewalt kommunizierbar. Während die große Mehrheit der Feldpostbriefe, wie gesehen, im Regelfall das Töten verschwieg, brüsteten sich ganz auf der Linie deutscher Männlichkeit einige Soldaten mit ihren militärischen Heldentaten. »Nachts nahm der Russe das Dorf durch seine Panzer, und anderen morgens schlugen wir seine Infanterie wieder raus. Das war so ein hin und her. Mit der Infanterie von Russen sind wir immer schnell fertig geworden. Das machte einem so richtig Spaß, wenn sie so durch den Schnee gekrochen kamen, dann ließen wir sie auf 50 m rankommen und böllerten dann mit unserem M.G. dazwischen, da fielen sie wie die Fliegen.«[87] Dass für manchen Frontsoldaten das Töten des Feindes eine Befriedigung sadistischer Phantasien bedeuten konnte, verdeutlicht etwa das Schreiben des Soldaten Walter H. an den Vater: »Ich befinde mich zur Zeit im Donezgebiet bei Charkow u. Umgebung. Lieber Vater, als ich die Knochen erfroren hatte, kam ich zur Instandsetzungsstaffel. Die ist bei der Kompanie, aber da ist auch nichts los. Im Panzer ist es schöner. Will machen, daß ich wieder zur Kampfstaffel komme. Denn das Fahren macht Spaß, wenn man so über einen Russen fährt.«[88] Ein guter deutscher Soldat zu sein, bedeutete demnach, den Feind töten zu können, aufzuräumen und mit eiserner Hand im Osten Ordnung zu schaffen. Fraglos ging vom Selbstbild des entschlossenen Kämpfers, der auch vor dem Einsatz rücksichtsloser Gewalt nicht zurückschreckte, eine identifikationsstiftende Wirkung aus. So berichtete Leutnant Peter G. vom Kampf seiner Einheit gegen Partisanen vom Sommer 1941: »In einem Maisfeld spürten wir eine Bande auf. ... Ich bin auch Mörder gewesen, einen Kerl habe ich mit einer Maschinenpistole, die fabelhaft schoß, herunterbekommen. Aber niemals quäle ich mein Gewissen, daß ich einem Menschenleben das Ende bereitet habe! Niemals! In mir hat sich so ein grausamer Haß eingefressen, daß ich jedem noch einen Fußtritt gab, als er auf dem Boden verblutete. 13 haben wir in diesem Kampf niedergelegt, darunter auch zwei Frauen. Der Erfolg war ganz gut, aber noch lange nicht zufriedenstellend.«[89]

In der Perspektive deutscher Männlichkeitsvisionen galt gewaltsame Härte gegen jedermann als notwendige Bedingung für die Kampfhandlungen in Osteuropa. Offenbar betrachteten manche Männer den Einsatz von Härte und Gewalt nicht nur als typisch deutsche Eigenschaften, sondern glaubten zudem, dass allein die rücksichtslose Behandlung feindlicher Zivilisten und feindlicher Soldaten den Erfolg der Wehrmacht garantiere. Das zeigte sich zumal dann, wenn die Wehrmacht in die Defensive geraten war und im Glauben der Truppe sich jeder Einzelne im Kampf ums nackte Leben befand. Im Winter 1941/42 berichtete Leutnant Gottard E. von verzweifelten Ausbruchsversuchen seiner Einheit: »Dieselben, die mit Kolbenschlägen einen Wehrlosen niederschlagen, um ihn mit Stiefeltritten wieder hochzusetzen, dieselben, die sich auf russische Frauen stürzen, um ihnen die Pelze vom Leib zu reißen und sie dann mit Fußtritten vertreiben, sind nun, einmal in den eisigen Kessel hinausgetrieben – im Kampf um ihr Leben – nichts als stählerne, klirrende Kampfkraft.«[90]

Diese Konzeption des männlichen Kampfes war anschlussfähig für die semantische Legitimation des Vernichtungskrieges. Der erlernte und erlebte Tugendkanon männlicher Härte ließ sich letztlich selbst für die Bedingungen des rücksichtslosen und völkerrechtswidrigen Massenmordens nutzbar machen: »Der Iwan ging über den gefrorenen Wolchow und griff in Masse an, aber unsere neuen Maschinengewehre schossen die Kerle nieder wie reifes Korn. Zirka 300 tote Russen blieben vor unserem Batl. Abschnitt liegen, während wir nur 6 Tote hatten. Ein Russennest vor unserem Drahtverhau wurde von einem unserer Stoßtrupps bis zum letzten Mann niedergemacht und der Russe ist meiner Ansicht nach am Ende seines Lateins, denn so opfern wir die Leute doch nicht auf. Gefangene wurden von uns nicht gemacht, da wir der SS gleichgestellt sind und modern ausgerüstet werden«, schrieb der Gefreite Anton L., Anfang 1943. Und die stoische Selbstsicherheit des »alten Kriegers« Georg C. ließ sich auch nicht durch unschöne Funde bei Ausschachtungsarbeiten erschüttern: »Hier im Orte hat es mal viele Juden gegeben, neulich hatten wir Pech, beim Tarnen von Geschützen (Einpflanzen von Bäumen) stießen wir auf eingescharrte Leichen. Ja man kann so allerhand erleben, aber es kann uns alte Krieger nicht mehr erschüttern.«[91] Der Stellenwert soldatischer Männlichkeit zeigte sich zumal dann, wenn es den Tätern galt, das Morden als einen Akt der Bewährung zu legitimieren. Immer wieder ging es darum, vor den Kameraden, den Vorgesetzten und den Angehörigen zu bestehen. Auf diese Weise stilisierte Hans B. in seinem Brief vom August 1942 seine Beihilfe zum Mord an ukrainischen Juden gleichzeitig als männliche (»Nerven«), soldatische (»Befehl«) und deutsche Tat (»Nation«): »Wir bezogen Winterquartier in dem 100 km nordöstlich (von Kiew) gelegenen Städtchen Oster. ... Das allererste, was zu erfüllen war, war die Entfernung der Juden. Kameraden des SD leisteten wir Hilfe, um erst den Ort von der jüdischen Pest zu säubern. Diese Arbeit war auch bald getan, doch so leicht war sie nicht. Der Befehl für die Kameraden des SD war doch, diese Schweine auf immer zu vernichten, und dazu gehören Nerven, zumal es doch eine ganz schöne Anzahl war. Allein der Befehl wieder ließ alles leicht überwinden, ist doch auch diese Arbeit mit ein Beitrag zum großen Sieg. ... Die Zeit, die ich im Osten war bis jetzt, ist für mich die größte gewesen, denn sie war erfüllt mit Aufgaben für die Zukunft unserer jungen Nation.«[92] Die Berufung auf die Erfüllung der gleichermaßen männlichen und nationalen Pflicht relativierte zudem die persönliche Verantwortung des eigenen Tötens.

Deutsche Männer sprachen an der Front wie in der Etappe

dem »Anderen« prinzipiell das Recht ab »anders« zu sein.[93] Abweichendes Aussehen und Verhalten waren nicht akzeptabel. Damit passten sich deutsche Männlichkeitsvisionen in geltende nationalistische Ordnungsvisionen ein und hierarchisierten, kategorisierten und differenzierten ihre Untertanen. Der hinter der Vorstellung einer von deutschen Männern kreierten imperialen Ordnung stehende Homogenitätsanspruch war eine grundlegende Voraussetzung für die Vernichtung jedweder Verschiedenheit. Die rigide Verfolgung, ja die schließlich systematisch erfolgte Vernichtung der einheimischen Bevölkerung, kann als konsequente Umsetzung der Ordnungsphantasien und als Negation aller Differenzen interpretiert werden. Folglich glaubten manche Soldaten, die aus der Perspektive des ordnenden Kolonialherrn handelten, sich dazu berufen, die vermeintlich faule einheimische Bevölkerung dem eigenen Männlichkeitsbilde entsprechend zu erziehen: »Ich glaube fast, es kann dem russischen Volk nichts Besseres passieren, als 50 Jahre deutsche Erziehung.«[94] Noch deutlicher bekannte sich Leutnant Eugen A. zu seinen Herrenmenschenphantasien: »Der Russe hat doch alle Untugenden der Kinder: Schadenfreude, Grausamkeit, Neugierde … . Er *muß* gestrenge Herren haben und getrieben werden. Man versteht so vieles uns früher Unverständliche. Die Peitsche gehört zum Haushalt der Russen wie die hl. Ikone.«[95]

Immer wieder beklagten Wehrmachtssoldaten, wie sehr die Einwohner der Sowjetunion ihren Vorstellungen von »Sauberkeit« und »Ordnung«, und zumal ihrer männlichen Wertschätzung der »Arbeit« und des »Fleißes« widersprächen. Die Arbeit wurde im nationalsozialistischen Wertekanon nicht nur verklärt, sondern durch die ideologische Anbindung an den Kampf der »Volksgemeinschaft« auch militarisiert. Arbeiter verwandelten sich in Soldaten und Soldaten in Arbeiter. Arbeit wurde so zum Indikator für ein Engagement zum Wohle der »Volksgemeinschaft«; sie machte die deutschen Männer gleich und degradierte die Schwachen und Undeutschen. Es verwundert daher wenig, dass die daheim an ein hoch aufgeladenes Arbeits- und Leistungsethos gewöhnten Männer tiefe Verachtung für eine ihnen »arbeitsscheu« erscheinende Bevölkerung empfanden. Im Kontext des Feldzuges in Osteuropa war »Arbeit« nicht nur ein positiver deutscher, sondern auch ein typisch männlich klassifizierter Wert. Im Bewusstsein eigener deutscher Überlegenheit befand etwa: der Gefreite Werner F.: »Mein Bedarf an ›Osten‹ ist für immer und in jeglicher Form restlos gedeckt. Aber es wird ja Idealisten geben, die eben aus Idealismus oder aus der Hoffnung nach Verdienst und Weiterkommen hier einmal herkommen werden, auch wenn der Krieg beendet ist, und das ist gut so, denn der Deutsche wird hier immer notwendig sein. Der Russe ist elend und faul und ohne Sinn für Ordnung und Schönheit, das haben wir zur Genüge kennen gelernt. […] Zwar erzieht man diese Völker jetzt im Rahmen der O.T. zum Arbeiten, meistens an den großen Straßen. Aber das ist keine freiwillige Arbeit. Arbeit ist nur schön, wenn sie von sich aus geleistet wird, und das fehlt diesen Leuten eben.«[96]

Diese männliche Wertschätzung der Arbeit und die unerschütterliche Gewissheit der eigenen Überlegenheit zeigten sich besonders bei der Behandlung einheimischer Juden durch die Soldaten. Selten äußerte man Mitleid über das Schicksal der von der Wehrmacht zu allen möglichen, meist schikanierenden Zwangsarbeiten herangezogenen Juden in Osteuropa – vereinzelt allerdings Zweifel am praktischen Sinn dieser Maßnahmen.[97] Zahllose Soldaten dokumentierten die so nutzlosen wie demütigenden öffentlichen Reinigungs- und Instandsetzungsarbeiten als Gesten der Unterwerfung mit ihren Fotokameras. »Der Stürmer« bekam regelmäßig mit hämischen Randbemerkungen versehene Bildzuschriften, wie beispielsweise den Kommentar des Gefreiten Christian K. zu einer von ihm fotografierten Arbeitskolonne: »Anbei übersende ich eine Aufnahme einer Verbrecherkolonne in Ujadz, der wir das Arbeiten beibrachten. Der vordere links ist der Oberjude. Als schlimmste Strafe gelten bei diesen geborenen Verbrechern körperliche Reinigung und Arbeit.«[98] Oft verschmolz dabei das traditionelle Arbeitsethos mit männlichen Machtvisionen, da die Umstände des Krieges in Osteuropa die Einwohner den Invasoren zur völligen physischen Disposition stellten. Herrschaft konnte durch den Befehl zur Arbeit demonstriert werden. Das ist etwa im Schreiben des Leutnants Peter G. an seine Frau zu beobachten: »Eigenartig ist es aber, daß ich bisher noch keinen Rassejuden angetroffen habe. Äußerlich kann man sie von den Ariern gar nicht unterscheiden. Auf den Dörfern wird dieses Pack zu Schipparbeiten usw. herangezogen. Morgens muß die Bagage antreten und einstimmig im Chor den Morgenspruch aufsagen: ›Wir haben keine Ahnung von Deutschlands Macht und Stärke!‹ Ganz ordentlich nicht wahr? Wir werden die Bande schon zur Zucht erziehen. Was die Bevölkerung vor uns für einen Respekt hat, ist unheimlich.«[99] Dass die semantischen Deutungsmuster des »richtigen« Geschlechterbildes auch die Wahrnehmungsfähigkeit des Einzelnen beschränkten, zeigte der Brief des Gefreiten Hans W. aus Auschwitz. Selbst aus diesem Ort hielt er vor allem die von ihm befürwortete Zwangsarbeit der jüdischen Lagerinsassen für berichtenswert. »Stehen seit 30. 1. hier am Bahnhof und kommen nicht weiter, es ist gut das wir doch heizen können da es doch hübsch kalt ist. Es kann längere Zeit dauern, bis wir von hier wegkommen, da zufiel Züge die Strecke fahren, meistens Truppen. Es ist hier ein großes Lager mit Gefangenen, meist Juden, das sind saubere Gesellen und Gesichter zum fürchten. Diese Halunken müssen alle arbeiten.«[100]

Die abwertende Beurteilung der russischen Zivilbevölkerung, der Kriegsgefangenen oder der osteuropäischen Juden durch Wehrmachtssoldaten berührte nicht notwendig die Ebene von Grundsatzentscheidungen oder gar von Kapital-

verbrechen. Die strukturelle Affinität deutscher Männlichkeitsvorstellungen mit rassistischen Nationskonzepten offenbarte sich nicht nur in den Fragen von Leben und Tod.
Ebenso erklärungsbedürftig wie die Legitimation des Völkermordes mit Hilfe nationalisierter Männlichkeitskonstrukte
erscheint die massenhafte Verbreitung dieser Deutungsmuster im soldatischen Alltag an der Ostfront. Die Visionen deutscher Männlichkeit ließen sich ganz praktisch bei der Ausübung der gewohnten militärischen Pflichten oder beim
Aufenthalt in der Etappe erleben. Die Attitüde des deutschen
Herrenmenschen etwa konnte auch beim Spaziergang in einer russischen Ortschaft ihre Bestätigung erfahren: »Man
möchte fast ersticken. Wenn man sich auf die Straße begibt,
sieht man nichts wie Dreck, die Leute – furchtbar, wie
arm. ... Die Juden sind am zünftigsten, noch dreckiger, die
freundlichsten Menschen überhaupt und stets grüßend (letz-
teres müssen sie alle mit Ausnahme der Weiblichkeit durch
Abnehmen der Kopfbedeckung vor *jedem* deutschen Soldaten). Diese Schweine von menschlichen Lebewesen. Die haben uns ganz offensichtlich diese Schmach des Krieges gebracht.«[101] Nicht nur der Gefreite Hanns W. genoss offenbar
seine männliche Machtvision, welche ihn automatisch weit
über jeden Juden erhob und sich auf Eigenschaften gründete,
die jeden einfachen Deutschen aufgrund seiner Zugehörigkeit zur »Volksgemeinschaft« auszeichneten. Jedermann vermochte an der Macht über Land und Leute teilzuhaben.
Die nationalistische Gesellschaftsutopie erlaubte deutschen
»Herrenmenschen«, auf dem osteuropäischen Experimentier-
feld die »minderwertige« einheimische Bevölkerung zu be-
herrschen und so unmittelbar und immer neu erfahrbar
Macht auszuüben. Auf diese Weise erfuhr auch Dieter S.
durch seine nationale Sicht auf einheimische Juden sowohl
die Bestätigung seiner Überlegenheit als Deutscher wie als
Mann und Soldat. »Liebe Ellen! ... Das Schönste hier ist,
daß alle Juden vor uns den Hut ausziehen. Wenn ein Jude

173

uns schon von 100 m sieht, zieht er schon seinen Hut aus. Wenn er es nicht tut, dann bringen wir es ihm bei. Liebe Ellen, hier fühlst Du dich als Soldat, denn hier haben wir das Wort.«[102]

Wie Nationalismus, Rassismus und soldatische Männlichkeitsphantasien ineinander greifen konnten, zeigte auch der Brief von Josef Z. Dieser war Soldat in einer Hundestaffel, die im Sommer 1942 ein Kriegsgefangenenlager bewachte, und bot mit seinem Schreiben ein Lehrstück aus dem Genre »Herr und Hund«. Demnach übte der deutsche Mann seine Herrschaft gleichermaßen über die ihm untergeordneten Tiere und Völker aus: »Abends ging ich dann im Lager um 7 Uhr Streife. Verschiedene Russen sammelten sich an. Ich sagte: Korack faß! Der Hund wußte wohl nicht gleich, was los war und ich half ihm etwas nach. Zwei Minuten später hetzte ich ihn wieder und ließ ihn dabei los. Dabei ging es schon besser, den einen biß er in den rechten Arm, den anderen in den Fuß, und andere schnappte er an der Hose. Jetzt haben sie einen heillosen Respekt, wenn ich mit meinem Hund komme. Das schöne hat er an sich, er schnappt, wenn ich ihn führe, erst dann, wenn ich es ihm befehle.«[103] Eine ähnliche identitätsstiftende Machtmännlichkeit kostete der Soldat Leo H. aus. In seinem Brief an seine Frau stilisierte er sich als deutscher Herrenmensch und unterstrich, dass die harte Kontrolle seiner russischen Kriegsgefangenen an der Front und diejenige seiner Frau in der Heimat für ihn zwei durchaus ähnliche Aspekte waren: »Liebe Frau und Kind! ... Du schreibst da, ob ich mir wichtig vorkäme, wenn ich auf Wache gehe durchs Lager. Ich kann Dir nur sagen, und ob. Morgens, wenn ich durch's Lager gehe, dann müssen die Riffkabilen alle stramm stehen, ich bring sie schon auf Vordermann. Wir haben alle einen Stock in der Hand. Davor haben die alle mehr Angst als vor einem Gewehr, die müssen Schläge haben, sonst gehorchen die nicht. Das wird ja, wenn ich zu hause bin, wohl anders sein. Oder nicht???«[104]

Im Kontext des Vernichtungskrieges hatten Männlichkeitskonstrukte nationale Implikationen, wie umgekehrt Nationsvorstellungen oft kämpferische und maskuline Deutungen erfuhren. Die Briefe vieler Soldaten demonstrierten die
dynamische Beziehung zwischen Nationalismus und Sexismus – hier vor allem verstanden als die Wahrnehmung und
abwertende Beurteilung der Umwelt mit Hilfe der Kategorie
des Geschlechts. Nationalismus und Sexismus beruhten auf
ähnlichen fundamentalen Formen der Inklusion und Exklusion. Beide gesellschaftliche Bedeutungszuschreibungen erschienen deshalb so plausibel, weil sie eine vermeintlich gegebene und »natürliche« Form der Aus- und Eingrenzung
behaupten konnten. Gleichzeitig aber entnaturalisierten Nationalisten und Rassisten die Geschlechterdifferenz, indem
sie ihr eine politische Bedeutung zuschrieben. Die semantische Verschmelzung von Männlichkeits- und Nationsvisio-
nen stellte für viele Soldaten ein Verfahren dar, mittels dessen sie sich die schwer erfassbare eigene Lage im Zweiten
Weltkrieg in geradezu körperlichen Formen vorstellen und
sich als kämpfende Deutsche persönlich aufgewertet begreifen konnten. Die deutschen Männer formulierten ihre Wahrnehmungen, ihre Ziele und ihre Ängste in einer Sprache, die
das Sexuelle nationalisierte und das Nationale sexualisierte.

Den Feind benennen: Osteuropa und seine Menschen in der Sprache der Soldaten

Ohne Feindschaft lassen sich in der modernen Welt weder
Nationen noch Kriege legitimieren. Der nationale Zusammenhalt ist nur durch die Ausgrenzung und Abwertung der
wie auch immer definierten Nichtzugehörigen der Nation zu
erreichen. Die Nation bedarf für ihren Bestand der Feindbestimmung ebenso, wie die Konstruktion moderner Feindschaft durch die Berufung auf die Nation erleichtert wird. Die

vom Nationalismus geleistete Wahrnehmung der Welt operiert mit einer scharfen Trennung von innen und außen und mit der »Erfindung« einer Herrschaftsverhältnisse neu konstruierenden Relation. Diese dichotome Klassifizierung der Welt bildet die Grundlage sozialer und politischer Verbände und ist mit der normativen Zuschreibung positiver Eigenschaften für die Eigengruppe und negativer für die Fremdgruppe verbunden. Die auf diese Weise erreichbare Integration der Nation birgt daher bereits ein diskriminierendes Moment. Da die Nation durch die Dialektik von Inklusion und Exklusion entsteht, beruht schon der Akt der Konstitution der Nation auf einer Ausgrenzung des signifikant Anderen. Mit anderen Worten: Die Beschreibung der Welt mit Hilfe des Nationalismus ist nicht nur konstitutiv an eine Differenz gekoppelt, sondern die Abwertung der Außenseite ist von vornherein angelegt.[105]

Feindschaft ist mithin ein Produkt der nationalistischen Perspektive. Die Formen der Wahrnehmung selber, das Denken und Reden sind es, die die Feindschaft hervorbringen. Hier interessiert, durch welche nationalistischen Vorstellungen und Begriffe deutsche Soldaten ihre Umwelt wahrnahmen und damit konstruierten. Dabei wird das Augenmerk darauf gelenkt, dass bereits die Beschreibung der Menschen und der Verhältnisse in der Sowjetunion eine diffamierende Bewertung erzeugte. Die Art und Weise, wie die Wehrmachtsangehörigen in ihren Briefen ihre Umwelt ordneten, war keineswegs wertneutral. Die Ereignisse wurden von der kämpfenden Truppe nicht im Verhältnis eins zu eins aufgenommen, sondern jeweils individuell angeeignet und in die große Bandbreite der spezifischen Lebensumstände und persönlichen Weltbilder integriert. Das mental vorgeprägte nationale Weltbild in den Köpfen der Soldaten wirkte als Matrix, mit Hilfe derer selektive Bilder aus Osteuropa produziert wurden. Die Sprache der Soldaten war ein Indikator für die Wirkung der aus der Heimat mit in den Feldzug genomme-

nen nationalistischen Deutungsmuster. Denn die Konfrontation der Wehrmachtsangehörigen mit den Lebensumständen
in Osteuropa erfolgte auf der Grundlage ihres bestehenden
Wissens über die »richtige« deutsche Ordnung der Völker
und Dinge. Sagbar wurde meist nur, was man schon wusste.
Die nationalistische Sprache erzeugte mit Hilfe etablierter
Wissensbestände neue Differenzen. Zwar strukturierten und
verzerrten die Nationsvorstellungen in der Wehrmacht auf
diese Weise die Sicht der Truppe auf die tatsächlichen Gegebenheiten in der Sowjetunion. Gleichwohl wäre es zu einfach, die nationalistische Perzeption der Männer, ihre hasserfüllten Diffamierungen und den ungekannten Ausbruch
von Gewalt schlicht als irrationale Phänomene zu charakterisieren. Vielmehr lagen ihren Wahrnehmungen und Handlungen eigene Rationalitätskriterien, eben die Logik des nationalistischen Weltbildes zugrunde.[106]

Der Glaube an eine absolute Ungleichheit der Menschen
beherrschte die Briefe zahlreicher deutscher Soldaten. Dabei
folgte die schablonenhafte Klassifizierung des Landes und
seiner Bewohner lange tradierten und dichotom angelegten
Sinnmustern. Die eigene Position wurde vorzugsweise nach
solchen Kriterien bestimmt, welche die neuen Erfahrungen
zum prinzipiell Anderen erklärten. Mehr oder minder bewusst stellten die Soldaten dabei augenscheinlich Unverein-
bares einander gegenüber, um Feindgruppen aus der Eigengruppe auszuschließen und gar zu »Unmenschen« erklären
zu können. Die häufigsten Dichotomien waren »Ordnung«
gegen »Unordnung«, »Sauberkeit« gegen »Dreck«, »Primitivität« gegen »Kultur« und »Menschen« gegen »Untermenschen«. Da diese Argumentationsschemata basal gebaut
waren, aber eben deshalb die komplexe soziale Umwelt ver-
einfachten und in der unübersichtlichen Situation des Krieges dem Bedürfnis nach Systematisierung der Informationen
entgegenkamen, griffen zahlreiche Männer darauf zurück.[107]
Die Tatsache, dass die negative Klassifizierung, die oft gera-

dezu brutale sprachliche Diffamierung »des Russen« in den Soldatenbriefen gleich zu Beginn des Feldzuges einsetzte, relativiert die These von einer zunehmenden Brutalisierung im Krieg, die erst den nationalistischen Hass der Männer hervorbrachte. Die ideologische Brutalisierung der Wehrmacht war bereits erfolgt, bevor sich der Krieg gegen die Invasoren kehrte.[108] Im Laufe des Krieges nahm sogar der Stellenwert der Fremdwahrnehmung in den Briefen immer weiter ab. Je länger man das Fremde im Alltag erlebte, desto weniger bedurfte es offenbar einer besonderen Erwähnung.[109]

Die Beschreibung der Sowjetunion und ihrer Menschen durch die Männer der Wehrmacht wurde durch eine erstaunlich geringe Varianz gekennzeichnet – positive Eindrücke fehlen fast ganz. Eine signifikante Ausnahme stellte vor allem die im Verlauf des Krieges zunehmende Anerkennung der militärischen Tapferkeit und soldatischen Härte der Soldaten der Roten Armee dar. Der erbitterte Widerstand erzwang sporadisch die Erweiterung des russischen Zerrbildes um die Einsicht, »daß uns ein zäher, tapfer kämpfender und angriffslustiger Gegner gegenübersteht«.[110] Gerade nach der militärischen Katastrophe des ersten Kriegswinters 1941/42 vermochten die erlebten Erfahrungen an der Ostfront auch punktuelle Veränderungen der Wahrnehmung zu erzeugen. Deutsche Überlegenheitsgefühle mussten um eine Dimension soldatischen Respekts ergänzt werden: »Mit welcher Erbitterung die Russen nun kämpfen, ist wirklich noch nicht da gewesen, es ist schon Fatalismus, das machen sicherlich die Pistolen der Kommissare!!«[111] Im Verlauf des Feldzuges sorgten zudem die Routine des Kampfes und der Besatzung für eine tendenziell nüchternere Sicht auf die Sowjetunion und die feindlichen Soldaten: »Was mich persönlich betrifft, habe ich mich inzwischen gegen die Eindrücke hier im Osten abgehärtet. Anfangs nahmen sie mich ziemlich stark mit. Im Großen betrachtet steht tatsächlich Asien gegen Europa. Der Gegner ist tapfer, verbissen und schlau. Wenn er unsere Waffen und Führung hätte, stünde er heute vermutlich schon am Rhein.«[112]

Die Mehrheit der Truppe hasste in Russland nicht so sehr den »Bolschewismus« als vielmehr die alltäglichen Belastungen des Krieges. Erfahrungen von Unsicherheit, Unübersichtlichkeit und mangelnder Hygiene prägten den Tenor von vielen Millionen Feldpostbriefen. Die fremde Kultur, fehlende Orts- und Sprachkenntnisse und die Angst vor Partisanen schürten ein Klima der Verunsicherung und der Depression.[113] Vor allem bekamen die Soldaten die schlechte hygienische Situation am eigenen Leib zu spüren. Mit den brieflichen Klagen über Dreck und Krankheiten appellierten die Männer an allgemein geteilte Ordnungsvorstellungen zwischen Front und Heimat. Ungeziefer und Schmutz waren für jedermann – im Gegensatz beispielsweise zur Bewertung der politischen Systeme – kommunizierbare Themen, mit denen die Männer zudem ihren Angehörigen ihre Lage an der Front verdeutlichen konnten.[114] Diese Betrachtungen waren weder harmlose Tatsachenbeschreibungen noch unpolitische Urteile. Denn die alltäglichen Klagen der Truppe über das Chaos und den Dreck im Lande müssen vor dem Hintergrund des »mentalen Gepäcks«[115] der Männer als Ausdruck nationalistischer Weltbilder begriffen werden. Verglichen mit der latenten Abwertung von Menschen, die den eigenen Ordnungsvorstellungen nicht genügten, war der explizit begründete Abscheu des Gegners dagegen von untergeordneter Häufigkeit. Dieser »Alltagsnationalismus« der Soldaten, ihre anschaulichen Beschwerden über Ungeziefer und Unordnung in der Sowjetunion, waren weit verbreiteter als ihre Berufung auf die abstrakten Letztwerte von »Führer, Volk und Vaterland«.[116]

Die überwältigende Erfahrung der neuen Umwelt und der hygienischen Bedingungen war gerade in der Anfangsphase des Russlandfeldzuges immer wieder Gegenstand ausführlicher Erörterungen. Wie ein Leitmotiv zogen sich Klagen über

den »russischen Dreck« und die »russische Primitivität«
durch die Briefe. Zahllose Autoren berichteten mit Entsetzen,
aber auch mit der Genugtuung, vorhandene Weltbilder bestätigt zu finden, vom sozialen Elend und dem Schmutz in
der Sowjetunion. So betonte ein Zahlmeister, dass erst die
eigene Anschauung der hiesigen Lebensumstände eine volle
Bestätigung der Nazi-Propaganda liefere. »Ich habe ja s. Zt.
die Schau ›Sowjetparadies‹ gesehen und dabei den Dingen
sehr skeptisch gegenüber gestanden. Ich nahm an, daß man
aus propagandistischen Gründen das Ärgste herausgestellt
hatte, und glaubte, daß Menschen unmöglich so hausen
könnten. Ich bin realistisch genug, zuzugeben, daß ich ver-
flucht unangenehm enttäuscht wurde. Es ist nicht das
Schlimmste herausgestellt worden, sondern das Lebensni-
veau der Russen liegt tatsächlich so tief. ... Abgesehen von
den äußerlich unangenehm erscheinenden Häusern sind die
Brüder verwanzt, die Fliegen treiben in Scharen ihr Unwesen
und Mäuse und ähnliche Lieblinge teilen unser Dasein. Die
Menschen gehen in Lumpen gehüllt und machen einen stu-
piden Eindruck. Die Feder ist zu arm, um dieses Paradies zu
schildern.«[117] Im gleichen Tenor heißt es im Schreiben von
Heinz S. an seine Schwester Elly: »Meinen Bericht über Rußland und die Gegenüberstellungen vom nationalsozialistischen Deutschland und dem bolschewistischen Rußland wirst
Du ja inzwischen bekommen haben. Ich will dazu nur noch
bemerken, daß Du allen Zeitungsberichten über Rußland vol-
len Glauben schenken kannst, wenn auch viel propagandis-
tisch herausgestellt wird. Es ist wirklich furchtbar, nicht nur
jetzt, sondern auch gewesen.«[118]

Die Antinomie von Barbarei und Kultur entsprach der nationalistischen Ordnungsbesessenheit mancher Soldaten, auf
deren Grundlage sie ein vernichtendes Urteil über die in ihrer Perspektive schmutzigen und chaotischen Verhältnisse in
der Sowjetunion fällten. Überrascht und angewidert schrieb
der Soldat Josef Z.: »daß die Russen so tief in der Kultur ste-

hen, hätte ich nicht geglaubt, wenn wir es nicht alle Tage sehen würden, wo doch in Rußland das Paradies der Arbeiter sein soll. Sie fressen, auf deutsch gesagt, Gras wie das Vieh. Finden sie im Kot oder in der Straßenrinne einen Apfelbutzel, stürzen sie drauf los, um wie die Wölfe über ihre Beute herzufallen.«[119] Dass gerade die deutsche Kriegführung zum Elend der Zivilbevölkerung und zum verachteten Kulturgefälle in erheblichem Maße beitrug, fand in der Regel keine Erwähnung. Vielmehr erlebten die Soldaten die Erfüllung einer von ihnen selber initiierten Prophezeiung. Sie suchten und fanden die Bestätigung ihrer Weltbilder. »Die Primitivität [der Bevölkerung] übertrifft jede Begriffe«, schrieb Leutnant Joachim H. »Es gibt zum Vergleich keinen Maßstab hierfür. Für uns ist es ein ganz eigenartiges Gefühl, mal im Radio Tanzmusik zu hören ... . Dann fällt einem ein, Herrgott, es gibt ja auch noch Musik, Tanz, Theater, saubere Wohnungen, hübsch gekleidete Mädchen und Frauen, und hier [...] nur Dreck und Verfall – das ist das Sowjet-Paradies! Seit über 4 Monaten ›macht‹ man schon aus der Hocke. Wie sehnt man sich danach, wieder einmal einen sauberen Abort benutzen zu dürfen oder gar ein richtiges Bad zu nehmen.«[120]

Die beherrschende Perspektive deutscher Wahrnehmung war ein hygienischer Blick. Gebetsmühlenartig häuften sich Beschwerden über »Schmutz«. Selbstredend bestanden in der Sowjetunion verglichen mit dem im Deutschen Reich gewohnten Standard allerorts Hygienemängel. Ebenso offensichtlich war für die deutschen Soldaten ein massives Wohlstands- und Modernisierungsgefälle. Es bedurfte einer für jedermann nachvollziehbaren Differenz, einer beobachtbaren Überprüfung, um bestehende Urteile zu aktualisieren. Damit waren »Dreck« und »Sauberkeit« mehr als die wahrheitsgemäßen Beschreibungen tatsächlicher Gegebenheiten. Bei beiden Kategorien handelte es sich um gesellschaftlich kodierte Praktiken, in denen tradierte Normen gespeichert waren. Mehr noch: »Sauberkeit« und »Reinlichkeit« stellten für

die Soldaten »deutsche« Kategorien dar. Die daheim erlernten Lebensverhältnisse bildeten den Maßstab, der an die
neue Umgebung angelegt wurde. Und die Wertschätzung der
Reinlichkeit war gerade in Deutschland zentraler Bestandteil
eines gesellschaftlichen Erziehungsprozesses, der auf eine
bürgerliche Selbst- und Fremddisziplinierung hinauslief.[121]
Die Vorstellungen von »Sauberkeit« sind mithin dezidiert his-
torisch und kulturell gebunden, sie können zu unterschiedlichen Zeiten für die Menschen ganz Unterschiedliches bedeuten. Für die Wehrmachtsangehörigen jedoch erschienen
»Schmutz« und »Sauberkeit« als vermeintlich unabänderlich
gegebene Ordnungsmuster in Osteuropa. Verstöße gegen
diese elementaren Reinlichkeitsvorstellungen erlaubten die
zweifelsfreie Klassifizierung der Welt und zugleich diejenigen, die diese Regeln augenscheinlich verletzten, fundamental auszugrenzen, ja zu »Unmenschen« erklären zu können.

Die zahllosen Darstellungen der deprimierenden hygienischen Verhältnisse in der Sowjetunion trugen zur Formierung
eines biosozialen Bildes von Fremdheit bei. Erst durch die
Anwendung der deutschen Ordnungs- und Reinheitskon-
zepte entstand »der Osten« als schmutziger, chaotischer und
bedrohlicher Raum. »Die Eindrücke vom Kulturstand dieses
Volkes sind doch immer wieder niederschmetternd, was man
nie genug herausstellen kann«, befand etwa Leutnant Heinrich F. »Solche Verwahrlosung, solcher Schmutz und solche
Lebensverhältnisse sind für einen nur ganz wenig von der
Kultur beleckten Menschen einfach unvorstellbar. Gewiß, es
gibt auch Ausnahmen, wie ich das in Kiew beispielsweise sehen konnte, aber der Durchschnitt ist doch unbeschreiblich
heruntergekommen, und zum Vieh ist kein allzu großer Unterschied.«[122] Das auch unter hygienischen Gesichtspunkten
bedrückende Leben der kämpfenden Truppe verlieh der deutschen Invasion den Rang einer legitimen und wörtlich zu
nehmenden »Säuberungsaktion«. Immer wieder bekannten
die Soldaten offen, dass ihnen beim Anblick des sowjetrussi-

schen Augiasstalles die Worte fehlten. So hieß es im Schreiben von Leutnant Otto D.: »Was wir in den letzten Wochen an Armut, Elend und Dreck gesehen und erlebt haben, ist unbeschreiblich. Ihr zu hause könnt Euch gar nicht vorstellen, wie furchtbar der Bolschewismus in diesem an sich so fruchtbaren Land gehaust hat. Alles, was wir früher an Zeitungen und Büchern darüber gelesen haben, verblaßt vor der schrecklichen Wirklichkeit, die viel schlimmer ist, als Worte schildern können. Vergebens sucht unser Auge nach Anzeichen eines Aufbaues, nach Spuren eines Fortschrittes und nach ein bißchen Kultur. Wir hungern direkt nach dem Anblick eines sauberen Hauses, einer ordentlichen Straße, ein paar gepflegten Gärten und ein paar Blumen! Wo wir hinblicken Dreck, Verfall, Verwahrlosung, Elend, Tod und Leid! ... Wenn man all diese schreiende Armut sieht, dann faßt man sich an den Kopf bei der Vorstellung, daß dieses Pack, dieses bolschewistische Tier uns fleißigen, sauberen Deutschen Kultur bringen wollte.«[123]

Sieht man von der zunehmenden Anerkennung russischer Kämpferqualitäten durch die Männer der Wehrmacht ab, dann wird an den zahlreichen, beinahe beliebig zu vermehrenden negativen Äußerungen erneut deutlich, dass viele im Wesentlichen das wahrnahmen, was ihrem bestehenden Weltbild entsprach.[124] Es stellt sich sogar die Frage, welche Chance die deutschen Soldaten überhaupt hatten, Osteuropa anders wahrzunehmen, als sie es taten. Offenbar waren zur Bestätigung vorgefasster Urteile weit weniger Informationen notwendig als zur Entkräftung bekannten Wissens. Fügten sich die gemachten Beobachtungen problemlos in die gesellschaftlich allgemein geteilten Vorstellungen ein, schützte dieser Prozess wiederum das etablierte Wertesystem. Auf diese Weise ließen die Konfrontation der Soldaten mit den aus ihrer Sicht erbärmlichen sozialen Lebensverhältnissen in Russland und ihr Glaube an die Allgemeingültigkeit deutscher Hygiene- und Moralvorstellungen der einheimischen

Bevölkerung kaum eine Möglichkeit, vor den Augen der Truppe zu bestehen. Die Erscheinungsformen von »Dreck« und Elend betrachteten die Männer als Ausdruck der »Minderwertigkeit« der russischen Bevölkerung. Damit verkehrte das rassistische Urteil der Soldaten Ursache und Wirkung, machte die Opfer deutscher Aggression und sozialer Notlagen für ihr Schicksal selber verantwortlich. Die beobachtbaren Krisensymptome wertete man nicht als Ausdruck, sondern als Grund für die Entstehung der beklagenswerten Verhältnisse. So, wie die verkommene Bevölkerung den »Dreck« im Lande produzierte, so war die reinigende Wehrmacht zur »Säuberung« der prekären Zustände berufen.

Nicht nur das: Die sprachliche Grenze zwischen dem schmutzigen Land und der schmutzigen Bevölkerung war leicht zu verschieben: »Sonst wären von diesem Paradies weiter keine Worte zu verlieren, denn es lohnt sich gar nicht über dieses Dreckvolk, so darf man sich wohl ausdrücken, zu sprechen«, schrieb ein Soldat im Herbst 1942.[125] Dreck und vom Dreck befallene Menschen wurden semantisch wie praktisch in eins gesetzt – und damit die Entmenschlichung des Feindes weiter vorangetrieben. »Sämtliche Sachen, die man an hat, werden grundsätzlich nicht ausgezogen, auch des nachts nicht, und die sind so voll Dreck und Läuse, daß man nicht sagen kann, die Russen haben Läuse, nein, die Läuse haben Russen. Ein Sauvolk ersten Ranges.«[126] »Dreck« galt insbesondere als persönliche Eigenschaft der verachteten Juden. »Die Juden, die eine Armbinde tragen und zahlreich herumlaufen, sind der Höhepunkt vom Dreck. An den Gesichtern sind sie auch ohne Armbinde unfehlbar zu erkennen«, schrieb der Gefreite Hans S.[127] Und auf dem Weg zur Ostfront berichtete der Unteroffizier Heinrich Z. aus Warschau an seine Lieben in der Heimat: »Es ist eine Stadt mit einem für östliche Begriffe schönen Regierungsviertel, alte, mächtige Bauten mit dicken Säulen, aber alles übrige dreckig, grau und verkommen. Wir durchfahren mit Stacheldraht abge-

grenzte Seuchen- und Judenviertel, deren Zustand und Bewohner man nicht beschreiben kann. Alle Juden sind zwar
gekennzeichnet durch eine Armbinde mit einem Sionstern ✡,
aber man würde sie auch so erkennen, wie auf dem Grie-
chenmarkt in Köln, nur viel zahlreicher, ganze Massen. ...
Wenige sind noch mit Vorkriegskleidern gut gekleidet, die
meisten in Säcke und Lumpen gehüllt, ein furchtbares Bild
von Hunger und Elend.«[128]

Durch den hygienischen Blick der deutschen Nationalisten wurden in der pointierten Formel von Klaus Latzel
Schmutz und Dreck »tendenziell von äußeren Umständen zu
inneren Eigenschaften – zugespitzt: Die Menschen leben
nicht im Dreck, sondern sie sind der Dreck.«[129] Genau das ist
die Denkweise des rassistischen Nationalismus: Die Deutung
sozialer und kultureller Eigenarten mit Hilfe der bewerten-
den und abwertenden Kategorie »Rasse«. Dieser Rassismus
konzeptionalisierte »den Juden« oder »Slawen« nicht nur als
das strukturell Andere und legitimierte damit die Ungleichheit zwischen Deutschen und ihren Feinden. Vielmehr entstand erst durch die Naturalisierung der Ungleichheit der
Glaube an die »Reinheit« des eigenen Kollektivkörpers und
die Furcht vor dessen zersetzender »Verschmutzung«. Der hygienische Blick deutscher Soldaten kreierte aus der Beobachtung von als »dreckig« bezeichneten fremden Lebensverhältnissen die »saubere« deutsche »Volksgemeinschaft«. Letztlich
negierte der Rassismus das Recht der vermeintlich Unterle-
genen, anders zu leben als es die verbindliche Normen vor-
gebende Gemeinschaft der »Herrenmenschen« akzeptierte.
Die rassistische Dehumanisierung resultierte aus der Verabsolutierung deutscher Normalitätsvorstellungen.[130]

Die Politisierung des Schmutzes erfolgte auf der Grundlage deutscher Erfahrungen »des Ostens« seit dem Ersten
Weltkrieg. Wie gesehen begegneten bereits die Soldaten des
Kaisers den in großer Armut lebenden Menschen in Russland
und den fremden Lebensweisen mit unverhohlenem Ekel.

Der Abscheu vor dem Dreck, die Klagen über »Läuse« und »Schädlinge« und die Furcht vor Krankheiten zogen sich schon im Ersten Weltkrieg durch deutsche Feldpostbriefe. Vielfach assoziierte man den slawischen Feind mit verschiedenen Bedrohungen durch Seuchen und Ungeziefer. Die deutsche Überlegenheit ruhte demnach nicht nur auf den besseren Waffen, sondern auf der Überlegenheit einer hochzivilisierten und vor allem »sauberen« Kultur. Nur der deutsche Mann schien Ordnung in dieses Chaos bringen zu können. Allerorts suchte die deutsche Verwaltung das augenscheinliche Kulturgefälle durch Aufbauarbeiten, Säuberungsaktionen und sanitäre Maßnahmen zu beheben. Auf diese Weise formierte sich in Deutschland der Glaube, zu einer umfassenden militärischen Reinigungsaktion berufen zu sein. Nach dem Ersten Weltkrieg popularisierten Lehrpläne, Zeitschriften, Bücher und Kinofilme dieses Image von Osteuropa. Der Schmutz gerann zu einer Chiffre für den einzudeutschenden und damit zu säubernden »Osten«. Hand in Hand mit der Vorstellung einer Kultur- und Kolonialmission ging die Überzeugung, das große Ordnungswerk allein mit militärischen Mitteln erreichen zu können und die Grenze der deutschen Zivilisation vor allem gewaltsam weiter nach Osten vorschieben zu müssen.[131]

Das »Kennenlernen« und »Wiederentdecken« der Lebensverhältnisse in der Sowjetunion im Zweiten Weltkrieg führten gerade nicht zu einem Abbau der alten Aversionen und Vorurteile. Der wohlmeinende pädagogische Glaube der antirassistischen Soziologie, aber auch von Teilen der Wehrmachtsforschung, dass die Feindschaft zwischen den Menschen und Nationen auf Vorurteilen basiere und sich durch intensiveren Kontakt überwinden lasse, wird durch die Geschichte des deutschen Vernichtungskrieges in Osteuropa widerlegt.[132] Scheut man die Zuspitzung nicht, dann scheint für das Erlebnis der Sowjetunion eher das Gegenteil zuzutreffen: Je besser die Soldaten »den Osten« zu kennen glaubten, desto

186

fremder und widerwärtiger erschienen ihnen Land und Leute. Je weiter der deutsche Vormarsch kam, desto nachdrücklicher fühlte man sich in seinen nationalistischen Abneigungen bestätigt. Und je rücksichtsloser die Männer durch eigene Gewaltaktionen selber einen Beitrag zu dieser immer furchtbareren Umwelt leisteten, desto weniger glaubten sie sich für ihre Untaten in dieser ohnehin verkommenen Welt verantwortlich. Am ersten Jahrestag des Überfalls auf die Sowjetunion schrieb Hauptmann Heinz-Gerd A.: »Je länger man in diesem Land ist, umso, ich möchte nicht sagen widerlicher, obwohl einem manchmal danach ist, wird einem dieses Land, es wird einem aber immer fremder. Unverständlich dieses Volk. Wie diese Menschen ihr Leben fristen, man muß so etwas gesehen haben. Dieser Dreck, dieses Elend empfinden die Menschen hier gar nicht, ich habe das Gefühl, sie wollen es gar nicht anders haben. [...] Das größte Elend sind nicht die erbarmungslosen Hütten und Straßen zum Beispiel, nein, es sind die Menschen selbst, die geistig so völlig darniederliegen. Und das kann auch keine Erziehung ändern, das ist eben eine Tatsache.«[133] Die allseits beklagte Unordnung und Verschmutzung in Russland erzeugten subjektiv das Gefühl der Entfremdung und der Bedrohung. Auf diese Weise erschufen sich viele Soldaten – wie Oberleutnant Emmerich P. – ein verzerrtes Spiegelbild zum deutschen Vaterland. »In der Heimat ist man an eine gewisse Ordnung gewöhnt, man kann sich gar keinen Begriff machen, wie das Leben aussieht, wenn das Chaos hereingebrochen ist und der Kulturmensch dann diesen Verhältnissen gegenübersteht.«[134]

Der aus der Sicht der Wehrmachtssoldaten bedrohliche hygienische Mangel verstärkte nicht nur die Attraktivität deutscher Ordnungs- und Sauberkeitsvorstellungen. Es vollzog sich ein Identifizierungsschub mit der deutschen Heimat, die gerade durch die Kontrasterfahrung zum Hort gemütlicher Sauberkeit und behaglicher Ordnung geriet. Der deutsche Blick auf die besetzten Gebiete in Osteuropa ließ Deutsch-

187

land umso schöner erscheinen. Ein Soldat hielt vergleichend fest: »Hier in Rußland, dem Paradies des Elends, sieht man erst wie schön unser deutsches Vaterland ist und wie groß und wertvoll die deutsche Kultur, die unsere Gegner vernichten wollen.«[135] Gerade die Entdeckung und Benennung des Fremden idealisierte in dieser Perspektive das Eigene. Viele deutsche Soldaten – die zuvor kaum das eigene Land verlassen hatten[136] – vermeinten in allen Alltagsbereichen ein ungeheures Kulturgefälle beim deutsch-russischen Vergleich zu entdecken. »Überall, wo ich gehe und stehe, kommt mir immer wieder zum Bewußtsein, wie unendlich schön unsere deutsche Heimat ist. Ich lernte während der Kriegsjahre die Völker des halben Europas kennen und zwar so wie sie täglich leben. Und nun stellte ich, während ich im Urlaub zu Hause war, meinen Vergleich an. Wir Deutschen sind uns der Schönheit unserer Heimat, der Liebe unserer Volkssprache, unserer Kultur usw., gar nicht bewußt. Wir meinen alle, das müßte so sein. Wir leben viel zu oberflächlich. ... Und wer die Fremde kennt, weiß die Heimat zu schätzen«, befand der Feldwebel Hubert K.[137] Etwas weniger eloquent, gleichwohl aber pointiert beschrieb der Soldat Otto E., wie schrecklich elend und verwahrlost er die Verhältnisse in der Sowjetunion im Kontrast zu denen im schönen Deutschland empfand: »Hier ist es auch sehr schlecht bei den Leute, denn die haben selber nichts und nachher ist auch alles so dreckig bei ihnen.«[138]

Es war diese Versicherung eigener Überlegenheit mit Hilfe alltäglicher, aber keineswegs harmloser Unterscheidungen, die sich millionenfach in Briefen und Gesprächen zwischen 1941 und 1944 vollzog. Der »banale« Nationalismus deutscher Soldaten war weder zufällig noch unschuldig. Er stiftete eigentlich erst diejenigen Deutungsmuster, die für die Mehrheit der Frontsoldaten, oft unabhängig von ihrer Bildung, ihrer Klasse, ihrer Konfession oder politischen Orientierung, den Kriegseinsatz sinnvoll erscheinen ließen. Wem die Worte fehlten, über den »Bolschewismus« zu schwadronieren, der war immer noch imstande, den »Dreck« im Osten zu beklagen. Die deutsche Wertung des »Schmutzes« wiederum machte vermeintlich harmlose Alltagsbeobachtungen zu einer politischen Setzung, weil damit die Überlegenheit der eigenen Gemeinschaft und der eigenen Normen auf der Ebene der Gefühle und Affekte bestätigt wurde. Voller Hoffnung, in die verklärte Heimat bald zurückkehren zu können, schrieb der Unteroffizier Hermann S. im Frühjahr 1944: »Daß solch ein Volk über die Kultur des Abendlandes nicht siegen darf und kann, braucht man wohl keine Worte zu verlieren und kommt auch niemals in Frage. Ich glaube, daß der Kampf mit diesen Horden einmal ein ganz schnelles und siegreiches Ende nehmen wird und wir dann wirklich froh sein dürften, aus diesem Paradies wieder in unser wirkliches Paradies zurückkehren können. Unser Nationallied Deutschland, Deutschland über alles ist da wirklich ein Liedesinhalt, der voll und ganz berechtigt ist.«[139]

Koloniale Phantasiereiche regten die Vorstellungen mancher Nationalisten an. Die deutschen Vorstellungen »des Ostens« lösten nicht nur eine hygienische und soziale Bedrohung aus, sondern eröffneten als neuer »Lebensraum« auch eine Verheißung für die Zukunft. Die nationalistischen Metaphern von Ordnungsbesessenheit und Sozialhygiene trafen sich im Konzept einer abschließend im Rahmen der imperialen deutschen Herrschaft geregelten politischen Welt.[140] Im Glauben der Nationalisten hieß das zweierlei: Allein Deutsche geboten über die Macht deutscher Ordnung wie über die Macht, die Verhältnisse dem eigenen Weltbild folgend neu zu ordnen. In die Perspektive einer neuen deutschen Ostkolonisation ließen sich zahlreiche Ordnungsentwürfe integrieren und boten allem Anschein nach einen Ausweg aus der trostlosen und verwahrlosten Situation, in der sich Russland und seine Einwohner befanden. Der von der Staats- und

Wehrmachtsführung geplante Eroberungskrieg brachte von
Beginn an Pläne für die massenhafte Ansiedlung Deutscher
als »Wehrbauern« hervor. In den Fokus gerieten dabei in erster Linie die Soldaten der Wehrmacht. Hitler hatte bereits im
ersten Kriegsjahr verfügt, dass die Angehörigen der Wehrmacht gleichsam die Speerspitze einer nationalsozialistischen Ostkolonisation bilden sollten. Auch wenn über das
tatsächliche Interesse der Soldaten an einer konkreten Ansiedlung in den eroberten Gebieten keine verlässlichen Daten vorliegen, nahmen auch manche in der kämpfenden
Truppe den Gedanken mit Wohlwollen auf. Im Juli 1941 hielt
der Soldat Rudolf L. fest: »Im ganzen ist Rußland doch eine
große Enttäuschung für den Einzelnen. Nichts von Kultur,
nichts von Paradies. [...] Ein Tiefstand, ein Dreck, eine
Menschheit die uns zeigen, daß hier eine große Kolonialauf-
gabe liegen wird.«[141]

Die Vision einer völkischen Siedlungs- und Lebensraumideologie in einem zu »germanisierenden« Osten sollte durch
eine massenhafte Umsiedlung deutscher Bauern und ehemaliger Soldaten verwirklicht werden. Die einheimische Bevölkerung war zu vertreiben oder zu töten. Ausgehend von
der Überzeugung, dass die Industrialisierung – obwohl
machtpolitisch erwünscht – und die Landflucht die »Rasse«
und die Kampfkraft des Deutschtums zersetzten, propagierte
man als Heilmittel das sozialromantische Ideal eines Osteuropa besiedelnden deutschen Bauernvolkes. Die Verklärung der mittelalterlichen Vergangenheit zur deutschen Zukunft verschränkte sich mit kalkulierter Großmachtpolitik. Im
Herbst 1942 entwarf Oberleutnant Richard S. in seinem Feldpostbrief ein gespenstisches Szenario: »Dieser Osten wird
schon unsere Zukunft sein. Hunderte Kilometer weit in nicht-
absehbarer Ebene fruchtbares Feld, geeignet für Weizen,
Mais, Sonnenblumen. ... In welcher Form die Ansiedlung
des deutschen Bauerntums vor sich gehen wird, ob mit voll-
kommener Enteignung der Ansässigen usw., das wird je nach

Bevölkerung und Bodenverhältnissen verschieden sein. Aber daß hier die einzige Möglichkeit besteht, unser Bauerntum vor der Vernichtung zu bewahren, neues Bauerntum entstehen zu lassen und damit gleichzeitig den Raum für künftige deutsche Geschlechter zu sichern, das ist klar erwiesen. Ganz abgesehen davon, daß unsere ernährungsmäßige Grundlage so endgültig gesichert ist.«[142]

Gelegentlich zogen sich dabei Vergleiche zwischen der deutschen Herrschaft in Russland und der britischen in Indien durch die Briefe. Den deutschen Ostpionieren fiel aber nicht allein eine zivilisatorische Mission zu, sondern auch die Aufgabe, als künftige Herrenschicht über eine ungezählte Masse russischer Heloten zu bestimmen. »Zur Zeit glaube ich daran«, notierte der Soldat Karl-Heinz L. im Kriegswinter 1941, »daß Rußland ein zweites Indien für Deutschland gibt, ein riesiges, nahe und verkehrsgünstig gelegenes Kolonialreich. Die Bevölkerung ist reif für die Versklavung und wird ein deutsches Regime genauso wenig schlimm empfinden als ihr ehemaliges. Sie sind abgestumpft.«[143] Die politische und rassistische Neuordnung des künftigen deutschen Kolonialgebietes barg allerdings nach Einschätzung mancher Soldaten erhebliche Gefahren. Einige Männer ahnten, dass die deutsche imperiale Ordnung in Osteuropa das Chaos zu erzeugen drohte, das sie zu überwinden versprach. Konkret bedeutete das: Wie beseitigte man jene Probleme, die die eigene Besatzungspolitik erzeugt hatte? Wie ließ sich zum Beispiel der eigene Herrschaftsanspruch aufrechterhalten, wenn sich die slawische Bevölkerung »unkontrolliert« vermehrte? So warnte Karl-Heinz L. im Februar 1942: »Denn wenn auch Rußland ein zweites Indien für uns gibt, weil seine Völker vorläufig nichts besseres gewohnt sind, als Sklaven zu sein, unter unserer Führung wird es ihnen zu gut gehen, und sie werden sich vermehren wie die Kaninchen.«[144]

Insgesamt überrascht die Selbstverständlichkeit, mit der auch einfache Mannschaftsdienstgrade in ihrer privaten Korrespondenz kolonialen Siedlungsphantasien nachhingen. Nicht wenige Soldaten glaubten fest daran, dass es ihre vorbestimmte quasi natürliche Mission sei, die deutsche Hegemonie über die ethnisch und kulturell minderwertigen Völkerschaften Osteuropas zu festigen. Viele im Osten eingesetzte Militärs fühlten sich vor dem Hintergrund der augenscheinlich heruntergekommenen Zustände als Kolonisatoren berufen, das Land nach deutschen Vorstellungen zu modernisieren. Persönliche Karrieremuster, die Chance, vom Kleinbürger zum Kolonialherrn aufzusteigen, verschränkten sich bruchlos mit nationalistischen Visionen. Denn aus rein idealistischen Motiven heraus waren nur wenige bereit, sich auf eine ungewisse Ansiedlung einzulassen. Voller Zweifel angesichts der wenig rosig erscheinenden Zukunftsperspektiven in Osteuropa bemerkte ein Soldat im Oktober 1941: »Vor 4 Wochen wurde eine Umfrage abgehalten, wer von uns Soldaten Interesse an der Ostsiedlung habe. Das Ergebnis war gering; ich sagte, ich wolle lieber daheim tot als hier lebendig sein.«[145] Potenzielle Interessenten dürften weniger einem weltanschaulichen als einem persönlichen wirtschaftlichen »Drang nach Osten« gefolgt sein. Denn die Eroberung von einzudeutschendem »Lebensraum« in Osteuropa konnte das private Lebensglück des Einzelnen wie das des ganzen Volkes ermöglichen. Josef L. etwa entwarf im Brief an seine Angebetete in der Heimat das Bild einer gemeinsamen rosigen Zukunft als Gutsbesitzer am Schwarzen Meer. »Unser Deutschland hat nach diesem siegreichen Feldzug große Aufgaben. Es ist von vorneherein klar, daß im Osten unsere Zukunft liegt. Damit ist nicht der unwirtschaftliche nördliche Teil gemeint, sondern in der Hauptsache die Ukraine, die unter Deutschlands Ordnung wieder zur Kornkammer Europas aufsteigen wird. Dieses Gebiet das klimatisch ausgezeichnet ist – vergleichbar mit dem Italiens – birgt wertvollere Schätze als Kolonien. Vor längerer Zeit schriebst Du einmal davon. Dort unten am Schwarzen Meer, wo Palmen fast im tropischen Klima gedeihen, muß es herrlich sein. Dort eine Farm, eine stattliche Pferdezucht, ein schönes Haus, Arbeit, Mühe und der Erfolg wäre an Deiner Seite mir Gewißheit.«[146] Diese Welt großbäuerlicher und kleinbürgerlicher Herrenmenschen eröffnete eine dunkle deutsche Zukunft für die Bewohner Osteuropas.

Der Hauptfeind der uniformierten deutschen »Volksgenossen« war nicht der »Bolschewismus«. Verbreiteter und wirkungsmächtiger als der Hass auf das kommunistische System wurden Klagen über Dreck, Ungeziefer und Krankheiten in der Sowjetunion. Das deutsche Dogma der Reinlichkeit und der Ordnung integrierte vormals getrennte Deutungsmuster wie Dreck und Reinigung, Rasse und Degeneration, Krieg und Ordnung.[147] Millionen deutscher Soldaten erzeugten erst durch ihre Briefe und Gespräche auf der Grundlage radikalisierten deutschen Alltagswissens Osteuropa als kontaminierten Ort. Die Wahrnehmung der Wehrmachtsangehörigen produzierte eine Welt, die sich den Männern nicht als ihr eigenes Produkt, sondern als objektive Wirklichkeit darstellte. Diese verschmutzte und bedrohliche Umwelt wiederum wirkte zurück auf das Verhalten ihrer Schöpfer. Die nationalistischen Sauberkeits- und Ordnungsvisionen versprachen Abhilfe von einem Problem zu schaffen, welches die spezifische Wahrnehmung der Deutschen mit hervorgebracht hatte. Indem manche Soldaten vom Zustand des Landes auf die Eigenschaften seiner Bewohner schlossen, konnten deutsche Reinigungsvisionen dazu führen, dass tödliche Konsequenzen gefordert wurden. Viele Morde resultierten aus dem Glauben der Nationalisten, dass die einzige Lösung der beobachteten hygienischen und sozialen Probleme in der konsequenten Vernichtung des Fremden liege. Zum Weihnachtsfest 1942 schrieb der Feldwebel Eduard E. auf dem Marsch durch die Ukraine an seine »Liebe Tante«: »Was russisch ist, starrt vor Dreck, und die Bauten sind Hütten. ... Alles ist aber ohne große Planung, wahllos und ohne Stil hingebaut. Es spricht aus all dem die schrecklich chaotische Fratze des Judentums. Ich glaubte das nicht, bis ich hier her kam. Aber nun verstehe ich, und finde es voll am Platze. Es gibt nur eins für das Judentum: Vernichtung. Es ist unaussprechlich, welches Chaos hier herrscht. Unvergeßlich ist mir das Telefonmastengewirr, das dunkel mit unzähligen Drähten beiderseits der Stadt Sslawjansk zum Himmel starrte – ein Chaos ohnegleichen. Und ich versicherte mir, daß die gesamte Leitung aller Institutionen Juden waren. So ist ihre Schuld riesengroß, das angerichtete Leid unfaßbar und ihr Morden teuflisch. Es kann nur durch ihre Vernichtung gesühnt werden. Ich habe diese Art bisher als unmoralisch abgelehnt. Nach dieser Schau des Sowjetparadieses aber weiß ich selbst keine andere Lösung. In diesem Ostjudentum lebt der Abschaum jeglichen Verbrechertums, und die Einmaligkeit unserer Sendung ist mir bewußt.«[148]

Beurteilung und Behandlung:
Die Ermordung sowjetischer Kriegsgefangener,
Juden und Partisanen

Der Krieg des Deutschen Reiches in Osteuropa unterschied sich grundlegend von den übrigen Feldzügen der Wehrmacht. Der Prämisse eines Weltanschauungskrieges entsprachen die militärischen Operationen und der Charakter der deutschen Besatzungsherrschaft. Die Feindseligkeiten beschränkten sich nicht auf die militärische Zerschlagung der Roten Armee und die Besetzung des Landes. Auch weite Teile der Bevölkerung fielen der systematischen Gewaltausübung der Invasoren zum Opfer. Die Massenmorde an gefangenen russischen Soldaten, an osteuropäischen Juden, an Zivilisten und an vermeintlichen und tatsächlichen Partisanen resultierten nicht in erster Linie aus der Eskalation des Krieges selber, sondern waren von der Reichsleitung und der

Wehrmachtsführung von langer Hand geplant worden oder wurden zumindest billigend in Kauf genommen. Für die Menschen in der Sowjetunion bedeutete dieser Krieg eine Katastrophe ungekannten Ausmaßes. Im Zuge der Kampfhandlungen, der Repressalien gegen die Zivilbevölkerung, der systematischen Hungerpolitik und der deutschen Rückzugsstrategie der »verbrannten Erde« sind Zehntausende von Städten und Dörfern geplündert und zerstört worden. Die Gesamtzahl der Todesopfer ist bis heute nicht genau bekannt und dürfte etwa 30 Millionen betragen.

Die zahlenmäßig größte Opfergruppe bildeten die Angehörigen der Roten Armee. Allein zwischen Juni 1941 und Januar 1942 sind zwei Millionen – mithin fast 60 Prozent aller sowjetischen Gefangenen – umgekommen oder umgebracht worden.[149] Fraglos war für dieses Massensterben nicht allein das Verhalten der deutschen Wachmannschaften, sondern auch ein ganzes Bündel ernährungstechnischer und logistischer Faktoren verantwortlich. Die russischen Soldaten starben an Epidemien, verhungerten oder erfroren. Die planmäßig angeordnete völlig unzureichende Versorgung mit Nahrungsmitteln, die katastrophale Unterbringung – oftmals im Freien – und die unbeschreibbaren hygienischen Bedingungen der Durchgangs- und Stammlager machten diese Orte zu Plätzen staatlich geplanten Massensterbens. Doch nicht allein die Wehrmachtsführung und die militärischen Behörden trugen für das Verbrechen an den russischen Kriegsgefangenen die Verantwortung. Von Anfang an beteiligten sich zahlreiche einfache deutsche Soldaten an den beispiellosen Kriegs- und Völkerrechtsverletzungen. Gefangene wurden an vielen Orten erst gar nicht gemacht, da die Deutschen in ihnen Partisanen erblickten und sie für heimtückische Kriegsverbrechen verantwortlich machten oder sie in Gestalt der verhassten »Kommissare« zu politischen Gegnern erklärten. Noch gravierender war der Blutzoll beim Abtransport der Gefangenen in die Lager. Hunderttausende verhungerten oder starben an Erschöpfung, Zehntausende wurden durch die Wachmannschaften willkürlich erschossen.[150]

Auch in das größte Massenverbrechen der nationalsozialistischen Herrschaft, den Völkermord an den sowjetischen Juden, waren zahlreiche Angehörige der Wehrmacht direkt eingebunden. Zwar trugen die Einsatzgruppen der Sicherheitspolizei, des Sicherheitsdienstes und der SS die Hauptverantwortung für die Morde. Doch ohne die reibungslose administrative und logistische Zusammenarbeit mit der Wehrmacht wäre der Genozid an der jüdischen Bevölkerung nicht möglich gewesen. Christian Gerlach hat für Weißrussland geschätzt, dass dort beinahe die Hälfte der ermordeten Juden, Zivilisten und Kriegsgefangenen von Wehrmachtseinheiten getötet worden sind.[151] Zum einen fiel in das Aufgabengebiet der Wehrmacht die Erfassung und Entrechtung der sowjetischen Juden, womit sie eigentlich erst die Voraussetzung für deren Vernichtung schuf. Zum anderen unterstützte die Generalität des Ostheeres fast ausnahmslos die Mordaktionen – unmittelbar oder mittelbar. Ein durchaus ähnliches Bild boten die unteren Dienstgrade. Zahlreiche deutsche Soldaten waren – wie im Falle der berüchtigten 707.Infanteriedivision – als geschlossene Verbände zur Erschießung von Juden abgeordnet worden oder hatten sich gar freiwillig als Helfer der SS und dem SD zur Verfügung gestellt. Die Häufung dienstlicher Beschwerden über die eigenmächtige Beteiligung von Soldaten an Judenerschießungen und sensationslüsterne Gaffer demonstrierte das Ausmaß der Brutalisierung innerhalb der Truppe. Die Erträge der Forschung der vergangenen Jahre haben die traditionelle Vorstellung relativiert, dass der Prozess der Judenvernichtung zentral von Berlin gesteuert und quasi determiniert gewesen sei. Nicht nur der viel zitierte Befehlsnotstand oder blinder Gehorsam, sondern auch Improvisationsmöglichkeiten und Selbstinitiative der Mörder vor Ort kennzeichneten die Praxis des Vernichtungskrieges.[152]

Die Art und Weise, wie die Wehrmacht den Krieg in der Sowjetunion führte, trug wesentlich zum Aufleben, ja zur eigentlichen Entstehung der Partisanenbewegung im Winter 1941/42 bei. Durch oft wahllose Plünderungen, unter denen die ohnehin verarmte Bevölkerung litt, durch die Hungerpolitik, die Zwangsrekrutierung von Arbeitskräften und die Misshandlung der Kriegsgefangenen sorgten die Soldaten selber dafür, dass die Partisanen breiten Zulauf erhielten. Die Partisanenbekämpfung in oftmals unzugänglichem Gelände gegen einen unsichtbaren Feind entwickelte sich zu einem brutalen und blindwütigen Krieg gegen die Zivilbevölkerung, den die Wehrmacht nicht gewinnen konnte. Nicht selten meldeten Vollzugsberichte nach größeren Partisaneneinsätzen die Liquidation von einigen Tausend Freischärlern, bei denen dann aber nur wenige Dutzend Waffen sichergestellt wurden. Insgesamt kostete der Partisanenkrieg wohl eine halbe Million Menschen das Leben. Zudem lieferte er einen zentralen Vorwand für die Ausrottung der Juden. Die Militärs setzten immer wieder Juden mit Partisanen gleich. Auch deshalb trafen die harten Repressalien oft nicht die eigentlichen Freischärler, sondern aufgegriffene und willkürlich zu »Juden« oder »Partisanen« erklärte Zivilisten.[153]

So minuziös sich die mörderischen Tatsachen in vielen Fällen auch rekonstruieren lassen, so wenig verraten die vermeintlichen Fakten doch über die exakte quantitative Beteiligung der Soldaten an den Kriegsverbrechen und noch weniger über ihre Motive. Die beiden vielleicht zentralen Fragen, welche die Erforschung des Vernichtungskrieges aufwarf, haben aus guten Gründen keine befriedigende Antwort erfahren: Haben sich große oder sogar überwiegende Teile der Wehrmacht an den Massenmorden beteiligt?[154] Und vor allem: Warum taten sie es? Beide Probleme können im Rahmen dieser Überlegungen nicht hinreichend diskutiert werden. Vielmehr wird hier der Blick auf Wahrnehmungsvarianten und Handlungsmöglichkeiten von Wehrmachtssoldaten gelenkt, welche auf nationalistische und rassistische Deutungsmuster zurückgriffen, um sich ihr Verhalten an der Ostfront zu erklären: Wie haben sie auf den Völkermord reagiert, der sich vor ihren Augen vollzog? Was nahmen die Männer wahr, wie haben sie in ihren Briefen von den Morden berichtet, und mit welchen nationalistischen und rassistischen Deutungen die Taten sprachlich verarbeitet und gerechtfertigt?

So relativ unergiebig Feldpostbriefe auch zur quantitativ exakten Erforschung der nationalsozialistischen Gewaltverbrechen sind, sowenig sie sich zur Rekonstruktion einzelner Tatkomplexe eignen, so nachdrücklich verdeutlichen sie doch die Mentalität und die Perspektive der beteiligten Soldaten selber. Und eben den subjektiven Weltbildern, zumal den nationalistischen Deutungen und Legitimationen der deutschen Streitkräfte ist im Kontext des Vernichtungskrieges bislang zu wenig Aufmerksamkeit geschenkt worden.[155] Gerade im Hinblick auf die Mentalität und die Motivation der Täter erweisen sich die offiziellen bürokratischen Dokumente als höchst unzuverlässige Quellen. Bei der Analyse der in der Truppe verwurzelten nationalistischen und rassistischen Weltbilder kommt es darauf an, die ideologische und die habituelle Vorprägung der Männer in Beziehung zu den – mindestens ebenso handlungsrelevanten – situativen Faktoren des Krieges zu setzen. Sind Völkermord und Massenverbrechen durch die strukturellen Bedingungen des Vernichtungskrieges auch ohne nationalistische Feindbilder zu erklären oder kam diesen gar die Funktion einer »Handlungsanleitung«[156] zu? Insgesamt gilt es mithin, die soziale Relevanz nationalistischer Weltbilder zu vermessen: Bestand eine Wechselwirkung zwischen Nationalismus und Gewalt? Befanden sich die Beurteilung und die Behandlung der Opfer durch die Soldaten in einem nachvollziehbaren Verhältnis?

Die Soldaten eigneten sich, wie in den vorangegangenen Kapiteln geschildert, die neuen Verhältnisse in Russland mit

Hilfe ihres bestehenden und begrenzten Vorrats an gesell-
schaftlichem Wissen an. Die diffamierende Ordnung des nationalen Koordinatensystems setzte die einheimische Bevölkerung von vornherein außerhalb der deutschen Zivilisation.
Es stellt sich daher die Frage, inwieweit der nationalistische
Blick der Invasoren ihnen überhaupt die Möglichkeit ließ, die
Menschen in der Sowjetunion anders als nach ihrem vorge-
fassten Weltbild zu beurteilen. Manche Männer erkannten
selber, dass es die daheim erlernten nationalistischen Denk-
muster waren, welche ihre alltäglichen Verhaltensweisen
strukturierten: »Für das deutsche Verhalten gibt es viele
Gründe. Oft ist es tatsächlich Not. Schließlich sind wir in
Feindesland und nahe der Front. Aber viel macht auch unsere durch Propaganda vorgefaßte und genährte Meinung,
dass alle Ostvölker so ungefähr halbe Tiere und Freiwild
sind.«[157] Immer wieder kontrastierten die Soldaten dabei die
in Frankreich und in Westeuropa gemachten Erfahrungen mit
ihren Erlebnissen in Osteuropa. Ihr Weltbild teilte die Welt
scharf in »weiß« und »schwarz«, »Europäer« und »Asiaten«,
»Individuum« und »Masse«. Beim Anblick der zahlreichen
Kriegsgefangenen hielt der Soldat Josef Z. im August 1941
fest: »Ich hatte Dir bereits mitgeteilt, daß wir diese Woche
Gefangenenwache hatten. So wie bei den Franzosen ist es
nicht. ... Da kann man allerhand Gesichter sehen. Russen,
Mongolen, Asiaten, und wie die kleinen Staaten alle heißen.
Wenn man täglich zigtausend von diesen Gesichtern sieht
und wie sie hausen, bekommt man immer ein klareres Bild
von dem vielgepriesenen Kommunismus.«[158] Die Dehumanisierung des Gegners betrieb auch der Soldat Walter S. im
Oktober 1941: »Ihr solltet die Gefangenen sehen. Mongolen,
Chinesen, Tataren und andere Wilde, Gnade uns Gott, wenn
diese Scharen in unser Vaterland eingebrochen wären. Denn
sie fressen sich untereinander selbst auf.«[159] Das nationalistische Welterklärungssystem gab nicht nur den Bezugsrahmen
vor, in den sich die unterschiedlichsten Beobachtungen ein-

passen lassen, sondern verlieh diesen dichotomen Klassifizierungen der Welt im Glauben seiner Anhänger auch »Sinn«.

Die deutsche Eroberung Osteuropas folgte einem kolonialen Herrschaftsplan. Die Räume, Menschen und Dinge im »Ostimperium« müssen als koloniales Projektionsfeld für den Herrschaftswillen deutscher Nationalisten betrachtet werden. Die Basis nationalistischer Wahrnehmungen auf kolonialer Grundlage bestand aus dem Glauben an die ethnische Ungleichheit der Völker und Kulturen. Der rassistische Blick auf die Menschen der Sowjetunion prägte nicht nur die politischen Entscheidungen der braunen Machthaber, sondern auch die private Korrespondenz deutscher Soldaten. Glaubwürdig schienen die rassistischen Beobachtungen zumal deshalb, weil sie vorhandenes ethnisches Wissen aus der Mitte der deutschen Gesellschaft aktualisierten und vermeintlich bestätigten. Anton E. etwa war nicht der Einzige, der die ethnischen Gruppen in der Sowjetunion mit dem Blick des Kolonisators beurteilte: »Mongolen, Chinesen, ... Weißrussen, Kirgiser, Ukrainer u.s.w. zwischen Türken – ein Völkergemisch wie bei einer Kolonialausstellung.«[160] Immer wieder empörten sich Wehrmachtssoldaten in ihren Briefen über die augenscheinliche »Vermischung« unterschiedlicher Ethnien, die elementare deutsche Nationsvorstellungen von »Rassentrennung« und »Reinheit« verletzten. »Wenn man diese Gesichter sieht, kann man nur den Kopf schütteln. Es ist ein Völkergemisch, wie man es nicht alle Tage findet, zum großen Teil Asiaten.«[161]

Der nationalsozialistische Kolonialismus war von seiner Vernichtungspolitik nicht zu trennen. Die verbreitete Attitüde des zivilisierten und zivilisierenden Herrenmenschen hatte weit reichende Auswirkungen auf den Charakter des deutschen Feldzuges. Die imperiale Vorstellungswelt deutscher Nationalisten eröffnete tödliche Herrschaftsmöglichkeiten. Zu Recht sind jüngst die Parallelen zwischen den Kolonialkriegen des 19. und frühen 20. Jahrhunderts und dem Vernichtungskrieg der Wehrmacht betont worden. Namentlich der Krieg des Kaiserreiches gegen die Hereros in Namibia 1904 wird von Teilen der Forschung als ein früher Vernichtungskrieg beschrieben und in eine Kontinuität zum Holocaust gestellt.[162] Die Berührungspunkte lagen weniger in der Praxis und im Verlauf der Kriege selber, und erst recht nicht in einer wie auch immer gearteten Kontinuität der kämpfenden Einheiten oder der kollektiven Erinnerungen an die Kolonialmassaker. Im Jahre 1941 waren in der öffentlichen Vorstellung die Kolonialkriege des Kaiserreiches schon lange verblasst. Vielmehr aber bestanden Parallelen in einer spezifischen Form der Wahrnehmung der Einheimischen durch die Eroberer: Der Glaube an eine klare Grenzlinie zwischen Wilden und Zivilisierten, zwischen Kultur und Natur, prägte nicht nur den Blick der Kolonialtruppen in Afrika oder Asien, sondern auch die Perspektive der deutschen Invasoren im Zweiten Weltkrieg. Die deutschen Männer kämpften in ihren Augen nicht gegen ihresgleichen. Schon die Tatsache einem nichtweißen Soldaten gegenüberzustehen, kam für sie einer kulturellen Provokation gleich. Die Konstruktion einer »wissenschaftlich« bestätigten Differenz zwischen Europa und Asien spielte eine große Rolle im Bewusstsein der Soldaten. Sie half zumal, die erbitterten Widerstand leistenden Russen vermittels zahlreicher Gräuelberichte nicht als ebenbürtige Gegner, sondern als Untermenschen zu klassifizieren. Mehr noch: Immer wieder unterstellten sie – gerade darin lag eine aufschlussreiche Parallele etwa zur Beurteilung der Hereros im Jahre 1904 durch deutsche Kolonialtruppen – ihren Gegnern barbarische Praktiken der Kriegführung. In dieser Logik des weißen Übermenschen prädestinierte die ethnische »Minderwertigkeit« der Feinde diese zu unmenschlichen Handlungen. Ein markantes Beispiel für diese rassistische Verachtung deutscher Soldaten und die Wirkungsmacht ethnisch motivierter Feindschaft stellte die Behandlung schwarzafrikanischer Kolonialtruppen durch die Wehrmacht im Juni 1940 in

Frankreich dar. Mehrere tausend schwarze Soldaten wurden entweder nach ihrer Gefangennahme erschossen oder erhielten gar nicht erst die Chance sich zu ergeben. Ungeachtet der grundlegenden Differenz zwischen West- und Ostfeldzug im Hinblick auf Planung, Durchführung, Kriegsverbrechen und Verhalten der Soldaten offenbarte die Behandlung der französischen Kolonialtruppen die mörderischen Wertvorstellungen in der Wehrmacht. Die nationalistische Barbarisierung deutscher Soldaten war schon weit fortgeschritten bevor das »Unternehmen Barbarossa« anlief.[163]

Die Vernichtung unmenschlicher Wesen konnte in der Logik des rassistischen Nationalismus daher gerade an der Ostfront von 1941 an zur notwendigen Konsequenz geraten. So hielt der Gefreite Günther S. in aller Deutlichkeit das für ihn Charakteristische des deutschen Feldzuges fest: Im Angesicht der »asiatischen« Feinde, die augenscheinlich zu einer anständigen Kriegführung nicht fähig waren, mussten sich auch die Deutschen dieser Kampfweise anpassen: »In diesem entsetzlichen russ. Krieg, einem voller Greuel und gräßlicher Untaten und Gemeinheiten von Seiten der Roten, mußt Du Dich etwas anders verhalten. Wir haben hier Mongolen gegenüber.«[164] Und in der Logik des dichotomen nationalistischen Entweder-Oder erkannte Leutnant Paul D. im Krieg einen deutschen Abwehrkampf gegen asiatische Barbarei: »Darüber dürfen sich alle klar sein: Entweder wir siegen alle, oder wir sterben alle. Es gibt keinen Kompromiß. ... Du müßtest einmal so einem Haufen Gefangener ins Gesicht sehen, und Du würdest nicht zweifeln, daß, wenn diese mongolischen Horden über uns siegen, es ein Europa, wie es im Augenblick ist, niemals mehr geben wird. Es sind Bestien, und man sollte wenig Federlesens mit ihnen machen. Nur über unsere Leichen werden sie deutsche Erde betreten.«[165]

Die primäre soziale Funktion der Briefe als private »Gesprächsmedien« lässt zunächst vermuten, dass eine Schilderung der Beteiligung von Wehrmachtsoldaten an Mordaktionen nicht zu erwarten ist. Derartige Themen fielen unter die Geheimhaltung der militärischen Zensur und das Verschweigen unter die Selbstzensur. Verglichen mit der Gesamtzahl der Briefe berichten tatsächlich nur wenige von den erlebten Massenmorden. Dabei fällt auf, dass die Soldaten Kameraden oder männlichen Angehörigen gegenüber deutlicher wurden als in den Schreiben an ihre Frauen und Mütter. Im März 1942 beispielsweise hieß es in einem Brief des Soldaten Hans A. an seinen Freund Leutnant Eugen A. über die Erschießung der jüdischen Bevölkerung: »Die Leichen, die man früher regellos auf einen Haufen warf, werden bereits, so gut es geht, aussortiert und über das halbe Tausend erschossener Juden hat man schon Kalk gefahren. Was im einzelnen noch hier geschah, – davon zu schreiben, ist nicht der rechte Ort.«[166]

Doch die Behandlung der russischen Zivilbevölkerung oder der Kriegsgefangenen durch die Männer der Wehrmacht berührte nicht notwendig die Ebene von Grundsatzentscheidungen oder gar von Kapitalverbrechen. Was völkerrechtlich ein Kriegsverbrechen ausmachen konnte, erschien aus der Sicht der schreibenden Soldaten oft als harmlose Bagatelle oder als kriegsgegebener Begleitumstand. Was die Zeitgenossen und was die Nachwelt für ein Kriegsverbrechen hielten, unterschied sich oftmals erheblich. Mit anderen Worten: Kriegsverbrechen beschreiben – nur juristisch betrachtet – »objektive« Tatsachen; im Urteil der Beteiligten hingegen normative, mithin höchst subjektive und situative Phänomene. Während sie die eigene Beteiligung am Töten meist verschwiegen, berichteten viele Soldaten immer wieder über Vorfälle, die ihnen allem Anschein nach nicht als geheimhaltungswürdige Taten erschienen. Offenbar verstanden manche Männer ihre Verantwortung für alltägliche Misshandlungen nicht als ein Verbrechen. Kurz, nicht Massentötungen, sondern ihnen banal erscheinende Diffamierungen und Drangsalierungen bestimmten den Alltag der meisten deutschen Soldaten.

Zu den verbreiteten Schikanen in der ersten Kriegsphase ge-
hörten groß angelegte Putz- und Säuberungsaktionen, in
denen Wehrmachtsangehörige einheimische Zivilisten und
vornehmlich Juden zu allerlei Arbeiten verpflichteten. Mal
hatten die Juden deutsche Soldaten zu bedienen und zu ver-
sorgen, mal Bauarbeiten zu verrichten, mal in Reih und Glied
anzutreten und völlig sinnlos die Straße zu fegen. Allem Anschein nach nutzten viele Männer die Gelegenheit der deutschen Herrschaft über Land und Leute zur Befriedigung persönlicher Bedürfnisse und Ordnungsphantasien. Ausführlich
schilderte Hermann G. seiner Frau am 7. Juli 1941 von den
zahlreichen nützlichen wie nutzlosen Arbeiten, zu denen die
Männer die jüdischen Einwohner einer Ortschaft zwangen
und damit auf wahrhaft bequeme Weise ihre eigene Überlegenheit erfuhren: »Die Juden des Ortes waren Sonntag morgen ganz früh vom Vorkommando geweckt worden und mußten zum größten Teil ihre Häuser und Wohnungen verlassen
und für uns frei machen. Vor allen Dingen mußten die Wohnungen erst mal gründlich sauber gemacht werden. Alle Ju-
denfrauen und -mädchen wurden kommandiert. Es war ein
großes Reinemachen Sonntag morgen. ... Die Juden mußten
alles was wir gebrauchen können hergeben. Jeden Morgen
um 7 Uhr muß das auserwählte Volk antreten und alle Arbeiten für uns machen. Sie müssen die Bude ausfegen, Stiefel
putzen, Wäsche waschen und plätten, Besorgungen machen,
Wasser holen und wegbringen usw. Wir brauchen überhaupt
nichts mehr zu tun. Helm. F. und ich haben einen Juden und
jeder eine Jüdin, die eine ist 15 und die andere 19 Jahre alt,
die eine heisst Eide und die andere Chawah. Die machen für
uns alles, was wir wollen und sind für uns angestellt. Sie haben einen Ausweis, damit sie nicht von jemand anders ge-
griffen werden können, wenn sie weggehen. Die Juden sind
Freiwild. Jeder kann sich auf der Straße einen greifen um ihn
für sich in Anspruch zu nehmen. Ich möchte in keiner Juden-
haut stecken. Kein Geschäft, soweit überhaupt welche offen

sind, verkauft ihnen was. Sie kriegen kein Brot, kein Fleisch und keine Milch. Von was die eigentlich leben weiß ich nicht. Wir geben unser Brot und auch sonst was ab. Ich kann nicht so hart sein. Man kann den Juden nur noch einen gut gemeinten Rat geben: keine Kinder mehr in die Welt zu setzen. Sie haben keine Zukunft mehr.«[167]

Diese Misshandlungen scheinen auf den ersten Blick wenig mit Nationalismus zu tun zu haben. Sicher: Auch ohne den Rückgriff auf nationalistische und rassistische Weltbilder hätte es Zwangsarbeiten und Drangsalierungen gegeben. Entscheidend aber wurde, dass der rassistische Blick den alltäglichen Schikanen eine politische Dimension verleihen konnte. Kein Verhalten der Einheimischen, keine der ihnen zugeschriebenen Eigenschaften blieb ohne – negative – Relevanz. Durch die nationalistische Perspektive ließ sich potenziell nicht nur die eigene Überlegenheit rechtfertigen, sondern auch die gesamte Umgebung in ein verzerrtes Politikum verwandeln und mit Bedeutung aufladen. Wie im vorangegangenen Brief zu sehen, nutzte Hermann G. seine Beobachtungen über Sauberkeit, Arbeit und Ordnung, um sich seiner persönlichen Herrschaft über einheimische Juden zu versichern, die ihm ein komfortables und von Gewissensbissen offenbar unbelastetes Leben in der Etappe ermöglichten. Der Nationalismus transformierte alltägliche Betrachtungen und Praktiken und entzog ihnen jede harmlose Konnotation. Dabei vereinten sich die verschiedenen bekannten nationalistischen Versatzstücke: Die Ordnung des eigenen Kollektivs gegen das Chaos der Juden, Sauberkeit gegen Schmutz, die spezifische Wertschätzung der Arbeit, der Glaube an die erzieherische Aufgabe des deutschen Soldaten. Die Nationsvorstellungen integrierten Rassismus, Antisemitismus, Herrenmenschenvisionen und Ordnungs- und Sauberkeitsvorstellungen der deutschen Gesellschaft. Vor allem aber untermauerten sie den deutschen Anspruch auf eine homogene gesellschaftliche Ordnung und verpflichteten die Invasoren zur Umerziehung der Unterworfenen. Der Gefreite Hans J. hielt im Sommer 1941 fest: »Ab und zu, wenn wir etwas verladen müssen, holen wir uns Juden, und dann bringen wir ihnen das Arbeiten mal bei. Ich kann Dir sagen, sie arbeiten wie doll, solange wir dabeistehen, denn vor uns Deutschen haben sie mächtige Angst. Aber sowie wir uns umgedreht haben und Rumänen die Aufsicht führen, geht es im alten Stil weiter, denn die Rumänen müssen es auch noch lernen, wie man mit diesen Geißeln der Menschheit umgehen muß.«[168] Und selbstredend fehlten Klagen über den »Dreck« nicht. Auf diese Weise legitimierten deutsche Vorstellungen von Ungleichheit die Durchführung schikanöser Zwangsmaßnahmen. Im Schreiben von Hauptmann Hermann G. am 15. Juli 1941 aus Kosow rekurrierte dieser auf die bekannte hygienische und moralische Verkommenheit der jüdischen Bevölkerung, welche die Notwendigkeit zur deutschen Reinigung und Erziehung implizierte: »Die Instandsetzung der Quartiere geht rasch vor sich, da hierzu wie auch zur Wageninstandsetzung genügend Juden zur Verfügung stehen. Die Juden sind fast überall bis zu 95 % vorherrschend. ... Ein übles Geschmeiß, dreckig und frech wie Katzendreck. Am Sonntag mußten wir beinahe von der Waffe Gebrauch machen. Nun ziehen sie schon.«[169]

Da der Nationalismus im Vernichtungskrieg nicht nur die diffamierende Perspektive vieler Soldaten prägte, sondern auch jedwedem Verhalten eine politische Relevanz beimaß, konnten in den Augen der Nationalisten auch augenscheinlich harmlose Handlungen leicht zu politischen Straftaten mutieren und mit dem Tode bestraft werden. Hier wurde der Kontext des Vernichtungskrieges entscheidend. Nur weil einzelne Soldaten in bestimmten Situationen selber über Leben und Tod zu entscheiden vermochten, verwirklichte sich die semantisch angekündigte Vernichtung. Die Grenze von der sprachlichen Säuberung zur physischen Ermordung konnten die Täter gleichsam als konsequenteste Form der Reinigung jüdischer »Schmutzfinken« begreifen. Selbst extrem gewalttätige Handlungen ließen sich als notwendige und lediglich unterstützende Interventionen zur Säuberung und zur Heilung kontaminierter und erkrankter Völker und Gesellschaften begreifen. In der Logik des rassistischen Nationalismus folgte aus Reinheit die Notwendigkeit zur »sozialen Desinfektion« (Hans Buchheim).[170] Das demonstrierte Hauptmann Hermann G. am 17. Juli 1941 in einem weiteren Brief an seine Frau aus Kosow: »Der ganze Ort wimmelt von Juden. Alle werden zur Arbeit herangezogen. Die einen müssen Straßen fegen, die anderen ausbessern. Die Mädels müssen waschen und flicken, die Jungs Stiefel putzen. Seit vorgestern tragen sie nun alle den gelben Fleck. Das durchzudrücken bedurfte es allerdings eines Exempels, denn der Judenälteste hat erklärt, das eile nicht so. Als auf erneute Aufforderung seine Stellungnahme nicht anders wurde, mußten wir ihn erschießen. Seitdem ziehen die Kerls. Die $^3/_4$ abgebrannte Stadt ist jetzt so sauber, wie vordem sicher nie.«[171]

Die Angst war die Kehrseite deutscher Ordnungs- und Reinigungsvisionen und stellte die vielleicht prägende Erfahrung der deutschen Invasoren dar. Der herausgehobene Stellenwert von Kontrolle und Sauberkeit im deutschen Wertehimmel implizierte auch die Angst vor dem Verlust dieser Sicherheiten. Gefühle von Bedrohung und Furcht gehören zu jedem Kriegserlebnis, weil der Krieg essenzielle Ängste provoziert, welche die Kontrollmöglichkeit des Menschen weit übersteigen. Kein Gefühl schwingt in den Feldpostbriefen so häufig mit wie die Angst vor Leid, Verwundung und dem eigenen Tode. Allerdings blieb es meist bei zahllosen indirekten Äußerungen, offenbar weil die Verfasser weder vor sich selber noch vor den Lieben in der Heimat als Schwächlinge dastehen wollten. Ausmaß und Intensität der Angstgefühle wurden nur selten eingehender geschildert, vielmehr spiegelte sich die Furcht direkt in den Erlebnissen und Handlun-

gen der Männer.[172] Bereits die Art und Weise, wie sich der
überhastete Vormarsch der Invasionsarmee in die unbekann-
ten Weiten der Sowjetunion vollzog, erlebten viele Soldaten
als Kontrollverlust. Von besonderer Bedeutung aber war der
Partisanenkrieg der Wehrmacht. Ausschlaggebend wurde die
Furcht vieler Deutscher vor einem unsichtbaren, heimtückischen Gegner, vollends die rücksichtslose Durchführung des
Partisanenkampfes selber, der sich mit dem Erstarken des sowjetischen Widerstandes seit dem Winter 1941/42 auch zu
einem Terrorinstrument gegen die Zivilbevölkerung entwickelte und ganze Regionen verwüstete. Der Widerstand der
Partisanen gefährdete die relativ stabile Herrschaft über das
rückwärtige Heeresgebiet und verstärkte den Glauben, das
Territorium »säubern« zu müssen, um wieder Kontrolle und
Macht auszuüben. In der Logik einer »self-fullfilling-pro-
phecy« brachte die Kriegführung der Wehrmacht erst eigentlich die organisierte Partisanenbewegung hervor, vor der sich
die deutschen Soldaten fürchteten. Die Angst- und Rache-
gefühle, in denen die kriegerische Gewalt gegen die Partisanen eingebettet war, reflektierten mithin nicht einfach nur
die Aktionen der Freischärler und die Form der deutschen
Abwehrmaßnahmen. Vielmehr bedingte gerade das in der
Heimat erlernte gesellschaftliche Wissen die bedrohungs-
fixierte Wahrnehmung der Truppe. Umgekehrt verstärkte die
Negation des Fremden nicht nur den Zusammenhalt der eigenen Gruppe, sondern schuf auch die Möglichkeit, die
Angst vor den Bedrohungen des Krieges und das Unbehagen
vor den widrigen Lebensverhältnissen auf den Gegner zu
projizieren.[173]

Die Dämonisierung des irregulär kämpfenden Feindes in
den Feldpostbriefen verrät, unabhängig vom Wahrheitsgehalt
der geschilderten Schreckenstaten, mehr über die nationalistische Prägung deutscher Soldaten als über die Kriegführung
der Partisanen. Diejenigen, die zur Beurteilung ihrer Umwelt
auf nationalistische Ordnungskategorien zurückgriffen, ten-

dierten zu einer verstärkten Wahrnehmung von Bedrohungs-
potenzialen. Wer schon in Friedenszeiten in einer Welt von
Feinden gelebt hatte, der begriff nun im Partisanenkrieg die
kämpfende Truppe als essenziell gefährdete »Volksgemeinschaft«. »Tote und sonstige Verluste haben wir vorerst allerdings noch nicht zu beklagen, aber man weiß nicht, was noch
alles kommt. Es ist hier vor allem mit Banditen- u. Kleinkrieg
zu rechnen. Erst gestern wurde in einem Nachbarort ein
deutscher Offizier von Russen in Zivil erschossen. Dafür
wurde aber das ganze Dorf in Brand gesteckt. Es ist in diesem
Ostfeldzug gar vieles ganz anders als im Westfeldzug«[174],
klagte im Herbst 1941 Albert R. Diese Bilanz scheint exemplarisch. Anstelle des unsichtbaren Feindes trafen die zunehmend hilflosen, aber brutalen Gegenschläge der Wehrmacht
meist die russische Zivilbevölkerung. Für das Scheitern der
Machtutopie der deutschen »Volksgemeinschaft« machten
ihre Anhänger immer weitere Gruppen verantwortlich und
betrieben deren Vernichtung. Zum einen begünstigten nationalistische Deutungen, dass die Soldaten immer wieder die
Sicht von Tätern und Opfern vertauschten und sich als Bedrohte wahrnahmen. Zum anderen wurde dadurch das Leben
in den von Deutschen kontrollierten Gebieten für die Besetzten aber auch für die Besatzer immer gefährlicher – und der
Vernichtungskrieg gleichsam aus sich selber heraus reproduziert.[175]

In der Ordnung nationalistischen Denkens stellen »die
Anderen« die Bedrohung dar. Im Rahmen der Weltanschauung deutscher Soldaten war die Gefährdung durch russische
Freischärler nicht nur real, sondern fundamental und allgegenwärtig. Hugo E. etwa schrieb dazu im Herbst 1941 in die
Heimat: »Heute Nacht überfielen ein Haufen Russen auf die
heimtückischste Art und Weise einen Major, einen Hauptmann und 16 Mann. Alles tot. Dies spielte sich ein paar hundert Meter vor unseren Gefechtsstand ab. Sogar einen LKW
nahmen die Hunde mit. Leider gehen wir mit diesem Unter-

menschentum zu human um. Man sollte gar keine Gefangenen machen, denn die machen sicherlich auch keine.«[176] Regelmäßig betonten deutsche Soldaten in ihren Briefen, dass ihnen die barbarisch-unmenschliche Kriegführung der Russen gar keine Wahl lasse, als sich anzupassen und ebenfalls keine Gefangenen mehr zu machen: »Es war reichlich toll in der letzten Zeit. Man kämpft nicht gegen Menschen sondern gegen Tiere. Was bei denen in Gefangenschaft gerät, wird kaltblütig fertig gemacht. Man findet sie dann später erschossen oder erstochen auf. Was mir an Gefangenen begegnet wird umgelegt, da gibt es gar nichts. Diese Parole hat die Infantrie schon lange.«[177] Da viele Deutsche das »Barbarische«, »Tierische« und »Asiatische« ihrer slawischen Feinde immer wieder betont hatten, sahen sie sich nun als Konsequenz dieser dichotomen nationalistischen Logik mit den augenscheinlich unheilvollen Rückwirkungen der eigenen Nationsvorstellungen konfrontiert. »Untermenschen« führten eben einen unmenschlichen Krieg und mussten daher selber als Nichtmenschen behandelt werden: »Man hört so viel, daß Soldaten aus dem Hinterhalt umgebracht werden. Macht nur nicht langes Federlesens mit diesen *Unmenschen*. Mit denen brauch man nicht *umzugehen wie mit Menschen, das sind keine mehr.*«[178]

Die Furcht der Soldaten vor einem unmenschlichen Gegner wurde von den Kommandostäben der Wehrmacht gezielt geschürt, die Gerüchte über Folter und genitale Verstümmelung verbreiteten. Die Angst der Männer resultierte aber nicht nur aus den Umständen des Partisanenkrieges selber, sondern auch aus ihrer Wahrnehmung einer unsichtbaren Gefahr. Die Sprache ihrer Briefe demonstriert, in welchem Ausmaß die Soldaten für ihre Bedrohungsvisionen selber mitverantwortlich waren. So berichtete der Unteroffizier Hans-Werner S. von einer militärisch vermeintlich überfälligen Strafaktion gegen Partisanen, offenbarte dabei aber den willkürlichen Konstruktcharakter des deutschen Feindbildes.

Partisanen fanden die Männer nicht einfach nur vor, zum Partisanen *machten* die Soldaten jeden Mann, den sie außerhalb der Städte und Dörfer antrafen. In dem von der Wehrmacht geschaffenen quasi rechtsfreien Raum konnte man sich gegenüber Zivilisten beinahe alles erlauben. Denn es genügte oft schon, den Besatzern auf irgendeine Weise aufzufallen, um grausam bestraft zu werden: »Ca. 6 km hinter uns liegt ein 24 km² großer Wald, in dem ca. 2000 Partisanen sitzen. ... Er [›der Russe‹] füllt seine Verluste mit den Männern auf, die er in den von uns geräumten Ortschaften aufstöbert, und die uns durch die Lappen gingen. *Alles*, was sich an Männern außerhalb der Ortschaften herumtreibt, *wird von uns* als Partisan *angesehen* und sofort umgelegt. Vorgestern hat dieses Sauvolk den Abteilungs-Kommandeur der III., der wir zur Zeit unterstehen, Major v. d. Busche, einen Leutnant, einen Unteroffizier und drei Mann abgemurkst. Diese Untat heischt Rache. Als ich am 16.12. mit auf B-Stelle zog, haben wir im Wald einen aufgegriffen, den ich in die Feuerstellung zurückbrachte, wo er von unseren Spezialpartisanenjägern liquidiert wurde. Später, am Waldausgang, haben wir noch zwei dieser üblen Brüder umgelegt.«[179]

Dieses Bedrohungsmuster wurde oftmals durch die antisemitische Weltsicht deutscher Soldaten verstärkt. Gerade von der jüdischen Bevölkerung erwartete man, dass sie das politische System der Sowjetunion rückhaltlos verteidigte. Weil in der nationalistischen Logik Partisanen Juden und Juden Partisanen waren, schien die Vernichtung beider Gruppen in der Vorstellung der Soldaten gleichermaßen geboten. Die Praxis vieler Soldaten, die Partisanen mit Juden gleichzusetzen, hatte tödliche Folgen: Da es keine genaue Bestimmung in den besetzten sowjetischen Gebieten gab, wie man Juden erkennen sollte, waren willkürliche Erschießungen oftmals beliebig aufgegriffener Zivilisten an der Tagesordnung. Ein Angehöriger der Reichsbahn hielt im Herbst 1941 fest: »Selbst hier in Minsk und Umgebung Hunderte von Kilometern hinter der Front ist man nicht sicher, besonders nachts. Das Partisanentum macht uns mit dem Eisenbahnbetrieb schwer zu schaffen, so daß mit den schärfsten Mitteln vorgegangen werden muß. Bei Anschlägen werden kurzerhand aus der Bevölkerung angrenzender Ortschaften eine Anzahl Leute, besonders Juden, herausgezogen und an Ort und Stelle erschossen, ihre Häuser in Brand gesteckt.«[180]

Nicht nur das: Die nationalistische Perspektive bildete die notwendige Vorbedingung, um fremde Menschen als Juden zu bezeichnen, zu erfassen und zu töten. Benennen bedeutete vernichten. Im Kontext des Krieges in Osteuropa genügte bereits die Bezeichnung »Jude«, um das Schicksal des Opfers zu besiegeln. Die inhaltliche Unbestimmtheit des Rassenbegriffs begünstigte gerade bei seiner Anwendung auf das Judentum seine Entgrenzung. Nahezu jedwede Form abweichenden Aussehens und Verhaltens konnte als »jüdisch« gebrandmarkt werden. Dennoch oder gerade deshalb räumten manche Soldaten offen ein, wie schwer es ihnen fiel, Juden zu erkennen. Oberleutnant Dr. Albert K. konstatierte irritiert die Schwierigkeit einer »reinlichen« physiognomischen Scheidung zwischen Deutschen und Juden: »Es ist eigenartig daß die Juden, die durch den ›Pour le sémite‹ ... gekennzeichnet sind, ganz andere Typen sind als bei uns; sie sehen im allgemeinen gar nicht jüdisch aus, sondern so, wie die übrigen Menschen auch.«[181] Was deutschen Soldaten die eigene Anschauung nicht verriet, offenbarte ihnen ihr nationalistisches Weltbild. Das Denken in nationalistischen Ein- und Ausschlusskategorien ermöglichte und erforderte die Bezeichnung eines Feindes. Oft bestimmten die Landser auf diese Weise selber, wer Jude war und wer nicht. Der Soldat Waldo P. beispielsweise meinte, Anfang Juli 1941 mit seiner Einheit unter den illegal weiter kämpfenden Rotarmisten auch zwei Juden gefasst und getötet zu haben: »Gleich in den ersten Tagen sah man viele Zivilisten mit kahlgeschorenen Köpfen, und daran konnte man meistens feststellen, daß es

Russen waren, die sich schnell umgekleidet hatten. Bei zweien, ganz junge Burschen, Juden (!), stellten wir fest, daß es Sowjetoffiziere waren. Auf Befehl eines Offiziers wurden sie dann erschossen. Später nochmal zwei andere Bolschewiki.«[182] Oft sah der deutsche Soldat daher nur das, was er ohnehin schon wusste. Tradierte nationalistische Kategorien stifteten zumal dann Sinn, wenn es im Chaos des Kampfes oder in der Unübersichtlichkeit des riesigen Landes für die Männer wenige andere Orientierungsangebote gab. Der deutsche Nationalismus verwandelte in unklaren Situationen immer wieder versprengte Truppenteile der Sowjetarmee oder russische Zivilisten in Partisanen, Juden oder Bolschewiki. Zwar gelang die Identifizierung von Juden hinter der Front oft mit Hilfe von Anwohnern, oder dadurch, dass in Zweifelsfällen die ergriffenen Männer ihr Glied vorzuzeigen hatten. Doch im Zuge vieler chaotisch verlaufender Einsätze hatten sich die Soldaten der Wehrmacht an ihrer nationalistischen Matrix zu orientieren. Ohne sein rassistisches Vorwissen hätte etwa Erich T. im Herbst 1941 den in einem Wald bei Kiew anonym aufgegriffenen Mann wohl kaum als Juden erkennen können: »Wir liegen südöstlich Kiew. ... Zwischendurch haben wir einige Streifen in unbesetzte Nachbardörfer gemacht. In den Wäldern treiben sich noch Russen herum, die von der Zivilbevölkerung Nahrungsmittel erpressen. Einige dieser Banditen konnten wir fassen. Einen Juden, der noch eine Pistole bei sich trug, haben wir an Ort und Stelle umgelegt. So ist der Dienst zur Zeit sehr abwechselnd wie das Wetter.«[183]

Berichte im Plauderton über Erschießungen belegen, dass zu den wichtigsten Wirkungen rassistischer Kategorien die Distanzierung und die Gleichgültigkeit zählten. Nationalismus schafft Abstand zum Anderen. Nationalistische Deutungsmuster verwandelten leidende Individuen in verdreckte Hungergestalten, denen augenscheinlich jede Menschlichkeit abhanden gekommen war. Nationalismus und Antisemitismus bereiteten den Boden für die Gefühllosigkeit der Täter des Holocausts, die Passivität der Beobachter und die Entmenschlichung der Opfer. Weniger ideologische Leidenschaft als vielmehr eine indifferente Dehumanisierung des Feindes prägten einen Großteil der Briefe. Auch ohne den expliziten Bezug auf Volk und Rasse führte die nationalistische Matrix in den Köpfen dazu, den Genozid gleichsam als notwendige und alltägliche Aktion kommunizieren zu können. Sachlich und zynisch reflektierte Heinrich K. im Sommer 1942 über den Massenmord: »In Bereza-Kartuska, wo ich Mittagsstation machte, hatte man gerade am Tage vorher etwa 1300 Juden erschossen. Sie wurden zu einer Kuhle außerhalb des Ortes gebracht, Männer, Frauen und Kinder mußten sich dort völlig ausziehen und wurden durch Genickschuß erledigt. Die Kleider wurden desinfiziert und wieder verwendet. Ich bin der Überzeugung: Wenn der Krieg noch länger dauert, wird man die Juden auch noch zu Wurst verarbeiten und den russischen Kriegsgefangenen oder gelernten jüdischen Arbeitern vorsetzen müssen.«[184]

Die Bekämpfung und die Vernichtung des jüdischen Feindes begriffen viele Soldaten als reine Verteidigung.[185] Diejenigen, welche explizit die Teilnahme oder mindestens die billigende Kenntnis am Judenmord eingestanden, konstruierten einen Zusammenhang zwischen dem geglaubten Wesen der Juden, ihren verwerflichen Taten und den notwendigen deutschen Abwehrmaßnahmen. Dazu stilisierten die Soldaten, welche die für sie bedrohliche Gewalt selber mitproduzierten, sich immer wieder als Opfer »jüdisch-bolschewistischer Heimtücke«. Da das aus der Heimat importierte Weltbild vornehmlich eigene Aversionen bestätigte, nahm ihr Verhalten zuweilen die Form einer sich selber erfüllenden Prophezeiung an. Die für notwendig erachteten Bewertungen und Verhaltensweisen in einer erwarteten Situation führten genau diese Situation herbei und rechtfertigten das eigene Tun.[186] Diese Weltsicht war damit weit mehr als eine ideologische

Legitimation. Für die Anhänger der »Volksgemeinschaft« erschien die Bedrohung durch die Juden und die Notwendigkeit zur rücksichtslosen Abwehr real. Diese durch die nationalistische Personalisierung der Kriegserlebnisse subjektiv
richtige, objektiv schlicht falsche Beurteilung ihres Verhaltens erlaubte es dann, sich gegen die vermeintliche Bedrohung mit allen Mitteln zur Wehr zu setzen. So klagte der
Gefreite Ludwig B. aus Kiew im September 1941 über den
angeblichen Terrorismus der Juden und rechtfertigte damit
ihre Massenerschießung in der Schlucht von Babij Jar: »Es ist
auch so noch überall gefährlich durch die vielen Minen, die
noch gelegt sind. In Kiew zum Beispiel ist eine Explosion
nach der anderen durch Minen. Die Stadt brennt schon acht
Tage, alles machen die Juden. Darauf sind die von 14 bis
60 Jahre alten Juden erschossen worden, und es werden auch
noch die Frauen der Juden erschossen, sonst wird's nicht
Schluß damit.«[187]

In der Logik des Rassismus stellte bereits der Fortbestand
der jüdischen »Gegenrasse« eine elementare Gefährdung der
eigenen Existenz dar. Die Tötung des Feindlichen wurde zur
Bedingung für die Erhaltung der deutschen Gemeinschaft.
Auch der Feldwebel Christoph B. unterstrich im Juli 1941 die
Notwendigkeit, sich gegen die so hinterhältige wie schmut-
zige jüdische Gefahr zu verteidigen: »Die Juden sind es auch,
die beim Begehen von Scheußlichkeiten an Ukrainern führend waren. Und mancher deutscher Soldat fiel der Hinter-
hältigkeit dieser Schmutzfinken zum Opfer. Wir Deutsche
haben deshalb keinen Grund, mit diesen Kreaturen schonend
umzugehen. Sie gelten deshalb augenblicklich nicht mal so
viel wie ein Hund bei uns. Für uns Soldaten ist das selbstverständlich.«[188] Entsprechend aufgebracht empörte sich ein
Leutnant über die angeblichen »Rassenmorde« durch Juden
in der Ukraine. Die Tatsache, dass nicht die jüdische Bevölkerung, sondern der sowjetische Geheimdienst für die Morde
verantwortlich war, spielte für die deutsche Wahrnehmung

praktisch keine Rolle. Schließlich hegte man schon vorher über den Charakter der Sowjetunion und der russischen Juden keine Zweifel. »Das satanischste und verbrecherischste System aller Zeiten ist das Judensystem im ›Sowjetparadies‹ – es ist ein Paradies für Juden. Wir haben die Rassenmorde in Lemberg, Zlocow erlebt, ich genauestens in Tarnopol und einigen anderen Orten – unbeschreiblich. … Führer aller dieser Verbrechen waren Juden, in Tarnopol besonders jüdische Ärzte, Chirurgen, die bei den Rassemorden regelrecht seziert haben. *Die* Volkswut werde ich nie vergessen. Dort haben wir noch die meisten erwischt – wir kamen zu schnell!«[189]

Die verbreitete Bereitschaft zur Gewalt resultierte gleichermaßen aus den militärischen Bedingungen des deutschen Feldzuges wie aus der Geltung idealler Werte. Die Gewalt im Krieg gegen die Sowjetunion stand in Relation zu den erlernten deutschen Gesellschaftsidealen. Namentlich die Nationsvorstellungen bildeten eine notwendige Vorbedingung. Doch das Morden erfuhr durch die Berufung auf Deutschland nicht einfach nur eine nachträgliche ideologische Legitimation, weil es zur Durchsetzung eines höheren Zieles diente. Der Nationalismus sicherte das Morden nicht nur ab, er enthemmte auch. Bereits die Verklärung der Normen von Nation, Volk und Rasse in den Köpfen ihrer Anhänger zu ultimativen Richtwerten erhöhte die Chance zur Anwendung von Gewalt, wenn es galt, diese hehren Ziele in die Tat umzusetzen. Umgekehrt radikalisierten die aktive Beteiligung an den Massentötungen und selbst die passive Duldung die Ausrottungspolitik. Denn die fortdauernde Praxis der Mordaktionen machte die Gewalt zu einem »Mittel der Selbstbestätigung« (Michael Geyer).[190]

In vielen Fällen wurden Verbrechen ohne konkreten Befehl oder Anlass verübt, vor allem deshalb, weil die Tat für die Soldaten sozialen Sinn stiftete. Die Gewalt im Vernichtungskrieg kann als ein Medium der Verständigung begriffen werden. Die im Glauben an die gemeinsame Sache verübte Tat stiftete Gemeinschaft, verband die deutschen Kameraden, indem sie die Feinde des Kollektivs vernichtete. Auf diese Weise etablierte sich ein tödliches Sinnsystem, innerhalb dessen Gewalt gegen praktisch jedermann, gegen Juden und Partisanen, gegen Kriegsgefangene und Zivilisten, den Tätern vernünftig und notwendig erschien. Die praktizierte Vernichtung und der Nationalismus wirkten ineinander, sodass erst durch die Tat selber das Weltbild der deutschen Nation zur Gewissheit wurde.[191]

Ein besonders aussagekräftiges Beispiel dafür, wie das nationalistische Weltbild der Soldaten die Gewalt im Vernichtungskrieg zusätzlich verschärfte, stellte die Behandlung der sowjetischen Kriegsgefangenen dar. Vor allem im Sommer und Herbst 1941 herrschten in den Durchgangs- und Stammlagern unbeschreibliche Zustände. Schon die Bezeichnung ›Lager‹ war eine reine Beschönigung für Orte, die aus nicht viel mehr als einer umzäunten freien Fläche bestanden. Die katastrophale Unterbringung, die unzureichende oder schlicht fehlende Versorgung mit Nahrungsmitteln und die erbärmlichen hygienischen Bedingungen führten zum massenhaften Sterben der gefangenen Rotarmisten. Wer von den deutschen Wachmannschaften nicht willkürlich erschossen wurde, erfror oder verhungerte. Immer wieder demonstrierten Fälle von Kannibalismus den entsetzlichen Hunger und die Verzweiflung der Häftlinge in den Gefangenenlagern.[192] Der Kannibalismus sprach sich mit großer Schnelligkeit in der Truppe herum. Die deutschen Soldaten bestätigten sich so ihr Bild vom Verhalten der russischen Gefangenen, mit denen sie sich ohnehin meist nicht verständigen konnten und die ihnen als unmenschliche Existenzen erschienen. Voller Schauder berichteten die Männer in ihren Briefen vom Verhalten der russischen »Menschenfresser« und »Wilden«. Wieder einmal schien eigene Anschauung jede antisowjetische Propaganda zu bestätigen und zu übertreffen. Und wieder einmal wurde

die eigene Verantwortung an dieser Situation konsequent ausgeblendet. »Und nun zum Schluß noch etwas zum Bolschewismus«, schrieb der Soldat Josef Z: »Wenn man vor Jahren in
der Zeitung gelesen hat, ein russischer Bauer hat seine
Schwiegermutter aufgefressen, hat man gesagt, das gibt es
nicht mehr. Heute haben wir den Beweis, daß das keine erfun-
dene Geschichte sondern Tatsache ist. Die Gefangenen fressen sich gegenseitig auf, aber nicht aus Hunger. Wir haben
schon so viel aus den Russen heraus gebracht, daß das einfache Essen besser ist, welches sie in der Gefangenschaft bekommen, als das Essen, welches sie in Rußland bekommen
haben. Bin froh, daß ich diese Woche nicht ins Lager brauche,
damit ich diese lebenden Bilder nicht sehe.«[193] Die Hungersnot
begriff Josef Z. wie viele seiner Kameraden nicht als ein Resultat der von Deutschen geschaffenen Ernährungslage, sondern als Ergebnis des bolschewistischen Zwangssystems, und
mehr noch als gleichsam zwingende Folge der widerlichen
ethnischen Eigenschaften der russischen Gefangenen. Auch
für den Obergefreiten Wolfram F. demonstrierten die Russen
durch ihr bestialisches Verhalten gleichermaßen ihre »Minderwertigkeit« und das hohe Zivilisationsgefälle zwischen
Deutschland und der Sowjetunion im »modernen« 20. Jahrhundert: »Bei den Russen geht es schon schrecklich zu. Sie
haben bald nichts mehr zu essen und essen jetzt schon Menschenfleisch. Es ist schon schlimm um ein Volk bestellt, wenn
es sich gegenseitig auffrißt. Man kann es ja kaum glauben,
aber es ist Tatsache, und sieht man es immer wieder an den
vorgefundenen Überresten. Der Herr Engländer schämt sich
nicht, mit solch einem bestialischen Untermenschentum Hand
in Hand zu gehen. So was nennt sich zivilisierte Welt im
20. Jahrhundert. Allzulange wird es ja nicht mehr dauern,
dann werden wir endgültig Schluß machen mit dieser
Bande.«[194]

Derartige Aussagen demonstrieren eingehend das dynamische Wechselverhältnis zwischen nationalistischen Welt-

bildern und gewalttätigen Handlungen. Bestehende Vorurteile gegen die »slawische Minderwertigkeit« trugen nicht unwesentlich zu den unsagbaren Lebensbedingungen in den Gefangenenlagern bei. Und umgekehrt erschien den deutschen Soldaten das Verhalten der sowjetischen Gefangenen als Ausdruck ihrer »Minderwertigkeit«. Das aktualisierte die bestehenden kollektiven Ressentiments und verschärfte wiederum tendenziell die Repressionsmaßnahmen. Letztlich bewies in den Augen der Täter die Vernichtung der Opfer sowohl ihre »Minderwertigkeit« als auch die Richtigkeit des eigenen Nationalismus. Im Oktober 1941 berichtete der Gefreite Emil E. aus einem Kriegsgefangenenlager an seinen Kameraden Jakob: »Wir haben von der Front über 100 000 Gefangene übernommen, wie es da zu geht kannst Dir vorstellen. Wir haben alle Tage einen Abgang von zirka tausend Toden und am 18. auf 19.10. über 1700. Kannst Dir vorstellen wie das zu geht. Ein Teil wird erschossen und die anderen sterben so, dann sind dabei welche andere umbringen und auffressen. Da ist Nachts ein Braten von Menschenfleisch und machen sogar Hirnsuppe, kannst Dirs garnicht vorstellen. Morgens wird dann die Übeltäter gesucht und sofort auf der Stelle erschossen. Wenn wir mal wieder zusammen kommen kannst es auf den Bildern sehen. ... Bis zum heutigen Tag haben sie nichts mehr unternommen weil wir die Komisare alle heraus gefischt haben und gleich umgelegt. Lieber Kamerad Jakob, da wird man ganz herzlos und kalt weil es nichts anders geht. So ein Volk kann man nicht anders behandeln weil von einer Kameradschaft keine Spur da vorhanden ist. Wenn wer zusammen bricht und der andere soll helfen braucht man eine Waffe bis mal einer zugreift. Beim Essen nimmt einer dem anderen seins weg so wie es Tiere tun, da kann man nicht anders handeln.«[195]

Das Denken und Reden in nationalistischen Klassifizierungen setzte die Soldaten mithin unter von ihnen selber geschaffene Handlungszwänge. Wer sich auf Volk und Nation

berief, für den reduzierten sich nicht nur die Wahrnehmungsmöglichkeiten; auch die Handlungsspielräume schlossen sich durch diese Weltsicht. In vielen Fällen engte die
Wahrnehmung des Einzelnen den Bereich der ihm persönlich
zur Verfügung stehenden Optionen weiter ein. Die Soldaten
sahen gerade im Zuge größerer militärischer Operationen
nur geringe Chancen, sich nach eigenen Maßstäben oder gar
von der Mehrheit abweichend zu verhalten. Die eigenen
Handlungsmöglichkeiten wurden in den Briefen zudem oft
mit dem Hinweis auf gegebene Befehle kleingeschrieben.[196]
Die Sprache der Täter ist ein deutlicher Indikator für ihre
Legitimationsstrategien, ihre Überforderung und ihre subjektiv empfundene Ohnmacht. Tatsächlich aber erhöhten die
völkerrechtswidrigen Befehle der Wehrmachtsführung und
der Nationalismus in der Truppe die Handlungsspielräume
deutscher Soldaten. Auch wenn die Männer immer wieder in
ihren Briefen betonten, nicht anders handeln zu können, er-
schloss der Vernichtungskrieg zusätzliche Freiräume, innerhalb derer die sowjetischen Gefangenen und alle Feinde der
deutschen Nation oft nach eigenem Ermessen behandelt
werden konnten. In vielen Situationen sahen sich die Soldaten gezwungen, selber über Leben und Tod zu entscheiden. Sie glaubten, unter Handlungsdruck zu stehen, weil auf
der einen Seite der oftmals chaotische Verlauf der Kriegs-
handlungen in der Sowjetunion, die widersprüchlichen und
willkürlichen Zwangsmaßnahmen gegen russische Kombattanten und Nichtkombattanten vom Einzelnen immer wieder
persönliche Entscheidungen erforderten, die nicht automatisch von gegebenen Befehlen gedeckt waren, und weil auf
der anderen Seite ihre Nationsvorstellungen tendenziell radikale Handlungsoptionen als gesellschaftlich wünschens-
wert erscheinen ließen.[197] Auf diese Weise eröffneten die in
der Truppe vorhandenen nationalistischen Deutungs- und
Argumentationsmuster im Zusammenwirken mit den Bedingungen des Vernichtungskrieges ein zusätzliches Gewaltpo-

tenzial. »Neulich konnte man keine 50 m vom Leninhaus entfernt beobachten«, schrieb Kurt S. im Herbst 1941 aus Minsk, »wie in einen Haufen Kriegsgefangene einfach von den Wachmannschaften hineingeschossen wurde. Die Kerle stritten sich um Brot und alte Kleidungsstücke, die ihnen zugeworfen worden waren. Drei blieben tot liegen und wurden von Juden an Ort und Stelle wie verreckte Hunde verscharrt. Man muß sie so behandeln, sonst wird man ihrer nie Herr. Die Russen wurden bisher durch Angst regiert, das geht auch jetzt nicht anders. Sie sind keine Menschen mehr, sondern vertierte Horden.«[198] Zu einem sehr ähnlichen Schluss kam auch der Gefreite Friedrich F., was die Behandlung der russischen Zivilbevölkerung betraf. In seinem Weltbild versagte deutsche Vernunft vor augenscheinlich erwiesener russischer Heimtücke und Brutalität. Nur rücksichtslose Gewalt bliebe den Deutschen als einzige Handlungsoption, um sich der Partisanen und ihrer Helfer in der Bevölkerung zu erwehren. Im November 1941 vertraute er sichtlich ratlos seinem Tagebuch an: »Ich habe in der ersten Zeit oft nachgedacht, ob es nicht zweckmäßiger sei, auf gutem Wege zu einem annehmbaren Verständnis mit der Bevölkerung zu kommen. Es ist aber zwecklos. Erst vor wenigen Tagen sind hier wieder drei Posten nachts erstochen worden. Der Erfolg davon war, daß fast die ganze Bevölkerung eines Dorfes in Höhe von 300 Personen standrechtlich erschossen wurde. Es zeigt sich, daß dieses das einzig mögliche Rezept ist. Nur mit eiserner Gewalt ist hier etwas zu machen. Freilich muß mancher Unschuldiger daran glauben, aber was hilft das oder spielt es für eine Rolle. Die Hauptsache ist, daß, wo die Vernunft versagt, nur die Angst vor dem Tode als einzigstes Mittel bleibt.«[199]

In gewisser Hinsicht sind die Wirkungen des Nationalismus und Rassismus durch die Massenmorde selber evident. Wer sich der Sprache von »Volk« und »Rasse« bediente, drohte, leichter als andere, Massenerschießungen und jedwede Kriegsverbrechen als notwendige Maßnahmen hinzunehmen. Für die Betroffenen konnte es einen erheblichen Unterschied ausmachen, ob die Wehrmachtsoldaten auf die eigenen Nationsvorstellungen zurückgriffen oder nicht.[200] Fehlte der Bezug auf nationalistische Stereotype, betrachteten die Briefschreiber eine Situation aus einer primär persönlichen Perspektive, war das für potenzielle Opfergruppen in der Regel von Vorteil. Unterschiedliche Deutungen konnten im günstigen Falle unterschiedliche Verhaltensweisen zur Folge haben. In vielen alltäglichen Konstellationen bestanden damit faktische Handlungsmöglichkeiten, die dem Einzelnen oft bewusst waren – wie dem Soldaten Friedrich R. im Februar 1942 in Cherson: »Die Leute sagten, daß sie seit 40 Jahren nicht wieder so einen Winter gehabt haben. Ich bin nun auch wieder bei der Kompanie und sitze auf Wache. Seien Sie froh, daß sie von diesem Elend nichts sehen. Hier im Lager sterben alle Tage 40, 50, und manche Tage noch mehr von den Russen. Auch manche rührige Sache spielt sich ab. Frauen mit den Kindern kommen und wollen ihre Väter aufsuchen. Neulich stand ich am Hauptlager. Da kam auch eine Frau mit zwei Kindern und wollte ihren Mann besuchen. Ich ließ die russische Polizei kommen und ließ den Mann holen. Als er kam, Sie können es glauben, mir sind die Tränen gekommen. Mit beiden Armen hob er seine Kinder hoch, und die Frau hat mir die Hände und die Füße geküßt. Aber es sind ja unsere Feinde, und man muß auch wieder hart sein.«[201]

Die Berufung auf die Nation legitimierte und motivierte, über das eigentlich Unkommunizierbare zu schreiben. Der Rückbezug des gewalttätigen Handelns auf ein nationales Weltbild diente deshalb der Rechtfertigung, weil sich das eigene Tun als notwendiges Mittel zu einem übergeordneten Zweck erklären ließ – dem deutschen »Endsieg« im Osten. Gleichzeitig bot sich dem Verfasser durch die aktive Vernichtung der Feinde von Volk und Nation die Chance, sich vor den

Vorgesetzten und den Angehörigen im Sinne der »Volksgemeinschaft« zu bewähren.[202] Damit stellte der Nationalismus
ein Kommunikationsmittel zur Verfügung, mit Hilfe dessen
die Sprachbarrieren der Zensur und der Selbstzensur passiert
werden konnten. Schreiber und Empfänger derartiger Briefe
erneuerten so immer wieder die »Volksgemeinschaft«. Der
Glaube an geteilte Welt- und Feindbilder verband die Front
mit der Heimatfront und erschuf im Denken der Nationalisten eine Einheit. Die Nachkriegslegende vom Nichtwissen
um den Völkermord in der Heimat wird bereits durch die
Tatsache relativiert, dass zahlreiche deutsche Soldaten von
ihren Kriegserlebnissen mehr oder weniger offen ihren Angehörigen berichteten. Zudem gelangten die Nachrichten
durch Urlauber ins Reichsgebiet. Auch wenn der Vollzug des
Genozids von offizieller Seite als Staatsgeheimnis behandelt
wurde, erhielt zwar nicht die Mehrheit, aber doch ein erheb-
licher Teil der deutschen Bevölkerung an der Front wie in
der Heimat Kenntnis wenigstens von einzelnen Aspekten
der Vernichtungspraxis.[203] Und der Glaube der Nationalisten
an die Notwendigkeit ihrer Tat machte es möglich, auch
über die schlimmsten Verbrechen zu sprechen. In diesem
Sinne schrieb der Gefreite Heinz S. im Mai 1942 an seine
Schwester Elly: »Wir werden und müssen siegen, denn sonst
würde es uns schlecht gehen. Das ausländische Judengesin-
del würde sich fürchterlich am Volk rächen, denn hier sind,
um der Welt endlich Ruhe + Frieden zu bringen, hunderttausende von Juden hingerichtet worden. Vor unserer Stadt
sind auch 2 Massengräber. In einem liegen 20 000 Juden
und dem anderen 40 000 Russen. Zuerst ist man zwar davon
erschüttert, aber wenn man an die große Idee denkt, dann
muß man ja selbst sagen, daß es nötig war. Jedenfalls hat
die SS ganze Arbeit geleistet und man hat ihr viel zu verdanken.«[204]

Zahlreiche deutsche Soldaten wurden unfreiwillig Augen-
zeugen von Deportationen und von Gewaltmaßnahmen ge-

gen die jüdische Bevölkerung. Das systematische Auskämmen von Ortschaften, die Menschentransporte, das »Säubern« ganzer Landstriche und gerade die Exekutionen selber ließen sich nicht im Geheimen durchführen. Vor allem bewegten die Männer die Massenhinrichtungen von Juden in den besetzten sowjetischen und polnischen Gebieten. Entsprechend finden sich in der Korrespondenz der Truppe regelmäßig Hinweise auf die Morde, die sich oft auf Andeutungen und Gerüchte beschränkten. Die Verdrängung der Tatsachen und ein giftiger Antisemitismus schlossen sich nicht notwendig aus. Beim Anblick einer jüdischen Synagoge befand der Soldat Xaver M.: »Ich glaube, daß Juden hierzulande auch bald kein Bethaus mehr brauchen werden. Warum, habe ich Dir doch bereits geschildert. Für diese gräulichen Kreaturen ist's doch die einzig richtige Erlösung.«[205] Selbst das Wissen um die Vernichtungslager und um Auschwitz gelangte durch Briefe oder durch Urlauber in die Heimat. Hier hatten noch viel mehr Menschen Gelegenheit zur Beobachtung der Massenmorde als bei den Erschießungen auf offenem Felde. Auschwitz bildete zudem einen Verkehrsknotenpunkt und ein Produktionszentrum der IG-Farben im oberschlesischen Industriegürtel, den täglich zahlreiche Züge mit Soldaten und Nachschub passierten. Viele wunderten sich über den widerlichen Geruch und die weithin sichtbaren Flammen aus den Krematorien. Während er sich im Zug auf dem Weg an die Front befand, hielt der Soldat Sigbert M. im Dezember 1942 auf einer Postkarte an seine »Lieben« daheim lakonisch fest: »Hier oben sieht man so viele Strafgefangenenlager, die Bauarbeiten und noch so verschiedenes machen. Juden kommen hier, das heißt in Auschwitz, wöchentlich 7–8000 an, die nach kurzem den ›Heldentod‹ sterben. Es ist doch gut, wenn man einmal in der Welt umher kommt.«[206]

Die Feldpostbriefe berichteten nicht nur über die Kenntnisse und die Akzeptanz des Völkermordes in der Truppe.

Selbst die eigene aktive Beteiligung an Massentötungen war
unter bestimmten Umständen halböffentlich kommunizierbar,
wenn sie Bezug auf das übergeordnete und überwölbende
Weltbild der Nation nahmen. So bat ein österreichischer Soldat
seine Eltern in Wien seinen Brief, der die sadistische Ermordung von Juden – als Vergeltung für angeblich durch Juden
begangene Ausschreitungen – durch deutsche Soldaten und
die SS Anfang Juli 1941 in Tarnopol schilderte, in der
NSDAP-Ortsgruppe unbedingt bekannt zu machen: »Gestern
waren wir mit der SS gnädig, denn jeder Jude, den wir er-
wischten, wurde sofort erschossen. Heute ist es anders, denn
es wurden wieder 60 Kameraden verstümmelt gefunden. Jetzt
müssen die Juden die Toten aus dem Keller herauftragen,
schön hinlegen und dann werden ihnen die Schandtaten gezeigt. Hierauf werden sie nach Besichtigung der Opfer er-
schlagen mit Knüppel und Spaten. Bis jetzt haben wir zirka
1000 Juden ins Jenseits befördert aber das ist viel zu wenig für
das, was die gemacht haben. Die Ukrainer haben gesagt, daß
die Juden alle die führenden Stellen hatten und ein richtiges
Volksfest mit den Sowjets hatten bei der Hinrichtung der Deutschen und Ukrainer. Ich bitte Euch liebe Eltern, macht das
bekannt auch der Vater in der Ortsgruppe. Sollten Zweifel bestehen, wir bringen Fotos mit. Da gibt es kein Zweifeln.«[207] Die
Wiener Kreisleitung der NSDAP vervielfältigte das Schreiben
daraufhin als Bestätigung dessen, was man immer schon über
die Juden zu wissen vermeinte und stellte es in örtlichen
Schaufenstern und Geschäften aus. Dieser Umstand rief die
Zensurbehörden auf den Plan, denen die ganze Angelegenheit
dann doch zu heikel erschien: »Nachforschungen der hiesigen
Abwehrstelle ergaben, daß von einem Wiener Kreisleiter der
NSDAP Abschriften dieses Berichtes für Propagandazwecke
an die Ortsgruppenleiter seines Kreises zur Kenntnis gebracht
wurden. Einer dieser Ortsgruppenleiter hat eigenmächtig eine
solche Abschrift vervielfältigt und zum Anschlag in Schaufenstern verteilt. Auf Veranlassung von Ic/Wpr wurde sofortige Ein-

225

ziehung der Vervielfältigung veranlaßt. Der Fall erscheint geeignet, grundsätzlich behandelt zu werden. Es wird daher die Anregung gegeben, bei Belehrungen der Feldtruppe mit verstärktem Nachdruck darauf hinwirken zu lassen, daß derartige Greuelberichte von Soldaten aus dem Felde nicht in die Heimat gesandt werden.«[208]

Derartige Vorfälle blieben keine Einzelerscheinungen. Immer wieder erreichten Feldpostbriefe einen halböffentlichen Status. Soldaten berichteten von verübten Gewalttaten an die Arbeitskameraden in der Firma[209] oder an die Kollegen im Büro. Der Osnabrücker Regierungspräsident etwa bat seine an der Ostfront kämpfenden Beamten im Sommer 1941, ihre Fronterlebnisse für eine geplante interne Veröffentlichung nach dem – bald erwarteten – Kriegsende festzuhalten.[210] Die genannten Dokumente entstanden daher im Unterschied zu der Mehrheit der übrigen Feldpostbriefe in einem halböffentlichen Zusammenhang. Er bekam einige hundert Zuschriften, deren Autoren mit der Bekanntmachung ihrer Zeugnisse rechnen mussten und wollten. Dennoch werden in der Osnabrücker Sammlung mehrfach Gewalttaten und Morde gegen Zivilisten und Kriegsgefangene in einer an nationalistischen Versatzstücken reichen Sprache beschrieben.[211] Manche Wehrmachtsoldaten nutzten die gebotene Gelegenheit, sich der Heimat und insbesondere dem Vorgesetzten gegenüber als vorbildliche »Volksgenossen« und heroische Kämpfer zu stilisieren.[212]

Die Verfasser dieser halböffentlichen Briefe gingen offenbar – zu Recht oder Unrecht – von einer Gemeinschaft der Motive und Weltbilder in der nationalsozialistischen »Volksgemeinschaft« aus. Wer sich offen über sein eigenes Heldentum im Zuge von Massentötungen ausließ, um die »Volksgenossen« in der Heimat zu beeindrucken, musste davon überzeugt sein, dass seine Auffassungen auf allgemein geteilten gesellschaftlichen Urteilen beruhten. Der Nationalismus sicherte nach Auffassung seiner Anhänger diejenigen

Taten des Einzelnen ab, welche glaubhaft beanspruchen konnten, trotz aller Härte dem Wohle der »Volksgemeinschaft« zu dienen. Zahlreiche Soldaten handelten innerhalb der eigenen Logik eines ihnen selber äußerst plausibel erscheinenden nationalen Referenzsystems. Dessen moralischer Imperativ erlaubte nach Beginn des Ostfeldzuges nicht nur die Tötung der zahllosen Feinde der Deutschen, sondern gebot vielmehr die Vernichtung derjenigen, die aus politischen, ethnischen oder kulturellen Gründen nicht zur »Volksgemeinschaft« gehören konnten.[213]

Im Tenor der heroischen Selbststilisierung und im Appell an geltende rassistische Überlegenheitsphantasien verfasste auch der Gefreite Heinrich K. seine Ausführungen an seinen Chef und die Kollegen in der Devisenstelle Leipzig. In diesem Brief finden sich seitenlange detaillierte Beschreibungen von Gewaltexzessen gegen russische Kriegsgefangene, denen der Autor als sichtlich überzeugter Nationalist und Rassist alle menschlichen Eigenschaften absprach: »Nach langer, langer Zeit will ich nun auch einmal wieder einen Beitrag zu unseren Soldatenbriefen geben. ... Vor 14 Tagen bekam ich einen für mich ehrenden Auftrag ... . Macht sich schön auf dem Papier, ›Gefr. K. mit 11 Mann einen Gefangenentransport von 3000 Menschen aller Rassen‹, aber die Verantwortung und Arbeit ist kolossal. ... Was ich Ihnen im folgenden schildere ist kein Fantasiegebilde sondern nackte Wahrheit. Auf dem Transport haben die Stärkeren die schwächeren Kameraden umgebracht und zwar 50 bis 60 Mann, herausgeschmissen oder auch liegengelassen. ... Danken wir Gott, daß der Führer uns vor diesen Horden bewahrte. Es sind keine Menschen mehr, Tiere sind besser. ... Wenn Sie einmal in ein Lager schauen könnten, Sie würden sich grauen vor diesen vertierten Bestien aller Rassen, und trotzdem hat sich in dieser Woche so allerhand ereignet, was die Wochenschau in Deutschland niemals bringen kann, was Sie in den Wochenschauen sehen, ist Gold gegen die Wirklichkeit. Vor 2 Stunden bin ich von einer *Exekution* von 36 *Menschenfressern* gekommen, ob Sie es glauben oder nicht, ich werde es Ihnen später in Bildern zeigen. Diese vertierten Asiaten und Bolschewisten hatten in den 2 vergangenen Nächten beträchtliche Zahlen an Gefangenen ermordet und aufgefressen. Soweit aufgefressen, daß bei einigen nur noch Wirbelsäule und Kopf vorhanden war. Bei der Dingfestmachung hatten einige noch Fleischstücke in ihren Eßbehältern. ... Nachmittags wollten sie das Verpflegemagazin stürmen, na, wir haben ihnen Mores beigebracht, etwa 100 Tote und Verwundete ließen sie am Kampfplatz. Stellen Sie sich vor, etwa 6000–8000 Gefangene kommen wie eine Walze auf 6 Mann zu, da heißt es schon kaltes Blut bewahren. Am selben Abend haben sie ihren Kasernenblock in Brand gesteckt, etwa 5000 Bolschewisten und Asiaten darin, wir erst alle herausgetrieben und dann gelöscht, 52 Rädelsführer, darunter viele Kommissare, erschossen. Nachts Ausbrüche, Schreie der Mordopfer und das vertierte Schreien der Asiaten, alles in Allem furchtbar. ... Zum Schluß grüßen Sie bitte alle Arbeitskameraden von mir, und ich hoffe, sobald uns der Urlaub überrascht, mit Ihnen allen ein gemütliches Helles trinken zu können. Heil Hitler! Ihr Heinrich K.«[214]

Offenbar ging die Rechnung von Heinrich K. nicht auf. Der von seinem Brief augenscheinlich unangenehm beeindruckte Leiter der Devisenstelle schaltete das stellvertretende Generalkommando in Dresden ein. Die Behörde verfügte unter anderem, dass das besagte Schreiben zum größten Teil gesperrt wurde. Nicht weil es Unwahrheiten verbreitete, sondern »weil der Inhalt geeignet ist, unter den Lesern größte Beunruhigung hervorzurufen«.[215]

Der Nationalismus in der privaten Korrespondenz zwischen Front und Heimat ist ein aufschlussreiches Indiz für den Stellenwert der »Volksgemeinschaft« in den Köpfen und zugleich eine Ursache für den hartnäckigen Bestand dieses Weltbildes. Schreiber und Empfänger von Feldpostbriefen erneuerten durch ihre Korrespondenz, durch den Rückgriff auf geteilte Vorstellungen und Praktiken die Geltung der nationalistischen Utopie. So absonderlich und irreal viele dieser Weltdeutungen heute erscheinen mögen – für die Nationalisten waren sie offenbar sinnvoll. Durch ihre Kommunikation erschufen sich die Menschen an Front und Heimatfront eine Welt, gemeinsame Visionen und Aversionen, die sie dann nicht anders als bereits »natürlich« gegeben empfanden. Die Nationsvorstellungen kreierten zumal dadurch für ihre Anhänger Bedeutung, weil sie vormals getrennte Deutungsmuster neu in das Ordnungsschema der »Volksgemeinschaft« einpassten und damit politisierten. Jedwedes Verhalten und jedwede soziale Praktik der unterworfenen Bevölkerung konnte durch den Bezug auf die »Volksgemeinschaft« eine politische – und in der Regel negative – Relevanz erhalten. Auf den deutschen Soldaten lastete daher durch ihr eigenes Weltbild ein verstärkter Konformitäts- und Handlungsdruck. Im Kontext des Vernichtungskrieges trafen selbst geschaffene Handlungszwänge auf zusätzliche erweiterte Handlungsoptionen. Die Folgen waren für viele Menschen in Osteuropa verheerend. Die nationalistischen Weltbilder und die Gewalt des Krieges wirkten in einem selbstreferenziellen Teufelskreis aufeinander ein. Die Nationsvorstellungen der Männer der Wehrmacht dienten nicht nur zur nachträglichen Rechtfertigung ihrer Taten, sondern wurden auch durch die Morde selber erzeugt. Die Massentötungen konnten die Soldaten als Bestätigung ihrer Nationsvorstellungen interpretieren. Die Bedingungen des Vernichtungskrieges verstärkten die bestehenden nationalistischen Aversionen, und die Morde wiederum das Weltbild der »Volksgemeinschaft«. Die nationalistisch legitimierte und motivierte Gewalt vereinte die deutschen Soldaten durch die Vernichtung ihrer Feinde. Der Zusammenhalt der »Volksgemeinschaft« an der Ostfront beruhte auf alltäglich verübter Gewalt.

Der Krieg des »kleinen Mannes«?
Zum Verhältnis von nationalistisch motivierter Feindschaft und Wehrmachtsverbrechen

Inzwischen erfolgt der Ablass wieder von höchster Stelle. Anlässlich seines Besuches im Konzentrationslager Auschwitz im Mai 2006 unterstrich Papst Benedikt XVI., dass die Deutschen – gleichsam als Opfer äußerer Umstände – nationalistischer Verblendung anheim gefallen seien: »Es war und ist eine Pflicht der Wahrheit, … hier zu stehen als Sohn des Volkes, über das eine Schar von Verbrechern mit lügnerischen Versprechungen, mit der Verheißung der Größe, des Wiedererstehens der Ehre der Nation und ihrer Bedeutung, mit der Verheißung des Wohlergehens und auch mit Terror und Einschüchterung Macht gewonnen hatte, sodass unser Volk zum Instrument ihrer Wut des Zerstörens und des Herrschens gebraucht und missbraucht werden konnte.«[1]

Mit dieser Relativierung deutscher Verantwortung reiht sich der deutsche Papst ein in einen verbreiteten revisionistischen Erinnerungstrend, der sich seit einigen Jahren in Deutschland abzeichnet. Augenscheinlich haben sich inzwischen viele Deutsche als Opfer des Zweiten Weltkrieges wieder entdeckt: Der baden-württembergische Ministerpräsident Günther Oettinger (CDU) erklärt in deutschnationalem Kalkül seinen Amtsvorgänger, den furchtbaren Juristen Hans Filbinger – ausgerechnet – zum Gegner des Nationalsozialismus. Ein ehemaliger Linker wie Jörg Friedrich verfasst einen reißerischen Bestseller über die deutschen Opfer des Bombenkrieges, Günter Grass steuert eine große Erzählung zum Untergang der mit hilflosen deutschen Flüchtlingen besetzten

»Wilhelm Gustloff« bei, die Debatte im konservativen Lager über ein »Zentrum gegen die Vertreibung« reißt nicht ab und die Kinder der Kriegsgeneration machen ihre Traumatisierungen im Fernsehen zum Thema. Überhaupt sind die Rolle von Fernsehen und Film bei der schleichenden Umwertung kollektiver Erinnerung in Deutschland kaum zu überschätzen. Sonderserien des »Spiegels« zum Bombenkrieg und Guido Knopps Fortsetzungsserien zur »Großen Flucht« der Deutschen aus dem Osten erreichen ein Millionenpublikum.[2]

»Ist die Zeit der deutschen Täter vorbei, kommt nun die Zeit der deutschen Opfer?«, fragte der »*stern*«.[3] Vollzieht sich inzwischen vielleicht gar ein »radikale[r] Perspektivenwechsel – von den Opfern der Deutschen zu den Deutschen als Opfern«, wie Norbert Frei mutmaßt?[4] Sicher scheint, nach dem 60. Jahrestag des Kriegsendes verblassen die Verbrechen der Wehrmacht in der öffentlichen Wahrnehmung. Die Zeit einer selbstkritischen Aufklärung der NS-Geschichte, betrieben von einer linksliberalen Öffentlichkeit seit den 1960er Jahren als Gegenentwurf zur Verdrängungspolitik in der frühen Bundesrepublik, scheint sich dem Ende zuzuneigen. Für das Elend der gefallenen deutschen Soldaten und der im Bombenkrieg getöteten Zivilisten blieb da wenig Raum. Doch in den vergangenen Jahren wurde das Urteil über den Nationalsozialismus und den Völkermord des Zweiten Weltkrieges milder, weil sich der Blick von der Ostfront zurück zur Heimatfront verschob. Zumal die Einbettung der Kriegserzählungen in individuelle Familiengeschichten begünstigte die Verbreitung des aktuellen Opferdiskurses. Dadurch wich Verurteilung dem Verständnis. Mit dem allmählichen Aussterben der Kriegsgeneration wuchs das gesellschaftliche Interesse an ihren Erfahrungen, ihren Erlebnissen und eben auch dem persönlichen Leid.

Problematisch an diesem Trend ist nicht nur die Tatsache, dass hier unterschiedliche traumatische Erfahrungen von Deutschen und Nichtdeutschen parallelisiert und dadurch verharmlost werden, sondern dass vielmehr der Eindruck vermittelt wird, eine Rückkehr zu einer wie auch immer begriffenen Normalität sei möglich, *weil* man sich mit der eigenen dunklen Vergangenheit erfolgreich auseinander gesetzt habe. Im Ergebnis zeichnet sich eine Dekontextualisierung deutscher Opferdiskurse ab. Die Identifikation mit dem Leid deutscher Zivilisten ignoriert bewusst oder unbewusst dessen Ursachen. Deutsche wurden erst durch die nationalsozialistische Angriffs- und Vernichtungspolitik selber zu Opfern des Bombenkrieges und der Vertreibung. Auch wenn die Kategorien »Opfer« und »Täter« letztlich politische Begriffe darstellen und analytisch nur mit großer Skepsis zu verwenden sind, ist ihre gesellschaftliche Bedeutung für die öffentliche Sprache der Bundesrepublik ganz unbestreitbar. Unabhängig von den politischen Implikationen dieser Renaissance der Opferperspektive stellt sich für die Geschichtswissenschaft auch eine konzeptionelle Frage: Müsste in Zukunft die Beschäftigung mit der nationalistisch-affirmativen Mentalität und der Schuld der Kriegsgeneration nicht um eine verständnisvollere Sicht auf ihr Leid ergänzt werden?

Dieses Buch vertritt eine andere Position: Mit-Schuld und Mit-Leid sind nicht gegeneinander aufzurechnen. Bereits der Glaube, einem »Volk von Opfern« anzugehören, kann als eine durch nationalistische Vorstellungen präferierte Weltsicht charakterisiert werden, die auch die Soldaten der Wehrmacht teilten. Begreift man die Nation als eine vorgestellte Gemeinschaft, dann stellen die gegenwärtigen kollektiven Sinngebungen in Deutschland den Versuch der Transformation einer katastrophalen Geschichte dar. Brüche sucht man in Kontinuität, Scheitern in Sinn zu verwandeln.[5] Die Aufgabe des Historikers kann es freilich nicht sein, sich an dieser larmoyanten neuen Identitätspolitik zu beteiligen. Selbst nach jahrzehntelanger Forschungsleistung ist die Untersuchung deutscher Verbrechen nicht an ihr natürliches Ende gelangt. Die hier im Mittelpunkt des Interesses stehenden nationalistischen Weltbilder der Wehrmachtssoldaten, die massenhafte Kenntnis und die Beteiligung an Kriegsverbrechen und Völkermord sprechen gegen die Notwendigkeit eines Perspektivenwechsels. Die Untersuchung der von den Soldaten selber verfassten Briefe demonstrierte, dass sich ihre Teilhabe am Krieg gegen die Sowjetunion nicht auf eine passive Erfüllung gegebener Pflichten und Befehle beschränkte. Wie gesehen verstärkten in der Praxis des Vernichtungskrieges nationalistische Sinngebungen die aktive und bejahende Beteiligung auch unterer Dienstgrade beim Vollzug des Völkermordes.[6]

Der Nationalismus stellte für die Mehrheit der Deutschen in der Heimat wie an der Front ein attraktives Ordnungsmodell dar. Auch wenn die Vision der deutschen »Volksgemeinschaft« nur zum Teil verwirklicht werden konnte, charakterisierte ihre handlungsleitende Bedeutung, dass sie nur selten in Frage gestellt wurde. Die »Volksgemeinschaft« verhieß zum selben Zeitpunkt ein Mehr an Gleichheit wie an Ungleichheit. Als ein Resultat der Anforderungen des totalen Krieges vollzog sich eine doppelte Transformation der Nationsvorstellungen in Deutschland, die das »Volk« zweifach aufwertete: als egalitäre Gemeinschaft und als ausgrenzenden Rasseverband. Die »Volksgemeinschaft« versprach all jenen »Volksgenossen«, welche ihren gesellschaftlichen Funktionen gewissenhaft nachkamen, materielle Absicherung, vor allem aber soziales und politisches Ansehen. Die politische und kulturelle Polyvalenz des Nationalismus bewährte sich vor allem unter Kriegsbedingungen. Nationalistische Deutungsmuster strukturierten das Kriegsgeschehen, verliehen Kampf, Leid und Tod Kontingenz. Das Bewusstsein, Geborgenheit in einer Gemeinschaft zu genießen, konnte alltägliche Bedrohungsängste im Krieg kompensieren. Umgekehrt resultierte aus der Gleichheit dieser Gemeinschaft die Notwendigkeit scharfer biologistisch legitimierter Grenzziehungen gegen jedermann, der dem eigenen Wertekanon nicht genügte. Mit Hilfe biologistischer Nationsvorstellungen ließen sich nicht nur assimilierte Juden stigmatisieren, sondern auch Kommunisten und »Bolschewisten«, »Slawen«, »Partisanen« und »Fremdvölkische« als Nichtzugehörige und Feinde aus der »Volksgemeinschaft« verbannen.

Auf der Basis des dichotomen Ordnungsmodells der Nation erschufen sich viele Deutsche eine Welt, die noch den einfachsten »Volksgenossen« durch seine Zugehörigkeit zur Gemeinschaft weit über jeden »Volksfremden« erhob. Wie selbstverständlich kostete mancher Deutsche an der Front das Privileg aus, ein »Herrenmensch« zu sein. Die nationalistische Überzeugung eigener Überlegenheit erzeugte Distanz gegenüber denjenigen, welche die eigenen Ordnungsvorstellungen nicht erfüllten. Gleichzeitig erlaubte die Berufung auf die hehren Letztwerte der Nation und des Volkes im Prinzip jede kollektive Vorstellung und jedes kollektive Handeln als im »nationalen Interesse« liegend zu legitimieren. Die Breitenwirkung des egalitären und biologistischen Nationalismus im Zweiten Weltkrieg veranschaulichte, in welchem Ausmaß die Grenzziehungen zwischen äußeren und inneren Feinden stets konvergierten.

Die »Volksgemeinschaft« war nicht nur ein ideologisches Konstrukt der NS-Elite, ihrer Parteidoktrin oder ihrer raffinierten Propaganda. Die deutsche Nation war das Produkt ihrer zahlreichen Anhänger an der Front und der Heimatfront. Sie bildete für die »Volksgenossen« ein sinnvolles Referenzsystem, welches die Umwelt strukturierte und das eigene Handeln legitimierte. Die Gemeinschaft der Deutschen entstand aufgrund der Verständigung über geteilte politische Kategorien und Deutungsmuster mit Hilfe der nationalen Sprache. Erst durch die alltägliche Kommunikation, erst durch ihre massenhaft verfassten Feldpostbriefe verliehen die Soldaten und ihre Angehörigen der imaginierten nationalen Gemeinschaft zwischen Stuttgart und Smolensk Realität. Die Deutschen erschufen sich redend und schreibend eine nationale Welt, die sie dann nicht als eigene Schöpfung, sondern

234

als eine natürlich bestehende empfanden. Mit Hilfe ihrer nationalen Welt beurteilten sie ihre Umwelt. Als Kommunikationsmedium erleichterte der Nationalismus die Berufung auf die von Soldaten und Zivilbevölkerung geteilten Ordnungsvorstellungen von »Führer, Volk und Vaterland« und den Austausch über Themen, die ansonsten unter das Schweigegebot der Zensur oder der Selbstzensur zu fallen drohten. Gerade unter den existenziellen Belastungen des totalen Krieges bestand in Deutschland im Glauben vieler Menschen tatsächlich so etwas wie eine »Volksgemeinschaft«. Die beständige Loyalität der »Volksgemeinschaft in Waffen« war zunächst ein Ergebnis der militärischen Triumphe. Die »Volksgemeinschaft« bewies sich bis 1941 als kämpferische Erfolgsgemeinschaft und verbuchte so den größten Legitimationsschub. Als sich der von Deutschen entfesselte Krieg gegen seine Urheber wandte, schwand zwar die offene oder latente Zustimmung der Mehrheit zum Krieg und es vergrößerten sich die Risse in der deutschen Kriegsgesellschaft, doch noch im Sommer 1944 löste das Attentat auf Hitler an Front und Heimatfront einen nationalistischen Sturm der Empörung bei zahllosen einfachen »Volksgenossen« aus.

Die Nation musste gleichzeitig die ideellen und materiellen Bedürfnisse ihrer Anhänger befriedigen, um ihre Geltung zu behaupten. Die Loyalität der Deutschen im Krieg resultierte daher nicht nur aus nationalistischen Überlegenheitsphantasien oder aus Konformität, Gehorsam und Zwang. Vielmehr hatte sich in Deutschland eine Gesellschaft entwickelt, deren innen- und außenpolitische Erfolge sie den Menschen materiell und ideell durchaus attraktiv machten. Die allgemein akklamierte Überwindung der inneren Krisen der Vorkriegszeit und die seit 1939 mit militärischen Mitteln fortgesetzte territoriale und ökonomische Expansion erschienen vielen als nationale Genugtuung. Die Kriegsgesellschaft dehnte sich erfolgreich auf Kosten derjenigen Menschen und Völker aus, die sie innerhalb des Deutschen Reiches aus ih-

rem Verband gedrängt hatten und die sie im Zuge ihres Er-
oberungs- und Raubkrieges ausbeuteten. Für eine Mehrheit
der Deutschen gab es mithin lange keinen Grund, sich von
einer Ordnungsvision zu distanzieren, der allem Anschein
nach das persönliche Glück des Einzelnen und der macht-
volle Wiederaufstieg des deutschen Nationalstaates gelungen
war.

Die daheim erlernten nationalistischen Kategorien der
»Volksgemeinschaft« gaben vielen Wehrmachtsoldaten eine
Orientierungshilfe für die Beurteilung des Krieges in Osteuropa. Nationalismus und Rassismus waren in den Feldpostbriefen allgegenwärtig. Der Nationalismus lieferte einen Bezugsrahmen, setzte Maßstäbe, bestimmte über Richtig und
Falsch, strukturierte den Erwartungshorizont und schaffte
Normen, an denen sich der Einzelne orientieren konnte. Die
Nationalisten erklärten die Welt, indem sie weiter bestehende
aber vormals getrennte Werte und Kategorien, etwa Reinlich-
keits-, Ordnungs- und Männlichkeitsvorstellungen, verbanden und auf die Nation neu bezogen. So entstanden durch
das Reden über Volk und Nation semantische und kognitive
Bezugsfelder, deren einzelne Begriffe aufeinander verwiesen
und sich so wechselseitig Bedeutung verliehen. Alles konnte
damit eine »nationale« Angelegenheit von größter Bedeutung
werden und nach Auffassung der Deutschen ein einheitliches
Sinnsystem bilden. Auch augenscheinlich nicht-nationale
Phänomene ließen sich durch den Bezug auf die kriegführende »Volksgemeinschaft« nationalisieren. Vor dem Hintergrund des Vernichtungskrieges existierte kaum noch ein
harmloses Wissen. Dadurch relativierte sich die Scheidelinie
zwischen Privatem und Öffentlichem. Der tradierte »Alltagsnationalismus« der Männer, ihre daheim erlernten Vorstellungen von eigener Überlegenheit, männlicher Härte, von
Ordnung und Sauberkeit, machten sie anfällig für das offiziell propagierte Weltbild. Die NS-Führung und die Soldaten
der Wehrmacht sprachen eine sehr ähnliche politische Spra-

che. Die Deutungen des Krieges zwischen nationalsozialistischen Eliten und breiter Bevölkerung, zwischen hohen Offi-
zieren und einfachen Mannschaften näherten sich immer
weiter an. Wie alliierte Verhörprotokolle gefangener Soldaten
der Wehrmacht bestätigten, hatten sie die nationalen Sinngebungen gleichsam individuell internalisiert.[7] Mit guten
Gründen ist deshalb vorgeschlagen worden, von der »Teil-
identität der Motive« zwischen Wehrmachtsoldaten und Nationalsozialismus zu sprechen.[8]

Für die Geltung der daheim erworbenen nationalistischen
Kategorien blieb wichtig, dass diese den eigenen, aber eben
notwendig selektiven Beobachtungen der Männer zu ent-
sprechen schienen. Oft erzeugte erst die eigene Beobachtung
des Lebens in der Sowjetunion Distanz und Verachtung: Die
nationalistische Perspektive politisierte das Alltagswissen
und die auf diese Weise gemachten Beobachtungen. Die
Wahrnehmungsfähigkeit der Soldaten wurde dadurch direkt
beeinflusst. Das in der Wehrmacht vorhandene gesellschaftliche Wissen und die reflektierten Ressentiments der Männer
ließen der Bevölkerung in Osteuropa, welche den politischen,
sozialen und kulturellen Maßstäben der Truppe nicht genügte, wenig Chancen, den Vernichtungskrieg zu überste-
hen. Vieles spricht dafür, dass sich die nationalistischen
Weltbilder und die Gewalt des Krieges gegenseitig verstärkten. Wie gezeigt, begriffen manche Soldaten ihre gnadenlose
Gewaltausübung als Bestätigung des feindfixierten Weltbildes der »Volksgemeinschaft«. Die nationalistisch motivierte
Gewalt selber vereinte die deutschen Soldaten zur Kampfgemeinschaft und begünstigte ihrerseits die weitere Radikalisierung der Kriegführung.

Nationalistische Weltbilder spielten mithin eine wichtige
und vielfältige Rolle, um dem gewaltsamen Alltag der Soldaten »Sinn« zu verleihen. Damit werfen die vorliegenden
Überlegungen auch die Frage auf, ob die in den Reihen des
»kleinen Mannes« bestehenden Welt- und Feindbilder das

Bindeglied zwischen »normalem« Zivilverhalten und der verbrecherischen Gewalt des Vernichtungskrieges ausmachten. Konnten Weltanschauungen Verhaltensschemata prägen? Bestand gar ein kausaler Nexus zwischen Nationalismus, Rassismus und Kriegsverbrechen, wie es etwa Martin Broszat mit seiner viel zitierten Formel von der »handlungsmotivierende[n] Antriebskraft« politischer Weltbilder nahe legt?[9] Oder ist die Skepsis von Hans Mommsen berechtigt, der auf der Linie seines strukturfunktionalistischen Erklärungsansatzes, den weltanschaulichen Dispositionen der Soldaten wenig Bedeutung beimisst?[10]

Die ausgewerteten Feldpostbriefe demonstrieren nicht nur die alltägliche Verbreitung von Nationalismus und Rassismus, sondern bieten auch Anzeichen für eine hohe Gewaltbereitschaft von Teilen der Wehrmacht. Die Sprache deutscher Soldaten war nicht nur Indikator, sondern Katalysator tödlichen Handelns. Sie schuf durch ihre dichotomische und polarisierende Struktur wichtige Vorbedingungen physischer Vernichtung. Die historische Bedeutung der im Rahmen dieser Überlegungen hervorgehobenen Kontinuitätslinien deutscher Nationsvorstellungen zwischen dem Kaiserreich und dem »Dritten Reich« darf nicht über den kulturellen Zäsurcharakter des Nationalsozialismus hinwegtäuschen. Im Kontext des Vernichtungskrieges erhielten die tradierten nationalistischen Vorstellungen neue Bedeutungen. Wie Shulamit Volkov mit guten Gründen hervorgehoben hat, war die Sprache im Nationalsozialismus Teil einer Kultur, »in der verbale Aggression nicht ein Ersatz für Handeln war, sondern seine Vorbereitung. Im Gegensatz zu der Sprache des Wilhelminischen Deutschland war dies ein Medium, das in allem Ernst beabsichtigte, zu glorreichen Taten zu führen. … Das alte geschriebene Zeug wurde dadurch zu einem ganz neuen Material – explosiv, gefährlich, direkt in die Katastrophe führend.«[11]

Doch ob das, was deutsche Soldaten über ihre Feinde

schrieben, auch das ist, was ihre Gewalthandlungen motivierte, ist auf der Basis einer Analyse der Briefe allein nicht zu
beantworten.[12] Auch die freiwillige Beteiligung der Wehrmachtsangehörigen an Massenmorden von Kriegsgefangenen, Juden und Partisanen erlaubt noch keine Rückschlüsse
auf die Motive der Täter. Aus der ungeheuren Zahl der Opfer
auf die ideologische Radikalität der Täter zu schließen greift
zu kurz. Streng methodisch betrachtet, lässt sich die Handlungsrelevanz der selektiven Wahrnehmung und des soldatischen »Alltagsnationalimus« nur annehmen, nicht beweisen.
In vielen Fällen dürfte das Verhalten der Soldaten schlicht auf
überindividuelle Bedingungen des Krieges zurückzuführen
und kaum erklärungsbedürftig sein. Die semantischen und
habituellen Inhalte der deutschen Nationsvorstellungen müssen vor dem Hintergrund der politischen, sozialen, kulturellen
und militärischen Kontexte analysiert werden, in welche die
Soldaten eingebunden waren. Ein Bündel aus überindivi-
duellen und individuellen, situationsabhängigen und weltanschaulichen Faktoren bestimmte das Verhalten der Männer im Kontext des Vernichtungskrieges: Die Brutalisierung
des Alltags, der Gruppendruck, die Routine des Tötens, Be-
fehlsabhängigkeit, Karrierismus, Autoritätsgläubigkeit und
Gleichgültigkeit. Die Nationsvorstellungen bildeten nur ein
Element in einer komplexen Wirkungskette, in deren Zentrum
der Krieg selber stand. Nichts erleichterte die Durchführung
eines Vernichtungskrieges so sehr wie die Bedingungen dieser neuen Kriegführung selbst. Wie die Untersuchung der
Feldpostbriefe gezeigt hat, bedurfte es zur Hinnahme oder gar
zur Beihilfe beim Vollzug der sich anbahnenden nationalsozialistischen Vernichtungspolitik keiner ideologischen Fanatiker und einhundertprozentigen Nazis.[13] Mochten die Menschen daheim während der Arbeit, am Stammtisch oder in der
Ortsgruppe ihren nationalistischen Ressentiments anhängen;
im Kontext einer neuen Form der Kriegführung in Osteuropa
eröffneten diese Weltbilder gewaltsamere Potenziale.

So verfehlt es wäre, Nationalismus und Rassismus eine monokausale Geltungsmacht beizumessen, dürfen die Weltbilder der Soldaten nicht nur deshalb als Erklärungsfaktoren ausgeblendet werden, weil sich in der Regel ein direkter Nachweis der Handlungsabhängigkeit nicht erbringen lässt. Wie aber wäre die soziale Relevanz von Vorstellungen zu bestimmen, die Frage nach dem »Warum« annäherungsweise zu beantworten? Zunächst kommt es darauf an, die Handlungsoptionen auszuloten, welche die Soldaten auch unter den Bedingungen des Vernichtungskrieges hatten, und die manchen durchaus präsent waren. Die Möglichkeiten für eigenverantwortliches Handeln hervorzuheben, heißt nicht, den Zwangscharakter der Institution Wehrmacht zu verkennen. Dennoch entschied eben nicht nur der Kontext des Krieges oder der nach dem Krieg viel beschworene »Befehlsnotstand«, ob ein Mord begangen wurde oder nicht, sondern oft auch die Bereitschaft einzelner Soldaten, zu folgen oder auch nicht. Selbst vermeintlich eindeutige militärische Befehle blieben im militärischen Alltag unspezifisch und wurden von den Empfängern vielfältig, ja manchmal gegensätzlich ausgeführt. Insgesamt vergrößerten sich unter den Bedingungen des chaotisch verlaufenden Feldzuges in Osteuropa die Handlungsoptionen einzelner Offiziere und Soldaten. Mit guten Gründen ist im Zuge der zweiten Wehrmachtsausstellung auf die Bedeutung dieser »Handlungsspielräume« verwiesen worden.[14] Mit anderen Worten: Oft hatten die Männer der Wehrmacht die Wahl, sich zu verweigern oder aber zu töten. Bis heute ist in der Forschung kein einziger Fall hinreichend dokumentiert, der belegt, dass ein Soldat, der den Mord an Zivilisten, Juden oder Kriegsgefangenen verweigerte, mit dem Tode bestraft worden wäre, viele Fälle jedoch, wo eine Weigerung keine gravierenden Konsequenzen nach sich zog. Diejenigen Soldaten, die sich der Teilnahme an Erschießungen entzogen, mussten vielleicht mit den Hänseleien ihrer sich als harte Männer gerierenden Kameraden rechnen, oder sahen sich der Chance auf Beförderung beraubt – eine Gefahr für Leib und Leben bestand nicht. Auch die Bilanz der nach dem Zweiten Weltkrieg vor Gericht aufgerollten Verfahren spricht dagegen, die nationalsozialistischen Verbrechen vorwiegend als ein Resultat von Zwang und Terror gegen die eigenen Männer zu betrachten, da nur in seltenen Fällen der Druck der Vorgesetzten, eine Tat zu begehen, übermächtig wurde. Das Reden vom militärischen »Befehlsnotstand« an der Ostfront war ein politischer Mythos der frühen Bundesrepublik, der nicht zuletzt der juristischen Entlastung wie der gesellschaftlichen Wiedereingliederung der Soldaten der Wehrmacht diente.[15]

Die Bedeutung vielfältiger Handlungsoptionen der einzelnen Soldaten hervorzuheben, verweist zurück auf ihre Motive und ihre Weltbilder. Für die Frage nach der handlungsleitenden Dimension der Nationsvorstellungen heißt das: Der Nationalismus beschränkte subjektive Handlungsspielräume im Vernichtungskrieg. Bereits die Tatsache, dass die Soldaten in ihren Feldpostbriefen die eigenen Handlungsspielräume nur selten thematisieren, kann als ein Resultat nationalistischer Prägung interpretiert werden, welche dem Einzelnen suggerierte, keine Wahlfreiheit zu haben. Das Reden vom »Befehlsnotstand« oder einer vorgeblichen Notwendigkeit spiegelt nicht nur die selektive Wahrnehmungsfähigkeit und den Glauben vieler Nationalisten wider, den feindlichen Situationen im Krieg nicht eigenverantwortlich ausgesetzt zu sein, sondern auch die Überzeugung, sich allein dem überpersönlichen Letztwert der Nation verpflichtet zu wissen. Ihr Nationalismus half den Soldaten, sich von persönlicher Verantwortung zu entlasten und jedwede schuldhafte Beteiligung an Kriegsverbrechen als die Erfüllung unabdingbarer Normen der um ihre Existenz kämpfenden »Volksgemeinschaft« zu betrachten. Handlungsrelevant konnte der Nationalismus zumal dann werden, wenn er die Akzeptanz von Verbrechen begünstigte. Wer durch seine nationale Matrix eine Situation beurteilte, tendierte dazu, ein von der Mehrheit der »Volksgenossen« abweichendes Verhalten als unmoralisch, wenn nicht als unmöglich zu begreifen. Passivität konnte so tödliche Aktivität begünstigen.

Nationalistische Vorstellungen stellten nicht nur vorbewusste Kategorien zur Wahrnehmung der Umwelt und zur Beurteilung von Menschen und Situationen zur Verfügung, sondern auch, wie hier zu zeigen war, die Kriterien für die Entscheidungen über Wert und Unwert eigenen Handelns. Die nationalistischen Weltbilder eröffneten ein Potenzial an Handlungsmöglichkeiten des Einzelnen innerhalb konkreter Situationen, indem sie Komplexität reduzierten. Die Beurteilung und die Behandlung eines russischen Zivilisten hing beispielsweise davon ab, ob die Männer ihn zu einem Partisanen erklärten oder nicht. Wenn die Soldaten der Wehrmacht keine erkennbaren Feinde ausmachen konnten, erzeugten sie selber welche. Zum Feind der »Volksgemeinschaft« konnte jeder werden, den man bekämpfte. Damit entschieden sie oft selber faktisch über Leben und Tod. Die nachweisbar vorhandenen Handlungsspielräume wurden meist nicht – oder oft zu ungunsten der Opfergruppen genutzt.[16] Auch wenn die Kriegsbedingungen immer wieder neue Handlungspotenziale schufen, stellte es sich den Soldaten selber oft umgekehrt dar. Das Denken in nationalen Kategorien erzeugte selber geschaffene Handlungszwänge, weil es einerseits Bedrohungspotenziale und vermeintliche Feinde kreierte und andererseits nur diejenigen Entscheidungen und Verhaltensweisen legitimierte, welche die nationale Utopie der »Volksgemeinschaft« zu realisieren versprachen. Viele Nationalisten glaubten daher, tatsächlich nicht anders handeln zu können, als sie es taten. Wer sich in bestimmten Situationen an der Ostfront auf die Nation und ihre Feinde berief, für den reduzierten sich die Wahrnehmungsmöglichkeiten und in der Folge auch die eigenen Handlungsspielräume.

242

Die Nationsvorstellungen der Wehrmachtsoldaten umrissen ein Spektrum an Entscheidungsmöglichkeiten, sie erleichterten oder erschwerten bestimmte Optionen in spezifischen Konstellationen – aber sie determinierten das Handeln nicht.[17] Selbstredend hingen die bestehenden Handlungsmöglichkeiten nicht allein von den Weltbildern der Truppe ab, sondern in einem eher größeren Ausmaß von den gegebenen Situationen und militärischen Strukturen. Menschliches Handeln wird dadurch gekennzeichnet, dass es sich an wertgeleiteten Deutungen der gesellschaftlichen Umwelt orientiert, die objektiv werden, indem sie das Handeln beeinflussen.[18] Handlungsrelevant konnte kollektives Wissen werden, indem es immer wieder aufs Neue Handlungs*bedingungen* schuf. Die Nationsvorstellungen deutscher Soldaten stellten ihnen weniger Handlungsanweisungen als vielmehr politische Ansichten und kulturelle Einstellungen zur Verfügung. Diese sinnhafte Disposition ermöglichte es jedem Einzelnen, ohne Reflexion und ohne den Zwang der Vorgesetzten, die Normverletzung des Tötens in kollektive Normalitätsvorstellungen und politische Utopien zu übersetzen. In vielen Fällen vermochte der Nationalismus der Soldaten potenzielle Gewissenskonflikte in habituelle Handlungssicherheit zu verwandeln. Das national Sagbare erweiterte und radikalisierte das militärisch Machbare. Das Denken und Reden in den Kategorien der Nation hieß oft, sich für die radikalste Verhaltenweise zu entscheiden, um sich als Deutscher, als Mann und als Soldat zu bewähren.[19] Nicht die Angst vor dem nationalsozialistischen Terror, sondern vielmehr die affektive Zustimmung zum Einsatz rücksichtsloser Gewalt, um die Welt dem eigenen Bilde folgend zu ordnen, motivierte viele Anhänger der »Volksgemeinschaft« an der Ostfront.

Die massenhafte und oft zustimmende Beteiligung auch einfacher Soldaten an den nationalsozialistischen Kriegsverbrechen ist eine der wesentlichen Ursachen für die politische, kulturelle und mediale Präsenz des Vernichtungskrieges in der Bundesrepublik. Namentlich die erbitterte Empörung über die Wehrmachtausstellung ist ohne den durch Deutsche verantworteten Massenmord gar nicht zu verstehen. Auf einen einfachen Nenner gebracht, vollzog sich der Völkermord in Osteuropa deshalb, weil eine unbekannte, aber große Anzahl von Deutschen ihre Opfer täglich selber tötete, die Bedingungen dafür schuf oder mindestens die Front so stabil hielt, dass das Vernichtungswerk bis fast zum Ende des Krieges ermöglicht wurde. Auf diesen Sachverhalt öffentlichkeitswirksam hinzuweisen stellte noch in den 1990er Jahren eine doppelte Provokation dar: eine Provokation gegen das Geschichtsbild der »alten« Bundesrepublik seit den 1950er Jahren, welches das NS-Regime und die deutsche Bevölkerung kategorisch trennte, und eine Provokation verbreiteter individueller Entlastungsstrategien ehemaliger Kriegsteilnehmer, »an all dem« nicht beteiligt gewesen zu sein. Die Erinnerung an den Krieg verdrängte, verklärte, entschuldigte. Das galt nicht nur für öffentliche Debatten, sondern zumal für die Erinnerung der Kriegsgeneration und der Nachgeborenen. Die Mehrheit der ehemaligen Kriegsteilnehmer hatte das Bild eines »normalen« Krieges mehr oder minder bruchlos in die eigene »normale« Nachkriegsbiographie integriert. Die massenhaften empörten Reaktionen nicht allein im konservativen Lager verrieten, dass die Macher der ersten Wehrmachtausstellung mit ihrer oft polemischen Kritik gegen das Bild der »sauberen Wehrmacht« wohl so falsch nicht lagen: Offenbar erinnerte man sich der Wehrmacht in weiten Teilen der bundesrepublikanischen Gesellschaft in der Tat nach wie vor erstaunlich kritiklos. Der Holocaust und Vernichtungskrieg wurden den NS-Eliten, der SS, dem Lagersystem angelastet. Die Ausstellung kehrte die Opferperspektive vieler Zeitgenossen und Nachgeborenen in eine Täterperspektive um.

Für die aufgewühlten Besucher ging es nicht nur um die Verbrechen der Wehrmacht als Institution. Es ging um die Verbrechen der Deutschen insgesamt, ja um die Verbrechen

244

der Nächsten. Das war der entscheidende Stein des Anstoßes. Die Wehrmacht als NS-Volksarmee zu begreifen, ihr eine herausgehobene Rolle im Vernichtungskrieg beizumessen, hieß letztlich, die deutsche Gesamtbevölkerung an den Pranger zu stellen. Verantwortlich schienen nun nicht allein mehr die NS-Eliten, sondern potenziell jedermann: Väter und Großväter, die eigenen Eltern, die eigene Familie. Damit war das kollektive wie das individuelle Selbstbild in Frage gestellt. Viele Besucher schockten nicht allein die Bilder. Beunruhigend schien vielmehr die Vermutung, dass die eigenen Angehörigen die Bilder kannten. War der Vater als Zeuge dabei, oder gar selber Täter? Hat er fotografiert oder ist er selber beim Morden fotografiert worden? Wo verlief die Trennlinie zwischen Beobachtern und Tätern? Und vor allem: Was hieß das für die Lebenden heute? »Wo warst DU, Vater?«, notierte ein Besucher in Essen ins Gästebuch der Ausstellung.[20]

Aus seiner Perspektive heraus beurteilt, erkannte der stellvertretende CDU/CSU-Fraktionsvorsitzende Alfred Dregger in seiner Rede im Bundestag im März 1997 ganz richtig die Sprengkraft, welche eine kritische historische Auseinandersetzung mit den Verbrechen der Wehrmacht nach wie vor für die politische Gegenwart bedeutet: »Bei den Soldaten des Zweiten Weltkrieges und ihren Angehörigen geht es nicht um eine kleine, abgrenzbare Gruppe unseres Volkes, sondern um die gesamte Bevölkerung der damaligen Zeit. Fast alle Männer waren eingezogen. Natürlich waren auch die Mütter, die Schwestern, die Töchter, die Freundinnen und Ehefrauen der Soldaten mitbetroffen. Es geht in dieser Frage also um unser Verhältnis zu einer ganzen Generation unseres Volkes. Wer versucht ... die gesamte Kriegsgeneration pauschal als Angehörige und Helfershelfer einer Verbrecherbande abzustempeln, der will Deutschland ins Mark treffen. Dagegen wehren wir uns.« An dieser Stelle verzeichnet das Protokoll: »Beifall bei der CDU/CSU« und den Zwischenruf des Abgeordneten Joseph Fischer, Frankfurt: »Das ist ja unglaublich!«[21]

Die Form, in der eine Gesellschaft sich ihrer Geschichte erinnert, verrät einiges über die in ihr geltenden Ordnungsvorstellungen und Selbstentwürfe. Die Vergangenheit fügt sich nicht unwidersprochen in das kollektive Wissen ein. Wie eine Gesellschaft sich ihrer Vergangenheit erinnern will, bestimmt sie zu einem großen Teil selber. Der Kampf um die »richtige« Erinnerung wird dabei zum Indikator für die Werte, die Selbstbilder und die Ordnungsvorstellungen einer Gesellschaft. Der Streit um die Wehrmachtausstellungen muss daher nicht allein als eine Auseinandersetzung um Sachfragen, sondern primär als eine Form von Politik bewertet werden. Vielleicht nie zuvor hatte die deutsche Öffentlichkeit so nachhaltig über ihre Vergangenheit gestritten.[22] Damit bewies sie, wie präsent die individuelle wie die kollektive Erinnerung und Verharmlosung des Zweiten Weltkrieges noch Ende der 1990er Jahre war. Die Politisierung infolge der Debatten um die Ausstellungen hatte auch private Erinnerungen von Kriegsteilnehmern öffentlich gemacht und damit Rückzüge ins vermeintlich »harmlose« Private immer schwerer. Vorpolitische Alltagsbereiche existierten in einem totalen Krieg nicht mehr. Damit schlossen die Ausstellungen auch die Schere zwischen dem Erkenntnisstand der Forschung und der Erinnerungskultur in Deutschland. Dass diese selbstkritische Auseinandersetzung mit der Vergangenheit nicht selbstverständlich ist, belegt der internationale Vergleich mit Italien und vor allem mit Japan. Verdrängung, Legendenbildung und Revisionismus scheinen hier noch einen weit festeren Platz zu besitzen.[23] Die Wehrmachtausstellungen haben damit ihren Zweck erfüllt. Das Beste war nicht die Vermittlung des Inhaltes, sondern der Streit.

Die Deutschen in harmonischer Amnesie wieder als ein »Volk von Opfern« wahrzunehmen, hieße nicht nur, hinter den erreichten Stand der historischen Forschung und der kritischen politischen Kultur zurückzufallen, sondern auch den Vernichtungskrieg des »kleinen Mannes« zu verdrängen.

Anmerkungen

Einleitung: Nationalismus und Nationalsozialismus

1 Durch die Konzentration auf die Ostfront treten die zentralen Aspekte des deutschen Nationalismus im Zweiten Weltkrieg deutlicher hervor. Umgekehrt folgt aus dieser Engführung allerdings auch, dass die zum Teil erheblich abweichende Bewertung und Behandlung der französischen, britischen und amerikanischen Gegner hier nur ganz am Rande behandelt werden kann.

2 Vgl. die Berechnungen von Christoph Rass, »Menschenmaterial«. Deutsche Soldaten an der Ostfront. Innenansichten einer Infanteriedivision 1939–1945, Paderborn 2003, 121–134, der für gut 34% der Soldaten der 253. Infanteriedivision eine Mitgliedschaft in einer der NS-Organisationen nachgewiesen hat. Dieser Wert entspricht auch den Ergebnissen von Omer Bartov, The Eastern Front, 1941–1945. German Troops and the Barbarisation of Warfare, Basingstoke, Hampshire 1985, 49ff.

3 Bernhard R. Kroener, Auf dem Weg zu einer ›nationalsozialistischen Volksarmee‹, die so genannte Öffnung des Heeresoffizierskorps im 2. Weltkrieg, in: Martin Broszat (Hg.), Von Stalingrad zur Währungsreform. Zur Sozialgeschichte des Umbruchs in Deutschland, München 1988, 651–682.

4 Vgl. zum Begriff: Gisela Bock, Zwangssterilisation im Nationalsozialismus. Studien zur Rassenpolitik und Frauenpolitik, Opladen 1986, 64 f.

5 Benedict Anderson, Die Erfindung der Nation. Zur Karriere eines folgenreichen Konzepts, Frankfurt/Main 1993[2]. Vgl. Ernest Gellner, Nations and Nationalism, ND Oxford 1993, und zum damit verwandten Konzept der Nation als »gedachter Ordnung« (Emerich Francis) Mario Rainer Lepsius, Nation und Nationalismus in Deutschland, in: ders., Interessen, Ideen und Institutionen, Opladen 1990, 232–246.

6 In der prägnanten Formulierung Walker Connors: »What ultimately matters is not what is but what people believe is.« Walker

247

Connor, Ethnonationalism. The Quest for Understanding, Princeton/N.J. 1994, 93.

7 Vgl. Jan Assmann, Das kulturelle Gedächtnis. Schrift, Erinnerung und kulturelle Identität in frühen Hochkulturen, München 1992; Maurice Halbwachs, La Mémoire collective, Paris 1950.

8 Vgl. Jörg Echternkamp/Sven Oliver Müller, Perspektiven einer politik- und kulturgeschichtlichen Nationalismusforschung, in: dies. (Hg.), Die Politik der Nation. Deutscher Nationalismus in Krieg und Krisen 1760–1960, München 2002, 1–24; Heinz-Gerhard Haupt/Charlotte Tacke, Die Kultur des Nationalen. Sozial- und kulturgeschichtliche Ansätze bei der Erforschung des europäischen Nationalismus im 19. und 20. Jahrhundert, in: Wolfgang Hardtwig/Hans-Ulrich Wehler, Kulturgeschichte heute, Göttingen 1996, 255–283.

9 Die Pointe von Karl Deutschs funktionalem Nationalismusmodell liegt in der dialektischen Verschränkung von kulturellen Werten und Deutungsmustern einerseits und sozialer Kommunikation als Integrationsfaktor andererseits: »Membership in a people essentially consists in wide complementary of social communication. It consists in the ability to communicate more effectively, and over a wider range of subjects, with members of one large group than with outsiders.« Karl W. Deutsch, Nationalism and Social Communication. An Inquiry into the Foundations of Nationality, Cambridge/Mass. 1966[2], hier: 97.

10 Vgl. Dirk Richter, Nation als Form, Opladen 1996, 86 f.; Albert F. Reiterer, Die unvermeidbare Nation. Ethnizität, Nationalität und nachnationale Gesellschaft, Frankfurt/M. 1988, 197 f.; sowie Geoff Eley/Grigor Suny, Introduction. From the Moment of Social History to the Work of Cultural Representation, in: dies., Becoming National, Oxford 1996, 3–37.

11 Vgl. Robert Gellately, Hingeschaut und weggesehen. Hitler und sein Volk, Stuttgart 2002; Eric A. Johnson, Der nationalsozialistische Terror. Gestapo, Juden und gewöhnliche Deutsche, Berlin 2001. Siehe zur Definition des »totalen Krieges« die Beiträge in Bruno Thoß/Hans Erich Volkmann (Hg.), Erster Weltkrieg, Zweiter Weltkrieg. Ein Vergleich. Krieg, Kriegserlebnis, Kriegserfahrung in Deutschland, Paderborn 2002; sowie die ersten drei von insgesamt fünf geplanten Bänden: Stig Förster/Jörg Nagler (Hg.), On the Road to Total War. The American Civil War and the German Wars of Unification, 1861–1871, New York 1997.

12 Auf diesen Zusammenhang hat Michael Geyer hingewiesen. Vgl. ders., Das Stigma der Gewalt und das Problem der nationalen Identität in Deutschland, in: Christian Jansen [u.a.] (Hg.), Von der

Einleitung: Nationalismus und Nationalsozialismus

Aufgabe der Freiheit: Politische Verantwortung und bürgerliche Gesellschaft im 19. und 20. Jahrhundert, FS Hans Mommsen, Berlin 1995, 673–698; ders., Krieg, Staat und Nationalismus im Deutschland des 20. Jahrhunderts, in: Jost Dülffer [u.a.] (Hg.), Deutschland in Europa: Kontinuität und Bruch, Gedenkschrift für Andreas Hillgruber, Frankfurt/M. [u.a.] 1990, 250–272; sowie Franz Janka, Die braune Gesellschaft. Ein Volk wird formatiert, Stuttgart 1997, 405–430. Christian Hartmann, Verbrecherischer Krieg – Verbrecherische Wehrmacht? Überlegungen zur Struktur des deutschen Ostheeres, VfZ 52 (2004), 1–75, bestreitet dagegen die Wechselbeziehung zwischen der Menge der Kriegsteilnehmer und dem Ausmaß der Kriegsverbrechen.

13 Darauf ist jüngst mehrfach mit Recht hingewiesen worden. Vgl. etwa Christopher Browning/Jürgen Matthäus, Die Entfesselung der »Endlösung«. Nationalsozialistische Judenpolitik 1939–1942, München 2003, 365; Christian Gerlach, Kalkulierte Morde. Die deutsche Wirtschafs- und Vernichtungspolitik in Weißrußland 1941–1944, Hamburg 2000, 1131; Hannes Heer, Vom Verschwinden der Täter. Der Vernichtungskrieg fand statt, aber keiner war dabei, Berlin 2004, 13, 38.

14 Vgl. aus der unübersehbaren Fülle der Arbeiten nur Jay W. Baird, The Mythical World of Nazi Propaganda, 1939–1945, Minneapolis 1974; Claus-Ekkehard Bärsch, Die politische Religion des Nationalsozialismus. Die religiöse Dimension der NS-Ideologie in den Schriften von Dietrich Eckart, Joseph Goebbels, Alfred Rosenberg und Adolf Hitler, München 2002[2]; Ernest K. Bramsted, Goebbels und die nationalsozialistische Propaganda 1925–1945, Frankfurt/M. 1971; Jörg Bohse, Inszenierte Kriegsbegeisterung und ohnmächtiger Friedenswille. Meinungslenkung und Propaganda im Nationalsozialismus, Stuttgart 1988; Ortwin Buchbender, Das tönende Erz. Deutsche Propaganda gegen die Rote Armee im Zweiten Weltkrieg, Stuttgart 1978; Michael Burleigh/Wolfgang Wippermann, The Racial State. Germany 1933–1945, Cambridge 1991; Ulrich Herbert, Best. Biographische Studien über Radikalismus, Weltanschauung und Vernunft 1903–1989, Bonn 1996[3]; die Beiträge in Martin Broszat (Hg.), Die deutschen Eliten und der Weg in den Zweiten Weltkrieg, München 1989; Werner Röhr (Hg.), Faschismus und Rassismus: Kontroversen um Ideologie und Opfer, Berlin 1991; David Bankier (Hg.), Probing the Depths of German Antisemitism. German Society and the Persecution of the Jews, 1933–1941, New York 2000; Hans-Walter Schmuhl, Rassenhygiene, Nationalsozialismus, Euthanasie. Von der Verhütung zur Vernichtung »lebensunwerten Lebens« 1890–1945, Göttingen

1987; Eberhard Jäckel, Hitlers Herrschaft. Vollzug einer Weltanschauung, Stuttgart 1986; ders., Hitlers Weltanschauung. Entwurf
einer Herrschaft, Tübingen 1969; Wolfgang Horn, Führerideologie
und Parteiorganisation in der NSDAP, 1919–1933, Düsseldorf
1972; Ian Kershaw, Hitler, 2 Bände, Stuttgart 2002; ders., Hitlers
Macht: Das Profil der NS-Herrschaft, München 2000; David
Welch, Manufacturing a Consensus. Nazi Propaganda and the
Building of a »National Community« (Volksgemeinschaft), in:
CEH 2 (1993), 1–15.

15 Vgl. vor allem Peter Longerich, »Davon haben wir nichts gewusst!«
Die Deutschen und die Judenverfolgung 1933–1945, München
2006; David Bankier, The Germans and the Final Solution. Public
Opinion under Nazism, Oxford 1996; Robert Gellately, Die Gestapo und die deutsche Gesellschaft. Die Durchsetzung der Rassenpolitik 1933–1945, Paderborn 1993; Eric A. Johnson, Der
nationalsozialistische Terror. Gestapo, Juden und gewöhnliche
Deutsche, Berlin 2001; Ian Kershaw, Popular Opinion and Political Dissent in the Third Reich: Bavaria 1933–1945, Oxford 1983;
ders., Der Hitler-Mythos. Führerkult und Volksmeinung, ND
München 2002; Marlies G. Steinert, Hitlers Krieg und die Deutschen. Stimmung und Haltung der deutschen Bevölkerung im
Zweiten Weltkrieg, Düsseldorf/Wien 1970; Bernd Stöver, Volksgemeinschaft im Dritten Reich. Die Konsensbereitschaft der Deutschen aus der Sicht sozialistischer Exilberichte, Düsseldorf 1993;
Detlev Peukert, Volksgenossen und Gemeinschaftsfremde. Anpassung, Ausmerze und Aufbegehren unter dem Nationalsozialismus,
Köln 1982; Wolfram Wette, Ideologien, Propaganda und Innenpolitik als Voraussetzung der Kriegspolitik des Dritten Reiches, in:
Militärgeschichtliches Forschungsamt (MGFA) (Hg.), Das Deutsche Reich und der Zweite Weltkrieg (DRWK) Bd. 1, Stuttgart
1979, 25–173; sowie Sven Oliver Müller, Nationalismus in der
deutschen Kriegsgesellschaft 1939–1945, in: Das Deutsche Reich
und der Zweite Weltkrieg Bd. 9/2. Die Deutsche Kriegsgesellschaft
1939 bis 1945: Ausbeutung, Deutung, Ausgrenzung, hrsg. von
Jörg Echternkamp i.A. des MGFA, München 2005, 9–92.

16 Exemplarisch dafür sind Daniel J. Goldhagen, Hitlers willige Vollstrecker. Ganz gewöhnliche Deutsche und der Holocaust, Berlin
1996, passim, und Hannes Heer, Tote Zonen. Die Deutsche Wehrmacht an der Ostfront, Hamburg 1999, bes. 97–153. Weit analy-
tischer ist hingegen Omer Bartov, Hitlers Wehrmacht. Soldaten,
Fanatismus und die Brutalisierung des Krieges, Reinbek 1995,
Wehrmacht. Vgl. zu den Erträgen der Täterforschung v.a. Christopher R. Browning, Ganz normale Männer. Das Reserve-Polizei-

bataillon 101 und die »Endlösung« in Polen, Reinbek 1996; Harald
Welzer, Täter. Wie aus ganz normalen Menschen Massenmörder
werden, Frankfurt/M. 2005, und zudem die Beiträge in: Helgard
Kramer (Hg.), NS-Täter aus interdisziplinärer Perspektive, München 2006; Gerhard Paul (Hg.), Die Täter der Shoah. Fanatische
Nationalsozialisten oder ganz normale Deutsche? Göttingen 2002;
Wolfgang Kaiser (Hg.), Täter im Vernichtungskrieg. Der Überfall
auf die Sowjetunion und der Völkermord an den Juden, München
2002.

17 Vgl. Omer Bartov, Indoctrination and Motivation in the Wehrmacht: The Importance of the Unquantifiable, in: Journal of Strategic Studies 9 (1986), 16–34; ders., Eastern Front; Stephen G.
Fritz, Hitlers Frontsoldaten. Der erzählte Krieg, Berlin 1998; Martin Humburg, Das Gesicht des Krieges: Feldpostbriefe von Wehrmachtssoldaten aus der Sowjetunion 1941 – 1944, Opladen [u.a.]
1998; ders.; Feldpostbriefe aus dem Zweiten Weltkrieg – zur möglichen Bedeutung im aktuellen Meinungsstreit unter besonderer
Berücksichtigung des Themas »Antisemitismus«, in: MGM 58
(1999), 321–343; Klaus Latzel, Deutsche Soldaten – nationalsozi-
alistischer Krieg? Kriegserlebnis – Kriegserfahrung 1939–1945,
Paderborn [u.a.] 1998; ders., Wehrmachtssoldaten zwischen »Nor-
malität« und NS-Ideologie. Oder: Was sucht die Forschung in der
Feldpost? in: Rolf-Dieter Müller/Hans-Erich Volkmann (Hg.), Die
Wehrmacht. Mythos und Realität, München 1999, 573–588; Hans
Joachim Schröder, Die gestohlenen Jahre. Erzählgeschichten und
Geschichtserzählung im Interview. Der Zweite Weltkrieg aus der
Sicht ehemaliger Mannschaftssoldaten, Tübingen 1992; Thomas
Kühne, Kameradschaft. Die Soldaten des nationalsozialistischen
Krieges und das 20. Jahrhundert, Göttingen 2006, und bereits
Manfred Messerschmidt, Die Wehrmacht im NS-Staat. Zeit der
Indoktrination, Hamburg 1969.

18 Robert Gellately, Hingeschaut; Klaus Latzel, Deutsche Soldaten;
Hans-Ulrich Wehler, Deutsche Gesellschaftsgeschichte IV. Vom
Beginn des Ersten Weltkrieges bis zur Gründung der beiden deut-
schen Staaten, München 2003; ders., Radikalnationalismus und
Nationalsozialismus, in: Jörg Echternkamp/Sven Oliver Müller
(Hg.), Die Politik der Nation. Deutscher Nationalismus in Krieg
und Krisen 1760–1960, München 2002, 203–217.

19 Grundlegend zur Geltung und Auswirkung nationalistischer Dispositionen innerhalb der deutschen Kriegsgesellschaft ist Michael
Geyer, Krieg; ders., Stigma; ders. Krieg als Gesellschaftspolitik.
Anmerkungen zu neueren Arbeiten über das Dritte Reich im Zweiten Weltkrieg, in: AfS 26 (1986), 557–601. Vgl. Michael Jeismann,

Anmerkungen

Das Vaterland der Feinde. Studien zum nationalen Feindbegriff und Selbstverständnis in Deutschland und Frankreich 1792–1918, Stuttgart 1992; Sven Reichhardt, Faschistische Kampfbünde in Italien und Deutschland. Ein Vergleich der Formen, Funktionen und Ursachen politischer Gewalt in der Aufstiegsphase faschistischer Bewegungen, Köln 2002 und jetzt die Beiträge in: Das Deutsche Reich und der Zweite Weltkrieg 9: Die Deutsche Kriegsgesellschaft 1939–1945, 2 Bde., hrsg. v. Jörg Echternkamp i.A. des MGFA, München 2005.

20 Vgl. die neueren Arbeiten von Jeffrey Verhey, Der »Geist von 1914« und die Erfindung der Volksgemeinschaft, Hamburg 2000; Stöver, Volksgemeinschaft; Michael Burleigh, Die Zeit des Nationalsozialismus. Eine Gesamtdarstellung, Frankfurt/M. 2000; Janka, Gesellschaft.

21 Vgl. den knappen Forschungsüberblick bei Norbert Frei: »Volksgemeinschaft.« Erfahrungsgeschichte und Lebenswirklichkeit der Hitler-Zeit, in: ders., 1945 und wir. Das Dritte Reich im Bewußtsein der Deutschen, München 2005, 107–128.

22 Vgl. Götz Aly, Hitlers Volksstaat. Raub, Rassenkrieg und nationaler Sozialismus, Frankfurt/M. 2005.

23 Besonders pointiert argumentiert Hans-Ulrich Wehler, in: Der Spiegel, 4.4.2005. Vgl. Hans Mommsen, in SZ, 10.3.05; Volker Ullrich, in: Die Zeit, 10.3.05.

24 Vgl. aber die Pionierstudien von Latzel, Soldaten, bes. 295 ff.; Humburg, Gesicht, bes. 193 ff. und Bartov, Wehrmacht, bes. 163 ff.

25 Den im Anschluss an John Keegan eingeleiteten Perspektivenwechsel von einer Militärhistoriographie der Führungspersönlichkeiten hin zu einer Geschichte der einfachen Soldaten, markiert exemplarisch der seinerzeit grundlegende Band von Wolfram Wette (Hg.), Der Krieg des kleinen Mannes. Eine Militärgeschichte von unten, München 1992. Vgl. Peter Knoch (Hg.), Kriegsalltag. Die Rekonstruktion des Kriegsalltags als Aufgabe der historischen Forschung und der Friedenserziehung, Stuttgart 1989.

26 Vgl. zur berechtigten Kritik an der reinen Opferperspektive der Alltagsgeschichte: Manfred Hettling, Täter und Opfer? Die deutschen Soldaten in Stalingrad, in: AfS 35 (1995) 515–531; Thomas Kühne, Der nationalsozialistische Vernichtungskrieg und die ›ganz normalen‹ Deutschen. Forschungsprobleme und Forschungstendenzen der Gesellschaftsgeschichte des Zweiten Weltkrieges, Erster Teil, in: AfS 39, 1999, 580–662, bes. 649 ff.; Bernd Ullrich, »Militärgeschichte von unten«. Anmerkungen zu ihren Ursprüngen, Quellen und Perspektiven im 20. Jahrhundert, in GG 22 (1996), 473–503.

27 Die Abschriften von Briefen sind nach Möglichkeit mit vorhandenen Originalen verglichen worden. Die ursprüngliche, zum Teil
   recht abenteuerliche Orthographie, wurde in der Regel nicht kor-
   rigiert, um die Quellen als Ausdruck »ganz normaler Männer«
   möglichst unmittelbar wirken zu lassen. Aus Gründen des Daten-
   schutzes wurden die Nachnamen anonymisiert.

28 Die wichtigsten bereits vorliegenden Veröffentlichungen von Feldpostbriefen sind: Ortwin Buchbender/Reinhold Sterz (Hg.), Das
   andere Gesicht des Krieges. Deutsche Feldpostbriefe 1939–1945,
   München 1982; Anatoly Golovchansky [u.a.] (Hg.), »Ich will raus
   aus diesem Wahnsinn«. Deutsche Briefe von der Ostfront
   1941–1945 aus sowjetischen Archiven, Wuppertal 1991; Wolf-
   Dieter Mohrmann (Hg.), Der Krieg hier ist hart und grausam.
   Feldpostbriefe an den Osnabrücker Regierungspräsidenten
   1941–1944, Osnabrück 1984; Jens Ebert (Hg.), Feldpostbriefe aus
   Stalingrad. November 1942 bis Januar 1943, Göttingen 2003.

29 Vgl. Klaus Latzel, Feldpostbriefe: Überlegungen zur Aussagekraft
   einer Quelle, in: Christian Hartmann [u.a.] (Hg.), Verbrechen der
   Wehrmacht. Bilanz einer Debatte, München 2005, 171–181.

30 Vgl. etwa das problematische Urteil bei: Walter Manoschek, Der
   Holocaust in Feldpostbriefen von Wehrmachtsangehörigen, in:
   Hannes Heer, Wie Geschichte gemacht wird. Zur Konstruktion
   von Erinnerungen an Wehrmacht und Zweiten Weltkrieg, Wien
   2003, 35–58; Thilo Stenzel, Das Rußlandbild des »kleinen Mannes«. Gesellschaftliche Prägung und Fremdwahrnehmung in Feldpostbriefen aus dem Ostfeldzug (1941–1944/45), München 1998,
   22 f.

31 Humburg, Feldpostbriefe, 256. Vgl. zu Möglichkeiten und Grenzen der Analyse von Feldpostbriefen: ebd.; Gesicht, 13–34; Latzel,
   Soldaten, passim; sowie die Beiträge in: Detlev Vogel/Wolfram
   Wette (Hg.), Andere Helme – Andere Menschen? Heimaterfahrung und Frontalltag im Zweiten Weltkrieg. Ein internationaler
   Vergleich, Essen 1995. Vgl. auch die quellenkritischen Überlegungen hier in Kptl. III.3.

32 Meldungen aus dem Reich. Die geheimen Lageberichte des
   Sicherheitsdienstes der SS 1938–1945, hg. v. Heinz Boberach,
   17 Bde., Herrsching 1984–85; Deutschland-Berichte der Sozialdemokratischen Partei Deutschlands (Sopade) 1934–1940, hg. v.
   Klaus Behnken, 7 Bde., Frankfurt/M. 1980. Vgl. zum begrenzten
   heuristischen Nutzen dieser Quellengruppen Longerich, »Nichts
   gewusst«, bes. 23–53; sowie Stöver, Volksgemeinschaft, 55–114;
   Kershaw, Opinion, 6–10; Steinert, Hitlers Krieg, 40–48; Bankier,
   The Germans, 4–10.

33 Vgl. Karl-Heinz Reuband, Das NS-Regime zwischen Akzeptanz und Ablehnung. Eine retrospektive Analyse von Bevölkerungseinstellungen im Dritten Reich auf der Basis von Umfragedaten, in: GG 32 (2006), 315–343; Götz Aly, Historische Demoskopie, in: ders. (Hg.), Volkes Stimme. Skepsis und Führervertrauen im Nationalsozialismus, Frankfurt/M. 2006, 9–21, und passim; Longerich, »Nichts gewusst«, bes. 38–50.
34 Aly, ebd.

»Volksgenossen« und »Gemeinschaftsfremde«

1 Vgl. Arno J. Mayer, Der Krieg als Kreuzzug. Das Deutsche Reich. Hitlers Wehrmacht und die »Endlösung«, Reinbek 1989.
2 Vgl. Michael Geyer, Deutsche Rüstungspolitik, Frankfurt/M. 1984, 102–108; sowie Gerald D. Feldman, Armee, Industrie und Arbeiterschaft in Deutschland 1914 bis 1918, Berlin 1985, 148 ff.; Gunther Mai, Das Ende des Kaiserreichs. Politik und Kriegführung im Ersten Weltkrieg, München 1993², 91–96; Volker Ullrich, Die nervöse Großmacht 1871–1918. Aufstieg und Untergang des deutschen Kaiserreichs, Frankfurt/M. 1997.
3 Vgl. Gerald D. Feldman, Streik. Zur Geschichte des Arbeitskampfes in Deutschland während der Industrialisierung, München 1981, 272–277; Jürgen Kocka, Klassengesellschaft im Krieg. Deutsche Sozialgeschichte 1914–1918, Göttingen 1978², 131–133; Friedhelm Boll, Spontaneität der Basis und politische Funktion des Streiks 1914–1918. Das Beispiel Braunschweig, in: AfS 17 (1977), 337–366.
4 Vgl. Kocka, Klassengesellschaft, 122 f.; Geyer, Rüstungspolitik, 108–116.
5 Vgl. insges.: Thomas Raithel, Das »Wunder« der inneren Einheit. Studien zur deutschen und französischen Öffentlichkeit bei Beginn des Ersten Weltkrieges, Bonn 1996; Verhey, Geist; Wolfgang Kruse, Krieg und nationale Integration. Eine Neuinterpretation des sozialdemokratischen Burgfriedensschlusses 1914/15, Essen 1994; Christian Geinitz, Kriegsfurcht und Kampfbereitschaft: das Augusterlebnis in Freiburg. Eine Studie zum Kriegsbeginn 1914, Essen 1998.
6 Vgl. Verhey, Geist, 156–85; Helmut Fries, Die große Katharsis. Der Erste Weltkrieg in der Sicht deutscher Dichter und Gelehrter, 2 Bde., Konstanz 1994/1995, 1. Bd., 161–164; Wolfgang Kruse, Kriegsbegeisterung im Deutschen Reich zu Beginn des Ersten Weltkrieges. Entstehungszusammenhänge, Grenzen und ideologische Strukturen, in: Marcel van der Linden/Gottfried Mergner

(Hg.), Kriegsbegeisterung und mentale Kriegsvorbereitung: Interdisziplinäre Studien, Berlin 1991, 73–88.

7 Feldman, Armee, 40.

8 Der Staatssekretär des Innern Clemens v. Delbrück betonte in einem Memorandum an Bethmann Hollweg: »Wir würden es vor dem deutschen Vaterlande nicht verantworten können, wenn wir nicht den Versuch machten, als Preis des Krieges, eine Reform der Sozialdemokratie nach der nationalen und monarchischen Seite hin anzubahnen«, BA R43 2476, Bl. 105–108, Zit. 107, (13.9.1914). Vgl. auch das Memorandum Ebd., Bl. 155 (27.10.1914): »Es bietet sich die vielleicht letzte Gelegenheit, sie [die Arbeiterbewegung – S.O.M.] nicht nur der Nation sondern dem Staate zu gewinnen.«

9 Neue Preußische Zeitung (NPZ) (M), 3.8.1914, 1. Vgl. Abraham J. Peck, Radicals and Reactionaries. The Crisis of Conservatism in Wilhelmine Germany, Washington 1978, 155–185.

10 Alldeutsche Blätter (ADB), 5.9.1914, 330: »Die wahre Ursache dieses Krieges ist die denkbar ursprünglichste, der allgemeine Rassenhaß gegen den Germanen, die Rassenverschwörung.« Vgl. zum Begriff des »Rassekrieges« ADB, 22.8.1914, 312f.

11 ADB, 1.1.1915, 3.

12 Die »Volksgemeinschaft«, hieß es in den ADB 6.3.1915, 94, 93, »die grade jetzt in kriegerischem Bündnis sich bestätigt, will und muß weit mehr sein als ein Kulturverband. ... Sie will sich einer Einheit bewußt bleiben, die ... sich erstreckt ... auf die ... Gleichheit des Blutes, der Rasse, der Sprache«. »Weil das Volk als das Dauernde dem Leben des Staates erst den Inhalt gibt, steht uns das Volk höher noch als der Staat.«

13 Vgl. Wolfgang Kaschuba, Nationalismus und Ethnozentrismus, in: Michael Jeismann (Hg.), Grenzfälle. Über neuen und alten Nationalismus, Leipzig 1993, 239–274; Geoff Eley, Konservative und radikale Nationalisten in Deutschland. Die Schaffung faschistischer Potentiale 1912–1928, in: ders., Wilhelminismus, Nationalismus, Faschismus. Zur historischen Kontinuität in Deutschland, Münster 1991, 209–248.

14 ADB 23.1.1915, 26; ADB 12.12.1914, 435.

15 Hans-Ulrich Wehler, Sozialdemokratie und Nationalstaat. Nationalitätenfrage in Deutschland 1840–1914, Göttingen 1971², 214.

16 Vgl. Werner Conze/Dieter Groh, Die Arbeiterbewegung in der nationalen Bewegung. Die deutsche Sozialdemokratie vor, während und nach der Reichsgründung, Stuttgart 1966, 114–126; Verhey, Geist, 156–166; Hans-Joachim Bieber, Gewerkschaften in Krieg und Revolution, 2 Bde., Hamburg 1981, Bd.1, 82–84; Wolfgang Kruse, Welche Wendung durch des Weltkrieges Schickung. Die

SPD und der Beginn des Ersten Weltkrieges, in: Berliner Geschichtswerkstatt (Hg.), August 1914. Ein Volk zieht in den Krieg,
Berlin 1989, 115–126.

17 Hans-Christoph Schröder, Die deutsche Arbeiterbewegung im
Ersten Weltkrieg, in: Helmut Böhme (Hg.), Deutschland und der
Erste Weltkrieg, Darmstadt 1987, 253–274, Zit. 262. Vgl. Dieter
Groh, Negative Integration und revolutionärer Attentismus. Die
deutsche Sozialdemokratie am Vorabend des Ersten Weltkrieges,
Frankfurt/M. 1973, 721–727; Susanne Miller, Burgfrieden und
Klassenkampf. Die deutsche Sozialdemokratie im Ersten Welt-
krieg, Düsseldorf 1974, 68–74.

18 Vorwärts (VO), 18.8.1914, 2.

19 Vgl. zum Komplex der so genannten »negativen Integration«
(Günther Roth) und zu den sozialdemokratischen Nationsvorstellungen: Ho-Seong Park, Sozialismus und Nationalismus. Grundsatzdiskussionen über Nationalismus, Imperialismus, Militarismus und Krieg in der deutschen Sozialdemokratie vor 1914, Berlin
1986, bes. 268–277; Werner Conze/Dieter Groh, Arbeiterbewegung, bes. 114–126; Wehler, Sozialdemokratie, 211 ff.

20 Germania (GE) (M), 2.8.1914, 11. Vgl. Kölnische Volkszeitung
(KV) (A), 8.8.1914, 1.

21 Ebd. Vgl. Heinrich Missala, »Gott mit uns«. Die deutsche katholische Kriegspredigt 1914–1918, München 1968, bes. 126–130;
Günter Baadte, Katholischer Universalismus und nationale Katholizismen im Ersten Weltkrieg, in: Albert Langner (Hg.), Katholizismus, nationaler Gedanke und Europa seit 1800, Paderborn
1985, 89–109.

22 Vgl. zum Verhältnis von Nationalismus, Katholizismus und kon-
fessioneller Spaltung v. a.: Helmuth W. Smith, German Nationalism and Religious Conflict. Culture, Ideology, Politics,
1870–1914, Princeton/N.J. 1995, 37–78 u. passim; Wolfgang Altgeld, Katholizismus, Protestantismus, Judentum. Über religiös begründete Gegensätze und nationalreligiöse Ideen in der Geschichte des deutschen Nationalismus, Mainz 1992, 63–75,
195–211; Horst Gründer, Nation und Katholizismus im Kaiserreich, in: Langner, Katholizismus, 65–88.

23 Vgl. Vejas Gabriel Liulevicius, War Land on the Eastern Front: Culture, National Identity, and German Occupation in World War I,
Cambridge 2000, passim, und zur historischen Entwicklung Rudolf Jaworski, Osteuropa als Gegenstand historischer Stereotypenforschung, in: GG 13 (1987), 63–76; Hans Lemberg, Zur Entstehung des Osteuropabegriffs im 19. Jahrhundert. Vom »Norden«
zum »Osten« Europas, in: Jahrbücher für die Geschichte Osteu-

ropas 33 (1985), 48–91; Ekkehard Klug, Das »asiatische Russland«. Über die Entstehung eines europäischen Vorurteils, in: HZ
245 (1987), 265–289.

24 Vgl. Wolfgang Wippermann, Der »deutsche Drang nach Osten«.
Ideologie und Wirklichkeit eines politischen Schlagwortes, Darm-
stadt 1981; Michael Burleigh, Germany Turns Eastwards. A Study
of Ostforschung in the Third Reich, Cambridge 1989²; Rolf-Dieter
Müller, Von Brest-Litowsk bis zum »Unternehmen Barbarossa«.
Wandlungen und Kontinuität des deutschen »Drangs nach Osten«,
in: Dietrich Goldschmidt (Hg.), Frieden mit der Sowjetunion –
eine unerledigte Aufgabe, Gütersloh 1989, 70–86; Gerd Koenen,
Der Russland-Komplex. Die Deutschen und der Osten 1900–1945,
München 2005.

25 Vgl. exemplarisch die Denkschrift Friedrich Waterstradts, BA R43
2442/j, Bl.43 (10.9.1914). Entsprechend auch die Forderung des
»Alldeutschen Verbandes«, ADB, 14.11.1914, 378; 12.12.1914,
433–435.

26 Vgl. Gottfried Niedhart, Der Westen und die Sowjetunion. Einstellungen und Politik gegenüber der UdSSR in Europa und in den
USA seit 1917, Paderborn 1983, passim; Donald O'Sullivan, Furcht
und Faszination. Deutsche und britische Rußlandbilder
1921–1933, Köln 1996, passim; sowie Imanuel Geiss, Der polnische Grenzstreifen 1914–1918. Ein Beitrag zur deutschen Kriegszielpolitik im Ersten Weltkrieg, Lübeck 1960, 52–90.

27 Vgl. Geiss, Grenzstreifen, 148f.; Hans-Ulrich Wehler, Polenpolitik
im Deutschen Kaiserreich, in: ders., Krisenherde des Kaiserreichs
1871–1918. Studien zur deutschen Sozial- und Verfassungsgeschichte, Göttingen 1979², 184–202, hier 194; insgesamt zum
neuen Stellenwert der Gewalt als Erbe des Ersten Weltkrieges,
Benjamin Ziemann, »Vergesellschaftung der Gewalt« als Thema
der Kriegsgeschichte seit 1914. Perspektiven und Desiderate eines
Konzeptes, in: Thoß, Volkmann (Hg.), Weltkrieg, 735–58.

28 Vgl. Andreas Hillgruber, Der historische Ort des Ersten Weltkrie-
ges: Eine Urkatastrophe, in: Gregor Schöllgen (Hg.), Flucht in den
Krieg? Die Außenpolitik des kaiserlichen Deutschland, Darmstadt
1991, 230–249, hier: 239; Klaus Hildebrand, Das vergangene
Reich. Deutsche Außenpolitik von Bismarck bis Hitler 1871–1945,
Stuttgart 1995, 372.

29 Vgl. Kurt Sontheimer, Antidemokratisches Denken in der Weimarer Republik. Die politischen Ideen des deutschen Nationalismus
zwischen 1918 und 1933, ND München 1983, passim; Ulrich
Heinemann, Die verdrängte Niederlage: Politische Öffentlichkeit
und Kriegsschuldfrage in der Weimarer Politik, Göttingen 1983.

30 So der Jungkonservative Schotte, zit. n. Karl Rohe, Das Reichsbanner Schwarz Rot Gold. Ein Beitrag zur Geschichte und Struktur der politischen Kampfverbände zur Zeit der Weimarer Republik, Düsseldorf 1966, 257. Vgl. Dirk Schumann, Einheitssehnsucht und Gewaltakzeptanz. Politische Grundpositionen des deutschen Bürgertums nach 1918, in: Hans Mommsen (Hg.), Der Erste
Weltkrieg und die europäische Nachkriegsordnung. Sozialer Wandel und Formveränderung der Politik, Köln 2000, 83–105.

31 Vgl. zur politischen und kulturellen Präsenz des Krieges zwischen
1918 und 1939 in vergleichender europäischer Perspektive die
Beiträge in: Jost Dülffer/Gerd Krumeich, Der verlorene Frieden.
Politik und Kriegskultur nach 1918, Essen 2002, sowie die Dokumente in: Bernd Ulrich/Benjamin Ziemann, Krieg im Frieden. Die
umkämpfte Erinnerung an den Ersten Weltkrieg, Frankfurt/M.
1997.

32 Vgl. Richard Bessel, Germany after the First World War, Oxford
1995, bes. 254–284; Verhey, Spirit, 213–19; Detlev Peukert, Die
Weimarer Republik. Krisenjahre der Klassischen Moderne, Frank-
furt/M. 1987, 214 f.; Volker Ullrich, Die umkämpfte Erinnerung.
Überlegungen zur Wahrnehmung des Ersten Weltkrieges in der
Weimarer Republik, in: Jörg Duppler (Hg.), Kriegsende 1918. Ereignis, Wirkung, Nachwirkung, München 1999, 367–375.

33 Vgl. Sontheimer, Denken, bes. 93–186; Bernd Faulenbach,
Ideologie des deutschen Weges. Die deutsche Geschichte in der
Historiographie zwischen Kaiserreich und Nationalsozialismus,
München 1980, 251–258; Herfried Münkler/Wolfgang Storch,
Siegfrieden. Politik mit einem deutschen Mythos, Berlin 1988,
86–94; Bessel, Germany, 260–263.

34 Grundlegend: Reichhardt, Kampfbünde, passim. Vgl. Hans
Mommsen, Aufstieg und Untergang der Republik von Weimar.
1918 – 1933, Berlin 1998, 86–92; Bernd Weisbrod, Gewalt in der
Politik. Zur politischen Kultur in Deutschland zwischen den beiden Weltkriegen, in: GWU 43 (1992), 391–404; Heinz Hagenlücke, Deutsche Vaterlandspartei. Die nationale Rechte am Ende des
Kaiserreiches, Düsseldorf 1997, 410 f.

35 Vgl. dazu jetzt Michael Wildt, Volksgemeinschaft als Selbstermächtigung. Gewalt gegen Juden in der deutschen Provinz 1919
bis 1939, Hamburg 2007.

36 Auf dieser Linie argumentieren mit guten Gründen etwa Gellate-
ley, Hingeschaut, passim; Kershaw, Macht, 118–143 und Wehler,
Radikalnationalismus, 203–217.

37 Kurt Tucholsky, Politische Briefe, zusammengestellt von Fritz J.
Raddatz, Reinbek 1969, 12 f.

38 Sopade, Februar 1936, 157.
39 Sebastian Haffner, Germany: Jekyll & Hyde. 1939 – Deutschland von innen betrachtet, Berlin 1996 [1940[1]], 121 f., 125.
40 Vgl. Hans-Erich Volkmann, Die NS-Wirtschaft in Vorbereitung des Krieges, in: MGFA (Hg.), Das Deutsche Reich und der Zweite Weltkrieg Bd. 1, Stuttgart 1979, 232–245.
41 Sopade, Januar 1938, 26 f.
42 Sopade, Februar 1940, 107. Vgl. Stöver, Volksgemeinschaft, 173–193.
43 Sopade, Februar 1940, 104.
44 Vgl. Manfred Weißbecker, »Wenn hier Deutsche wohnten«. Beharrung und Veränderung im Russlandbild Hitlers und der NSDAP, in: Hans-Erich Volkmann (Hg.), Das Russlandbild im Dritten Reich, Köln, Weimar, Wien 1994, 9–54; Hans-Erich Volkmann, Das Russlandbild in der Schule des Dritten Reiches, in: ebd., 225–255; Kurt Meier, Sowjetrußland im Urteil der evangelischen Kirche 1917–1945, in: ebd., 285–321; Herbert Smolinsky, Das katholische Russlandbild in Deutschland nach dem Ersten Weltkrieg und im »Dritten Reich«, in: ebd., 323–355; A. Ristau, »Die marxistische Weltpest«. Das antimarxistische Feindbild der Nationalsozialisten. Entstehung, Entwicklung und Struktur bis 1923, in: Christoph Jahr, Feindbilder in der deutschen Geschichte. Studien zur Vorurteilsgeschichte im 19. und 20. Jahrhundert, Berlin 1994, 143–172; Stöver, Volksgemeinschaft, 240–245.
45 Vgl. Wette, Ideologien, 31–37; Jäckel, Weltanschauung, 29–32; Jost Dülffer, Hitler, Nation und Volksgemeinschaft, in: Otto Dann (Hg.), Die deutsche Nation: Geschichte, Probleme, Perspektiven, Vierow 1994, 96–116; William Sheridan Allen, The Collapse of Nationalism in Nazi Germany, in: John Breuilly (Hg.), The State of Germany. The National Idea in the Making, Unmaking and Remaking of a Modern Nation State, London 1992, 141–153; Peukert, Republik, 238 f.
46 Meyers Lexikon, Bd. 2, 1937, Spalte 1279.
47 Vgl. Stöver, Volksgemeinschaft, 35–53; Kershaw, Macht, 118–143; Peukert, Volksgenossen, bes. 82–85, 246 f.; Peter Fritzsche, Wie aus Deutschen Nazis wurden, Zürich 1999, 225–267. Insges. zum klassifikatorischen Aspekt des Nationalismus: Mario Rainer Lepsius, Nation, 232–247; Richter, Nation, passim.
48 Vgl. Paul Nolte, Die Ordnung der deutschen Gesellschaft. Selbstentwürfe und Selbstbeschreibung im 20. Jahrhundert, München 2000.
49 Vgl. Lutz Raphael, Radikales Ordnungsdenken und die Organisation totalitärer Herrschaft: Weltanschauungseliten und Humanwissenschaftler im NS-Regime, in: GG 27 (2001), 5–40.

50 Die verbreitete Zustimmung zur ordnenden Kraft der
NS-Bewegung und namentlich Hitlers dokumentieren etwa die
Sopade-Berichte, Juni/Juli 1934, 198, nach dem so genannten
»Röhm-Putsch«: »Größtenteils wurde der Mut Hitlers zum Durchgreifen in den Vordergrund gestellt. ... Die Diffamierung der Ermordeten durch Hitler mit der Homosexualität ... wurde zunächst
als Heldentat Hitlers gewertet. Unsere Genossen berichten, dass
Hitler bei dem Teil der Bevölkerung, der seine Hoffnungen immer
noch auf ihn setzt, stark an Vertrauen und Sympathie gewonnen
hat. Sein Vorgehen ist diesen Leuten Beweis, dass er Ordnung und
Sauberkeit wolle.« Vgl. Stöver, Volksgemeinschaft, 164–172; Peukert, Volksgenossen, 234–245; Geyer, Krieg, 258–262; insges.
Mario Rainer Lepsius, Extremer Nationalismus, Strukturbedingungen vor der nationalsozialistischen Machtübernahme, in:
ders., Demokratie in Deutschland, Göttingen 1993, 51–79.

51 In diesem Sinne hat Martin Broszat, Die Struktur der
NS-Massenbewegung, in: VfZ 21 (1983), 72, die Durchsetzungskraft des Nationalsozialismus auf die Formel gebracht, er sei »breit
abgestützt, aber nicht tief verwurzelt« gewesen.

52 Noch 1942 brüstete sich Hitler, die Volksabstimmungen seien
»nach außen und nach innen ... von größter Wirkung gewesen«:
Henry Picker, Hitlers Tischgespräche im Führerhauptquartier
1941 bis 1942, Stuttgart 1963, 169.

53 Vgl. Sopade, März 1940, 158; sowie Kershaw, Opinion, 373–385;
Stöver, Volksgemeinschaft, 307–318; Geyer, Krieg, bes. 259–264.

54 Vgl. Aly, Volksstaat.

55 Sopade, März 1940, 160. Vgl. ebd., April 1940, 221: »Lieber wollen
viele Hitler behalten, als dem ins Auge sehen, was nach einer
Niederlage kommen könnte. Man fürchtet das völlige Chaos,
Raub, Mord und Todschlag.« Vgl. zum antisozialistischen Vorwurf
des »Landesverrates« Sven Oliver Müller, Die umstrittene Gemeinschaft. Nationalismus als Konfliktphänomen in Deutschland,
in: Ulrike Jureit (Hg.), Politische Kollektive. Die Konstruktion nationaler, rassischer und ethnischer Gemeinschaften, Münster
2001, 124–145.

56 Sopade, März 1940, 161. Vgl. auch den Feldpostbrief, Gefr. Fritz
H., 23.6.1942, Slg. Schüling, Bd. 171 (BfZ): »Ich hoffe doch, daß
die Heimat fest bleibt, denn einen November 18 soll es doch nie
wieder geben.«

57 Wilhelm Deist, Überlegungen zur »widerwilligen Loyalität« der
Deutschen bei Kriegsbeginn, in: Wolfgang Michalka (Hg.), Der
Zweite Weltkrieg. Analyse, Grundzüge, Forschungsbilanz, Mün-
chen 1989, 224–239.

58 Sopade, Februar 1940, 112; ebd., Oktober 1939, 967.

59 Sopade, März 1940, 158. Vgl. Steinert, Krieg, 91–110.

60 Meldungen, 17.6.1940, 1261 f. Entsprechend vermeldete der amerikanische Journalist William Shirer, This is Berlin. Rundfunkreportagen aus Deutschland 1939–1940, hg. v. Clemens Vollnhals, Leipzig 1999, 291 aus Berlin: »»Deutsche erobern Paris!‹ Das sind magische Worte für so viele hier, und sie helfen vor allem, die schmerzlichen Erinnerungen an 1918 zu vergessen, die so lange – 22 Jahre – auf der deutschen Seele lasteten.« Vgl. Steinert, Krieg, 122–138, dies., Deutsche im Krieg: Kollektivmeinungen, Verhaltensmuster und Mentalitäten, in: Karl Dietrich Bracher [u.a.] (Hg.), Deutschland 1933–1945. Neue Studien zur nationalsozialistischen Herrschaft, Düsseldorf 1992, 474–487.

61 Meldungen, 24.6.1940, 1305.

62 Vgl. Sontheimer, Denken, 214–222; Faulenbach, Ideologie, 289–292.

63 Sopade, April 1939, 441.

64 Kershaw, Hitler; Wehler, Gesellschaftsgeschiche IV. Vgl. Max Weber, Wirtschaft und Gesellschaft. Grundriß der verstehenden Soziologie, Tübingen 1972², 140–48.

65 Vgl. v.a. Kershaw, Hitler-Mythos, passim; zudem Hans-Ulrich Thamer, Verführung und Gewalt: Deutschland 1933 – 1945, Berlin 1986, 342–50.

66 Jäckel, Weltanschauung, 138. Vgl. ebd., 137–159; James Lukacs, Hitler. Geschichte und Geschichtsschreibung, München 1997, 155–173.

67 Sopade, Februar 1940, 104

68 Boberach, Meldungen, 11. November 1940, 1749. »Wie man sieht, ist das ›Führertum‹ in Deutschland keine neue Erscheinung. Neu ist aber, dass der Führer nicht den obersten Gesellschaftsschichten, sondern den untersten entstammt und dass er seinen Ruf … seinen volkrednerischen Fähigkeiten verdankt. Darin und in der Stärke der Glaubensströme, die er erweckt hat, ist er erst und einmalig«, Sopade, April 1939, 441. Vgl Jäckel, Weltanschauung, 143 f.; Faulenbach, Ideologie, 289–292.

69 Vgl. Oliver Schmitt/Sandra Westenberger, Der feine Unterschied im Heldentod, in: Götz Aly (Hg.), Volkes Stimme. Skepsis und Führervertrauen im Nationalsozialismus, Frankfurt/M. 2006, 96–115. Leider gehen die Autoren in der Interpretation des Materials zu weit. Aus Formulierungen wie etwa »Für Deutschlands Größe und Freiheit des Reiches gab sein Leben« auf eine wachsende regimekritische Gesinnung zu schließen (ebd., 105), nur weil der Rekurs auf den »Führer« fehlt, ist ganz unzulässig. Der

fehlende Bezug auf Hitler in den Todesanzeigen demonstriert zunächst nichts anderes als eben diesen Sachverhalt.

70 Reuband, NS-Regime, 324–327.

71 Vgl. Richter, Nation, 86 f.; Geoff Eley/Grigor Suny, Introduction, 3–37; sowie Gerhard Bolm, Was den Fremden zum Feind macht. Psychologische Aspekte des Feindbildes, in: Hans P. Bleuel (Hg.), Feindbilder oder: Wie man Kriege vorbereitet, Göttingen 1985, 47–59; Ortwin Buchbender, Zentrum des Bösen. Zur Genesis nationalsozialistischer Feindbilder, in: Günter Wagenlehner (Hg.), Feindbild. Geschichte–Dokumentation–Problematik, Frankfurt/M. 1989, 17–57.

72 Vgl. Schmuhl, Rassenhygiene; Christian Geulen, Wahlverwandte. Rassendiskurs und Nationalismus im späten 19. Jahrhundert, Hamburg 2004.

73 Vgl. bereits Léon Poliakov, Der arische Mythos. Zu den Quellen von Rassismus und Nationalismus, Wien 1977; u. v. a. Pierre-André Taguieff, Die Macht des Vorurteils. Der Rassismus und sein Double, Hamburg 2000.

74 Vgl. Werner Röhr (Hg.), Faschismus und Rassismus: Kontroversen um Ideologie und Opfer, Berlin 1991, 23–65; Hans-Walter Schmuhl, Rassismus unter den Bedingungen charismatischer Herrschaft. Zum Übergang von der Verfolgung zur Vernichtung gesellschaftlicher Minderheiten im Dritten Reich, in: Bracher [u. a.] (Hg.), Deutschland 1933–1945, 182–197; George L. Mosse, Ein Volk ein Reich, ein Führer. Die völkischen Ursprünge des Nationalsozialismus, Königstein/Ts. 1979.

75 Ulrich Herbert, Traditionen des Rassismus, in: Lutz Niethammer (Hg.), Bürgerliche Gesellschaft in Deutschland: Historische Einblicke, Fragen, Perspektiven, Frankfurt/M. 1990, 472–488, hier 474.

76 Vgl. zur »Verwissenschaftlichung« und Biologisierung nationalistischer Ungleichheit v. a.: Peter Weingart/Jürgen Kroll/Kurt Bayertz, Rasse, Blut und Gene. Geschichte der Eugenik und Rassenhygiene in Deutschland, Frankfurt 1988, bes., 27–103, Röhr, Faschismus; zur Typologie der »Volksnation« siehe Lepsius, Nation, 235–238.

77 Vgl. zur Affinität von Rasse und Volksgemeinschaft: Schmuhl, Rasse, 357; Herbert, Traditionen, 473; sowie Gisela Bock, Gleichheit und Differenz in der nationalsozialistischen Rassenpolitik, in: GG 19 (1993), 277–312.

78 Vgl. Klaus Holz, Nationaler Antisemitismus. Wissenssoziologie einer Weltanschauung, Hamburg 2001, 11–25; Helmut Berding, Moderner Antisemitismus in Deutschland, Frankfurt/M. 1988.

79 Alfred Rosenberg, Der Mythus des 20. Jahrhunderts. Eine Wertung der seelisch-geistigen Gestaltenkämpfe unserer Zeit, München 1939, 462.

80 Victor Klemperer, »LTI«. Die unbewältigte Sprache. Aus dem Notizbuch eines Philologen, München 1969, 137–139.

81 Vgl. Fred Hahn/Günther Wagenlehner, Lieber Stürmer! Leserbriefe an das NS-Kampfblatt 1924 bis 1945, Stuttgart 1978, 228–250. Insges. Jäckel, Weltanschauung, bes. 63–70; Bärsch, Religion, 329–338, 368–381; Hans-Michael Bernhardt, Voraussetzungen, Struktur und Funktion von Feindbildern. Vorüberlegungen aus historischer Sicht, in: Jahn, Feindbilder, 9–24, und hier Kptl. IV.1.

82 Vgl. Holz, Antisemitismus, passim; zur Frage der ideologischen Kontinuität zwischen Erstem und Zweitem Weltkrieg Werner Bergmann/Juliane Wetzel, Antisemitismus im Ersten und Zweiten Weltkrieg. Ein Forschungsüberblick, in: Thoß/Volkmann (Hg.), Weltkrieg, 437–69; sowie Elke Kimmel, Methoden antisemitischer Propaganda im Ersten Weltkrieg. Die Presse des Bundes der Landwirte, Berlin 2001, passim; Jeismann, Feind, 173–190.

83 Vgl. Sopade, November 1938, 1177–1211; Bankier, Germans, 85–88.

84 Sopade, Januar 1936, 26, 24. Vgl. zur Breitenwirkung des Antisemitismus in der Arbeiterschaft, bei Bauern, beim Bürgertum und bei Wirtschaftseliten: Saul Friedländer, Das Dritte Reich und die Juden, 1. Bd.: Die Jahre der Verfolgung, München 1998; Stöver, Volksgemeinschaft, 246–270; Bankier, Germans, 89–100, und den Forschungsüberblick von Otto Dov Kulka, The German Population and the Jews. State of Research and New Perspectives, in: Bankier, Probing, 271–281.

85 »Auch die Judenhetze bleibt nicht ohne Einfluß auf die Volksmeinung. Ganz langsam werden da Anschauungen hineinfiltriert, die früher abgelehnt wurden. Zunächst liest man den ›Stürmer‹ nur aus Neugier, dann aber bleibt schließlich doch etwas hängen.« Ebd., 26.

86 Sopade, Dezember 1938, 1350; August 1935, 928f.

87 Vgl. etwa Meldungen, 2.2.1942, 3248; 16.2.1942, 3335f.

88 Vgl. Longerich, »Nichts gewußt«, 159–200.

89 Meldungen, 2.2.1942, 3245. Vgl. Steinert, Krieg, 236–263; Bankier, Germans, 124–130.

90 Vgl. insges. Peter Longerich, Politik der Vernichtung. Eine Gesamtdarstellung der nationalsozialistischen Judenverfolgung, München 1998, passim.

91 Vgl. Sopade, Januar 1940, 12f.

92 In einem ausgebildeten Nationalstaat, das hat John Breuilly zu
Recht betont, ist beinahe jeder auf die eine oder andere Weise
Nationalist. Daher kommt es dort weniger darauf an, nach dem
Vorhandensein des Nationalismus zu fragen, als zwischen seinen
verschiedenen Intensitätsgraden und divergierenden Varianten zu
unterscheiden: John Breuilly, Approaches to Nationalism, in: Eva
Schmidt-Hartmann (Hg.), Formen des nationalen Bewußtseins im
Lichte zeitgenössischer Nationalismustheorien, München 1994,
37. Vgl. insgesamt ders., Nationalism and the State, Manchester
1993², und bereits Eugen Lemberg, Nationalismus, Bd.1: Psychologie und Geschichte, Reinbek 1964, 31.

93 Vgl. zur Bestimmung dieser heterogenen Sozialformation nur die
Beiträge in: Jürgen Kocka (Hg.), Bürger und Bürgerlichkeit im
19. Jahrhundert, Göttingen 1987; ders. (Hg.), Bürgertum im
19. Jahrhundert. 3 Bde. München 1988.

94 Vgl. den klassischen Text von Lepsius, Extremer Nationalismus,
51–79; Heinrich August Winkler, Mittelstand, Demokratie und
Nationalsozialismus. Die politische Entwicklung von Handwerk
und Kleinhandel in der Weimarer Republik, Köln 1972, passim;
ders., Extremismus der Mitte? Sozialgeschichtliche Aspekte der
nationalsozialistischen Machtergreifung, in: ders., Liberalismus
und Antiliberalismus, Göttingen 1979, 205–217; dagegen Jürgen
W. Falter, Hitlers Wähler, München 1991; Michael H. Kater, The
Nazi Party. A Social Profile of Members and Leaders, 1919–1945,
Cambridge, 1983.

95 Vgl. Detlev Mühlberger, The Social Bases of Nazism 1919–1933,
Cambridge 2003; Reuband, NS-Regime, 333–335.

96 Vgl. Konrad Jarausch, Die Krise des deutschen Bildungsbürger-
tums im ersten Drittel des 20. Jahrhunderts, in: Jürgen Kocka
(Hg.), Bildungsbürgertum im 19. Jahrhundert. Teil IV. Politischer
Einfluß und gesellschaftliche Formation, Stuttgart 1989, 180–205;
Walter Struve, Elites against Democracy. Leadership Ideals in
Bourgeois Political Thought in Germany 1890–1933, Princeton
1973.

97 Vgl. Christian Jansen, Professoren und Politik. Politisches Denken
und Handeln der Heidelberger Hochschullehrer 1914–1935, Göttingen 1992, bes. 280–296; sowie insges. Fritz K. Ringer, Die Gelehrten. Der Niedergang der deutschen Mandarine 1890–1933,
München 1987; Herbert Döring, Der Weimarer Kreis. Studien zum
politischen Bewußtsein verfassungstreuer Hochschullehrer in der
Weimarer Republik, Meisenheim 1975.

98 Sopade, Februar 1940, 107; ebd., August–Oktober 1939, 976. Vgl.
Sven Oliver Müller, Die Nation als Waffe und Vorstellung. Nati-

onalismus in Deutschland und Großbritannien im Ersten Weltkrieg, Göttingen 2002, 113–123; David Welch, Propaganda and
the German Cinema 1933–1945, Oxford 1983, 58–64; und bereits
Eckart Kehr, Englandhaß und Weltpolitik. Eine Studie über die
innenpolitischen und sozialen Grundlagen der deutschen Außenpolitik um die Jahrhundertwende, in: ders., Primat der Innenpolitik. Gesammelte Aufsätze zur preußisch-deutschen Sozialgeschichte im 19. und 20. Jahrhundert, hg. u. eingel. von Hans-
Ulrich Wehler, Berlin 1970², 149–175.

99 Sopade, März 1940, 158. Vgl. ebd., November 1939, 1039, 1042;
sowie Heinrich-August Winkler, Unternehmerverbände zwischen
Ständeideologie und Nationalsozialismus, in: ders., Liberalismus,
175–194; David Schoenbaum, Die braune Revolution: Eine Sozi-
algeschichte des Dritten Reiches, Köln 1968, 152–195; Pierre
Ayçoberry, The Social History of the Third Reich, 1933–1945, New
York 1999, 145–155; Stöver, Volksgemeinschaft, 353 f.; Bankier,
Germans, 97–100.

100 Sopade, Oktober 1936, 1248.

101 Vgl. den Überblick bei Jürgen Kocka, Die Angestellten in der
deutschen Geschichte 1850–1980. Vom Privatbeamten zum angestellten Arbeitnehmer, Göttingen 1981, bes., 171–207; Michael
Prinz, Vom neuen Mittelstand zum Volksgenossen. Die Entwicklung des sozialen Status der Angestellten von der Weimarer Republik bis zum Ende der NS-Zeit, München 1986, 262–280;
dagegen Hans Speier, Die Angestellten vor dem Nationalsozialismus. Ein Beitrag zu Verständnis der deutschen Sozialstruktur
1918–1933, Göttingen 1977, 110–123.

102 Sopade, Mai/Juni 1934, 168.

103 Sopade, Februar 1940, 106. Vgl. Kershaw, Opinion, 315–330;
Winkler, Der entbehrliche Stand. Zur Mittelstandpolitik im »Drit-
ten Reich«, in: ders., Liberalismus, 110–144; und zum hier ver-
breiteten sowjetischen Zerrbild: Hans Hecker, Die Sowjetunion im
Urteil des nationalsozialistischen Deutschland, in: Gottfried Nied-
hart (Hg.), Der Westen und die Sowjetunion: Einstellungen und
Politik gegenüber der UdSSR in Europa und in den USA seit 1917,
Paderborn 1983, 61–77.

104 Vgl. Groh, Integration; Kruse, Krieg, 76–141 u. passim; Rohe,
Reichsbanner, 245–258.; Conze/Groh, Arbeiterbewegung, passim;
ferner William L. Spalding, Social Imperialism. The Impact of Nationalism on German Socialist Thinking During the First World
War 1914–1918, Diss. Cornell Univ., Ithaca 1949, 275ff.

105 Vgl. exemplarisch, Timothy W. Mason, Arbeiterklasse und Volksgemeinschaft, Opladen 1975; Heinrich August Winkler, Der Weg

in die Katastrophe. Arbeiter und Arbeiterbewegung in der Weimarer Republik 1930–1933, Berlin 1987; Jürgen W. Falter, Warum die deutschen Arbeiter während des »Dritten Reiches« zu Hitler standen, in: GG 13 (1987), 217–231; Ulrich Herbert, Arbeiterschaft im »Dritten Reich«, in: ders., Arbeit, Volkstum, Weltanschauung. Über Fremde und Deutsche im 20. Jahrhundert, Frankfurt/M. 1995, 79–119.

106 Vgl. dazu Michael Schneider, Unterm Hakenkreuz. Arbeiter und Arbeiterbewegung 1933 bis 1939, Bonn 1999, 347–492; Norbert Frei, Der Führerstaat. Nationalsozialistische Herrschaft von 1933 bis 1945, München 1987, 93–100; Hans Vorländer, NS-Volkswohlfahrt und Winterhilfswerk des deutschen Volkes, in: VfZ 34 (1986), 341–380.

107 Sopade, November 1935, 1311 f. Vgl. Ayçoberry, Social History, 156–172.

108 Broszat, Staat, 207. Vgl. Ayçoberry, Social History, 65–99; Schoenbaum, Revolution, 29–75.

109 Sopade, März 1940, 176.

110 Sopade, Januar 1940, 17. Vgl. zu den sozioökonomischen Grenzen der »Volksgemeinschaft« etwa Heinrich August Winkler, Stand, 110–144.

111 Sopade, April 1940, 223.

112 Sopade, Januar 1940, 24 f.

113 Das galt besonders für den Sieg über den »Erbfeind« Frankreich im Sommer 1940. Vgl. zur Haltung der Arbeiter: Boberach, Meldungen, 24.6.1940, 1305; Kershaw, Opinion, 303–315.

114 Sopade, Februar 1940, 128. »Wir Frauen aus der Arbeiterbevölkerung haben andere Ideen und Wünsche als die, die uns von den Nazis vorgegaukelt werden.« Ebd., 95. Vgl. Alf Lüdtke, Eigen-Sinn. Fabrikalltag, Arbeitererfahrungen und Politik vom Kaiserreich bis in den Faschismus, Hamburg 1993, bes. 232–250.

115 Sopade, Januar 1940, 21.

116 Alf Lüdtke, The Appeal of Exterminating »Others": German Workers and the Limits of Resistance, in: JMH 64 (1992), 46–67.

117 Bankier, Germans, 89–95. Vgl. zur Englandfeindschaft, Sopade, März 1940, 174; Kershaw, Opinion, 314 f.

118 Vgl. Schneider, Hakenkreuz, 1081–1091; Lüdtke, Eigen-Sinn, 294–335; Stöver, Volksgemeinschaft, 337–346.

119 Vgl. Schoenbaum, Revolution, 196–225; Martin Broszat, Der Staat Hitlers: Grundlegung und Entwicklung seiner inneren Verfassung, München 1992[13], 230–243; Ludolf Herbst: Das nationalsozialistische Deutschland: 1933 – 1945. Die Entfesselung der Gewalt. Rassismus und Krieg, Frankfurt/M. 1996, 242–246.

120 Vgl. etwa die Furcht der Bauern vor »bolschewistischen Enteignungsplänen«: Sopade, Oktober 1935, 1159; sowie Zdenek Zofka, Die Ausbreitung des Nationalsozialismus auf dem Lande, München 1979; Schoenbaum, Revolution, 196–225; Falter, Wähler, 256–266; Michael H. Kater, Quantifizierung und NS-Geschichte, in: GG 3 (1977), 453–484, hier: 464; Stöver, Volksgemeinschaft, 350–352.

121 Vgl. zu den ökonomischen Beschwerden der Bauern etwa Sopade, Januar 1940, 23; sowie Kershaw, Opinion, 282–285; Bankier, Germans, 95–97; und zur Distanzierung der Landbevölkerung bereits vom Kriegsgeschehen des Ersten Weltkrieges: Benjamin Ziemann, Front und Heimat. Ländliche Kriegserfahrungen im südlichen Bayern 1914–1923, Essen 1997.

122 Sopade, Februar 1940, 96.

123 Vgl. Kershaw, Opinion, 289 f.; und das abwägende Urteil bei Hans Erich Volkmann, Deutsche Agrareliten auf Revisions- und Expansionskurs, in: Broszat, Eliten, 334–388.

124 Sopade, März 1940, 174. Vgl. Kershaw, Opinion, 287–291, und zu der im Vergleich zu Protestanten kritischeren Haltung der Katholiken gegenüber dem NS-Regime: Reuband, NS-Regime, 336–339.

125 Vgl. zur Polemik der Bauern gegen die neuen »Preußen«: Steinert, Krieg, 222 f.; Kershaw, Opinion, 292.

126 Meldungen, 21.7.1941, 2549 f. [Herv. i. Orig.] Vgl. Ayçoberry, Social History, 190–196.

127 Zit. n. Steinert, Krieg, 217. Vgl. ebd., 215–220; Kershaw, Opinion, 292–296; Lutz Lemhöfer, Gegen den gottlosen Bolschewismus. Zur Stellung der Kirchen zum Krieg gegen die Sowjetunion, in: Gerd R. Ueberschär/Wolfram Wette, Der deutsche Überfall auf die Sowjetunion. »Unternehmen Barbarossa« 1941, Frankfurt/M. 1991, 67–83; sowie Smolinsky, Rußlandbild, 323–355.

128 Gefr. Karl S., 29.8.1941, Slg. Sterz, (BfZ).

Die deutsche Nation als Kommunikationsgemeinschaft

1 Vgl. Deutsch, Nationalism, 96–104.

2 Vgl. Murray Edelman, Politik als Ritual. Die symbolische Funktion staatlicher Institutionen und politischen Handelns, Frankfurt/M. 1990; Jörg Echternkamp/Sven Oliver Müller, Perspektiven einer politik- und kulturgeschichtlichen Nationalismusforschung, in: dies. (Hg.), Politik, 1–24.

3 Exemplarisch für die Propagandaforschung ist etwa der Befund von Wolfram Wette: Die propagandistische Begleitmusik zum

deutschen Überfall auf die Sowjetunion am 22. Juni 1941, in: Ueberschär/ders., Überfall, 45–65, hier: 62, nachdem »die NS-Propaganda zur Verschleierung wirklicher Sachverhalte und Absichten eingesetzt wurde«, statt zur »Erklärung der Wirklichkeit«. Vgl. die differenzierenden Befunde in: David Welch, Nazi Propaganda and the Volksgemeinschaft. Constructing a People's Community, in: JCH 39 (2004), 213–238; Bohse, Kriegsbegeisterung; sowie hier Kptl. III.1.

4 Adolf Hitler, Mein Kampf, München 1939[424], 193–204.

5 Vgl. zu diesem problematischen Interpretationsbeispiel in der älteren Literatur etwa: Jürgen Hagemann, Die Presselenkung im Dritten Reich, Bonn 1970; Henning Storek, Dirigierte Öffentlichkeit. Die Zeitung als Herrschaftsmittel in den Anfangsjahren der nationalsozialistischen Regierung, Opladen 1972; aber auch Gerhard Paul, Aufstand der Bilder. Die NS-Propaganda vor 1933, Bonn 1990, 14–25.

6 Vgl. nur Wette, Ideologien, 100–173; ders., »Rassenfeind«, Die rassistischen Elemente in der deutschen Propaganda gegen die Sowjetunion, in: Hans-Adolf Jacobsen, Deutsch-russische Zeitenwende. Krieg und Frieden 1941–1995, Baden-Baden 1995, 175–201; Thamer, Verführung, bes. 427–434.

7 Vgl. die wichtigen kritischen Hinweise bei: Kershaw, Opinion; Bankier, Germans, 20–27; Peter Longerich, Nationalsozialistische Propaganda, in: Bracher (Hg.), Deutschland, 291–314. Umgekehrt schützte der Glaube an eine alle Menschen manipulierende Propaganda oppositionelle Gruppen vor der Einsicht, dass die breite Bevölkerung auch freiwillig kooperierte. Systemkonformes Verhalten konnte in der Perspektive der Sopade-Berichte, März 1940, 160 nur »die Wirkung einer unaufhörlich hämmernden Propaganda« demonstrieren.

8 Vgl. zur NS-Propaganda insges.: Baird, The Mythical; Jutta Sywottek, Mobilmachung für den Krieg. Die propagandistische Vorbereitung der deutschen Bevölkerung auf den Zweiten Weltkrieg, Opladen 1976; Bramsted, Goebbels; Welch, Manufacturing.

9 Vgl. Bankier, Germans, 21–27.

10 Diese Begriffsbestimmung von Öffentlichkeit fußt vor allem auf: Jürgen Habermas, Strukturwandel der Öffentlichkeit. Untersuchungen zu einer Kategorie der bürgerlichen Gesellschaft, ND Frankfurt/M. 1995 [1962], und den Beiträgen in Craig Calhoun (Hg.), Habermas and the Public Sphere, Cambridge, Mass. [u.a.] 1992. Die bei Habermas vollzogene Gegenüberstellung einer kritisch räsonierenden bürgerlichen Öffentlichkeit des ausgehenden 18. und einer manipulativen, kommerzialisierten Öffentlichkeit

seit dem Ende des 19. Jahrhunderts erfaßt die Komplexität der Entwicklung allerdings nur unzureichend. Vgl. Andreas Ernst, Öffentlichkeit – das Unsichtbare Wesen mit der großen Wirkung. Konzeption und Anwendung für die schweizerische Parteiengeschichte, in: Schweizerische Zeitschrift für Geschichte 46 (1996), 60–80; Jörg Requate, Öffentlichkeit und Medien als Kategorien historischer Analyse, in: GG 25 (1999), 5–32; und zum Problem öffentlicher Konkurrenz, Geoff Eley, Nations, Publics and Political Cultures. Placing Habermans in the Nineteenth Century, in: Calhoun (Hg.), Habermas, 289–339; Oskar Negt/Alexander Kluge, Öffentlichkeit und Erfahrung: zur Organisationsanalyse von bürgerlicher und proletarischer Öffentlichkeit, Frankfurt/M. 1972, bes. 313–334.

11 Das Entstehen und das Bestehen der Nationen seit dem 17. oder 18. Jahrhundert ging einher mit der Entstehung und der Existenz von Öffentlichkeit. Der öffentliche Diskurs widerstreitender Vorstellungen und Interessen mit Hilfe von Massenkommunikationsmedien, besonders der Presse, wurde für den Prozess der Nationenbildung grundlegend. Vgl. Deutsch, Nationalism; ders., Nation und Welt, in: Heinrich August Winkler (Hg.), Nationalismus, Königstein/Ts. 1978², 49–66.

12 Vgl. Pierre Bourdieu, Was heißt sprechen? Die Ökonomie des sprachlichen Tauschs, Wien 1990, bes. 11–17; Eley, Nations, 320–326; Ulla Otto, Die Problematik des Begriffs der öffentlichen Meinung, in: Publizistik 11 (1966), 99–130, und zu den Prozessen fundamentalen Lernens in Krisensituationen Hansjörg Siegenthaler, Regelvertrauen, Prosperität und Krisen. Die Ungleichmäßigkeit wirtschaftlicher und sozialer Entwicklung als Ergebnis individuellen Handelns und sozialen Lernens, Tübingen 1993.

13 Vgl. Peter Reichel, Der schöne Schein des Dritten Reiches. Faszination und Gewalt des Faschismus, Frankfurt/M. 1993, passim; Bianka Pietrow-Ennker, Das Feindbild im Wandel: Die Sowjetunion in den nationalsozialistischen Wochenschauen 1935–1941, in: GWU 41 (1990), 337–351; Thamer, Verführung, 417–434; Klemperer, LTI, 218–227 – und zum Stellenwert der »kulturellen Kriegführung« des Regimes in Film, Radio und Theater den Beitrag von Birte Kundrus, Totale Unterhaltung? Die kulturelle Kriegführung 1939 bis 1945 in Film, Rundfunk und Theater, in: Das Deutsche Reich und der Zweite Weltkrieg 9/2, 93–157.

14 Vgl. Ian Kershaw, »How effective was Nazi-Propaganda?« in: David Welch (Hg.), Nazi Propaganda. The Power and it's Limitations, London 1983, 180–205; Bernd Jürgen Wendt, Deutschland 1933–1945. Das »Dritte Reich«, Hannover 1995, 137–144.

Anmerkungen

15 Vgl. Gellately, Hingeschaut, passim; Roger Boyes, Surviving Hitler, Choices, Corruption and Compromise in the Third Reich, London 2000; und zu Möglichkeiten und Grenzen von Propaganda insges. Ute Daniel/Wolfram Siemann, Historische Dimensionen der Propaganda, in: dies. (Hg.), Propaganda. Meinungskampf, Verführung und politische Sinnstiftung 1789–1989, Frankfurt/M. 1994, 7–20, hier bes. 12.

16 Sopade, November 1939, 1024. Oblt. Albert K., 2.10.1942, Slg. Sterz, (BfZ). Vgl. Wette, Ideologien, 137–142.

17 Meldungen, 1153 [Herv. i. Org.] (14.–19.5.1940), Vgl. ebd., 1206f., dagegen Sopade, Februar 1940, 95.

18 Meldungen, 3134f. (6.–8.1.1942), Ebd., 4765 (5.–8.2.1943). Vgl. ausführlich Bankier, Germans, 139–152.

19 Vgl. etwa die Artikel in den »Mitteilungen für die Truppe« (MTT), 255 (September 1942): »Jeder Soldat ist draußen ein Propagandist für Deutschland«; 219 (August 1942): »Jeder von uns ist ein Garant des Nationalsozialismus«; 136 (September 1941): »Die Rettung Deutschlands vor dem Ansturm des Untermenschentums«; 123 (Juli 1941): »Der Kampf gegen die Bolschewisten ist wirklich ein ›Kreuzzug‹.« Siehe dazu auch Jürgen Förster, Weltanschauung als Waffe. »Vom Vaterländischen Unterricht« zur »Nationalsozialistischen Führung«, in: Bruno Thoß/Hans-Erich Volkmann (Hg.), Erster Weltkrieg – Zweiter Weltkrieg. Ein Vergleich: Krieg, Kriegserlebnis, Kriegserfahrung in Deutschland, Paderborn 2002, 287–300, ders., Geistige Kriegführung in Deutschland 1919 bis 1945, in: das Deutsche Reich und der Zweite Weltkrieg 9/1, 465–640.

20 Oblt. Helmut H., 4.5.1943, Slg. Sterz (BfZ).

21 Bundesarchiv-Militärarchiv, Freiburg [BA-MA], RH 13 v. 53, 27.7.44, Bl. 173.

22 Lothar Kettenacker, Sozialpsychologische Aspekte der Führer-Herrschaft, in: Gerhard Hirschfeld (Hg.), Der »Führerstaat«. Mythos und Realität. Studien zur Struktur und Politik des Dritten Reiches, Stuttgart 1981, 98–131, hier: 131. Vgl. Ricarda Bremer [u.a.] (Hg.), Das letzte halbe Jahr. Stimmungsberichte der Wehrmachtspropaganda 1944–1945, Essen 2000; Volker R. Berghahn, Meinungsforschung im »Dritten Reich«. Die Mundpropaganda-Aktion im letzten Kriegsjahr, in: MGM 1 (1967), 83–119.

23 Frankfurter Zeitung (FZ), 30.6.1941, 1. Grundlegend zum nationalsozialistischen Ostkrieg sind die Beiträge in: Das Deutsche Reich und der Zweite Weltkrieg, Bd. 4: Der Angriff auf die Sowjetunion, hg. vom MGFA, München 1983. Einen detaillierten Überblick über die kaum noch überschaubare Literatur zum Krieg

der Wehrmacht gegen die Sowjetunion liefern Rolf-Dieter Müller/Gerd R. Ueberschär, Hitlers Krieg im Osten 1941–1945. Ein Forschungsbericht, Darmstadt 2000.

24 Vgl. David Welch, The Third Reich. Politics and Propaganda, London 1993, 23–49; Kundrus, Unterhaltung, in: DRWK 9/2, bes. 101–108; Sywotteck, Mobilmachung, 23–32; Bucher, Goebbels, 53–69; Pietrow-Ennker, Feindbild, 337–351.

25 Völkischer Beobachter (VB), 23.6.1941, 1. »Moskaus Verrat und Churchills Intrigen werden sich nun bitter rächen!«, lautete entsprechend die Schlagzeile der »Berliner Morgenpost« (BM) am 24. Juni 1941.

26 FZ, 1.7.1941, 2; VB, 23.6.1941, 1. »Der Bolschewismus ... war in jeder Hinsicht ... ein Kampf gegen die menschliche Natur überhaupt, die in den inhaltsleeren und weltfremden Abstraktionen des marxistischen Systems nicht vorkommt«, FZ, 8.7.1941, 1. Vgl. Kurt Pätzold, Antikommunismus und Antibolschewismus als Instrumente der Kriegsvorbereitung und Kriegspolitik, in: Norbert Frei/Hermann Kling (Hg.), Der nationalsozialistische Krieg, Frankfurt/M. 1990, 122–36.

27 Münchner Neueste Nachrichten (MNN), 24.6.1941,1. Vgl. Hecker, Sowjetunion, 61–78.

28 VB, 28.6.1941, 2; BM, 8.7.1941, 1. Vgl. zum »heiligen Krieg« auch MNN, 30.6.1941, 3.

29 Vgl. Wette, Begleitmusik, 58.

30 Folgt man Andreas Hillgruber, Hitlers Strategie. Politik und Kriegführung 1940–1941, München 1993[3], 368, Anm. 86, bestimmten Hitler bei der Wahl des Decknamens »Barbarossa« allerdings weniger Kreuzzugsphantasien als vielmehr die Assoziation »Rot« = Bolschewismus.

31 MNN, 23.6.1941, 2; BM, 28.6.1941, 1; BM, 29.6.1941, 2. Vgl. Wolfram Wette, Der 22. Juni und die NS-Propaganda, in: Hans Schafranek/Robert Streibel (Hg.), 22. Juni 1941: Der Überfall auf die Sowjetunion, Wien 1991, 75–86; Welch, Third Reich, 100f.

32 VB, 28.6.1941, 1.

33 VB, 28.6.1941, 2. Vgl. ebd., 7.7.1941, 2: »Die Soldaten ... sind in Wahrheit die Erretter der europäischen Kultur und Zivilisation gegen die Bedrohung durch eine politische Unterwelt. Deutschlands Söhne sind wieder einmal angetreten, um mit dem Schutz des eigenen Landes zugleich auch den Schutz der gesitteten Welt zu übernehmen.«

34 Vgl. etwa MNN, 7.7.1941, 1; VB, 6.7.1941, 1; BM, 6.7.1941, 1. Seit 1942 tourte dann die Wanderausstellung »Das Sowjetparadies« durch Deutschland. Vgl. Welch, Third Reich, 103.

271

Anmerkungen

35 VB, 6.7.1941, 3; BM, 6.7.1941, 1. Vgl. auch VB, 9.8.1841, 8; sowie
   Wolfram Wette, Das Rußlandbild in der NS-Propaganda. Ein Pro-
   blemaufriß, in: Volkmann, Rußlandbild, 55–78.
36 BM, 6.7.1941, 1.
37 VB, 6.7.1941, 3.
38 BM, 12.7.1941, 1.
39 BM, 7.8.1941, Beilage. Vgl. zur Langlebigkeit dieses Stereotyps:
   Ute Planert, Antifeminismus im Kaiserreich. Diskurs, soziale Formation und politische Mentalität, Göttingen 1998, bes. 287–294;
   zudem Hans-Erich Volkmann, Das Rußlandbild in der Schule des
   Dritten Reiches, in: ders., Rußlandbild, 225–255; sowie Gabriele
   Camphausen, Antisowjetische Propaganda im Kriegsjahr 1941.
   Das »Testament des Zaren Peters des Großen«, in: Forschungen
   zur osteuropäischen Geschichte 48 (1993), 37–44.
40 Vgl. Lepsius, Nationalismus, 58 f.; George L. Mosse, Die Geschichte des Rassismus in Europa, Frankfurt/M. 1990, 109.
41 VB, 20.7.1941, 8. »Die Flintenweiber-Bataillone sind vielleicht der
   echteste Ausdruck bolschewistischen Wesens«, VB, 13.8.1941, 3.
   Vgl. zu Verbreitung der Agitation gegen die »Flintenweiber« auch:
   MNN, 19.7.1941, 3.
42 VB, 19.7.1941, 1.
43 VB, 8.8.1941, 8. Vgl. VB, 29.6.1941, 1. Vgl. Peter Jahn, »Russenfurcht« und Antibolschewismus: Zur Entstehung und Wirkung von
   Feindbildern, in: ders. (Hg.), Erobern und Vernichten. Der Krieg
   gegen die Sowjetunion 1941–1945, Berlin 1991, 47–64.
44 VB, 7.7.1941, 1. Vgl. VB, 11.7.1941, 8.
45 BM, 6.7.1941, 2.
46 BM, 30.7.1941, 3. Vgl. zur Sprache der »Vernichtung« auch: FZ,
   7.8.1941, 1; BM, 29.7.1941, 3; BM, 3.8.1941, 1.
47 Darauf weist mit Recht Longerich, »Nichts gewußt«, 52 f., 320 f.
   hin.
48 Vgl. Steinert, Krieg, bes. 203–236; sowie Buchbender, Erz, passim;
   Bucher, Goebbels, 53–69; zudem Wette, Rassenfeind, 175–201.
49 Meldungen, 28.6. bis 4.7.1941, 2473. Vgl. exemplarisch zur rassistischen Pressekampagne den »Völkischen Beobachter«, 29.6.
   1941: »Das Gesicht der Sowjet-Armee«; sowie Uwe Launspach,
   Völkerstereotype im nationalsozialistischen »Deutschen Lesebuch«, in: Internationale Schulbuchforschung 8 (1986), 403–425.
50 Ebd., Bericht über die Aufnahme der Wochenschau vom 5.–11. Juli
   1941, 2507. Vgl. Bianka Pietrow-Ennker, Die Sowjetunion in
   NS-Wochenschauen 1935–1941, Göttingen 1995.
51 Vgl. Deutsche Wochenschau vom 30.7.1941 u. 6.8.1941. Vgl. Longerich, »Nichts gewußt«, 161 f.

52 Zit. n. Hamburger Institut für Sozialforschung [HIS] (Hg.), Verbrechen der Wehrmacht. Dimensionen des Vernichtungskrieges, Hamburg 2002, 253.

53 Vgl. Reichardt, Kampfbünde, 684–687.

54 Zit. n. Gerlach, Morde, 777.

55 Vgl. etwa zur Polemik von Wehrmachtssoldaten gegen gefangene »Flintenweiber« den Brief des Obergefreiten Richard T.-G., 25.9.1941, Slg. Sterz (BfZ).

56 Meldungen, 19. bis 26. Juli 1941, 2563 f.; und zum Gesellschafts- und Frauenbild aus der Perspektive des rassistischen Nationalismus: Bock, Zwangssterilisation, bes. 456–465.

57 Meldungen, 23.6.1941, 2427 f.

58 Meldungen, 17.8.1942, 4084 f.

59 BA-MA, RH 13/11, 5–7 (Juni 1943).

60 »Unser Geheimnis gegenüber allen anderen Armeen der Welt ist das, daß wir unsere Soldaten nicht massenmäßig behandeln, sondern zu Gemeinschaften erziehen«, BA-MA, RH 13/50, 55 (24.12.1943).

61 BA-MA, RH 13/50, 13, 11 (Sept. 1943). Vgl. Messerschmidt, Wehrmacht, 148–171.

62 MTT, 232 (November 1942).

63 MTT, 123 (Juli 1941). »Licht und Finsternis sind nicht so weit voneinander getrennt wie Nationalsozialismus und Bolschewismus«, MTT, 310 (Februar 1944).

64 Ebd., 13. Vgl. Ebd. 85 f. (23.2.1944). Vgl. Messerschmidt, Wehrmacht, 326–347.

65 Mitteilungen für das Offizierkorps (MTO), 15 (März 1943). Vgl. Jürgen Förster, in: DRWK 4, 525–532.

66 Vgl. etwa MTT, 115 (Juli 1941): »So sieht der Bolschewismus aus«; sowie Messerschmidt, Wehrmacht, bes. 306–361.

67 MTT, 136 (September 1941). Vgl. Jürgen Förster, Zum Rußlandbild der Militärs 1941–1945, in: Volkmann (Hg.), Rußlandbild, 141–163.

68 MTT, 116 (Juli 1941). Vgl. auch die antisemitische Polemik gegen »das internationale jüdische Weltkapital« und »gegen die Überfremdung durch jüdisch-bolschewistische Gedanken«, in: MTT, 232 (November 1942).

69 Ueberschär/Wette, Überfall, 258. Vgl. auch Andreas Hillgruber, Die ideologisch-dogmatische Grundlage der nationalsozialistischen Politik der Ausrottung der Juden in den besetzten Gebieten der Sowjetunion und ihre Durchführung 1941–1944, in: GSR 2 (1979), 263–297.

70 Ebd., 285.

Anmerkungen

71 Vgl. ebd. die Erlasse von Hoth und Manstein, 287–290, und insges.: Wette, Rassenfeind, 55–73; sowie zum Kontext der so genannten verbrecherischen Befehle: Messerschmidt, Wehrmacht, 390–422; Förster, in: DRWK 4, 506–525, 1227–1258.

72 Wolf-Dieter Mohrmann, Die Sammlung von Feldpostbriefen im Niedersächsischen Staatsarchiv in Osnabrück, in: Knoch (Hg.), Kriegsalltag, 25–39, Zit.: 28.

73 Karl K., 10.10.1943 Slg. Sterz (BfZ).

74 BA-MA, RH 13/48, Bl. 117.

75 Vgl. die Analyse und die Gewichtung der Themen von Feldpostbriefen bei: Humburg, Gesicht, 88–93, Latzel, Soldaten, 31–35, 115–120; sowie Kathrin A. Kilian, Kriegsstimmungen. Emotionen einfacher Soldaten in Feldpostbriefen, in: DRWK 9/2, 251–288; Max Mechow, Zur deutschen Soldatensprache des Zweiten Weltkriegs, in: Zeitschrift für Deutsche Sprache 27 (1971), 81–100.

76 Gefr. Hans W., 26.3.1944, Slg. Sterz (BfZ).

77 San. O'Sold. Josef L., 2.9.1941, Slg. Schüling, Bd. 316 (BfZ). Vgl. Klaus Latzel, Tourismus und Gewalt. Kriegswahrnehmungen in Feldpostbriefen, in: Hannes Heer/Klaus Naumann (Hg.), Vernichtungskrieg: Verbrechen der Wehrmacht 1941–1944, Hamburg, 1995, 447–459.

78 Latzel, Soldaten, 31–35.

79 Alf Lüdtke, Eigen-Sinn, passim; ders., Die Praxis von Herrschaft. Zur Analyse von Hinnehmen und Mitmachen im deutschen Faschismus, in: Brigitte Berlekamp/Werner Röhr (Hg.), Terror, Herrschaft und Alltag im Nationalsozialismus. Probleme einer Sozialgeschichte des deutschen Faschismus, Münster 1995, 226–245.

80 Genau auf diesen Idealismus verfielen weite Teile der Alltagsgeschichte. Die Militärgeschichte »von unten« nahm in den 1980er und 90er Jahren den »kleinen Mann« beinahe ausschließlich als unpolitisches Opfer wahr. Vgl. den Forschungsüberblick bei: Kühne, Vernichtungskrieg, bes. 630–649.

81 Vgl. auch die Präsenz nationalistischer Deutungen in der privaten Korrespondenz der Eheleute Fred und Inge Molter, in: Bärbl Wirrer (Hg.), Ich glaube an den Führer. Eine Dokumentation zur Mentalitätsgeschichte im nationalsozialistischen Deutschland 1942–1945, Bielefeld 2003.

82 O'Gefr. Hans H., 12.6.1943, Slg. Sterz (BfZ).

83 Gefr. Alois Paul S., 18.7.1941, Slg. Schüling, Bd. 319 (BfZ).

84 Sold. Karl O., 28.6.1941, Slg. Sterz (BfZ).

85 Vgl. unten den Abschnitt IV.1. zum Thema »Defätismus«.

86 Zwei Prozent der Briefe behandeln beispielsweise das Thema »Juden« in der Auswahl Humburgs, Gesicht, 197 f.

87 Vgl. zu dieser These v.a.: Humburg, Gesicht, 210–215; ders., Feldpostbriefe, 321–343.

88 O`Gefr. V. S., 24.7.1944; Gefr. Josef. H., 30.7.1944, BA-MA, RH 13/48, Bl. 47.

89 Vgl. zur Wirkung der Zensur Buchbinder/Sterz, Gesicht, 13–25; Latzel, Soldaten 25–31; Humburg, Gesicht, 17 f., 115–117; Stenzel, Rußlandbild, 16–18.

90 Rittm. Klaus H., 3.4.1943, Slg. Sterz (BfZ).

91 O`FW Erich ? (Nachname unbekannt), 4.2.1942, Slg. Sterz (BfZ).

92 Sold. Alex. P., 28.3.1943, Slg. Sterz (BfZ).

93 Sold. Josef Z., 24.8.1941, Slg. Sterz (BfZ). Vgl. Ulrike Jureit, Zwischen Ehe und Männerbund. Emotionale und sexuelle Beziehungsmuster im Zweiten Weltkrieg, in: Werkstatt Geschichte 22 (1999), 61–74; insges. Humburg, Gesicht, 110–115.

94 Davon entfielen etwa 76% auf die Heimat und 24% auf die Front. Vgl. Buchbinder/Sterz, Gesicht, 13 f.

Die »Volksgemeinschaft« an der Ostfront

1 Vgl. zur Rolle der Mentalitäten und Deutungen: Ingrid Gilcher-Holtey, Plädoyer für eine dynamische Mentalitätsgeschichte, in: GG 24 (1998), 476–497; Latzel, Soldaten, bes. 13–19, 91–99; Markus Funck, Militär, Krieg und Gesellschaft. Soldaten und militärische Eliten in der Sozialgeschichte, in: Thomas Kühne/Benjamin Ziemann (Hg.), Was ist Militärgeschichte?, Paderborn, 2000, 157–174.

2 Vgl. aber die berechtigte Kritik von Klaus Latzel, Wehrmachtsoldaten, 573–588, an der Methode Omer Bartovs, Hitlers Wehrmacht, und der Vorstellung einer ungebrochenen Affirmation der NS-Propaganda in der kämpfenden Truppe. Einem ähnlichen Argumentationsmuster folgt auch Wolfram Wette, Die Wehrmacht. Feindbilder, Vernichtungskrieg, Legenden, Frankfurt/M. 2002, bes. 36–104. Vgl. zur nationalsozialistischen Sozialisation in der Wehrmacht Rass, Menschenmaterial, 121–134.

3 Johnson, Terror, bes. 324–382, Zit.: 340. Vgl. auch Joachim Dollwet, Menschen im Krieg. Bejahung und Widerstand? Eindrücke und Auszüge aus der Sammlung von Feldpostbriefen des Zweiten Weltkrieges im Landesarchiv Koblenz, in: Jahrbuch für westdeutsche Landesgeschichte 13 (1987), 279–322, unterstreicht die große Übereinstimmung zwischen der öffentlichen und der privaten politischen Sprache in den Feldpostbriefen. Vgl. Fritz, Frontsoldaten, bes. 227–266; Gellately, Hingeschaut, 103–129, 173 ff.

Anmerkungen

4 Vgl. Geyer, Stigma, 673–698; ders., Krieg, 250–272; sowie James Lucas, War on the Eastern Front 1941–1945. The German Soldier in Russia, London 1979; Janka, Gesellschaft, 405–430.

5 So Martin Humburg, Gesicht, 91, 193ff. Vgl. Latzel, Deutsche Soldaten, 300–307, und die Literaturübersicht zum Stellenwert des Antisemitismus in der Wehrmacht bei Kühne, Vernichtungskrieg, 609–614.

6 Reuband, 330–333.

7 Leutnant Otto D. am 30. Juli 1941, Slg. Sterz (BfZ).

8 O'Gefr. Erich G., 3.8.1941, Slg. Sterz (BfZ).

9 Gefr. Ambros D., 15.10. 1943, Slg. Sterz (BfZ).

10 Gefr. W., 13.1.1943, BA-MA, RW4 v. 264, Bl. 108. Vgl. Ebd., Bl. 4–6, den Bericht der Feldpostprüfstelle beim Pz. AOK 4; sowie Klaus Latzel, Vom Sterben im Krieg. Wandlungen in den Einstellungen zum Soldatentod vom Siebenjährigen Krieg bis zum Zweiten Weltkrieg, Warendorf 1988.

11 Uffz. Alfred N., 29.5.1943, Slg. Sterz (BfZ).

12 Paul S., 1.11.1942, Slg. Sterz (BfZ).

13 Hanns W., 29.4.1942, Slg. Sterz (BfZ). Entsprechend äußerte sich der Soldat Richard N., 6.12.1941, Slg. Schüling, Bd. 328 (BfZ) [Herv. i. Orig.]: »Wie schon einmal gesagt, solltet Ihr stolz darauf sein, daß Euer Sohn am Deutschen Schicksalskampf teilnehmen *darf*. Ich selbst bin äußerst beglückt, auch nun tatsächlich das zu verwirklichen, wovon man früher (zu Friedenszeiten, z.B. Einsatz bis zum letzten) so oft tolle Phrasen sprach. Im übrigen birgt der Einsatz die höchsten Tugenden, die einem das Soldatenleben bieten kann. Unser Einsatz vollzieht sich aber weniger mit der Waffe in der Hand als mit dem Köpfchen.«

14 BA-MA, RH 20–2/1351, Bl. 8f. (26.12.1943).

15 Hptm. Emerich P., 15.2.1943, Slg. Sterz (BfZ).

16 Gefr. Hans J., 2.6.1943, Slg. Sterz (BfZ).

17 Unteroffizier Bruno S., 14.6.1944, BA-MA, RH 13 v. 53.

18 Gefr. Karl K., 10.10.1943, Slg. Sterz (BfZ). Vgl. zu deutschen Überlegenheitsphantasien auch Sopade, Februar 1940, 103; Meldungen, 28.5.1942, 3753.

19 Gefr. Ferdinand B., 3.7.1941, Slg. Sterz (BfZ). Vgl. Gefr. Alois Paul S., 18.7.1941, Slg. Schüling, Bd. 319 (BfZ).

20 Uffz. Franz H., 26.7.1941, Slg. Sterz (BfZ).

21 Gefr. Wendelin P., 4.3.1943, Slg. Sterz (BfZ).

22 Leutnant Otto D., 30.7.1941, Slg. Sterz (BfZ). Vgl. Zur Breitenwirkung des Führerkultes in der deutschen Wehrmacht etwa Bartov, Wehrmacht, 163–266; Latzel, Soldaten, 295–300.

23 Vgl. Meldungen, 28.7.1944, 6684f.; sowie Steinert, Krieg, 469–490.

24 Zu dieser Einschätzung einer ungebrochenen Strahlkraft Hitlers
gelangte auch das britische Außenministerium durch die Befra-
gung Tausender deutscher Kriegsgefangener im September 1944,
PRO FO 371/40666.

25 BA-MA, RH 13/48, Bl. 272. Vgl. die Prüfberichte, ebd., Bl. 34–52.
Bis zur bedingungslosen Kapitulation ist keine vollständige Ten-
denzwende zu entdecken, auch wenn sich in den beiden letzten
Kriegsjahren kritische und verzweifelte Stimmen häuften und einige Soldaten offen das Misslingen des Anschlages auf Hitler sogar bedauerten. Vgl. BA-MA, RH 13/48, Bl. 121; RH 13 v. 53. Doch
Hitlers Verklärung überlebte selbst seinen biologischen Tod noch
um einige Zeit. In einer Umfrage der amerikanischen Besatzungs-
macht in Darmstadt meinten im Oktober 1945 noch 42% der Jüngeren, und immerhin 22% der Älteren, Deutschlands Wiederauf-
bau könne am besten durch einen starken Führer gewährleistet
werden. Ähnliche Ergebnisse erbrachte gegen Kriegsende eine
britische Meinungsumfrage bei kriegsgefangenen deutschen Soldaten. Vgl. Kershaw, Mythos, 322 f.; Kettenacker, Aspekte, 107.

26 Vgl. BA-MA, RH 13/48 Bl. 117 (2.9.1944). Der wechselnde Kriegsverlauf beeinflusste die von den Feldpostprüfstellen registrierte
Haltung der Wehrmacht nur unwesentlich. Der Tätigkeitsbericht
der Zensurbehörden beim AOK. 2 etwa für November 1941 bean-
standete von 27 598 geprüften Sendungen lediglich 14 (also
0,35%) wegen »Verstößen gegen Disziplin und inneres Gefüge der
Truppe«. Vgl. RH 26 – 1005/47 (1.12.1941).

27 Soldat Bruno P., 8.8.1944; Fw. Karl H., 23.7.1944, Slg. Sterz (BfZ).

28 BA-MA, RH 13 v. 53, 21.7.1944.

29 O'Gefr. Adolf K., 21.7.1944, Slg. Sterz (BfZ) [Herv. i. Orig.].

30 Oblt. Peter G., 23.7.1944, Slg. Sterz (BfZ).

31 Vgl. aus der Fülle der Beispiele für diesen Interpretationsansatz
nur: Bärsch, Religion; Burleigh, Zeit; Klaus Vondung, Magie und
Manipulation. Ideologischer Kult und politische Religion des Nationalsozialismus, München 1979; Joseph P. Stern, Hitler. Der
Führer und das Volk, München 1978. bes. 76–94; Hans-Jochen
Gamm, Der braune Kult. Das Dritte Reich und seine Ersatzreligion, Hamburg 1962. Vgl. zur Kritik Peter Walkenhorst, Nationalismus als »politische Religion«? Zur religiösen Dimension nationalistischer Ideologie im Kaiserreich, in: Olaf Blaschke [u.a.]
(Hg.), Religion im Kaiserreich. Milieus–Mentalitäten–Krisen, Gütersloh 1996, 503–529.

32 Vgl. zu den politischen Implikationen des Sozialdarwinismus Geulen, Wahlverwandte, bes. 72–80, 196–204; Schmuhl, Rassenhygiene, 29–70,

Anmerkungen

33 Meldungen, 8. bis 10. Juli 1941, 2505.

34 Oblt. Julius v. E., 29.6.1942, Slg. Sterz (BfZ).

35 Vgl. Bernhardt, Voraussetzungen, 18 f.; Röhr, Faschismus, 32 f.; Burleigh, Zeit, 430 f.

36 Major Hans S., 26.6.1941, Slg. Sterz (BfZ); Leutnant Klaus W., 7.7.1941, Slg. Sterz (BfZ).

37 Uffz. Lothar K., 29.10.1941, Slg. Sterz (BfZ).

38 Vgl. Robert Miles, Rassismus. Einführung in die Geschichte und Theorie eines Begriffs, Hamburg 1991, 53–55; Martin Steins, Das Bild des Schwarzen in der europäischen Kolonialliteratur 1870 – 1918. Ein Beitrag zur literarischen Imagologie, Frankfurt/M. 1972, 96–111; Gisela C. Lebzelter, Die »Schwarze Schmach«. Vorurteile – Propaganda – Mythos, in: GG 11 (1985), 37–58.

39 Lt. Heiner B., 4.4.1943, Slg. Sterz (BfZ). Vgl. Gefr. Hans J., 2.6. 1943, Slg. Sterz (BfZ).

40 Vgl. Wette, Wehrmacht, 36–94; Förster, Weltanschauung, 287–300, u. bereits Messerschmidt, Wehrmacht.

41 Unteroffizier Wilhelm F., 11.2.1943, Slg. Sterz (BfZ).

42 Uffz. L., 5.10.1943, Slg. Sterz (BfZ) nach einer Abschrift aus dem BA-MA. Vgl. Pätzold, Antikommunismus, 122–136; Daniel Gerson, Der Jude als Bolschewist. Die Wiederbelebung eines Stereotyps, in: Wolfgang Benz (Hg.), Antisemitismus in Deutschland. Zur Aktualität eines Vorurteils, München 1995, 157–180.

43 Soldat Karl-Heinz G., 1.9.1941, Slg. Sterz (BfZ).

44 O'Gefr. Alfred G., 1.3.1942, Slg. Sterz (BfZ).

45 Lt. Kurt N., 24.2.1942, Slg. Sterz (BfZ)

46 Lt. K. 13.2.1942, Slg. Sterz (BfZ), nach einer Abschrift aus dem GLA Karlsruhe 465 d 1312.

47 C. H., 31.8.1942, Stadtarchiv Nürnberg E 39/507, Bl. 2.

48 Vgl. etwa die Beschwerde des Gefr. M. P., 5.4.1942 aus Lemberg (Stadtarchiv, Nürnberg – E 39, 1608/2) darüber, dass seine Kameraden jüdische Putzhilfen beschäftigten, oder die Klage des Schützen Eugen E., 5.5.1942 (E 39, 1608/4) über jüdische Köchinnen in seiner Kompanie. Aufschlussreich für die Mentalität der bekennenden Antisemiten ist auch das vor Leningrad entstandene Gedicht »Fluch der Erde!« des Uffz. Albert B., 24.1.1942 (E 39, 1610/2), das sich weder an sprachlicher Qualität unterbieten noch an politischer Radikalität übertreffen lassen dürfte:
»Arische Menschheit wach auf, schließe dicht deine Reihen,
Es gilt jetzt die Welt vom jüdischen Joch zu befreien.
Der Jude hat die Welt in einen neuen Weltkrieg gehetzt,
Jetzt ist es genug, er hat zum letzten Male seine Hände mit Blut benetzt. ...

Wie lange noch will die Welt die jüdische Fessel tragen?
Wann endlich wird die Menschheit diese Geißel zerschlagen?
Der Jude muß sterben, denn Rache fordern die Opfer der Erde,
Der Jude muß sterben, damit für immer Friede werde.
Deutschland entroll das Banner zum heiligen Krieg,
Jetzt gilt es zu kämpfen, bis zum endgültigen Sieg.
Arische Menschheit erkenne das Gebot dieser letzten Stunde,
Schlage endlich zu Boden diese Rasse der Höllenhunde.
Denn, wenn von der Erde vertilgt diese talmudischen Horden,
Dann hat für alle Zeit ein Ende dieses Völkermorden.«

49 Ebd., E 39, 1609/1, 5.5.1942.

50 Uffz. F.K., 14.8.1942, Slg. Sterz (BfZ), Abschrift nach Karlsruhe GLA 465 d 1312.

51 Uffz. Walter F., 17.11.1941, Slg. Sterz (BfZ).

52 Gefr. Hans Joachim C., 29.1.1942, Slg. Sterz (BfZ). Vgl. Humburg, Gesicht, 129–161; Latzel, Soldaten, 352–360.

53 Sold. Erwin K., 13.4.1942 (Sterz). Vgl. auch ebd. seinen Brief vom 28.4.1942: »Ganz offen gesagt, bei uns hier sieht es nicht gut aus. Ich darf nur nicht alles schreiben. Aber wenn Ihr zu Hause wüßtet, wie es hier in Wirklichkeit steht, würdet Ihr staunen. ... Man erzählt zu Hause in den Zeitungen so viel von Sieg. Ich lese oft die Heimatzeitungen, aber in Wirklichkeit sieht es bei uns ganz anders aus. Man will Euch aufmuntern, und wir dürfen nicht alles sagen. Uns verspricht man auch das Blaue vom Himmel herunter, aber man sieht nichts davon. Geht dieses Jahr der Krieg mit Rußland nicht aus, geht Deutschland mit kaputt, dann kann man uns auch mit begraben. Aber ich selbst sehe nichts Gutes voraus, denn seit Wochen geht es keinen Schritt vorwärts.«

54 Soldat Hans A., 24.3.1942, Privatbesitz, Abschrift im HIS.

55 San. Gefr. Otto H., 27.3.1944, Slg. Sterz (BfZ).

56 O'Fw. K., 21.8.1944, BA-MA RH 13/48, Bl. 80/81.

57 Gefr. Heinrich R., 5.7.1944, Slg. Sterz (BfZ).

58 Tagebuch Uffz. Heinrich V., 17.5.1944, Slg. Sterz (BfZ).

59 Sold. Erich K., 20.8.1944, Slg. Sterz (BfZ). Vgl. Latzel, Soldaten, 360–367.

60 Gefr. Heinrich R., 2.4.1944, Slg. Sterz (BfZ). Vgl. zum insgesamt relativ geringen Stimmungswechsel in den Feldpostbriefen: Detlev Vogel, »Aber man muß halt gehen, und wenn es in den Tod ist«. Kleine Leute und der deutsche Kriegsalltag im Spiegel von Feldpostbriefen, in: ders./Wette (Hg.), Helme, 37–57; und insges. zur Desertion die Beiträge in: Norbert Haase/Gerhard Paul, Die anderen Soldaten. Wehrkraftzersetzung, Gehorsamsverweigerung und Fahnenflucht im Zweiten Weltkrieg, Frankfurt/M.1995.

Anmerkungen

61 Zur systematischen Konzeptionalisierung der Kategorie »Geschlecht« im Krieg: vgl. Karen Hagemann, Home/Front. The Military, Violence and Gender Relations in the Age of the World Wars, in: dies./Stefanie Schüler-Springorum (Hg.), Home/Front. The Military, War and Gender in Twentieth-Century Germany, Oxford 2002, 1–41. Vgl. Miles, Rassismus, bes. 116–120; Etienne Balibar/Immanuel Wallerstein, Rasse, Klasse, Nation. Ambivalente Identitäten, Hamburg 1990, 49–69; insges. Joan Wallach Scott, Gender and the Politics of History, New York 1989, bes. 26–30.

62 Die Geschlechtergeschichte des Nationalsozialismus hat sich erstaunlicherweise kaum mit der Rolle der »Männlichkeit« innerhalb der Deutschen Wehrmacht befasst. Eine Ausnahme bilden die Arbeiten von Thomas Kühne, Kameradschaft, bes. 113–205; ders., Kameradschaft – »das Beste im Leben eines Mannes«. Die deutschen Soldaten des Zweiten Weltkriegs in erfahrungs- und geschlechtergeschichtlicher Perspektive, in: GG 22 (1996), 504–529, ders., Gruppenkohäsion und Kameradschaftsmythos in der Wehrmacht, in: Müller/Volkmann (Hg.), Wehrmacht, 534–549. Vgl. jetzt zudem die vor dem Abschluss stehende Bielefelder Dissertation von Frank Werner, Männlichkeit und Massenmord. Soldatische Selbstbilder im Vernichtungskrieg 1941–1944.

63 Vgl. Reichardt, Kampfbünde, 660–669; Rohe, Reichsbanner, passim.

64 Vgl. Kühne, Kameradschaft, 504–513; Bock, Zwangssterilisation, 116–140; sowie Ute Frevert, Nation, Krieg und Geschlecht im 19. Jahrhundert, in: Manfred Hettling/Paul Nolte (Hg.), Nation und Gesellschaft in Deutschland, FS Hans-Ulrich Wehler, München 1996, 151–70, und bereits Klaus Theweleit, Männerphantasien, 2 Bde., München 1995 [1977/78¹], bes. Bd. 2: Männerkörper. Zur Psychoanalyse des weißen Terrors, 206–247.

65 Victor Klemperer, LTI, 13, hielt zu dieser politischen Ästhetik des Heroischen fest: »Nicht umsonst hat die Sprache des Nazismus das neue und seltene Adjektiv neuromantischer Ästheten: ›kämpferisch‹ in allgemeinen Umlauf gesetzt und zu einem ihrer Lieblingsworte gemacht. ... Es bezeichnet in einer allgemeinen Weise die angespannte, in jeder Lebenslage auf Selbstbehauptung durch Abwehr und Angriff gerichtete, zu keinem Verzicht geneigte Haltung des Gemüts, des Willens.« Vgl. Ute Frevert, Die kasernierte Nation. Militärdienst und Zivilgesellschaft in Deutschland, München 2001, 314–328.

66 BA-MA, RH 13/50, 11–18. Zit. 13.

67 In seinem Erlass über die »Führerauslese im Heer« vom 19. Januar 1943 unterstrich Hitler: »Es zeigt sich immer wieder, daß

Kampfgruppen ... gegen vielfach feindliche Übermacht erfolg-
reich kämpfen, wenn ein energischer und einsatzbereiter, harter
Mann führt, der seinen Willen durchzusetzen weiß. ... Der ›ganze
Mann‹ gehört als Führer an die Front.« Zit. n. Messerschmidt,
Wehrmacht, 425 f.

68 Vgl. Klaus Cachay/Steffen Bahlke/Helmut Mehl, »Echte Sportler«
– »Gute Soldaten«. Die Sportsozialisation des Nationalsozialismus
im Spiegel von Feldpostbriefen, München 2000, 234–241; Latzel,
Soldaten, 310–316.

69 Vgl. Thomas Kühne, Comradeship. Gender Confusion and Gender
Order in the German Military, 1918–1945, in: Hagemann (Hg.),
Home/Front, 233–254; ders., Forschungsprobleme I, 605 f.

70 San. Uffz. Karl G., 18.7.1942 Slg. Sterz (BfZ); Ogefr. B., 31.7.1944
BA-MA, RH 13 48/196. Vgl. zur Alltäglichkeit soldatischer Männ-
lichkeitskonzepte selbst bei politisch Indifferenten oder Regime-
gegnern Magnus Koch, »Nichts als Fliegen«. Männlichkeit und
»Eigen-Sinn« in den Erinnerungen des Luftwaffensoldaten Eugen
Bosch, in: Maren Büttner/ders., (Hg.), Zwischen Gehorsam und
Desertion. Handeln, Erinnern, Deuten im Kontext des Zweiten
Weltkrieges, Köln 2003, 78–107.

71 Gefr. Hermann S., 29.9.1943, Slg. Sterz (BfZ).

72 O'Gefr. F., 15.11.1941 (vor Moskau), BA-MA, FPP. AOK 2.

73 San.O'Gefr. T., 16.9.1944, BA-MA, RH 13 v. 54, 365. »Wir haben
doch alles vernichtet in diesem Stück, was wir aufgaben. Der
Russe hat dadurch große Schwierigkeiten mit dem Nachschub. ...
Wir haben alle die Schnauze voll. Es kommt nur darauf an wer
stärker ist und länger aushält.« Gefr. Erich K., 19.8.1943, Slg.
Sterz (BfZ). Vgl. Cachay/Bahlke/Mehl, Sportler, 250–256.

74 Ing. Hans J., 18.3.1942, Slg. Sterz (BfZ).

75 Lt. Otto, D., 30.7.1941, Slg. Sterz (BfZ).

76 Gefr. Ambros D., 15.10.1943, Slg. Sterz (BfZ). Vgl. Latzel, Soldaten, 318–325.

77 Vgl. Cachay/Bahlke/Mehl, Sportler, 355–362.

78 Gefr. ? (Name unbekannt), Mai 1944, BA-MA, FPP. OK der 1.
PzArmee.

79 Gefreiter Werner F., 30.10.1941, Slg. Sterz (BfZ). Vgl. auch das
Gedicht »Sowjet-Paradies« von Uffz. Albert B., 7.1.1942 (Stadtarchiv Nürnberg, E 39, 1610/1), in dem eine besondere sexuelle Bedrohung durch Juden behauptet wird: »Das Schlimmste aber was
diesem Volke geschah, daß seine Frauen und Mädchen als Beute
jüdischer Wollust sah.«

80 Obergefreiter Rudolf H., 16.12.1941, Slg. Sterz (BfZ). Vgl. ebd.
den Brief des Uffz. Walter F., vom 17.11.41: »Wie die Sache nun

weiterläuft, weiß man nicht. Hier ist man allgemein der Ansicht, daß es im nächsten Frühling weitergeht bis zum Ural. Mit einer halben Sache will man sich ja wahrscheinlich nicht abgeben. Eine restlose Vernichtung ist alleine schon erforderlich, um dem russischen Elendsvolk bessere Lebensbedingungen zu geben. Wer das nicht gesehen hat, kann sich gar keinen Begriff machen davon. Wenn diese vertierten Soldatenhaufen über Deutschland hergefallen wären, es wäre vorbei gewesen mit allem, was deutsch ist.« Vgl. zur soldatischen Männlichkeit, Latzel, Soldaten, 310–320.

81 Vgl. Lebzelter, Schmach, 37–58; Mosse, Geschichte, 211.

82 Hptm. Hans Günter E., 19.9.1944, BA-MA, RH 13/49, Bl. 333 [Herv. i. Orig.]. Vgl. Inge Marßolek, »Ich möchte Dich gern mal in Uniform sehen«. Geschlechterkonstruktionen in Feldpostbriefen, in: Werkstatt Geschichte 22 (1999), 41–59, sowie Reichhardt, Kampfbünde, 684–690.

83 Vgl. zum Mechanismus der Reduktion sozialer Komplexität: Anne Katrin Flohr, Feindbilder in der internationalen Politik. Ihre Entstehung und ihre Funktion, Münster 1991, 114–117.

84 Lt. O. H., 10.9.1944, BA-MA, RH 13 v. 54, Bl. 363.

85 Vgl. Planert, Antifeminismus, bes. 274–294; Müller, Nation, bes. 148–154.

86 Uffz. S., 3.9.1944, BA-MA RH 13/49, Bl. 255.

87 O'Schütze Helmut O., 6.3.42, Slg. Schüling, Bd. 222 (BfZ).

88 Sold. Walter H., 12.4.42, Slg. Sterz (BfZ).

89 Lt. Peter G., 4.8.1941, Slg. Sterz (BfZ). Einige Wochen später berichtet er aus dem Raum Belgrad: »Augenblicklich gibt's wieder schrecklich viel zu tun. Eine Reihe schwerer Kommunisten ist uns in die Hände gefallen, bis in die Nacht hinein dauern die Verhöre, Übersetzungen, Berichte, Auswertungen feindlicher Flugblätter, usw. an. Und dann sind diese Kommunisten meistens so verstockt, dann hilft nur noch der Knüppel, bis buchstäblich Blut aus allen Fugen kommt. Ja da heißt es furchtbar roh sein. Es ist kein schöner Anblick, wenn man auf dem Geschäftszimmer der Kommandantur nur noch eine Blutlache sieht.« Ebd. 14.11.1941. Vgl. zur identifikatorischen Kraft der Gewaltpraxis: Reichhardt, Kampfbünde, 662–669.

90 Lt. Gottard E., 9.2.1942, Slg. Sterz (BfZ).

91 Gefr. Anton L., 19.1.43, Slg. Sterz (BfZ); Gefr. Georg C., 20.5.1944, Slg. Sterz (BfZ).

92 Zoll-Betr.Ass. Hans B., 9.8.1942, Ogrodieniec, Slg. Sterz (BfZ), Abschrift aus GLA 465 d 1312; Vgl. zur Rolle des Gruppendrucks und des militärischen Befehls: Browning, Männer, 165–178, u. passim; Herbert Jäger, Verbrechen unter totalitärer Herrschaft.

Studien zur nationalsozialistischen Gewaltkriminalität, Frankfurt/M. 1981 [1967¹], bes. 62–75; Walter Manoschek, »Gehst mit Juden erschießen?« Die Vernichtung der Juden in Serbien, in: Heer/Naumann (Hg), Vernichtungskrieg, 39–56.

93 Vgl. Bock, Zwangssterilisation, 465.

94 Sdf. Karl Heinz L., 23.5.1943, Slg. Sterz (BfZ). »Viel erzieherische Arbeit wird hier noch geleistet werden müssen«, Oblt. Emmerich P., 15.8.1942, Slg. Sterz (BfZ).

95 Lt. Eugen A., Allerseelen 1941 [Herv. i. Orig.], Privatbesitz, Abschrift im HIS.

96 Gefreiter Werner F., 8.5.1942, Slg. Sterz (BfZ). Vgl. zur Wertschätzung der »Arbeit« auch: Janka, Gesellschaft, 261–281.

97 »An der Straße überall Arbeitskolonnen, fast alles Mädchen und junge Frauen, dazu halbwüchsige Jungen und Mädchen. Sie müssen die Straße verbessern. Oft ist gar nichts mehr zu verbessern, und es wäre vernünftiger, sie auf die Felder zu schicken. Aber da ist leider unsere Organisation stur.« Tagebuch Oblt. Bernhard R., 16.4.43, BA-MA, MSg 2 /264, Bl. 195.

98 Stadtarchiv, Nürnberg, E 39, 1702/3. Vgl. Titelbild »Jüdische Wucherer bei nutzbringender Arbeit«. Ebd., E 39, 1702/11. Zudem Raß, 243, 246.

99 Lt. Peter G., 18.6.1941, Slg. Sterz (BfZ). Und in Rumänien notierte der Ingenieur Hans J., 26.7.41, Slg. Sterz (BfZ): »Hier bei uns haben sie die Juden in Lagern untergebracht, aber in Bukarest laufen sie noch frei herum. Ab und zu, wenn wir etwas verladen müssen, holen wir uns Juden, und dann bringen wir ihnen das Arbeiten mal bei. Ich kann Dir sagen, sie arbeiten wie doll, solange wir dabeistehen, denn vor uns Deutschen haben sie mächtige Angst. Aber sowie wir uns umgedreht haben und Rumänen die Aufsicht führen, geht es im alten Stil weiter, denn die Rumänen müssen es auch noch lernen, wie man mit diesen Geiseln der Menschheit umgehen muß.«

100 Gefr. Hans W., 6.2.42, Auschwitz, Slg. Sterz (BfZ).

101 Gefr. Hanns W., 12.4.1942, [Herv. i. Orig.], Slg. Sterz (BfZ).

102 Am. Dieter S., 17.5.1942, Slg. Sterz (BfZ). Vgl. Rass, Menschenmaterial, 263–276.

103 Sold. Josef Z., 14.8.1942, Slg. Sterz (BfZ).

104 Sold. Leo H., 14.10.1941, Slg. Sterz (BfZ).

105 Vgl. Bourdieu, Praktische Vernunft. Zur Theorie des Handelns, Frankfurt/M. 1998, 7–27 Richter, Nation, 86 f., Reiterer, Nation, 197 f.

106 Vgl. Bartov, Wehrmacht, 180 f.; Latzel, Soldaten, 171 f.; Browning, Männer, 230–232, und insges., Jürgen Habermas, Legitimationsprobleme im Spätkapitalismus, Frankfurt/M. 1979⁵, bes. 96–140.

Anmerkungen

107 Vgl. Reinhart Koselleck, Zur historisch-politischen Semantik asymmetrischer Gegenbegriffe, in: ders., Vergangene Zukunft. Zur Semantik geschichtlicher Zeiten, Frankfurt/M. 1995⁵, 211–259; Henri Tajfel, Gruppenkonflikt und Vorurteil. Entstehung u. Funktion sozialer Stereotypen, Bern 1982, 39–61.

108 Vgl. die Argumentation von Bartov, Wehrmacht, 27–92, und von Hannes Heer, Killing Fields. Die Wehrmacht und der Holocaust, in: ders./Naumann (Hg.), Vernichtungskrieg, 57–77, hier: 71 f. Dagegen betont Raß, Menschenmaterial, 310 ff., mit guten Gründen die Brutalisierung der Weltbilder und der Kriegführung vom Beginn des Feldzuges im Juni 1941 an.

109 Vgl. Humburg, Gesicht, 259 f.; Stenzel, Rußlandbild, 119–121.

110 O'Gefr. Walter W., 7.8.1941, Slg. Schüling, Bd. 219 (BfZ).

111 O'Fw. Erich, s. o., 4.2.1942, Slg. Sterz (BfZ).

112 Uffz. Wolfgang S., 5.3.1943, Slg. Sterz (BfZ). Vgl. zum Wandel der Briefthemen im Verlauf des Feldzuges: Humburg, Gesicht, 91 f.

113 Vgl. Bernd Chiari, Alltag hinter der Front. Besatzung, Kollaboration und Widerstand in Weißrußland 1941 – 1944, Düsseldorf 1998, 72–80.

114 Vgl. Humburg, Gesicht, 147–155.

115 Hans-Ulrich Wehler, Wehrmacht und Nationalsozialismus, in: ders., Konflikte zu Beginn des 21. Jahrhunderts, München 2003, 11–30, hier: 13.

116 Vgl. zur Bestimmung des Stellenwertes alltäglicher und in der Regel nicht in Frage gestellter nationalistischer Wahrnehmungsmuster: Michael Billig, Banal Nationalism, London 1995.

117 Zahlmeister H. F. an Obzahlm. Berthold M., 30.9.1942, BA-MA, RH 20–2/1246, Bl. 17.

118 Gefr. Heinz S., 20.5.1942, Sign. 3.2002.0827, Museum für Kommunikation, Berlin (MKB).

119 Soldat Josef Z., 12.9.1941, Slg. Sterz (BfZ). Vgl. die weitgehenden inhaltlichen Entsprechungen mit der propagandistischen Zusammenstellung von Feldpostbriefen bei Wolfgang Dierwerge (Hg.), Deutsche Soldaten sehen die Sowjet-Union, Berlin 1941. Noch im September 1944 betonte ein auf der Basis von Gefangenenbefragungen erstelltes Memorandum des Londoner Außenministeriums die Fixierung der deutschen Soldaten auf den Faktor »Ordnung«. PRO, FO 371/40666. Und zum Stellenwert des Konzepts der »Ordnung« in deutschen Soldatenbriefen jetzt Michaela Kipp, »Here the Jews go through their fiasco«. The Holocaust in the Letters of German Soldiers on the Eastern Front 1939–1944; erscheint in: Journal of Genocide Research 2007.

120 Lt. Joachim H., 25.10.41, Slg. Sterz (BfZ). Vgl. auch Tomasz Sza-

rota, Poland and Poles in German Eyes during World War II, in: Polish Western Affairs 19 (1978), Nr. 2, 229–254.

121 Vgl. Manuel Frey, Der reinliche Bürger. Entstehung und Verbreitung bürgerlicher Tugenden in Deutschland 1760–1860, Göttingen 1997; und bereits Mary Douglas, Reinheit und Gefährdung. Eine Studie zu Vorstellungen von Verunreinigung und Tabu, Frankfurt/M. 1988.

122 Lt. Heinrich F., 25.8.1942, Slg. Sterz (BfZ).

123 Lt. Otto D., 30.7.1941, Slg. Sterz (BfZ). Vgl. insges. zur Vorstellung einer deutschen Überlegenheit in den Briefen: Humburg, Gesicht, 118–172.

124 Vgl. Heer, Zonen, 120–153.

125 Sold. Josef, 28.3.1942, Slg. Schüling, Bd. 199 (BfZ).

126 Obergefreiter Rudolf H., 16.12.1941, Slg. Sterz (BfZ).

127 Gefr. Hans S., 14.6.1941, Slg. Sterz (BfZ).

128 Heinrich Z., 30.6.1941, Slg. Sterz (BfZ).

129 Latzel, Soldaten, 179. Vgl. Stenzel, Rußlandbild, 53–57.

130 Vgl. Gisela Bock, Geschichte, Frauengeschichte, Geschlechtergeschichte, in: GG 14 (1988), 364–391; Sarah Jansen, »Schädlinge«. Geschichte eines wissenschaftlichen und politischen Konstrukts 1840–1920, Frankfurt/M. 2003, bes. 11–19.

131 Vgl. Liulevicius, War Land, 151–175; Aribert Reimann, Der große Krieg der Sprachen. Untersuchungen zur historischen Semantik in Deutschland und England zur Zeit des Ersten Weltkriegs, Essen 2000, 210–222; Jansen, Schädlinge, 249–255, und insges. Burleigh, Germany Turns Eastwards.

132 Grundlegend zur Kritik an diesem optimistischen Modell: Taguieff, Macht, 167–182.

133 Hptm. Heinz-Gerd A., 23.6.1942, Slg. Sterz (BfZ).

134 Oblt. Emerich P., 22.9.1942, Slg. Sterz (BfZ).

135 Sold. G. E., 14.12.1943, BA-MA 49701/110, Bl. 10.

136 Vgl. zum Krieg als touristisches Erlebnis: Latzel, Tourismus, 447–459.

137 Feldwebel Hubert K., 16.1.1943, Slg. Sterz (BfZ).

138 Soldat Otto E., 19.7.1941, Slg. Schüling, Bd. 312 (BfZ).

139 Uffz. Hermann S., 10.3.1944, Slg. Sterz (BfZ). Vgl. Billig, Nationalism, bes. 1–12.

140 Vgl. zu diesem Doppelcharakter: Browning/Matthäus, Entfesselung, 362–371; Raphael, Ordnungsdenken, 37–40.

141 Soldat Rudolf L., 20.7.1941, Slg. Sterz (BfZ). Vgl. zu den Grundlagen nationalsozialistischer Siedlungspolitik die Beiträge in Mechthild Rössler (Hg.), Der »Generalplan Ost«. Hauptlinien der nationalsozialistischen Planungs- und Vernichtungspolitik, Berlin

1993; Rolf-Dieter Müller, Hitlers Ostkrieg und die deutsche Siedlungspolitik. Die Zusammenarbeit von Wehrmacht, Wirtschaft und
SS, Frankfurt/M. 1991, passim; Woodruff D. Smith, The Ideological Origins of Nazi Imperialism, New York 1986; Gerlach, Morde,
100–127, sowie die ältere Arbeit von Alexander Dallin, Deutsche
Herrschaft in Russland 1941 – 1945. Eine Studie über Besatzungspolitik, Königstein 1958.

142 Oblt. Richard S., 18.11.1942, Slg. Sterz (BfZ).

143 Soldat Karl-Heinz L., 11.12.1941, Slg. Sterz (BfZ). Vgl. zur nationalsozialistischen Siedlungspolitik in Osteuropa und zu den dar-
aus resultierenden Konsequenzen für die Zivilbevölkerung Gerlach, Morde, bes. 44–127; Müller, Ostkrieg, bes. S. 11–48; Förster
in: DRWK4, 498–506, 1265–1287.

144 Sold. Karl-Heinz L., 11.2.1942, Slg. Sterz (BfZ)

145 Sold. Ernst J., 26.10.1941, Slg. Schüling, Bd. 363 (BfZ).

146 Josef L., 10.2.1942, Slg. Sterz (BfZ).

147 Vgl. Jansen, Schädlinge, 373–379.

148 FW. Eduard E., 18.12.42, Slg. Sterz (BfZ). Vgl. Jörg Stange, Zur
Legitimation der Gewalt innerhalb der nationalsozialistischen
Ideologie. Ein Beitrag zur Erklärung der Verfolgung und Vernichtung der Anderen im Nationalsozialismus, Frankfurt/M. 1987,
14–33.

149 Vgl. die Berechnungen bei: Christian Streit, Keine Kameraden.
Die Wehrmacht und die sowjetischen Kriegsgefangenen
1941–1945, ND Bonn 1997, 128–137; sowie Alfred Streim, Die
Behandlung sowjetischer Kriegsgefangener im »Fall Barbarossa«.
Eine Dokumentation unter Berücksichtigung der Unterlagen deut-
scher Strafverfolgungsbehörden und der Materialien der Zentra-
len Stelle der Landesjustizverwaltungen zur Aufklärung von
NS-Verbrechen, Heidelberg 1981.

150 Vgl. Streit, Kameraden, 137–190, und passim; ders., Ostkrieg, Antibolschewismus und »Endlösung«, in: GG 17 (1991), 242–255;
Gerlach, Morde, 774–859; sowie Jörg Osterloh, Die Geschichte
der sowjetischen Kriegsgefangenen im Spiegel nationaler und internationaler Studien, Forschungsüberblick und Bibliographie,
Dresden 1995, passim; Jochen Nagel/Jürgen Osterloh, Wachmannschaften in Lagern für sowjetische Kriegsgefangene
(1941–1945). Eine Annäherung, in: Beiträge zur Geschichte des
Nationalsozialismus, 16 (2000): »Durchschnittstäter«. Handeln
und Motivation, 73–93; sowie insgesamt die minuziöse Dokumentation im Ausstellungskatalog des HIS, Verbrechen der Wehrmacht, 187–286.

151 Gerlach, Morde, 1151.

152 Vgl. Browning, Entfesselung, bes. 360–535; ders., Judenmord.
NS-Politik, Zwangsarbeit und das Verhalten der Täter, Frank-
furt/M. 2001; Gerlach, Morde, 503–655; Gerhard Paul, Von Psy-
chopathen, Technokraten des Terrors und »ganz gewöhnlichen«
Deutschen. Die Täter der Shoah im Spiegel der Forschung, in:
ders. (Hg.), Täter, 13–90; Helmut Krausnick/Hans-Heinrich Wil-
helm, Die Truppe des Weltanschauungskrieges. Die
Einsatzgruppen der Sicherheitspolizei und des SD 1938–1942,
Stuttgart 1981, bes. 217–280; Streit, Kameraden, 109–125; die
Beiträge in Omer Bartov (Hg.), The Holocaust. Origins, Implementation, Aftermath, London 2000; sowie HIS, Verbrechen der
Wehrmacht, 77–185.

153 Vgl. zum Partisanenkrieg der Wehrmacht, Matthew Cooper, The
Phantom War. The German Struggle against Soviet Partisans
1941–44, London 1979; Timm C. Richter, »Herrenmensch« und
»Bandit«. Deutsche Kriegführung und Besatzungspolitik als Kon-
text des Partisanenkrieges 1941–1944, Münster 1998; Gerlach,
Morde, 859–1055; Burleigh, Zeit, 640–655; Hartmann, Krieg,
24–30. Vgl. zur Gleichsetzung von Juden und Partisanen neben
Gerlach, Morde, 859ff.: Timm C. Richter, Die Wehrmacht und der
Partisanenkrieg in den besetzten Gebieten der Sowjetunion, in:
Müller/Volkmann (Hg.), Wehrmacht, 837–857; sowie HIS, Ver-
brechen der Wehrmacht, 429–505.

154 Vgl. zur Debatte um das Ausmaß der quantitativen Beteiligung der
Soldaten der Wehrmacht am Vernichtungskrieg zuletzt Hartmann,
Krieg, 1–75.

155 Vgl. das Plädoyer von Ingrid Gilcher-Holtey, Die Mentalität der
Täter, in: Julius H. Schoeps (Hg.), Ein Volk von Mördern? Die
Dokumentation zur Goldhagen-Kontroverse und die Rolle der
Deutschen im Holocaust, Hamburg 1996, 210–213, sowie Brow-
ning/Mathäus, Entfesselung, 428–448; Ulrike Jureit, Moti-
ve–Mentalitäten–Handlungsspielräume. Theoretische Anmerkun-
gen zu Handlungsoptionen von Soldaten, in: Hartmann (Hg.),
Verbrechen, 163–170.

156 Jahn, Russenfurcht, 59.

157 Tagebuch Oblt. Bernhard R., 22.4.1942, BA-MA, MSg 2/2264,
Bl. 31.

158 Sold. Josef Z., 24.8.1941, Slg. Sterz (BfZ).

159 Sold. Walter S., 25.10.1941, Slg. Sterz (BfZ).

160 Anton E., 20.8.1941, Slg. Schüling, Bd. 234 (BfZ). Vgl. ebd.,
Bd. 247, die Polemik von Heinrich S., 22.12.1941 gegen das
»schlimme Völkergemisch der Mongolen und Asiaten«.

161 Uffz. Heinz H., 2.7.1941, Slg. Sterz (BfZ). »Wenn die Ordnungen

durchbrochen werden, bleibt doch weiß weiß und schwarz schwarz. Neger bleibt Neger«, Lt. Eugen A., 19.9.1941, Privatbesitz, Abschrift im HIS.

162 Vgl. zur Debatte: Jürgen Zimmerer, Die Geburt des »Ostlandes« aus dem Geiste des Kolonialismus. Die nationalsozialistische Eroberungs- und Beherrschungspolitik in (post-)kolonialer Perspektive, in: Sozial.Geschichte 19 (2004), 10–43; ders., Holocaust und Kolonialismus. Beitrag zu einer Genealogie des kolonialen Gedankens, in: ZfG 51 (2003), 1098–1119; Birthe Kundrus, Von den Herero zum Holocaust? Einige Bemerkungen zur aktuellen Debatte, in: Mittelweg 36, 14 (2005), Heft 4, 82–91; Gesine Krüger, Kriegsbewältigung und Geschichtsbewusstsein. Realität, Deutung und Verarbeitung des deutschen Kolonialkriegs in Namibia 1904 bis 1907, Göttingen 1999, bes. 62–68, 104–115; sowie Enzo Traverso, The Origins of Nazi Violence, New York 2003, 63–68.

163 Dazu jetzt Raffael Scheck, Hitler's African Victims. The German Army Massacres of Black French Soldiers in 1940, New York 2006.

164 Gefr. Günther S., 1.8.1941, Slg. Schüling, Bd. 199 (BfZ).

165 Lt. Paul D., 31.1.1943, Slg. Sterz (BfZ)

166 Sold. Hans A., 21.3.1942, Privatbesitz, Abschrift im HIS.

167 Polizeiwachtmeister Hermann G., an seine Frau Hanna am 7.7.1941, Stadtarchiv Bremen, 7.500 B–65.

168 Gefr. Hans J., 26.7.41, Slg. Sterz (BfZ). Vgl. Schröder, Jahre, 673–704.

169 Hptm. Hermann G., 15.7.1941, Slg. Sterz (BfZ). Vgl. Zur Politisierung des Alltags auch: Omer Bartov, Brutalität und Mentalität. Zum Verhalten deutscher Soldaten an der Ostfront, in: Jahn (Hg.), Erobern, 183–199.

170 Hans Buchheim, Totalitäre Herrschaft. Wesen und Merkmale, München 1962, 52.

171 Hptm. Hermann G., 17.7.1941, Slg. Sterz (BfZ).

172 Vgl. zum Stellenwert der »Angst« in Soldatenerzählungen insges.: Schröder, Jahre, 624–670; Latzel, Soldaten, 206ff, 257ff.; Humburg, Gesicht, 241–248.

173 Vgl. zur Wirkung von antibolschewistischen und slawophoben Feindbildern in der Wehrmacht: Jahn, »Russenfurcht«, 47–64; die Beiträge in: Volkmann (Hg.), Rußlandbild; Walter Manoschek, »Serbien ist judenfrei«. Militärische Besatzungspolitik und Judenvernichtung in Serbien 1941/42, München 1993, 31–54; Latzel, Wehrmachtssoldaten, 580–585; Humburg, Gesicht, 193–197; sowie die Beiträge in: Walter Manoschek (Hg.), Die Wehrmacht im Rassenkrieg. Der Vernichtungskrieg hinter der Front, Wien 1996.

174 Albert R., 23.10.41, Slg. Sterz (BfZ).

175 Über die rigiden deutschen Strafaktionen und die Feindseligkeit
der Bevölkerung notierte der Soldat Heinrich R. aus Dünaburg am
27.6.1943, Slg. Sterz (BfZ): »Die Bevölkerung ist uns Deutschen
nicht gut gesinnt. Die Stadt Dünaburg ist zur Hälfte auch nur noch
ein Trümmerfeld. Hier lebten bis zu 75% Juden. Diese haben ihre
Häuser, meist ehe die Deutschen kamen, selbst gesprengt oder
verbrannt. Daraufhin sind zusammen 30 000 Juden nicht weit von
der Stadt erschossen worden. Außerdem sind an anderen Leuten
auch durch uns viele Erschießungen vollstreckt worden über Klei-
nigkeiten. Der Deutsche ist einmal dadurch nirgends gern gesehen. Die Leute sind mißtrauisch.«

176 Hugo E., 20.7.1941, Slg. Schüling, Bd. 242 (BfZ).

177 Leutnant Rolf D., an seine Freundin Ursula, 28.7.41, Staatsarchiv
Bremen 7.1066, 383, Bl. 83. Entsprechend klagte der Soldat Rudolf
B. »Der Russe ist ein zäher Gegner, und wir tun jetzt fast keine
Gefangene machen, sondern alle erschießen, denn mit den deut-
schen Soldaten gehen sie unmenschlich um«, Sold. Rudolf B.,
27.7.1941, Slg. Sterz (BfZ).

178 Wilhelm W., 14.11.1941, Slg. Schüling, Bd. 182 (BfZ), [Herv. i.
Orig.]. Vgl. Gerlach, Morde, 536–555.

179 Uffz. Hans-Werner S., 22.12.1943, Slg. Sterz (BfZ), [Herv. v.
Verf.]. Vgl. Streit, Kameraden, 106–108; Jäger, Verbrechen, 27–33.

180 Reichsbahn-Insp. Kurt S., Minsk, 8.10.1941, Slg. Sterz (BfZ). Vgl.
Gerlach, Morde, bes. 518–553.

181 Oblt. Dr. Albert K., 14.10.1941, Belgrad, Slg. Sterz (BfZ).

182 Sold. Waldo P., 2.7.1941, Slg. Sterz (BfZ). Dass die Soldaten an-
gehalten waren ihre russischen Feinde im Zweifelsfalle nicht nach
ihren Taten, sondern nach Vorwissen und persönlichem Eindruck
zu beurteilen, veranschaulichten auch die berüchtigten »Richtlinien für die Behandlung politischer Kommissare« vom 6. Juni
1941: »Bei der Beurteilung der Frage, ob ›schuldig oder nicht
schuldig‹, hat grundsätzlich der persönliche Eindruck von der Gesinnung und Haltung des Kommissars höher zu gelten, als der
vielleicht nicht zu beweisende Tatbestand.« Zit. n. Ueber-
schär/Wette, Überfall, 260.

183 Erich T., 8.10.1941, Slg. Sterz (BfZ). Vgl. auch die Dokumente in:
HIS (Hg.), Verbrechen der Wehrmacht, 469–474.

184 Zahlm. d. R. Heinrich K., Brest/Bug, 18.7.1942, Slg. Sterz (BfZ).

185 Vgl. Schröder, Jahre, 671–704; Stange, Legitimation, 186–188.

186 Vgl. zur Umkehrung der Opfer-Täter-Beziehung: Bartov, Brutalität, 83–99; Jäger, Verbrechen, 275–278; Latzel, Soldaten, 17–19.

187 Gefr. Ludwig B., 28.9.1941, Slg. Sterz (BfZ). In seinem Tagebuch
hielt Oblt. Bernhard R., am 4.1.42, BA-MA, MSg 2 /264, Bl. 6, aus

Kiew fest: »Die Stadt ist noch nicht sicher, abends soll kein Soldat über die Straße. Man erzählt von den Massenerschießungen der Juden in einem tiefen und breiten Tankgraben jenseits des Dnjepr, in dem sie mit MGs zusammengeschossen wurden. Alle fünf Minuten Ablösung der MG-Mannschaften. Die Juden sollen vorher alle Kleider bis auf das Hemd haben ausziehen müssen. Anschließend Sprengung der Grabenwände. 70–170 000 [!] sollen getötet worden sein.«

188 St'Fw. Christoph B., 7.7.1941, Slg. Sterz (BfZ).

189 Lt. (?), Kölmel, 13.02.1942, Slg. Sterz (BfZ). Als »Opfer« jüdischer Heimtücke sah auch der Gefreite Hans J. die in Rumänien stationierten Soldaten der Wehrmacht: »Bei uns im Reich konnte man ja kaum noch einen Juden treffen, aber hier gibt es sie in Hülle und Fülle. Es sind Galgengesichter dazwischen, daß man sich vorstellen kann, welcher Schweinerei dieses ›Gesocks‹ fähig ist. In Jassy haben die Juden auf die damals durchziehenden deutschen und rumänischen Truppen aus Fenstern und von den Dächern geschossen. Na, die Kameraden haben nicht viel Federnlesens mit ihnen gemacht. Ich habe Bilder davon gesehen, ich kann Dir also erzählen, wie es ausgesehen hat.« Gefr. Hans J., 26.7.41, Slg. Sterz (BfZ).

190 Michael Geyer, »Es muß daher mit schnellen und drakonischen Maßnahmen durchgegriffen werden.« Civitella in Val di Chiana am 29. Juni 1944, in: Heer/Naumann (Hg.), Vernichtungskrieg, 297–314, Zit. 224.

191 Vgl. Jürgen Matthäus, Die »Judenfrage« als Schulungsthema von SS und Polizei. »Inneres Erlebnis« und Handlungslegitimation, in: ders. [u.a.], Ausbildungsziel Judenmord? »Weltanschauliche Erziehung« von SS, Polizei und Waffen-SS im Rahmen der »Endlösung«, Frankfurt/M. 2003, 35–86; Jäger, Verbrechen, 22–43; Traverso, Origins, 129–153; Stange, Legitimation, 14–33, und die vergleichende Perspektive bei Norman M. Naimark, Flammender Hass. Ethnische Säuberungen im 20. Jahrhundert, München 2004, 14–20.

192 Vgl. Streit, Kameraden, bes. 137–162; Buchbender, Erz, 106–112.

193 Sold. Josef Z.; 26.10.1941, Slg. Sterz (BfZ).

194 O'Gefr. Wolfram F., 10.5.1942, Slg. Sterz (BfZ).

195 Gefr. Emil E., 29.10.1941, Slg. Sterz (BfZ).

196 »Gegen Mittag kommt der Befehl, alles was brauchbar ist, zu requirieren, das Vieh zusammenzutreiben. Das Dorf wird abgebrannt .... Um 10 Uhr geht das Dorf in Flammen auf, ein schaurig schöner Anblick. Nachmittags brannte es in der ganzen Umgebung. Unangenehm war, bis das Zivil weg war. Das war manch-

mal ein Geschrei. Aber Befehl ist Befehl«. Gefr. Hans M.,
9.12.1941, Slg. Sterz (BfZ). Vgl. Schröder, Jahre, 580–600.

197 Vgl. zum Begriff und zur Rolle der Handlungsspielräume im Vernichtungskrieg: HIS (Hg.), Verbrechen der Wehrmacht, 579–627;
Jan-Philipp Reemtsma, Über den Begriff »Handlungsspielräume«,
in: Mittelweg 36 (2002), Heft 6, 5–23; Jureit, Motive, in: Hartmann (Hg.), Verbrechen, 163–170; David H. Kitterman, Those
who said »No!«: Germans who refused to execute Civilians during
World War II, in: GSR 11 (1988), 241–255; sowie hier die Bilanz in
Kapitel V.

198 Reichsbahn-Insp. Kurt S., Minsk, 8.10.1941, Slg. Sterz (BfZ). Vgl.
Nagel/Osterloh, Wachmannschaften, 73–93, und insges. Streit,
Kameraden, bes. 162–171; ders., Die Behandlung der verwunde-
ten sowjetischen Kriegsgefangenen, in: Heer/Naumann (Hg.),
Vernichtungskrieg, 78–91; Osterloh, Geschichte, passim.

199 Tagebuch Gefr. Friedrich F., 13.11.1941, BA-MA, 11 Sg2/4048, Bl.
47.

200 Vgl. Tajfel, Gruppenkonflikt, passim; Michael Jeismann, Was be-
deuten Stereotype für nationales und politisches Handeln?, in:
Jürgen Link/Wulf Wülfing (Hg.), Nationale Mythen und Symbole,
Stuttgart 1991, 84–93.

201 Sold. Friedrich R., 18.2.1942, Slg. Sterz (BfZ). Ähnlich mitfühlend
schrieb der Gefreite Ludwig B.; 16.8.1941, Slg. Sterz (BfZ), in die
Heimat. Die russischen Kriegsgefangenen und selbst einen gefangenen Juden betrachtete er als Menschen: »Vorgestern kamen wir
vom Kommando zurück, heute hören wir schon, daß denen, die
uns abgelöst haben, die Hälfte der 250 Gefangenen abgehauen
sind, weil sie oft geschlagen wurden. Es sind durchweg ganz
junge Kerle, die wahrscheinlich gleich ganz vorne waren und deshalb gleich als Erste gefangen wurden. Drei davon sprachen flie-
ßend deutsch, dem einen seine Urgroßmutter war aus Deutschland, dem anderen seine Mutter aus Hamburg, der Dritte ist Jude.
Sie haben sich gewundert, daß sie von uns gut behandelt wurden,
was einem, von verschiedenen verübelt wird. Man kann das auch
verstehen, wenn man mit Verwundeten spricht, die mit eigenen
Augen mit ansehen mußten, wie unsere Leute bestialisch ermordet
wurden. Aber wir konnten in diesen Gefangenen die Beobachtung
machen, daß ein vernünftiges Wort auch solch verhetzte Menschen wieder zurückführen kann zu einem normalen Menschen.
Jeder von uns hatte zwölf Gefangene. Nur ein Wort der Vernunft
(noch gar nicht der Güte) hat genügt, die Leute zu einem merkli-
chen Fleiß zu bringen.«

202 Vgl. Ulrich Herbert, Vernichtungspolitik. Neue Antworten und

Fragen zur Geschichte des »Holocaust«, in: ders. (Hg.), Nationalsozialistische Vernichtungspolitik 1939–1945. Neue Forschungen
und Kontroversen, Frankfurt/M. 1998, 9–66; Bartov, Wehrmacht,
bes. 228–240; Jäger, Verbrechen, 35–39; Stenzel, Rußlandbild,
137 f.

203 Selbst die SD Berichte verschwiegen nicht, dass »ein großer Teil
der Bevölkerung« sich über die heuchlerische Haltung der deutschen Propaganda beschwerte, welche die Ermordung des polnischen Offizierkorps in Katyn nach Kräften suchte auszuschlach-
ten. »Wir haben kein Recht, uns über diese Maßnahme der Sowjets
aufzuregen, weil deutscherseits in viel größerem Umfang Polen
und Juden beseitigt worden sind.« Boberach, Meldungen, 5145
(19.4.1943). Vgl. neben Longerich, »Nichts gewußt«, bes.
201–261; Frank Bajohr/Dieter Pohl, Der Holocaust als offenes Geheimnis. Die Deutschen, die NS-Führung und die Alliierten, München 2006; auch die Beiträge in Birthe Kundrus (Hg.), Die Deportation der Juden aus Deutschland. Pläne, Praxis, Reaktionen
1938–1945, Göttingen 2005; sowie Volker Ullrich, »Wir haben
nichts gewußt« – Ein deutsches Trauma, in: 1999 (1991), Heft 4,
11–46; Jörg Wollenberg (Hg.), »Niemand war dabei und keiner
hat's gewußt«. Die deutsche Öffentlichkeit und die Judenverfolgung 1933–45, München 1989.

204 Gefr. Heinz S., 20.5.1942, Sign.3.2002.0827, (MKB). Der Gefreite
Willy U. kommunizierte in seinem Schreiben an seine Eltern,
durch seinen drastischen Vergleich der erlittenen eigenen Verluste gleichermaßen die Kenntnis vom Genozid an den Juden:
»Die Russen schossen unsere in Woronesh ... gefangenen Batail-
lone zusammen wie ... die SS die Juden.« BA-MA, RH 20–2/1309,
Bl. 8, 6.03.1943.

205 Sold. Xaver M., 2.11.1941, Slg. Sterz (BfZ). Der Polizeiwachtmeister Hermann G. unterrichtete seine Frau Hanna am 7. August
1941 (Staatsarchiv Bremen 7,500 B–65) offen vom Völkermord an
den Juden, bat aber dem gemeinsamen Sohn von solch schlimmen
Geschichten zu verschonen: »Wie lange wir hier liegen bleiben,
wissen wir nicht, Wahrscheinlich geht es bald weiter. Hier werden
sämtliche Juden erschossen. Überall sind solche Aktionen im
Gange. Gestern Nacht sind aus diesem Ort 150 Juden erschossen,
Männer, Frauen und Kinder, alles umgelegt. Die Juden werden
gänzlich ausgerottet. Liebe Hanna, mache Dir keine Gedanken
darüber, es muß sein. Und dem Rüdiger nichts davon erzählen,
später mal!«

206 Sold. Sigbert M., 7.12.1942, Slg. Sterz (BfZ).

207 (Franzl ?), (Nachname unbekannt), 6.7. 1941, BA-MA, RW 4, 442a,

Bl. 202. Vgl. auch den Brief des O'Gefr. Emil K. mit Photos von Erschossenen aus der südlichen Ukraine vom Sommer 1941 an die Redaktion des »Lieben Stürmers«: »hier sind wieder einige Bilder aus dem Osten. ... Bild 3: Judenschweine müssen ihre Opfer waschen«, Stadtarchiv Nürnberg, E 39, 971, 12–17, 12.1.1943.

208 BA-MA, RW 4, 442a, 12.9.1941, Bl. 201.
209 Vgl. Lüdtke, Appeal, 53 ff.
210 Mohrmann (Hg.), Krieg.
211 Ebd., bes. 48 f., 77.
212 Vgl. Isa Schikorsky, Kommunikation über das Unbeschreibbare. Beobachtungen zum Sprachstil von Kriegsbriefen, in: Wirkendes Wort 42 (1992), 295–315.
213 Vgl. Welzer, Täter, bes. 23–75, der in dieser Denkfigur Goldhagen, Vollstrecker, 66–69 u. passim, folgt.
214 BA-MA, RW4/ v. 442a, Bl. 133–36, August–September 1941 [Herv. i. Orig.].
215 BA-MA, RW4/ v. 442a, Bl. 132, 30.9.1941.

Der Krieg des »kleinen Mannes«

1 Ansprache Papst Benedikt XVI. am 28. Mai 2006 im Konzentrationslager Auschwitz-Birkenau laut dem vom Vatikan veröffentlichten Wortlaut: http://www.vatican.va/holy_father/benedict_xvi/speeches/2006/may/documents/hf_ben-xvi_spe_20060528_auschwitz-birkenau_ge.html (21. März 2007).
2 Vgl. zur Übersicht über diesen jüngsten revisionistischen Trend in der kollektiven Erinnerung an den Zweiten Weltkrieg in Deutschland die Beiträge in Bill Niven (Hg.), Germans as Victims, Remembering the Past in Contemporary Germany, Houndmills 2006.
3 *stern*, 16.9.2004, 59. Vgl. zur Debatte um Jörg Friedrichs »Der Brand« die Beiträge in: Lothar Kettenacker (Hg.), Ein Volk von Opfern? Die neue Debatte um den Bombenkrieg 1940–1945, Berlin 2003. Auch Hannes Heer, der Leiter der ersten Wehrmachtsausstellung, konstatiert anlässlich der neuen Ausstellung ein »Verschwinden der Täter«. Vgl. ebd., bes. 13–66.
4 Norbert Frei, 1945 und Wir. Die Gegenwart der Vergangenheit in: ders., 1945, 7–22, Zit.: 14. Vgl. auch seinen Artikel in der Zeit, 21.10.2004. Vgl. zur quälenden Auseinandersetzung der Bundesrepublik mit der nationalsozialistischen Geschichte: Norbert Frei, Vergangenheitspolitik. Die Anfänge der Bundesrepublik und die NS-Vergangenheit, München 1997²; Helmut Dubiel, Niemand ist frei von Geschichte. Die nationalsozialistische Herrschaft in den Debatten des Deutschen Bundestages, München 1999; Peter Rei-

chel, Vergangenheitsbewältigung in Deutschland. Die politisch-justitielle Auseinandersetzung mit der NS-Diktatur nach 1945, München 2001; Jeffrey K. Olick, In the House of the Hangman. The Agonies of German Defeat, 1943–1949, Chicago 2005; sowie die Beiträge in Michael T. Greven/Oliver von Wrochem (Hg.), Der Krieg in der Nachkriegszeit. Der Zweite Weltkrieg in Politik und Gesellschaft der Bundesrepublik, Opladen 2000.

5 Vgl. Anderson, Erfindung, 20; Ernest Renan, Was ist eine Nation?, in: ders., Was ist eine Nation? Und andere politische Schriften, Wien 1995, 41–58.

6 Zu diesem Urteil gelangen neben Raul Hilberg, Täter, Opfer, Zuschauer. Die Vernichtung der Juden 1933–1945, Frankfurt/M. 1992, 64–79, auch Latzel, Soldaten, passim; ders., Wehrmachtssoldaten; Gerlach, Morde, 1143–1158; Jäger, Verbrechen, 290–330.

7 Vgl. Rafael A. Zagovec, Gespräche mit der »Volksgemeinschaft«. Die deutsche Kriegsgesellschaft im Spiegel westalliierter Frontverhöre, in: DRWK 9/2, 289–381.

8 Latzel, Deutsche Soldaten, 370 f.; Messerschmidt, Wehrmacht, 2. Vgl. insges. Bartov, Wehrmacht, passim; Stenzel, Rußlandbild, 28–57, Zagovec, Gespräche, bes. 376–381, und den Forschungsüberblick von Kühne, Vernichtungskrieg, 580–662.

9 Martin Broszat, Hitler und die Genesis der ›Endlösung‹. Aus Anlass der Thesen von David Irving, in: VfZ 25 (1977), 739–775, hier: 770. Im Nürnberger Prozess sagte Himmlers Sonderbeauftragter für die Partisanenbekämpfung Erich von dem Bach-Zelewski, über die tödliche Wirkung der ideologischen Indoktrination befragt, aus: »Ich bin heute der Ansicht, daß das die logische Folgerung unserer Weltanschauung war. ... Wenn man jahrelang predigt, jahrzehntelang predigt, daß die slawische Rasse eine Unterrasse ist, daß die Juden überhaupt keine Menschen sind, dann muß es zu einer solchen Explosion kommen.« Prozess gegen die Hauptkriegsverbrecher vor dem internationalen Gerichtshof, Band 4, Nürnberg 1947, 549.

10 Vgl. die Kritik von Hans Mommsen, Die Realisierung des Utopischen. Die ›Endlösung der Judenfrage‹ im Dritten Reich, in: ders., Der Nationalsozialismus und die deutsche Gesellschaft, Reinbek 1991, 164–232. Vgl. auch seine Polemik gegen die »modische Täterforschung«, welche nach »ideologischen Vorprägungen« suche, in: SZ, 3.12.2002.

11 Shulamit Volkov, Das geschriebene und das gesprochene Wort. Über Kontinuität und Diskontinuität im deutschen Antisemitismus, in: dies., Antisemitismus als kultureller Code, München 2002², 54–75, hier 74.

12 Latzel, Feldpostbriefe, 181.

13 Dieser Befund bestätigt beispielsweise etwa die Urteile von Browning, Männer; Welzer, Täter; und Herbert, Vernichtungspolitik, 83 f.

14 Vgl. Reemtsma, Handlungsspielräume, 5–23; Alf Lüdtke, »Fehlgreifen in der Wahl der Mittel«. Optionen im Alltag militärischen Handelns, in: Mittelweg 36 (2003), Heft 1, 61–75; Jureit, Motive, 163–170.

15 Vgl. die Beiträge in: Wolfram Wette (Hg.), Retter in Uniform. Handlungsspielräume im Vernichtungskrieg der Wehrmacht, Frankfurt/M. 2002; sowie Jäger, Verbrechen, 72–78; Welzer, Täter, 85 f.

16 Vgl. die Aufsätze in: Beiträge zur Geschichte des Nationalsozialismus, 16 (2000): »Durchschnittstäter.«

17 Vgl. Detlev Peukert, Rassismus und »Endlösungs«-Utopie. Thesen zur Entwicklung und Struktur der nationalsozialistischen Vernichtungspolitik, in: Christoph Kleßmann (Hg.), Nicht nur Hitlers Krieg. Der Zweite Weltkrieg und die Deutschen, Düsseldorf 1989, 71–81; Kühne, Vernichtungskrieg, 604 f., und zur Kritik siehe Anne Lipp, Diskurs und Praxis. Militärgeschichte als Kulturgeschichte, in: Kühne/Ziemann (Hg.), Militärgeschichte, 211–227.

18 Vgl. zum Perspektivenwechsel der Kulturgeschichte von einem strukturtheoretisch zu einem handlungstheoretisch orientierten Zugang und zur Bestimmung des Verhältnisses von Mentalität und Handlung: Thomas Welskopp, Der Mensch und die Verhältnisse. »Handeln« und »Struktur« bei Max Weber und Anthony Giddens, in: Thomas Mergel/ders. (Hg.), Geschichte zwischen Kultur und Gesellschaft, München 1997, 39–70; Gilcher-Holtey, Plädoyer, 476–497.

19 Vgl. Herbert, Best, 528; Matthäus, Judenfrage, 79 f.; Latzel, Wehrmachtssoldaten, 586 f.

20 Zit. n. Bernd Greiner, Bruch-Stücke, Sechs westdeutsche Beobachtungen nebst unfertigen Deutungen, in: HIS (Hg.), Eine Ausstellung und ihre Folgen. Zur Rezeption der Ausstellung »Vernichtungskrieg. Verbrechen der Wehrmacht 1941 bis 1944«, Hamburg 1999, 15–86, hier 21. Vgl. auch die Beiträge in HIS (Hg.), Besucher einer Ausstellung. Die Ausstellung »Vernichtungskrieg. Verbrechen der Wehrmacht 1941 bis 1944« in Interview und Gespräch, Hamburg 1998; sowie Ulrike Jureit, »Zeigen heißt verschweigen«. Die Ausstellung über die Verbrechen der Wehrmacht, in: Mittelweg 36 13/Heft 1 (2004), 3–27.

21 Zit. n. Hans-Günther Thieme (Hg.), Die Wehrmachtausstellung. Dokumentation einer Kontroverse, Bremen 1997, 176 f.

Anmerkungen

22 Vgl. zur Debatte um die Ausstellung die Beiträge in: Hartmann
    (Hg.), Verbrechen; Jureit, »Zeigen«; Klaus Naumann, »Wieso erst
    jetzt?« oder Die Macht der Nemesis. Der geschichtspolitische Ort
    der Ausstellung, in: HIS, Ausstellung, 262–288; Heer, Täter,
    12–66.
23 Vgl. die Beiträge in: Christoph Cornelißen (Hg.), Erinnerungskul-
    turen. Deutschland, Italien und Japan seit 1945, Frankfurt/M.
    2003.

Danksagung

Erste Ideen zu diesem Buch konnte ich im Rahmen meiner Arbeit für das Hamburger Institut für Sozialforschung entwickeln. Die kollegiale und kooperative Atmosphäre an der Universität Bielefeld am Lehrstuhl von Heinz-Gerhard Haupt hat es mir ermöglicht das Projekt abzuschließen. Zahlreichen Archivarinnen und Archivaren bin ich zu Dank verpflichtet; vor allen Anderen aber der unermüdlichen Betreuung durch Irina Renz (Bibliothek für Zeitgeschichte, Stuttgart) und Barbara Kiesow (Bundesarchiv–Militärarchiv, Freiburg). Viele wichtige Hinweise erhielt ich durch Gespräche mit Jörg Baberowski, Jörg Echternkamp, Martin Humburg, Katrin Kilian, Klaus Latzel und last but certainly not least Sabine Vierlböck. Der Mühe des Korrekturlesens haben sich bereitwillig und kompetent Dirk Bönker, Christel Brüggenbrock, Ulrike Jureit, Hans-Ulrich Wehler, Frank Werner und Sarah Zalfen unterzogen. Von ihrer Kritik hat das Manuskript erheblich profitiert. Mein herzlicher Dank gilt meinen Hilfskräften Claudia Vogt und vor allem Iris Törmer, die sich jahrelang mit meinem Material herumgeplagt hat. Dank auch an Anita Jantzer für die Registerarbeiten. Schließlich ein besonderer Dank an Walter H. Pehle vom S. Fischer Verlag, der das Buch und den Autor mit der ihm eigenen Verve betreute.

Abkürzungsverzeichnis

ADB	Alldeutsche Blätter
ADV	Alldeutscher Verband
AfS	Archiv für Sozialgeschichte
AOK	Armeeoberkommando
BA	Bundesarchiv, Abteilung Berlin
BA-MA	Bundesarchiv–Militärarchiv, Freiburg
BfZ	Bibliothek für Zeitgeschichte
BM	Berliner Morgenpost
CDU	Christlich Demokratische Union Deutschlands
CEH	Central European History
DRWK	Das Deutsche Reich und der Zweite Weltkrieg
FZ	Frankfurter Zeitung
Fw.	Feldwebel
Gefr.	Gefreiter
GG	Geschichte und Gesellschaft
GE	Germania
GLA	Generallandesarchiv Karlsruhe
GSR	German Studies Review
GWU	Geschichte in Wissenschaft und Unterricht
Hptm.	Hauptmann
HIS	Hamburger Institut für Sozialforschung
HZ	Historische Zeitschrift
Ing.	Ingenieur
JCH	Journal of Contemporary History
JMH	Journal of Modern History
KV	Kölnische Volkszeitung
Lt.	Leutnant
LTI	Lingua Tertii Imperii (= Die Sprache des Dritten Reiches)
MGFA	Militärgeschichtliches Forschungsamt
MGM	Militärgeschichtliche Mitteilungen
MKB	Museum für Kommunikation Berlin
MNN	Münchener Neueste Nachrichten
MTT	Mitteilungen für die Truppe
MTO	Mitteilungen für das Offizierkorps

298

NPZ	Neue Preußische Zeitung (= Kreuzzeitung)
NS	Nationalsozialismus
NSDAP	Nationalsozialistische Deutsche Arbeiterpartei
Oblt.	Oberleutnant
OHL	Oberste Heeresleitung
OKW	Oberkommando der Wehrmacht
PRO	Public Record Office, London
RT	Reichstag
RK	Reichskanzlei
San.	Sanitäter
Sdf.	Sanitäts-Sonderführer
Slg.	Sammlung
Sold.	Soldat
Sopade	Deutschland-Berichte der Sozialdemokratischen Partei Deutschlands
SPD	Sozialdemokratische Partei Deutschlands
St'Fw.	Staabsfeldwebel
Uffz.	Unteroffizier
VO	Vorwärts
VB	Völkischer Beobachter
VfZ	Vierteljahrshefte für Zeitgeschichte
Zahlm.	Zahlmeister
ZfG	Zeitschrift für Geschichtswissenschaft

Quellen- und Literaturverzeichnis

1. Archivalien

Bundesarchiv, Abteilung Berlin-Lichterfelde

R43 2442
R43 2476

Bundesarchiv – Militärarchiv, Freiburg

RH 13/11
RH 13/48
RH 13/49
RH 13/50
RH 13 v. 53
RH 13 v. 54
RH 20–2/1246
RH 20–2/1309
RH 20–2/1351
RH 26–1005/47
RW 4 v. 264
RW 4, 442
RW 4, 442a

MSg 2/264
11 Sg2/4048

Bibliothek für Zeitgeschichte, Stuttgart

Sammlung Sterz
Sammlung Schüling

Museum für Kommunikation, Berlin

Sign. 3.2002.0827

Public Record Office, London

FO 371/40666.

Staatsarchiv Bremen

7.500 B–65
7.1066, 383

Stadtarchiv Nürnberg

E 39, 507
E 39, 971
E 39, 1608/2
E 39, 1608/4
E 39, 1609/1
E 39, 1610/1
E 39, 1610/2
E 39, 1702/3
E 39, 1702/11

2. Zeitungen und Zeitschriften

Alldeutsche Blätter
Berliner Zeitung am Mittag
Frankfurter Zeitung
Germania
Kölnische Volkszeitung
Mitteilungen für das Offizierkorps
Mitteilungen für die Truppe
Münchener Neueste Nachrichten
Vorwärts
Völkischer Beobachter

3. Dokumente, Erinnerungen, zeitgenössische Literatur

Buchbender, Ortwin, Sterz, Reinhold (Hg.), Das andere Gesicht des
    Krieges. Deutsche Feldpostbriefe 1939–1945, München 1982.
Deutschland-Berichte der Sozialdemokratischen Partei Deutschlands
    (Sopade) 1934–1940, hg. v. Klaus Behnken, 7 Bde., Frankfurt/M. 1980.
Dierwerge, Wolfgang, (Hg.), Deutsche Soldaten sehen die Sowjet-Union,
    Berlin 1941.

Quellen- und Literaturverzeichnis

Ebert, Jens (Hg.), Feldpostbriefe aus Stalingrad. November 1942 bis Januar 1943, Göttingen 2003.

Golovchansky, Anatoly [u. a.] (Hg.), »Ich will raus aus diesem Wahnsinn«. Deutsche Briefe von der Ostfront 1941–1945 aus sowjetischen Archiven, Wuppertal 1991.

Haffner, Sebastian, Germany: Jekyll & Hyde. 1939 – Deutschland von innen betrachtet, Berlin 1996 [1940¹].

Hitler, Adolf, Mein Kampf, München 1939⁴²⁴.

Klemperer, Victor, »LTI«. Die unbewältigte Sprache. Aus dem Notizbuch eines Philologen, München 1969.

Meldungen aus dem Reich. Die geheimen Lageberichte des Sicherheitsdienstes der SS 1938–1945, hg. v. Heinz Boberach, 17 Bde., Herrsching 1984–85.

Mohrmann, Wolf-Dieter (Hg.), Der Krieg ist hart und grausam. Feldpostbriefe an den Osnabrücker Regierungspräsidenten 1941–1944, Osnabrück 1984.

Picker, Henry, Hitlers Tischgespräche im Führerhauptquartier 1941 bis 1942, Stuttgart 1963.

Prozess gegen die Hauptkriegsverbrecher vor dem Internationalen Gerichtshof, Band 4, Nürnberg 1947.

Rosenberg, Alfred, Der Mythus des 20. Jahrhunderts. Eine Wertung der seelisch-geistigen Gestaltenkämpfe unserer Zeit, München 1939.

Shirer, William, This is Berlin. Rundfunkreportagen aus Deutschland 1939–1940, hg. v. Clemens Vollnhals, Leipzig 1999.

Tucholsky, Kurt, Politische Briefe, zusammengestellt von Fritz J. Raddatz, Reinbek 1969.

Wirrer, Bärbl (Hg.), Ich glaube an den Führer. Eine Dokumentation zur Mentalitätsgeschichte im nationalsozialistischen Deutschland 1942–1945, Bielefeld 2003.

4. Auswahlbibliographie

Allen, William Sheridan, The Collapse of Nationalism in Nazi Germany, in: John Breuilly (Hg.), The State of Germany. The National Idea in the Making, Unmaking and Remaking of a Modern Nation State, London 1992, 141–153.

Altgeld, Wolfgang, Katholizismus, Protestantismus, Judentum. Über religiös begründete Gegensätze und nationalreligiöse Ideen in der Geschichte des deutschen Nationalismus, Mainz 1992.

Aly, Götz, Historische Demoskopie, in: ders. (Hg.), Volkes Stimme. Skepsis und Führervertrauen im Nationalsozialismus, Frankfurt/M. 2006, 9–21

–, Hitlers Volksstaat. Raub, Rassenkrieg und nationaler Sozialismus, Frankfurt/M. 2005.

Anderson, Benedict, Die Erfindung der Nation. Zur Karriere eines folgenreichen Konzepts, 2. Aufl., Frankfurt/Main 1993.

Assmann, Jan, Das kulturelle Gedächtnis. Schrift, Erinnerung und kulturelle Identität in frühen Hochkulturen, München 1992.

Ayçoberry, Pierre, The Social History of the Third Reich, 1933–1945, New York 1999.

Baadte, Günter, Katholischer Universalismus und nationale Katholizismen im Ersten Weltkrieg, in: Albert Lagner (Hg.), Katholizismus, nationaler Gedanke und Europa seit 1800, Paderborn 1985, 89–109.

Baird, Jay W., The Mythical World of Nazi Propaganda, 1939–1945, Minneapolis 1974.

Bajohr, Frank/Pohl, Dieter, Der Holocaust als offenes Geheimnis. Die Deutschen, die NS-Führung und die Alliierten, München 2006.

Balibar, Etienne/Wallerstein, Immanuel, Rasse, Klasse, Nation. Ambivalente Identitäten, Hamburg 1990.

Bankier, David (Hg.), Probing the Depths of German Antisemitismus. German Society and the Persecution of the Jews, 1933–1941, New York 2000.

–, The Germans and the Final Solution. Public Opinion under Nazism, Oxford 1996.

Bärsch, Claus-Ekkehard, Die politische Religion des Nationalsozialismus, Die religiöse Dimension der NS-Ideologie in den Schriften von Dietrich Eckart, Joseph Goebbels, Alfred Rosenberg und Adolf Hitler, München 2002[2].

Bartov Omer (Hg.), The Holocaust. Origins, Implementation, Aftermath, London 2000.

–, Brutalität und Mentalität. Zum Verhalten deutscher Soldaten an der Ostfront, in: Jahn (Hg.), Erobern, 183–199.

–, Hitlers Wehrmacht. Soldaten, Fanatismus und die Brutalisierung des Krieges, Reinbek 1995.

–, Indoctrination and Motivation in the Wehrmacht. The Importance of the Unquantifiable, in: Journal of Strategic Studies 9 (1986), 16–34.

–, The Eastern Front, 1941–1945. German Troops and the Barbarisation of Warfare, Basingstoke, Hampshire 1985.

Beiträge zur Geschichte des Nationalsozialismus, 16 (2000): »Durchschnittstäter«. Handeln und Motivation.

Berding, Helmut, Moderner Antisemitismus in Deutschland, Frankfurt/M. 1988.

Berghahn, Volker R., Meinungsforschung im »Dritten Reich«. Die Mundpropaganda-Aktion im letzten Kriegsjahr, in: MGM 1 (1967), 83–119.

Bergmann, Werner/Wetzel, Juliane, Antisemitismus im Ersten und Zwei-

Quellen- und Literaturverzeichnis

ten Weltkrieg. Ein Forschungsüberblick, in: Thoß, Volkmann (Hg.), Weltkrieg, 437–469.

Bernhardt, Hans-Michael, Voraussetzungen, Struktur und Funktion von Feindbildern. Vorüberlegungen aus historischer Sicht, in: Jahn, Feindbilder, 9–24.

Bessel, Richard, Germany after the First World War, Oxford 1995.

Bieber, Hans-Joachim, Gewerkschaften in Krieg und Revolution, 2 Bde., Hamburg 1981.

Billig, Michael, Banal Nationalism, London 1995.

Bock, Gisela, Geschichte, Frauengeschichte, Geschlechtergeschichte, in: GG 14 (1988), 364–391.

–, Gleichheit und Differenz in der nationalsozialistischen Rassenpolitik, in: GG 19 (1993), 277–312.

–, Zwangssterilisation im Nationalsozialismus. Studien zur Rassenpolitik und Frauenpolitik, Opladen 1986.

Bohse, Jörg, Inszenierte Kriegsbegeisterung und ohnmächtiger Friedenswille. Meinungslenkung und Propaganda im Nationalsozialismus, Stuttgart 1988.

Boll, Friedhelm, Spontaneität der Basis und politische Funktion des Streiks 1914–1918. Das Beispiel Braunschweig, in: AfS 17 (1977), 337–366.

Bolm, Gerhard, Was den Fremden zum Feind macht. Psychologische Aspekte des Feindbildes, in: Hans P. Bleuel (Hg.), Feindbilder oder: Wie man Kriege vorbereitet Göttingen 1985, 47–59.

Bourdieu, Pierre, Praktische Vernunft. Zur Theorie des Handelns, Frankfurt/M. 1998.

–, Was heißt sprechen? Die Ökonomie d. sprachlichen Tauschs, Wien 1990.

Boyes, Roger, Surviving Hitler, Choices, Corruption and Compromise in the Third Reich, London 2000.

Bracher, Karl Dietrich (u.a.) (Hg.), Deutschland 1933–1945. Neue Studien zur nationalsozialistischen Herrschaft, Düsseldorf 1992.

Bramsted, Ernest K., Goebbels und die nationalsozialistische Propaganda 1925–1945, Frankfurt/M. 1971.

Bremer, Ricarda [u. a.] (Hg.), Das letzte halbe Jahr. Stimmungsberichte der Wehrmachtspropaganda 1944–1945, Essen 2000.

Breuilly, John, Approaches to Nationalism, in: Eva Schmidt-Hartmann (Hg.), Formen des nationalen Bewußtseins im Lichte zeitgenössischer Nationalismustheorien, München 1994.

–, Nationalism and the State, Manchester 1993[2].

Broszat, Martin (Hg.), Die deutschen Eliten und der Weg in den Zweiten Weltkrieg, München 1989.

–, Der Staat Hitlers. Grundlegung und Entwicklung seiner inneren Verfassung, München 1992[13].

–, Die Struktur der NS-Massenbewegung, in: VfZ 21 (1983), 52–76.

–, Hitler und die Genesis der ›Endlösung‹. Aus Anlass der Thesen von David Irving, in: VJZ 25 (1977), 739–775.

Browning, Christopher R., Ganz normale Männer. Das Reserve-Polizeibataillon 101 und die »Endlösung« in Polen, Reinbek 1996.

–, /Matthäus, Jürgen, Die Entfesselung der »Endlösung«. Nationalsozialistische Judenpolitik 1939–1942, München 2003.

–, Judenmord. NS-Politik, Zwangsarbeit und das Verhalten der Täter, Frankfurt/M. 2001.

Buchbender, Ortwin, Das tönende Erz. Deutsche Propaganda gegen die Rote Armee im Zweiten Weltkrieg, Stuttgart 1978.

–, Zentrum des Bösen. Zur Genesis nationalsozialistischer Feindbilder, in: Günter Wagenlehner (Hg.) Feindbild. Geschichte-Dokumentations-Problematik, Frankfurt/M. 1989, 17–57.

Buchheim, Hans, Totalitäre Herrschaft. Wesen und Merkmale, 1962.

Burleigh, Michael, Die Zeit des Nationalsozialismus. Eine Gesamtdarstellung, Frankfurt/M. 2000.

–, Germany Turns Eastwards. A Study of Ostforschung in the Third Reich, Cambridge 1989[2].

–, /Wippermann, Wolfgang, The Racial State. Germany 1933–1945, Cambridge 1991.

Cachay, Klaus/ Bahlke, Steffen/ Mehl, Helmut, »Echte Sportler« – »Gute Soldaten«. Die Sportsozialisation des Nationalsozialismus im Spiegel von Feldpostbriefen, München 2000.

Calhoun, Craig (Hg.), Habermas and the Public Sphere, Cambridge, Mass. [u. a.] 1992.

Camphausen, Gabriele, Antisowjetische Propaganda im Kriegsjahr 1941. Das »Testament des Zaren Peters des Großen«, in: Forschungen zur osteuropäischen Geschichte 48 (1993), 37–44.

Chiari, Bernd, Alltag hinter der Front. Besatzung, Kollaboration und Widerstand in Weißrußland 1941–1944, Düsseldorf 1998.

Connor, Walker, Ethnonationalism. The Quest for Understanding, Princeton/N. J. 1994.

Conze, Werner/Groh, Dieter, Die Arbeiterbewegung in der nationalen Bewegung. Die deutsche Sozialdemokratie vor, während und nach der Reichsgründung, Stuttgart 1966.

Cooper, Matthew, The Phantom War. The German Struggle against Soviet Partisans 1941–44, London 1979.

Cornelißen, Christoph (Hg.), Erinnerungskulturen. Deutschland, Italien und Japan seit 1945, Frankfurt/M. 2003.

Dallin, Alexander, Deutsche Herrschaft in Russland 1941–1945. Eine Studie über Besatzungspolitik, Königstein 1958.

Daniel, Ute/Siemann, Wolfram, Historische Dimensionen der Propa-

Quellen- und Literaturverzeichnis

ganda, in: dies. (Hg.), Propaganda. Meinungskampf, Verführung und politische Sinnstiftung 1789–1989, Frankfurt/M. 1994, 7–20.

Das Deutsche Reich und der Zweite Weltkrieg, Bd. 4: Der Angriff auf die Sowjetunion, hg. vom MGFA, München 1983.

Das Deutsche Reich und der Zweite Weltkrieg, Bd. 9: Die Deutsche Kriegsgesellschaft 1939–1945, 2 Bde., hg. v. Jörg Echternkamp i. A. des MGFA, München 2005.

Deist, Wilhelm, Überlegungen zur »widerwilligen Loyalität« der Deutschen bei Kriegsbeginn, in: Wolfgang Michalka (Hg.), Der 2. Weltkrieg. Analyse, Grundzüge, Forschungsbilanz, München 1989, 224–39.

Deutsch, Karl W., Nation und Welt, in: Heinrich August Winkler (Hg.), Nationalismus, Königstein/Ts. 1978^2, 49–66.

–, Nationalism and Social Communication. An Inquiry into the Foundations of Nationality, Cambridge/Mass. 1966^2.

Döring, Herbert, Der Weimarer Kreis. Studien zum politischen Bewußtsein verfassungstreuer Hochschullehrer in der Weimarer Republik, Meisenheim 1975.

Dollwet, Joachim, Menschen im Krieg. Bejahung oder Widerstand? Eindrücke und Auszüge aus der Sammlung von Feldpostbriefen des Zweiten Weltkrieges im Landesarchiv Koblenz, in: Jahrbuch für westdeutsche Landesgeschichte 13 (1987), 297–322.

Douglas, Mary, Reinheit und Gefährdung. Eine Studie zu Vorstellungen von Verunreinigung und Tabu, Frankfurt/M. 1988.

Dubiel, Helmut, Niemand ist frei von Geschichte. Die nationalsozialistische Herrschaft in den Debatten des Deutschen Bundestages, München 1999.

Dülffer, Jost, Hitler, Nation und Volksgemeinschaft, in: Otto Dann (Hg.), Die deutsche Nation: Geschichte, Probleme, Perspektiven, Vierow 1994, 96–116.

–, /Krumeich, Gerd, Der verlorene Frieden. Politik und Kriegskultur nach 1918, Essen 2002.

Echternkamp, Jörg/Müller, Sven Oliver, Perspektiven einer politik- und kulturgeschichtlichen Nationalismusforschung, in: dies. (Hg.), Die Politik der Nation. Deutscher Nationalismus in Krieg und Krisen 1760–1960, München 2002, 1–24.

Edelman, Murray, Politik als Ritual. Die symbolische Funktion staatlicher Institutionen und politischen Handelns, Frankfurt/M. 1990.

Eley, Geoff, Konservative und radikale Nationalisten in Deutschland. Die Schaffung faschistischer Potentiale 1912–1928, in: ders.: Wilhelminismus, Nationalismus, Faschismus. Zur historischen Kontinuität in Deutschland, Münster 1991, 209–248.

–, Nations, Publics and Political Cultures. Placing Habermas in the Nineteenth Century, in: Calhoun (Hg.), Habermas, 289–339.

306

–, /Suny, Grigor, Introduction. From the Moment of Social History to the Work of Cultural Representation, in: dies., Becoming National, Oxford 1996, 3–37.

Ernst, Andreas, Öffentlichkeit – das unsichtbare Wesen mit der großen Wirkung. Konzeption und Anwendung für die schweizerische Parteiengeschichte, in: Schweizerische Zeitschrift für Geschichte 46 (1996), 60–80.

Falter, Jürgen W., Hitlers Wähler, München 1991.

–, Warum die deutschen Arbeiter während des »Dritten Reiches« zu Hitler standen, in: GG 13 (1987), 217–231.

Faulenbach, Bernd, Ideologie des deutschen Weges. Die deutsche Geschichte in der Historiographie zwischen Kaiserreich und Nationalsozialismus, München 1980.

Feldman, Gerald D., Armee, Industrie und Arbeiterschaft in Deutschland 1914 bis 1918, Berlin 1985.

–, Streik. Zur Geschichte des Arbeitskampfes in Deutschland während der Industrialisierung, München 1981.

Flohr, Anne Katrin, Feindbilder in der internationalen Politik. Ihre Entstehung und ihre Funktion, Münster 1991.

Förster, Jürgen, Geistige Kriegführung in Deutschland 1919 bis 1945, in: Das Deutsche Reich und der Zweite Weltkrieg 9/1, 465–640.

–, Weltanschauung als Waffe. »Vom Vaterländischen Unterricht« zur »Nationalsozialistischen Führung«, in: Thoß, Volkmann (Hg.), Weltkrieg, 287–300.

–, Zum Russlandbild der Militärs 1941–1945, in: Volkmann (Hg.), Russlandbild, 141–63.

–, /Nagler, Jörg (Hg.), On the Road to Total War. The American Civil War and the German Wars of Unification, 1861–1871, New York 1997.

Frei, Norbert, »Volksgemeinschaft«. Erfahrungsgeschichte und Lebenswirklichkeit der Hitler-Zeit, in: ders., 1945 und wir. Das Dritte Reich im Bewußtsein der Deutschen, München 2005, 107–128.

–, 1945 und Wir. Die Gegenwart der Vergangenheit in: ders., 1945, 7–22.

–, Der Führerstaat. Nationalsozialistische Herrschaft von 1933 bis 1945, München 1987.

–, Vergangenheitspolitik. Die Anfänge der Bundesrepublik und die NS-Vergangenheit, München 1997[2].

Frevert, Ute, Die kasernierte Nation. Militärdienst und Zivilgesellschaft in Deutschland, München 2001.

–, Nation, Krieg und Geschlecht im 19. Jahrhundert, in: Manfred Hettling/Paul Nolte (Hg.), Nation und Gesellschaft in Deutschland, FS Hans-Ulrich Wehler, München 1996, 151–170.

Frey, Manuel, Der reinliche Bürger. Entstehung und Verbreitung bürgerlicher Tugenden in Deutschland 1760–1860, Göttingen 1997.

Quellen- und Literaturverzeichnis

Friedländer, Saul, Das Dritte Reich und die Juden, 1.Bd: Die Jahre der Verfolgung, München 1998.

Fries, Helmut, Die große Katharsis. Der Erste Weltkrieg in der Sicht deutscher Dichter und Gelehrter, 2 Bde., Konstanz 1994/1995.

Fritz, Stephen G., Hitlers Frontsoldaten. Der erzählte Krieg, Berlin 1998.

Fritzsche, Peter, Wie aus Deutschen Nazis wurden, Zürich 1999, 225–67.

Funck, Markus, Militär, Krieg und Gesellschaft. Soldaten und militärische Eliten in der Sozialgeschichte, in: Thomas Kühne/Benjamin Ziemann (Hg.), Was ist Militärgeschichte?, Paderborn, 2000, 157–174.

Gamm, Hans-Jochen, Der braune Kult. Das Dritte Reich und seine Ersatzreligion, Hamburg 1962.

Geinitz, Christian, Kriegsfurcht und Kampfbereitschaft: das Augusterlebnis in Freiburg. Eine Studie zum Kriegsbeginn 1914, Essen 1998.

Geiss, Imanuel, Der polnische Grenzstreifen 1914–1918. Ein Beitrag zur deutschen Kriegszielpolitik im Ersten Weltkrieg, Lübeck 1960.

Gellately, Robert, Die Gestapo und die deutsche Gesellschaft. Die Durchsetzung der Rassenpolitik 1933–1945, Paderborn 1993.

–, Hingeschaut und weggesehen. Hitler und sein Volk, Stuttgart 2002.

Gellner, Ernest, Nations and Nationalism, ND Oxford 1993

Gerlach, Christian, Kalkulierte Morde. Die deutsche Wirtschafts- und Vernichtungspolitik in Weißrußland 1941–1944, Hamburg 2000.

Gerson, Daniel, Der Jude als Bolschewist. Die Wiederbelebung eines Stereotyps, in: Wolfgang Benz (Hg.), Antisemitismus in Deutschland. Zur Aktualität eines Vorurteils, München 1995, 157–180.

Geulen, Christian, Wahlverwandte. Rassendiskurs und Nationalismus im späten 19. Jahrhundert, Hamburg 2004.

Geyer, Michael, »Es muß daher mit schnellen und drakonischen Maßnahmen durchgegriffen werden«. Civitella in Val di Chiana am 29. Juni 1944, in: Heer/Naumann (Hg.), Vernichtungskrieg, 297–314.

–, Das Stigma der Gewalt und das Problem der nationalen Identität in Deutschland, in: Christian Jansen [u. a.] (Hg.), Von der Aufgabe der Freiheit. Politische Verantwortung und bürgerliche Gesellschaft im 19. und 20. Jahrhundert, FS Hans Mommsen, Berlin 1995, 673–698.

–, Deutsche Rüstungspolitik, Frankfurt/M. 1984.

–, Krieg als Gesellschaftspolitik. Anmerkungen zu neueren Arbeiten über das Dritte Reich im Zweiten Weltkrieg, in: AfS 26 (1986), 557–601.

–, Krieg, Staat und Nationalismus im Deutschland des 20. Jahrhunderts, in: Jost Dülffer [u. a.] (Hg.), Deutschland in Europa. Kontinuität und Bruch, Gedenkschrift für Andreas Hillgruber, Frankfurt/M. [u. a.] 1990, 250–272.

Gilcher-Holtey, Ingrid, Die Mentalität der Täter, in: Julius H. Schoeps (Hg.), Ein Volk von Mördern? Die Dokumentation zur Goldhagen-

Kontroverse und die Rolle der Deutschen im Holocaust, Hamburg 1996, 210–213.

–, Plädoyer für eine dynamische Mentalitätsgeschichte, in: GG 24 (1998), 476–497.

Goldhagen, Daniel J., Hitlers willige Vollstrecker. Ganz gewöhnliche Deutsche und der Holocaust, Berlin 1996.

Greiner, Bernd, Bruch-Stücke, Sechs westdeutsche Beobachtungen nebst unfertigen Deutungen, in: HIS (Hg.), Eine Ausstellung und ihre Folgen. Zur Rezeption der Ausstellung »Vernichtungskrieg. Verbrechen der Wehrmacht 1941 bis 1944«, Hamburg 1999, 15–86.

Greven, Michael T./Wrochem, Oliver von (Hg.), Der Krieg in der Nachkriegszeit. Der Zweite Weltkrieg in Politik und Gesellschaft der Bundesrepublik, Opladen 2000.

Groh, Dieter, Negative Integration und revolutionärer Attentismus. Die deutsche Sozialdemokratie am Vorabend des Ersten Weltkrieges, Frankfurt/M. 1973, 721–727.

Gründer, Horst, Nation und Katholizismus im Kaiserreich, in: Langner, Katholizismus, 65–88.

Haase, Norbert/Paul, Gerhard, Die anderen Soldaten. Wehrkraftzersetzung, Gehorsamsverweigerung und Fahnenflucht im Zweiten Weltkrieg, Frankfurt/M. 1995.

Habermas, Jürgen, Legitimationsprobleme im Spätkapitalismus, Frankfurt/M. 1979[5].

–, Strukturwandel der Öffentlichkeit. Untersuchungen zu einer Kategorie der bürgerlichen Gesellschaft, ND Frankfurt/M. 1995 [1962].

Hagemann, Jürgen, Die Presselenkung im Dritten Reich, Bonn 1970.

Hagemann, Karen, Home/Front. The Military, Violence and Gender Relations in the Age of the World Wars, in: dies./Stefanie Schüler-Springorum (Hg.), Home/Front. The Military, War and Gender in Twentieth-Century Germany, Oxford 2002, 1–41.

Hagenlücke, Heinz, Deutsche Vaterlandspartei. Die nationale Rechte am Ende des Kaiserreiches, Düsseldorf 1997.

Hahn, Fred/Wagenlehner, Günther, Lieber Stürmer! Leserbriefe an das NS-Kampfblatt 1924 bis 1945, Stuttgart 1978.

Halbwachs, Maurice, La Mémoire collective, Paris 1950.

Hamburger Institut für Sozialforschung (Hg.), Besucher einer Ausstellung. Die Ausstellung »Vernichtungskrieg. Verbrechen der Wehrmacht 1941 bis 1944« in Interview und Gespräch, Hamburg 1998.

Hamburger Institut für Sozialforschung (Hg.), Verbrechen der Wehrmacht. Dimensionen des Vernichtungskrieges, Hamburg 2002.

Hartmann, Christian, Verbrecherischer Krieg – Verbrecherische Wehrmacht? Überlegungen zu Struktur des deutschen Ostheeres, VfZ 52 (2004), 1–75.

Quellen- und Literaturverzeichnis

Haupt, Heinz-Gerhard/Tacke, Charlotte, Die Kultur des Nationalen. Sozial- und kulturgeschichtliche Ansätze bei der Erforschung des europäischen Nationalismus im 19. und 20. Jahrhundert, in: Wolfgang Hardtwig/Hans-Ulrich Wehler (Hg.), Kulturgeschichte heute, Göttingen 1996, 255–283.

Hecker, Hans, Die Sowjetunion im Urteil des nationalsozialistischen Deutschland, in: Gottfried Niedhart (Hg.), Der Westen und die Sowjetunion. Einstellungen und Politik gegenüber der UdSSR in Europa und in den USA seit 1917, Paderborn 1983, 61–77.

Heer, Hannes, Killing Fields. Die Wehrmacht und der Holocaust, in: ders./Naumann (Hg.), Vernichtungskrieg, 57–77

–, Tote Zonen. Die Deutsche Wehrmacht an der Ostfront, Hamburg 1999.

Heer, Hannes/Naumann, Klaus (Hg.), Vernichtungskrieg. Verbrechen der Wehrmacht 1941–1944, Hamburg 1995.

–, Vom Verschwinden der Täter. Der Vernichtungskrieg fand statt, aber keiner war dabei, Berlin 2004.

Heinemann, Ulrich, Die verdrängte Niederlage. Politische Öffentlichkeit und Kriegsschuldfrage in der Weimarer Politik, Göttingen 1983.

Herbert, Ulrich, Arbeiterschaft im »Dritten Reich«, in: ders., Arbeit, Volkstum, Weltanschauung. Über Fremde und Deutsche im 20. Jahrhundert, Frankfurt/M. 1995, 79–119.

–, Best. Biographische Studien über Radikalismus, Weltanschauung und Vernunft 1903–1989, Bonn 1996[3].

–, Traditionen des Rassismus, in: Lutz Niethammer (Hg.), Bürgerliche Gesellschaft in Deutschland: Historische Einblicke, Fragen, Perspektiven, Frankfurt/M. 1990, 472–488.

–, Vernichtungspolitik. Neue Antworten und Fragen zur Geschichte des »Holocaust«, in: ders. (Hg.), Nationalsozialistische Vernichtungspolitik 1939–1945. Neue Forschungen und Kontroversen, Frankfurt/M. 1998, 9–66.

Herbst, Ludolf, Das nationalsozialistische Deutschland. 1933–1945. Die Entfesselung der Gewalt. Rassismus und Krieg, Frankfurt/M. 1996.

Hettling, Manfred, Täter und Opfer? Die deutschen Soldaten in Stalingrad, in: AfS 35 (1995) 515–531.

Hilberg, Raul, Täter, Opfer, Zuschauer. Die Vernichtung der Juden 1933–1945, Frankfurt/M. 1992.

Hildebrand, Klaus, Das vergangene Reich. Deutsche Außenpolitik von Bismarck bis Hitler 1871–1945, Stuttgart 1995.

Hillgruber, Andreas, Der historische Ort des Ersten Weltkrieges. Eine Urkatastrophe, in: Gregor Schöllgen (Hg.), Flucht in den Krieg? Die Außenpolitik des kaiserlichen Deutschland, Darmstadt 1991, 230–249.

–, Die ideologisch-dogmatische Grundlage der nationalsozialistischen

Politik der Ausrottung der Juden in den besetzten Gebieten der Sowjetunion und ihre Durchführung 1941–1944, in: GSR 2 (1979), 263–297.

–, Hitlers Strategie. Politik und Kriegführung 1940–1941, München 1993[3].

Holz, Klaus, Nationaler Antisemitismus. Wissenssoziologie einer Weltanschauung, Hamburg 2001.

Horn, Wolfgang, Führerideologie und Parteiorganisation in der NSDAP, 1919–1933, Düsseldorf 1972.

Humburg, Martin, Feldpostbriefe aus dem Zweiten Weltkrieg. Zur möglichen Bedeutung im aktuellen Meinungsstreit unter besonderer Berücksichtigung des Themas »Antisemitismus«, in: MGM 58 (1999), 321–343.

–, Das Gesicht des Krieges. Feldpostbriefe von Wehrmachtssoldaten aus der Sowjetunion 1941–1944, Opladen 1998.

Jäckel, Eberhard, Hitlers Herrschaft. Vollzug einer Weltanschauung, Stuttgart 1986.

–, Hitlers Weltanschauung. Entwurf einer Herrschaft, Tübingen 1969.

Jäger, Herbert, Verbrechen unter totalitärer Herrschaft. Studien zur nationalsozialistischen Gewaltkriminalität, Frankfurt/M. 1981 [1967[1]].

Jahn, Peter, »Russenfurcht« und Antibolschewismus. Zur Entstehung und Wirkung von Feindbildern, in: ders. (Hg.), Erobern und Vernichten. Der Krieg gegen die Sowjetunion 1941–1945, Berlin 1991, 47–64.

–, Erobern und Vernichten. Der Krieg gegen die Sowjetunion 1941–1945. Berlin 1991.

Janka, Franz, Die braune Gesellschaft. Ein Volk wird formatiert, Stuttgart 1997.

Jansen, Christian, Professoren und Politik. Politisches Denken und Handeln der Heidelberger Hochschullehrer 1914–1935, Göttingen 1992.

Jansen, Sarah, »Schädlinge«. Geschichte eines wissenschaftlichen und politischen Konstrukts 1840–1920, Frankfurt/M. 2003.

Jarausch, Konrad, Die Krise des deutschen Bildungsbürgertums im ersten Drittel des 20. Jahrhunderts, in: Jürgen Kocka (Hg.), Bildungsbürgertum im 19. Jahrhundert. Teil IV. Politischer Einfluß und gesellschaftliche Formation, Stuttgart 1989, 180–205.

Jaworski, Rudolf, Osteuropa als Gegenstand historischer Stereotypenforschung, in: GG 13 (1987), 63–76.

Jeismann, Michael, Das Vaterland der Feinde. Studien zum nationalen Feindbegriff und Selbstverständnis in Deutschland und Frankreich 1792–1918, Stuttgart 1992.

–, Was bedeuten Stereotype für nationales und politisches Handeln?, in: Jürgen Link/Wulf Wülfing (Hg.), Nationale Mythen und Symbole, Stuttgart 1991, 84–93.

Quellen- und Literaturverzeichnis

Johnson, Eric A., Der nationalsozialistische Terror. Gestapo, Juden und gewöhnliche Deutsche, Berlin 2001.

Jureit, Ulrike, Motive-Mentalitäten-Handlungsspielräume. Theoretische Anmerkungen zu Handlungsoptionen von Soldaten, in: Hartmann (Hg.), Verbrechen, 163–170.

–, »Zeigen heißt verschweigen«. Die Ausstellung über die Verbrechen der Wehrmacht, in: Mittelweg 36 13 (2004), Heft 1, 3–27.

–, Zwischen Ehe und Männerbund. Emotionale und sexuelle Beziehungsmuster im Zweiten Weltkrieg, in: Werkstatt Geschichte 22 (1999), 61–74.

Kaiser, Wolfgang (Hg.), Täter im Vernichtungskrieg. Der Überfall auf die Sowjetunion und der Völkermord an den Juden, München 2002.

Kaschuba, Wolfgang, Nationalismus und Ethnozentrismus, in: Grenzfälle. Über neuen und alten Nationalismus, hrsg. von Michael Jeismann, Leipzig 1993, 239–274.

Kater, Michael H., The Nazi Party. A Social Profile of Members and Leaders, 1919–1945, Cambridge, 1983.

–, Quantifizierung und NS-Geschichte, in: GG 3 (1977), 453–484.

Kehr, Eckart, Englandhaß und Weltpolitik. Eine Studie über die innenpolitischen und sozialen Grundlagen der deutschen Außenpolitik um die Jahrhundertwende, in: ders., Primat der Innenpolitik. Gesammelte Aufsätze zur preußisch-deutschen Sozialgeschichte im 19. und 20. Jahrhundert, hg. u. eingel. von Hans-Ulrich Wehler, Berlin 1970[2], 149–175.

Kershaw, Ian, Der Hitler-Mythos. Führerkult und Volksmeinung, ND München 2002.

–, Hitler, 2 Bände, Stuttgart 1998, 2002.

–, Hitlers Macht. Das Profil der NS-Herrschaft, München 2000.

–, »How effective was Nazi-Propaganda?« in: David Welch (Hg.), Nazi Propaganda. The Power and it's Limitations, London 1983, 180–205.

–, Popular Opinion and Political Dissent in the Third Reich. Bavaria 1933–1945, Oxford 1983.

Kettenacker, Lothar (Hg.), Ein Volk von Opfern? Die neue Debatte um den Bombenkrieg 1940–1945, Berlin 2003.

–, Sozialpsychologische Aspekte der Führer-Herrschaft, in: Gerhard Hirschfeld (Hg.), Der »Führerstaat«. Mythos und Realität. Studien zur Struktur und Politik des Dritten Reiches, Stuttgart 1981, 98–131.

Kilian, Kathrin A., Kriegsstimmungen. Emotionen einfacher Soldaten in Feldpostbriefen, in: DRWK 9/2, 251–288.

Kimmel, Elke, Methoden antisemitischer Propaganda im Ersten Weltkrieg. Die Presse des Bundes der Landwirte, Berlin 2001.

Kitterman, David H., Those who said »No!«. Germans who refused to execute Civilians during World War II, in: GSR 11 (1988), 241–255.

Kipp, Michaela, »Here the Jews go through their fiasco«. The Holocaust in the Letters of German Soldiers on the Eastern Front 1939–1944, erscheint in: Journal of Genocide Research 2007.

Klug, Ekkehard, Das »asiatische Russland«. Über die Entstehung eines europäischen Vorurteils, in: HZ 245 (1987), 265–289.

Knoch, Peter (Hg.), Kriegsalltag. Die Rekonstruktion des Kriegsalltags als Aufgabe der historischen Forschung und der Friedenserziehung, Stuttgart 1989.

Koch, Magnus, »Nichts als Fliegen«. Männlichkeit und »Eigen-Sinn« in den Erinnerungen des Luftwaffensoldaten Eugen Bosch, in: Maren Büttner/ders., (Hg.), Zwischen Gehorsam und Desertion. Handeln, Erinnern, Deuten im Kontext des Zweiten Weltkrieges, Köln 2003, 78–107.

Kocka, Jürgen, Die Angestellten in der deutschen Geschichte 1850–1980. Vom Privatbeamten zum angestellten Arbeitnehmer, Göttingen 1981.

– (Hg.), Bürger und Bürgerlichkeit im 19. Jahrhundert, Göttingen 1987.

– (Hg.), Bürgertum im 19. Jahrhundert. 3 Bde. München 1988.

–, Klassengesellschaft im Krieg. Deutsche Sozialgeschichte 1914–1918, Göttingen 1978[2].

Koenen, Gerd, Der Russland-Komplex. Die Deutschen und der Osten 1900–1945, München 2005.

Koselleck, Reinhart, Zur historisch-politischen Semantik asymmetrischer Gegenbegriffe, in: ders., Vergangene Zukunft. Zur Semantik geschichtlicher Zeiten, Frankfurt/M. 1995[5], 211–259.

Kramer, Helgard (Hg.), NS-Täter aus interdisziplinärer Perspektive, München 2006.

Krausnick, Helmut/Wilhelm, Hans-Heinrich, Die Truppe des Weltanschauungskrieges. Die Einsatzgruppen der Sicherheitspolizei und des SD 1938–1942, Stuttgart 1981.

Kroener, Bernhard R., Auf dem Weg zu einer ›nationalsozialistischen Volksarmee‹, die sogenannte Öffnung des Heeresoffizierskorps im 2. Weltkrieg, in: Martin Broszat (Hg.), Von Stalingrad zur Währungsreform. Zur Sozialgeschichte des Umbruchs in Deutschland, München 1988, 651–682.

Krüger, Gesine, Kriegsbewältigung und Geschichtsbewusstsein. Realität, Deutung und Verarbeitung des deutschen Kolonialkriegs in Namibia 1904 bis 1907, Göttingen 1999.

Kruse, Wolfgang, Krieg und nationale Integration. Eine Neuinterpretation des sozialdemokratischen Burgfriedensschlusses 1914/15, Essen 1994.

–, Kriegsbegeisterung im Deutschen Reich zu Beginn des Ersten Weltkrieges. Entstehungszusammenhänge, Grenzen und ideologische

Quellen- und Literaturverzeichnis

Strukturen, in: Marcel van der Linden/Gottfried Mergner (Hg.),
Kriegsbegeisterung und mentale Kriegsvorbereitung: Interdisziplinäre Studien, Berlin 1991, 73–88.

–, »Welche Wendung durch des Weltkrieges Schickung«. Die SPD und
der Beginn des Ersten Weltkrieges, in: Berliner Geschichtswerkstatt
(Hg.), August 1914. Ein Volk zieht in den Krieg, Berlin 1989, 115–126.

Kühne, Thomas, Comradeship. Gender Confusion and Gender Order in
the German Military, 1918–1945, in: Hagemann (Hg.), Home/Front,
233–254.

–, Gruppenkohäsion und Kameradschaftsmythos in der Wehrmacht, in:
Müller/Volkmann (Hg.), Wehrmacht, 534–549.

–, Kameradschaft – »das Beste im Leben eines Mannes«. Die deutschen
Soldaten des Zweiten Weltkriegs in erfahrungs- und geschlechtergeschichtlicher Perspektive, in: GG 22 (1996), 504–529.

–, Kameradschaft. Die Soldaten des nationalsozialistischen Krieges und
das 20. Jahrhundert, Göttingen 2006.

Kühne, Thomas/Ziemann, Benjamin (Hg.), Was ist Militärgeschichte?
Paderborn 2000.

–, Der nationalsozialistische Vernichtungskrieg und die ›ganz normalen‹
Deutschen. Forschungsprobleme und Forschungstendenzen der Gesellschaftsgeschichte des Zweiten Weltkrieges, Erster Teil, in: AfS 39,
1999, 580–662.

Kulka, Otto Dov, The German Population and the Jews. State of Research
and New Perspectives, in: Bankier, Probing, 271–281.

Kundrus, Birthe (Hg.), Die Deportation der Juden aus Deutschland.
Pläne, Praxis, Reaktionen 1938–1945, Göttingen 2005.

–, Totale Unterhaltung? Die kulturelle Kriegführung 1939 bis 1945 in
Film, Rundfunk und Theater, in: Das Deutsche Reich und der Zweite
Weltkrieg 9/2, 93–157.

–, Von den Herero zum Holocaust? Einige Bemerkungen zur aktuellen
Debatte, in: Mittelweg 36, 14 (2005), Heft 4, 82–91.

Latzel, Klaus, Deutsche Soldaten – nationalsozialistischer Krieg? Kriegserlebnis – Kriegserfahrung 1939–1945, Paderborn [u. a.] 1998.

–, Feldpostbriefe: Überlegungen zur Aussagekraft einer Quelle, in:
Christian Hartmann [u. a.] (Hg.), Verbrechen der Wehrmacht. Bilanz
einer Debatte, München 2005, 171–181.

–, Vom Sterben im Krieg. Wandlungen in den Einstellungen zum Soldatentod vom Siebenjährigen Krieg bis zum Zweiten Weltkrieg, Warendorf 1988.

–, Tourismus und Gewalt. Kriegswahrnehmungen in Feldpostbriefen, in:
Heer/Naumann (Hg.), Vernichtungskrieg, 447–459.

–, Wehrmachtssoldaten zwischen »Normalität« und NS-Ideologie. Oder:
Was sucht die Forschung in der Feldpost? in: Rolf-Dieter Müller/Hans-

314

Erich Volkmann (Hg.), Die Wehrmacht. Mythos und Realität, München 1999, 573–588.

Launspach, Uwe, Bericht über die Aufnahme der Wochenschau vom 5.–11. Juli 1941.

–, Völkerstereotype im nationalsozialistischen »Deutschen Lesebuch«, in: Internationale Schulbuchforschung 8 (1986), 403–425.

Lebzelter, Gisela C., Die »Schwarze Schmach«. Vorurteile – Propaganda – Mythos, in: GG 11 (1985), 37–58.

Lemberg, Eugen, Nationalismus, Bd.1: Psychologie und Geschichte, Reinbek 1964.

Lemberg, Hans, Zur Entstehung des Osteuropabegriffs im 19. Jahrhundert. Vom »Norden« zum »Osten« Europas, in: Jahrbücher für die Geschichte Osteuropas 33 (1985), 48–91.

Lemhöfer, Lutz, Gegen den gottlosen Bolschewismus. Zur Stellung der Kirchen zum Krieg gegen die Sowjetunion, in: Gerd R. Ueberschär/Wolfram Wette, Der deutsche Überfall auf die Sowjetunion. »Unternehmen Barbarossa« 1941, Frankfurt/M. 1991, 67–83.

Lepsius, Mario Rainer, Extremer Nationalismus, Strukturbedingungen vor der nationalsozialistischen Machtübernahme, in: ders., Demokratie in Deutschland, Göttingen 1993, 51–79.

–, Nation und Nationalismus in Deutschland, in: ders., Interessen, Ideen und Institutionen, Opladen 1990, 232–246.

Lipp, Anne, Diskurs und Praxis. Militärgeschichte als Kulturgeschichte, in: Kühne/Ziemann (Hg.), Militärgeschichte, 211–227.

Liulevicius, Vejas Gabriel, War land on the Eastern Front: Culture, National Identity, and German Occupation in World War I, Cambridge 2000.

Longerich, Peter, »Davon haben wir nichts gewusst!« Die Deutschen und die Judenverfolgung 1933–1945, München 2006.

–, Nationalsozialistische Propaganda, in: Bracher (Hg.), Deutschland, 291–314.

–, Politik der Vernichtung. Eine Gesamtdarstellung der nationalsozialistischen Judenverfolgung, München 1998.

Lucas, James, War on the Eastern Front 1941–1945. The German Soldier in Russia, London 1979.

Lüdtke, Alf, The Appeal of Exterminating »Others« German Workers and the Limits of Resistance, in: JMH 64 (1992), 46–67.

–, Eigen-Sinn. Fabrikalltag, Arbeitererfahrungen und Politik vom Kaiserreich bis in den Faschismus, Hamburg 1993.

–, »Fehlgreifen in der Wahl der Mittel«. Optionen im Alltag militärischen Handelns, in: Mittelweg 36 12 (2003), Heft 1, 61–75.

–, Die Praxis von Herrschaft: Zur Analyse von Hinnehmen und Mitmachen im deutschen Faschismus, in: Brigitte Berlekamp/Werner Röhr

Quellen- und Literaturverzeichnis

(Hg.), Terror, Herrschaft und Alltag im Nationalsozialismus. Probleme einer Sozialgeschichte des deutschen Faschismus, Münster 1995, 226–245.

Lukacs, James, Hitler. Geschichte und Geschichtsschreibung, München 1997.

Mai, Gunther, Das Ende des Kaiserreichs. Politik und Kriegführung im Ersten Weltkrieg, München 1993².

Manoschek, Walter, »Gehst mit Juden erschießen?« Die Vernichtung der Juden in Serbien, in: Heer/Naumann (Hg), Vernichtungskrieg, 39–56.

–, Der Holocaust in Feldpostbriefen von Wehrmachtsangehörigen, in: Hannes Heer, Wie Geschichte gemacht wird. Zur Konstruktion von Erinnerungen an Wehrmacht und Zweiten Weltkrieg, Wien 2003, 35–58.

–, »Serbien ist judenfrei«. Militärische Besatzungspolitik und Judenvernichtung in Serbien 1941/42, München 1993.

–, (Hg.), Die Wehrmacht im Rassenkrieg. Der Vernichtungskrieg hinter der Front, Wien 1996.

Marßolek, Inge, »Ich möchte Dich gern mal in Uniform sehen«. Geschlechterkonstruktionen in Feldpostbriefen, in: Werkstatt Geschichte 22 (1999), 41–59.

Mason, Timothy W., Arbeiterklasse u. Volksgemeinschaft, Opladen 1975.

Matthäus, Jürgen, Die »Judenfrage« als Schulungsthema von SS und Polizei. »Inneres Erlebnis« und Handlungslegitimation, in: ders. [u. a.], Ausbildungsziel Judenmord? »Weltanschauliche Erziehung« von SS, Polizei und Waffen-SS im Rahmen der »Endlösung«, Frankfurt/M. 2003, 35–86.

Mayer, Arno J., Der Krieg als Kreuzzug. Das Deutsche Reich. Hitlers Wehrmacht und die »Endlösung«, Reinbek 1989.

Mechow, Max, Zur deutschen Soldatensprache des Zweiten Weltkriegs, in: Zeitschrift für Deutsche Sprache 27 (1971), 81–100.

Meier, Kurt, Sowjetrußland im Urteil der evangelischen Kirche 1917–1945, in: Volkmann, Russlandbild., 285–321.

Messerschmidt, Manfred, Die Wehrmacht im NS-Staat. Zeit der Indoktrination, Hamburg 1969.

Miles, Robert, Rassismus. Einführung in die Geschichte und Theorie eines Begriffs, Hamburg 1991.

Miller, Susanne, Burgfrieden und Klassenkampf: Die deutsche Sozialdemokratie im Ersten Weltkrieg, Düsseldorf 1974.

Missala, Heinrich, »Gott mit uns«. Die deutsche katholische Kriegspredigt 1914–1918, München 1968.

Mohrmann, Wolf-Dieter, Die Sammlung von Feldpostbriefen im Niedersächsischen Staatsarchiv in Osnabrück, in: Knoch (Hg.), Kriegsalltag, 25–39.

316

Mommsen, Hans, Aufstieg und Untergang der Republik von Weimar. 1918–1933, Berlin 1998.

–, Die Realisierung des Utopischen. Die ›Endlösung der Judenfrage‹ im Dritten Reich, in: ders., Der Nationalsozialismus und die deutsche Gesellschaft, Reinbek 1991, 164–232.

Mosse, George L., Die Geschichte des Rassismus in Europa, Frankfurt/M. 1990.

–, Ein Volk ein Reich, ein Führer. Die völkischen Ursprünge des Nationalsozialismus, Königstein/Ts. 1979.

Mühlberger, Detlev, The Social Bases of Nazism 1919–1933, Cambridge 2003.

Müller, Rolf-Dieter, Von Brest-Litowsk bis zum »Unternehmen Barbarossa«. Wandlungen und Kontinuität des deutschen »Drangs nach Osten«, in: Dietrich Goldschmidt (Hg.), Frieden mit der Sowjetunion. Sowjetunion – eine unerledigte Aufgabe, Gütersloh 1989, 70–86.

–, Hitlers Ostkrieg und die deutsche Siedlungspolitik. Die Zusammenarbeit von Wehrmacht, Wirtschaft und SS, Frankfurt/M. 1991.

–, /Ueberschär, Gerd R., Hitlers Krieg im Osten 1941–1945. Ein Forschungsbericht, Darmstadt 2000.

Müller, Rolf-Dieter/Volkmann, Hans-Erich (Hg.), Die Wehrmacht. Mythos und Realität, München 1999.

Müller, Sven Oliver, Die Nation als Waffe und Vorstellung. Nationalismus in Deutschland und Großbritannien im 1. Weltkrieg, Göttingen 2002.

–, Nationalismus in der deutschen Kriegsgesellschaft 1939–1945, in: Das Deutsche Reich und der Zweite Weltkrieg Bd. 9/2. Die Deutsche Kriegsgesellschaft 1939 bis 1945: Ausbeutung, Deutung, Ausgrenzung, hg. von Jörg Echternkamp i. A. des Militärgeschichtlichen Forschungsamtes, München 2005, 9–92.

–, Die umstrittene Gemeinschaft. Nationalismus als Konfliktphänomen in Deutschland, in: Ulrike Jureit (Hg.), Politische Kollektive. Die Konstruktion nationaler, rassischer und ethnischer Gemeinschaften, Münster 2001, 124–145.

Münkler, Herfried/Storch, Wolfgang, Siegfrieden. Politik mit einem deutschen Mythos, Berlin 1988.

Nagel, Jochen/Osterloh, Jürgen, Wachmannschaften in Lagern für sowjetische Kriegsgefangene (1941–1945). Eine Annäherung, in: Beiträge zur Geschichte des Nationalsozialismus, 16 (2000): »Durchschnittstäter«. Handeln und Motivation, 73–93.

Naimark, Norman M., Flammender Hass. Ethnische Säuberungen im 20. Jahrhundert, München 2004.

Naumann, Klaus, »Wieso erst jetzt?« oder Die Macht der Nemesis. Der geschichtspolitische Ort der Ausstellung, in: HIS, Ausstellung, 262–288.

Quellen- und Literaturverzeichnis

Negt, Oskar/Kluge, Alexander, Öffentlichkeit und Erfahrung: zur Organisationsanalyse von bürgerlicher und proletarischer Öffentlichkeit, Frankfurt/M. 1972.

Niedhart, Gottfried, Der Westen und die Sowjetunion. Einstellungen und Politik gegenüber der UdSSR in Europa und in den USA seit 1917, Paderborn 1983.

Niven, Bill (Hg.), Germans as Victims, Remembering the Past in Contemporary Germany, Houndmills, 2006.

Nolte, Paul, Die Ordnung der deutschen Gesellschaft. Selbstentwürfe und Selbstbeschreibung im 20. Jahrhundert, München 2000.

O'Sullivan, Donald, Furcht und Faszination. Deutsche und britische Rußlandbilder 1921–1933, Köln 1996.

Olick, Jeffrey K., In the House of the Hangman. The Agonies of German Defeat, 1943–1949, Chicago 2005.

Osterloh, Jörg, Die Geschichte der sowjetischen Kriegsgefangenen im Spiegel nationaler und internationaler Studien, Forschungsüberblick und Bibliographie, Dresden 1995.

Otto, Ulla, Die Problematik des Begriffs der öffentlichen Meinung, in: Publizistik 11 (1966), 99–130.

Park, Ho-Seong, Sozialismus und Nationalismus. Grundsatzdiskussionen über Nationalismus, Imperialismus, Militarismus und Krieg in der deutschen Sozialdemokratie vor 1914, Berlin 1986.

Pätzold, Kurt, Antikommunismus und Antibolschewismus als Instrumente der Kriegsvorbereitung und Kriegspolitik, in: Norbert Frei/Hermann Kling (Hg.), Der nationalsozialistische Krieg, Frankfurt/M. 1990, 122–136.

Paul, Gerhard (Hg.), Die Täter der Shoah. Fanatische Nationalsozialisten oder ganz normale Deutsche? Göttingen 2002.

–, Aufstand der Bilder. Die NS-Propaganda vor 1933, Bonn 1990.

–, Von Psychopathen, Technokraten des Terrors und »ganz gewöhnlichen« Deutschen. Die Täter der Shoah im Spiegel der Forschung, in: ders. (Hg.), Täter, 13–90.

Peck, Abraham J., Radicals and Reactionaries. The Crisis of Conservatism in Wilhelmine Germany, Washington 1978.

Peukert, Detlev, Die Weimarer Republik. Krisenjahre der Klassischen Moderne, Frankfurt/ M. 1987.

–, Rassismus und »Endlösungs«-Utopie. Thesen zur Entwicklung und Struktur der nationalsozialistischen Vernichtungspolitik, in: Christoph Kleßmann (Hg.), Nicht nur Hitlers Krieg. Der Zweite Weltkrieg und die Deutschen, Düsseldorf 1989, 71–81.

–, Volksgenossen und Gemeinschaftsfremde. Anpassung, Ausmerze und Aufbegehren unter dem Nationalsozialismus, Köln 1982.

Pietrow-Ennker, Bianka, Das Feindbild im Wandel. Die Sowjetunion in den nationalsozialistischen Wochenschauen 1935–1941, in: GWU 41 (1990), 337–351.

–, Die Sowjetunion in NS-Wochenschauen 1935–1941, Göttingen 1995.

Planert, Ute, Antifeminismus im Kaiserreich. Diskurs, soziale Formation und politische Mentalität, Göttingen 1998.

Poliakov, Léon, Der arische Mythos. Zu den Quellen von Rassismus und Nationalismus, Wien 1977.

Prinz, Michael, Vom neuen Mittelstand zum Volksgenossen. Die Entwicklung des sozialen Status der Angestellten von der Weimarer Republik bis zum Ende der NS-Zeit, München 1986.

Raithel, Thomas, Das »Wunder« der inneren Einheit. Studien zur deutschen und französischen Öffentlichkeit bei Beginn des Ersten Weltkrieges, Bonn 1996.

Raphael, Lutz, Radikales Ordnungsdenken und die Organisation totalitärer Herrschaft: Weltanschauungseliten und Humanwissenschaftler im NS-Regime, in: GG 27 (2001), 5–40.

Rass, Christoph, »Menschenmaterial«. Deutsche Soldaten an der Ostfront. Innenansichten einer Infanteriedivision 1939–1945, Paderborn 2003.

Reemtsma, Jan-Philipp, Über den Begriff »Handlungsspielräume«, in: Mittelweg 36 11 (2002), Heft 6, 5–23.

Reichel, Peter, Der schöne Schein des Dritten Reiches. Faszination und Gewalt des Faschismus, Frankfurt/M. 1993.

–, Vergangenheitsbewältigung in Deutschland. Die politisch-justitielle Auseinandersetzung mit der NS-Diktatur nach 1945, München 2001.

Reichhardt, Sven, Faschistische Kampfbünde in Italien und Deutschland. Ein Vergleich der Formen, Funktionen und Ursachen politischer Gewalt in der Aufstiegsphase faschistischer Bewegungen, Köln 2002.

Reimann, Aribert, Der große Krieg der Sprachen. Untersuchungen zur historischen Semantik in Deutschland und England zur Zeit des Ersten Weltkriegs, Essen 2000.

Reiterer, Albert F., Die unvermeidbare Nation. Ethnizität, Nationalität und nachnationale Gesellschaft, Frankfurt/M. 1988.

Renan, Ernest, Was ist eine Nation?, in: ders., Was ist eine Nation? Und andere politische Schriften, Wien 1995, 41–58.

Requate, Jörg, Öffentlichkeit und Medien als Kategorien historischer Analyse, in: GG 25 (1999), 5–32.

Reuband, Karl-Heinz, Das NS-Regime zwischen Akzeptanz und Ablehnung. Eine retrospektive Analyse von Bevölkerungseinstellungen im Dritten Reich auf der Basis von Umfragedaten, in: GG 32 (2006), 315–343.

Richter, Dirk, Nation als Form, Opladen 1996.

Quellen- und Literaturverzeichnis

Richter, Timm C., »Herrenmensch« und »Bandit«. Deutsche Kriegführung und Besatzungspolitik als Kontext des Partisanenkrieges
1941–1944, Münster 1998.

–, Die Wehrmacht und der Partisanenkrieg in den besetzten Gebieten der
Sowjetunion, in: Müller/Volkmann (Hg.), Wehrmacht, Wehrmacht,
837–857.

Ringer, Fritz K., Die Gelehrten. Der Niedergang der deutschen Mandarine 1890–1933, München 1987.

Ristau, A., »Die marxistische Weltpest«. Das antimarxistische Feindbild
der Nationalsozialisten. Entstehung, Entwicklung und Struktur bis
1923, in: Christoph Jahr, Feindbilder in der deutschen Geschichte.
Studien zur Vorurteilsgeschichte im 19. und 20. Jahrhundert, Berlin
1994, 143–172.

Rohe, Karl, Das Reichsbanner Schwarz Rot Gold. Ein Beitrag zur Geschichte und Struktur der politischen Kampfverbände zur Zeit der
Weimarer Republik, Düsseldorf 1966.

Röhr, Werner (Hg.), Faschismus und Rassismus: Kontroversen um Ideologie und Opfer, Berlin 1991.

Rössler, Mechthild (Hg.), Der »Generalplan Ost«. Hauptlinien der nationalsozialistischen Planungs- und Vernichtungspolitik, Berlin 1993.

Scheck, Raffael, Hitler's African Victims. The German Army Massacres of
Black French Soldiers in 1940, New York 2006.

Schikorsky, Isa, Kommunikation über das Unbeschreibbare. Beobachtungen zum Sprachstil von Kriegsbriefen, in: Wirkendes Wort 42
(1992), 295–315.

Schmitt, Oliver/Westenberger, Sandra, Der feine Unterschied im Heldentod, in: Götz Aly (Hg.), Volkes Stimme. Skepsis und Führervertrauen im Nationalsozialismus, Frankfurt/M. 2006, 96–115.

Schmuhl, Hans-Walter, Rassenhygiene, Nationalsozialismus, Euthanasie. Von der Verhütung zur Vernichtung »lebensunwerten Lebens«
1890–1945, Göttingen 1987.

–, Rassismus unter den Bedingungen charismatischer Herrschaft. Zum
Übergang von der Verfolgung zur Vernichtung gesellschaftlicher Minderheiten im Dritten Reich, in: Bracher [u. a.] (Hg.), Deutschland
1933–1945, 182–197.

Schneider, Michael, Unterm Hakenkreuz. Arbeiter und Arbeiterbewegung 1933 bis 1939, Bonn 1999.

Schoenbaum, David, Die braune Revolution. Eine Sozialgeschichte des
Dritten Reiches, Köln 1968.

Schröder, Hans Joachim, Die gestohlenen Jahre. Erzählgeschichten und
Geschichtserzählung im Interview. Der Zweite Weltkrieg aus der Sicht
ehemaliger Mannschaftssoldaten, Tübingen 1992.

Schröder, Hans-Christoph, Die deutsche Arbeiterbewegung im Ersten

Weltkrieg, in: Helmut Böhme (Hg.), Deutschland und der Erste Weltkrieg, Darmstadt 1987, 253–274.

Schumann, Dirk, Einheitssehnsucht und Gewaltakzeptanz. Politische Grundpositionen des deutschen Bürgertums nach 1918, in: Hans Mommsen (Hg.), Der Erste Weltkrieg und die europäische Nachkriegsordnung. Sozialer Wandel und Formveränderung der Politik, Köln 2000, 83–105.

Siegenthaler, Hansjörg, Regelvertrauen, Prosperität und Krisen. Die Ungleichmäßigkeit wirtschaftlicher und sozialer Entwicklung als Ergebnis individuellen Handelns und sozialen Lernens, Tübingen 1993.

Smith, Helmuth W., German Nationalism and Religious Conflict. Culture, Ideology, Politics, 1870–1914, Princeton/N.J. 1995.

Smith, Woodruff D., The Ideological Origins of Nazi Imperialism, New York 1986.

Smolinsky, Herbert, Das katholische Russlandbild in Deutschland nach dem Ersten Weltkrieg und im »Dritten Reich«, in: Volkmann, Russlandbild, 323–355.

Sontheimer, Kurt, Antidemokratisches Denken in der Weimarer Republik. Die politischen Ideen des deutschen Nationalismus zwischen 1918 und 1933, ND München 1983.

Spalding, William L., Social Imperialism. The Impact of Nationalism on German Socialist Thinking During the First World War 1914–1918, Diss. Cornell Univ., Ithaca 1949.

Speier, Hans, Die Angestellten vor dem Nationalsozialismus. Ein Beitrag zum Verständnis der deutschen Sozialstruktur 1918–1933, Göttingen 1977.

Stange, Jörg, Zur Legitimation der Gewalt innerhalb der nationalsozialistischen Ideologie. Ein Beitrag zur Erklärung der Verfolgung und Vernichtung der Anderen im Nationalsozialismus, Frankfurt/M. 1987.

Steinert, Marlies G., Deutsche im Krieg: Kollektivmeinungen, Verhaltensmuster und Mentalitäten, in: Karl Dietrich Bracher [u. a.] (Hg.), Deutschland 1933–1945. Neue Studien zur nationalsozialistischen Herrschaft, Düsseldorf 1992, 474–487.

–, Hitlers Krieg und die Deutschen. Stimmung und Haltung der deutschen Bevölkerung im Zweiten Weltkrieg, Düsseldorf, Wien 1970.

Steins, Martin, Das Bild des Schwarzen in der europäischen Kolonialliteratur 1870–1918. Ein Beitrag zur literarischen Imagologie, Frankfurt/M. 1972.

Stenzel, Thilo, Das Rußlandbild des »kleinen Mannes«. Gesellschaftliche Prägung und Fremdwahrnehmung in Feldpostbriefen aus dem Ostfeldzug (1941–1944/45), München 1998.

Stern, Joseph P., Hitler. Der Führer und das Volk, München 1978.

Quellen- und Literaturverzeichnis

Storek, Henning, Dirigierte Öffentlichkeit. Die Zeitung als Herrschaftsmittel in den Anfangsjahren der nationalsozialistischen Regierung,
Opladen 1972.

Stöver, Bernd, Volksgemeinschaft im Dritten Reich: die Konsensbereitschaft der Deutschen aus der Sicht sozialistischer Exilberichte,
Düsseldorf 1993.

Streim, Alfred, Die Behandlung sowjetischer Kriegsgefangener im »Fall
Barbarossa«. Eine Dokumentation unter Berücksichtigung der Unter-
lagen deutscher Strafverfolgungsbehörden und der Materialien der
Zentralen Stelle der Landesjustizverwaltungen zur Aufklärung von
NS-Verbrechen, Heidelberg 1981.

Streit, Christian, Die Behandlung der verwundeten sowjetischen Kriegsgefangenen, in: Heer/Naumann (Hg.), Vernichtungskrieg, 78–91.

–, Keine Kameraden. Die Wehrmacht und die sowjetischen Kriegsgefangenen 1941–1945, ND Bonn 1997.

–, Ostkrieg, Antibolschewismus und »Endlösung«, in: GG 17 (1991),
242–255.

Struve, Walter, Elites against Democracy. Leadership Ideals in Bourgeois
Political Thought in Germany 1890–1933, Princeton 1973.

Sywottek, Jutta, Mobilmachung für den Krieg. Die propagandistische
Vorbereitung der deutschen Bevölkerung auf den Zweiten Weltkrieg,
Opladen 1976.

Szarota, Tomasz, Poland and Poles in German Eyes during World War II,
in: Polish Western Affairs 19 (1978), Nr. 2, 229–254.

Taguieff, Pierre-André, Die Macht des Vorurteils. Der Rassismus und sein
Double, Hamburg 2000.

Tajfel, Henri, Gruppenkonflikt und Vorurteil. Entstehung und Funktion
sozialer Stereotypen, Bern 1982.

Thamer, Hans-Ulrich, Verführung und Gewalt: Deutschland 1933–1945,
Berlin 1986.

Theweleit, Klaus, Männerphantasien, 2 Bde., München 1995 [1977/78[1]].

Thieme, Hans-Günther (Hg.), Die Wehrmachtsausstellung. Dokumentation einer Kontroverse, Bremen 1997.

Thoß, Bruno/Volkmann, Hans Erich (Hg.), Erster Weltkrieg, Zweiter
Weltkrieg. Ein Vergleich. Krieg, Kriegserlebnis, Kriegserfahrung in
Deutschland, Paderborn 2002.

Traverso, Enzo, The Origins of Nazi Violence, New York 2003.

Ueberschär, Gerd R./Wette, Wolfram, Der deutsche Überfall auf die
Sowjetunion. »Unternehmen Barbarossa« 1941. Frankfurt/M. 1991.

Ullrich, Volker, Die nervöse Großmacht 1871–1918. Aufstieg und Untergang des deutschen Kaiserreichs, Frankfurt/M. 1997.

–, Die umkämpfte Erinnerung. Überlegungen zur Wahrnehmung des
Ersten Weltkrieges in der Weimarer Republik, in: Jörg Duppler (Hg.),

Kriegsende 1918. Ereignis, Wirkung, Nachwirkung, München 1999. 367–375.

–, »Wir haben nichts gewußt«. Ein deutsches Trauma, in: 1999 (1991), Heft 4, 11–46.

Ulrich, Bernd, »Militärgeschichte von unten«. Anmerkungen zu ihren Ursprüngen, Quellen und Perspektiven im 20. Jahrhundert, in: GG 22 (1996), 473–503.

–, /Ziemann, Benjamin, Krieg im Frieden. Die umkämpfte Erinnerung an den Ersten Weltkrieg, Frankfurt/M. 1997.

Verhey, Jeffrey, Der »Geist von 1914« und die Erfindung der Volksgemeinschaft, Hamburg 2000.

Vogel, Detlev, »Aber man muß halt gehen, und wenn es in den Tod ist«. Kleine Leute und der deutsche Kriegsalltag im Spiegel von Feldpostbriefen, in: ders./Wette (Hg.), Helme, 37–57.

–, /Wette, Wolfram (Hg.), Andere Helme – Andere Menschen? Heimaterfahrung und Frontalltag im Zweiten Weltkrieg. Ein internationaler Vergleich, Essen 1995.

Volkmann, Hans Erich, Deutsche Agrareliten auf Revisions- und Expansionskurs, in: Broszat, Eliten, 334–388.

–, Die NS-Wirtschaft in Vorbereitung des Krieges, in: Das Deutsche Reich und der Zweite Weltkrieg Bd. 1, hg. vom Militärgeschichtliches Forschungsamt, Stuttgart 1979, 232–45.

– (Hg.), Das Russlandbild im Dritten Reich, Köln, Weimar, Wien 1994.

–, Das Russlandbild in der Schule des Dritten Reiches, in: ders., Russlandbild, 225–255.

Volkov, Shulamit, Das geschriebene und das gesprochene Wort. Über Kontinuität und Diskontinuität im deutschen Antisemitismus, in: dies., Antisemitismus als kultureller Code, München 2002², 54–75.

Vondung, Klaus, Magie und Manipulation. Ideologischer Kult und politische Religion des Nationalsozialismus, München 1979.

Vorländer, Hans, NS-Volkswohlfahrt und Winterhilfswerk des deutschen Volkes, in: VfZ 34 (1986), 341–380.

Walkenhorst, Peter, Nationalismus als »politische Religion«? Zur religiösen Dimension nationalistischer Ideologie im Kaiserreich, in: Olaf Blaschke [u. a.] (Hg.), Religion im Kaiserreich. Milieus–Mentalitäten–Krisen, Gütersloh 1996, 503–529.

Wallach Scott, Joan, Gender and the Politics of History, New York 1989.

Weber, Max, Wirtschaft und Gesellschaft. Grundriß der verstehenden Soziologie, Tübingen 1972².

Wehler, Hans-Ulrich, Deutsche Gesellschaftsgeschichte IV. Vom Beginn des Ersten Weltkrieges bis zur Gründung der beiden deutschen Staaten, München 2003.

–, Polenpolitik im Deutschen Kaiserreich, in: ders., Krisenherde des Kai-

Quellen- und Literaturverzeichnis

serreichs 1871–1918. Studien zur deutschen Sozial- und Verfassungsgeschichte, Göttingen 1979[2], 184–202.

–, Radikalnationalismus und Nationalsozialismus, in: Jörg Echternkamp/Sven Oliver Müller (Hg.), Die Politik der Nation. Deutscher Nationalismus in Krieg und Krisen 1760–1960, München 2002, 203–217.

–, Sozialdemokratie und Nationalstaat. Nationalitätenfrage in Deutschland 1840–1914, Göttingen 1971[2].

–, Wehrmacht und Nationalsozialismus, in: ders., Konflikte zu Beginn des 21. Jahrhunderts, München 2003, 11–30.

Weingart, Peter/Kroll, Jürgen/Bayertz, Kurt, Rasse, Blut und Gene. Geschichte der Eugenik und Rassenhygiene in Deutschland, Frankfurt 1988.

Weisbrod, Bernd, Gewalt in der Politik. Zur politischen Kultur in Deutschland zwischen den beiden Weltkriegen, in: GWU 43 (1992), 391–404.

Weißbecker, Manfred, »Wenn hier Deutsche wohnten«. Beharrung und Veränderung im Russlandbild Hitlers und der NSDAP, in: Volkmann, Russlandbild, 9–54.

Welch, David, Manufacturing a Consensus. Nazi Propaganda and the Building of a »National Community« (Volksgemeinschaft), in: CEH 2 (1993), 1–15.

–, Nazi Propaganda and the Volksgemeinschaft. Constructing a People's Community, in: JCH 39 (2004), 213–238.

–, Propaganda and the German Cinema 1933–1945, Oxford 1983.

–, The Third Reich. Politics and Propaganda, London 1993.

Welskopp, Thomas, Der Mensch und die Verhältnisse. »Handeln« und »Struktur« bei Max Weber und Anthony Giddens, in: Thomas Mergel/ders. (Hg.), Geschichte zwischen Kultur und Gesellschaft, München 1997, 39–70.

Welzer, Harald, Täter. Wie aus ganz normalen Menschen Massenmörder werden, Frankfurt/M. 2005.

Wendt, Bernd Jürgen, Deutschland 1933–1945. Das »Dritte Reich«, Hannover 1995.

Werner, Frank, Männlichkeit und Massenmord. Soldatische Selbstbilder im Vernichtungskrieg 1941–1944. Diss. Bielefeld 2007.

Wette, Wolfram, Die propagandistische Begleitmusik zum deutschen Überfall auf die Sowjetunion am 22. Juni 1941, in: Ueberschär/ders., Überfall, 45–65.

–, Ideologien, Propaganda und Innenpolitik als Voraussetzung der Kriegspolitik des Dritten Reiches, in: Das Deutsche Reich und der Zweite Weltkrieg (DRWK) Bd. 1, hg. vom Militärgeschichtlichen Forschungsamt, Stuttgart 1979, 25–173.

– (Hg.), Der Krieg des kleinen Mannes. Eine Militärgeschichte von unten, München 1992.

324

–, »Rassenfeind«, Die rassistischen Elemente in der deutschen Propaganda gegen die Sowjetunion, in: Hans-Adolf Jacobsen, Deutschrussische Zeitenwende. Krieg und Frieden 1941–1995, Baden-Baden 1995, 175–201.

–, (Hg.), Retter in Uniform. Handlungsspielräume im Vernichtungskrieg der Wehrmacht, Frankfurt/M. 2002.

–, Das Russlandbild in der NS-Propaganda. Ein Problemaufriss, in: Volkmann, Russlandbild, 55–78.

–, Die Wehrmacht. Feindbilder, Vernichtungskrieg, Legenden, Frankfurt/M. 2002.

–, Der 22. Juni und die NS-Propaganda, in: Hans Schafranek/Robert Streibel (Hg.), 22. Juni 1941: Der Überfall auf die Sowjetunion, Wien 1991, 75–86.

Wildt, Michael, Volksgemeinschaft als Selbstermächtigung. Gewalt gegen Juden in der deutschen Provinz 1919 bis 1939, Hamburg 2007.

Winkler, Heinrich August, Extremismus der Mitte? Sozialgeschichtliche Aspekte der nationalsozialistischen Machtergreifung, in: ders., Liberalismus und Antiliberalismus, Göttingen 1979, 205–217.

–, Mittelstand, Demokratie und Nationalsozialismus. Die politische Entwicklung von Handwerk und Kleinhandel in der Weimarer Republik, Köln 1972.

–, Der entbehrliche Stand. Zur Mittelstandspolitik im »Dritten Reich«, in: ders., Liberalismus, 110–144.

–, Unternehmerverbände zwischen Ständeideologie und Nationalsozialismus, in: ders., Liberalismus, 175–194.

–, Der Weg in die Katastrophe. Arbeiter und Arbeiterbewegung in der Weimarer Republik 1930–1933, Berlin 1987.

Wippermann, Wolfgang, Der »deutsche Drang nach Osten«. Ideologie und Wirklichkeit eines politischen Schlagwortes, Darmstadt 1981.

Wollenberg, Jörg (Hg.), »Niemand war dabei und keiner hat's gewußt«. Die deutsche Öffentlichkeit und die Judenverfolgung 1933–45, München 1989.

Zagovec, Rafael A., Gespräche mit der »Volksgemeinschaft«. Die deutsche Kriegsgesellschaft im Spiegel westalliierter Frontverhöre, in: DRWK 9/2, 289–381.

Ziemann, Benjamin, Front und Heimat. Ländliche Kriegserfahrungen im südlichen Bayern 1914–1923, Essen 1997.

–, »Vergesellschaftung der Gewalt« als Thema der Kriegsgeschichte seit 1914. Perspektiven und Desiderate eines Konzeptes, in: Thoß/Volkmann (Hg.), Weltkrieg, 735–58.

Zimmerer, Jürgen, Die Geburt des »Ostlandes« aus dem Geiste des Kolonialismus. Die nationalsozialistische Eroberungs- und Beherr-

Quellen- und Literaturverzeichnis

schungspolitik in (post-)kolonialer Perspektive, in: Sozial. Geschichte 19 (2004), 10–43

–, Holocaust und Kolonialismus. Beitrag zu einer Genealogie des kolonialen Gedankens, in: ZfG 51 (2003), 1098–1119.

Zofka, Zdenek, Die Ausbreitung des Nationalsozialismus auf dem Lande, München 1979.

http://www.vatican.va/holy_father/benedict_xvi/speeches/2006/may/documents/hf_ben-xvi_spe_20060528_auschwitz-birkenau_ge.html

Register

Register

Harald Welzer
Sabine Moller
Karoline Tschuggnall
»Opa war kein Nazi«
Nationalsozialismus und Holocaust
im Familiengedächtnis
Band 15515

»Wie aus Vergangenheit Geschichte wird, zählt zu den zentralen Fragen der Geschichtswissenschaft. Weitgehend unbeachtet ist dabei bislang geblieben, in welcher Weise Geschichte vom sogenannten Laienpublikum in Schule, Beruf und Familie rezipiert, angeeignet und umgedeutet wird. Der Sozialpsychologe Harald Welzer hat in den letzten Jahren mit seinem Forschungsprojekt ›Tradierung von Geschichtsbewußtsein‹ die intergenerationelle Weitergabe der NS-Vergangenheit innerhalb von Familien untersucht. Seine desillusionierenden Ergebnisse haben öffentliches Erstaunen, Erschrecken und Skepsis ausgelöst.«
WerkstattGeschichte 30/2001

Fischer Taschenbuch Verlag

Götz Aly
Hitlers Volksstaat
Raub, Rassenkrieg und nationaler Sozialismus
464 Seiten. Gebunden.

Hitler erkaufte sich die Zustimmung der Deutschen mit
opulenten Versorgungsleistungen, verschonte sie von direkten Kriegssteuern, entschädigte Bombenopfer mit dem
Hausrat ermordeter Juden, verwandelte Soldaten in »bewaffnete Butterfahrer« und ließ den Krieg weitgehend von
den Völkern Europas bezahlen.

Den Deutschen ging es im Zweiten Weltkrieg besser als je
zuvor, sie sahen im nationalen Sozialismus die Lebensform
der Zukunft – begründet auf Raub, Rassenkrieg und Mord.

»Nie zuvor ist der symbiotische Zusammenhang
zwischen ›Volksstaat‹ und Verbrechen, zwischen den
attraktiven und kriminellen Elementen des
Nationalsozialismus so scharfsinnig und einleuchtend
dargestellt worden. Dieses Buch gehört zu jenen seltenen
Werken, die unseren Blick auf die düstere und
folgenreichste Periode der deutschen Geschichte
neu schärfen.«
Volker Ullrich, DIE ZEIT

S. Fischer